ちくま新書

内調

——内閣情報機構に見る日本型インテリジェンス

岸俊光
Kishi Toshimitsu

1854

内調

――内閣情報機構に見る日本型インテリジェンス【目次】

凡例

①出典を示す「○○△△△△、□〜□頁」は、○が著者、△が刊行年、□がページ数を示す。
②国立公文書館が所蔵する初代内閣情報部長、横溝光暉の「横溝光暉関係文書」を「横溝文書」、内閣調査室のウォッチャーとして知られる作家・ジャーナリストの吉原公一郎が所蔵していた資料類を「吉原資料」、元内閣調査室主幹（国内・国際等各部門の組織の長）、志垣民郎が所蔵していた資料類を「志垣資料」と称する（本書が用いる「志垣資料」は、丸善雄松堂配信「志垣民郎旧蔵　オンライン版　内調資料」と、未収蔵資料から成る）。
また、志垣の日記は「志垣日記」と略記することがある。
③図表類は引用したものを除き、「吉原資料」、「志垣資料」、公開資料等を基に筆者が作成した。
④資料を引用する際は、読みやすさを考慮し、適宜、漢字は新字体を用い、片仮名を平仮名に置き換えた。
⑤原則として敬称は省略した。

序章　三人のキーパーソン──横溝光暉・吉原公一郎・志垣民郎

†はじめに──本書のねらい

内閣調査室（内調）の前身である内閣総理大臣官房調査室が一九五二（昭和二七）年四月九日に新設されてから七〇有余年が経過した。敗戦後六年八ヵ月の占領期を経て、日本が独立する直前のことだった。戦前の情報委員会が創設されたのは一九三六（昭和一一）年七月一日にさかのぼり、その前史を含めると内閣情報機構の歴史は九〇年を越える。

これほどの長い歳月が流れたのに、日本の内閣情報機構の実態はまだほとんど解明されていない。それは第一に公的情報の少なさに起因する。例えば外務省には、一八六九（明治二）年の同省設置以来の歩みを編纂した『外務省の百年』があるのに対し、戦前戦後の情報機関は、これまで記録を残そうとした試みこそあったものの、公式の通史を編んだことがなかった。

情報機関の内部からの証言も、限られた断片的なものしかないと考えられてきた。その実像に迫ろうとする者は、わずかに明らかになった点と点を、戦前の言論統制の経験を基に、あるいは占領期の延長線上で捉えようとした。日本が独立する直前の一九五二年四月九日に吉田茂《よしだしげる》首相が内閣総理大臣官房調査室を新設した時、新聞各紙は総じて反対の論陣を張った（岸二〇一九、二二六〜三三三頁）。作家の吉原公一郎《よしはらこういちろう》や松本清張《まつもとせいちょう》は、流出した内調草創期の内部資料を用い、小説の形を借りて内調を厳しく告発した（吉原一九六三、松本一九六二）。

日本の情報機関の厚い扉をこじ開ける研究が現れるようになったのは、ここ十数年のことである。いくつかの研究は、冷戦終結後の戦略環境の変化に伴い、国民が情報組織の必要性を受け入れるようになり、安倍晋三《あべしんぞう》政権下で安全保障・インテリジェンス体制の改革が進んだことを強調している（例えば、サミュエルズ二〇二〇）。実務経験者へのインタビューを重ねて資料の不足をカバーしようとしているが、世に知られた事件を繋ぐという松本清張や吉原公一郎と同じ限界を持っており、特に冷戦期の活動は依然としてベールに包まれたままになっている。

戦後日本の代表的な情報機関である内閣調査室は、一部で指摘されるように、冷戦時代を通して何ら特筆すべき業務を成し得なかったのか。内調がゆくゆくは戦前の情報局のように変貌すると見た一九五〇〜六〇年代の新聞報道や松本清張、吉原公一郎らの危惧は、強すぎる反軍国主義の表れにすぎなかったのか。戦前戦後の情報機関は完全に断絶していると見ていいのかどうか――。筆者が入手した資料を紹介しながら、これらの問いに答えていきたいと思う。

先回りしてこれらの疑問の一部に答えるなら、戦後の内閣情報機構である内閣調査室は初の内閣情報機構たる戦前の情報委員会以来の流れを汲み、知識人やメディアとの関係を構築しながら、「世論」の行方に重きを置くようになったというのが筆者の見立てである。国際問題の情報収集の成果は限られていたと見られるが、国内問題ではいくつかの重要な役割を果たした。

本書は主に、満洲事変以降の諸情勢に対処するため情報委員会が一九三六（昭和一一）年に設置される前夜から、内閣調査室が米中接近や国際通貨制度の動揺という新たな時代への対応を迫られた一九七二年（同四七）年頃までの、内閣直属の情報機関の実態を描く。具体的には、この間の情報機関に深く関わることになった三人のキーパーソン、横溝光暉《よこみぞみつてる》、吉原公一郎、志《し》垣民郎《がきみんろう》が残した資料と証言を基に、戦前戦後の内閣情報機構の足跡を辿ってゆく。

横溝、志垣は内閣情報機構の幹部、吉原は作家・ジャーナリストで、その関わり方も考え方も全く違う。それぞれに有用な三人の資料を組み合わせつつ、戦前、戦後をまたいで政府寄りの世論形成を試み、時には他省庁が取り組みにくいような政策課題に自らの存在価値を見いだした内閣情報機構の実像に迫る。

†内閣情報機構との三者三様の関係

本論に入る前に、三人のキーパーソンの経歴と各人が残した資料について説明しておきたい。

横溝光暉・初代内閣情報部長（1938年10月2日撮影、長女・横溝幸子さん提供）

横溝光暉

横溝光暉は初代内閣情報部長を務めた、戦前の内閣情報機構の設計者とも言える人物である。内務官僚から早くに内閣に転じ、内閣官房総務課長として五・一五事件、二・二六事件を間近で目撃した、〝カミソリ〟と評された能吏だった。国立公文書館に遺族が寄贈した「横溝光暉関係文書」（横溝文書）や役人時代の歴史公文書が残されている。中でも横溝文書は、小学校当時の作文に始まり、内閣情報部時代の講演記録、国立公文書館顧問時代の一九七三年に至る文書を自ら編集した「光暉」と題する冊子計三〇巻と別巻二冊などから成る膨大な個人資料である。

昭和史の生き証人として自らの足跡を精密に綴った昭和史三部作『昭和史片鱗』、『戦前の首相官邸』、『「昭和」への遺言――〝昨是《さくぜ》今非《こんひ》〟を憂う』をはじめ、戦前の『新特高辞典』、『日本社会主義運動史講話』、『第一線の行政事務刷新』、『警察修養録』、戦後の『行政道の研究』と、著書も数多い。法務省の中央更生保護審査会委員、法務省顧問としてまとめた調査資料「戦後釈放史要」（国立公文書館所蔵）などは現代史の貴重な記録である。

横溝光暉氏年譜

1897（明治 30）年 4 月 12 日	横浜に生まれる
1910（明治 43）年 3 月	横浜市立尋常横浜小学校卒業
1915（大正 4）年 3 月	神奈川県立第一横浜中学校卒業
1918（大正 7）年 7 月	第一高等学校第一部甲類卒業
1920（大正 9）年 10 月	高等試験行政科試験合格
1921（大正 10）年 6 月	東京帝国大学法学部卒業
1922（大正 11）年 2 月	東京府属（内務部庶務課勤務）
1923（大正 12）年 2 月	広島県警視（警察部警務課長、24 年 8 月保安課長）
1925（大正 14）年 5 月	福岡県に転勤（警務部特別高等警察課長）
1926（大正 15）年 8 月	復興局事務官（長官官房計画課勤務）
10 月	内務事務官（警保局保安課勤務）
1927（昭和 2）年 5 月	内閣書記官（内閣官房総務課勤務）
1931（昭和 6）年 12 月	内閣官房総務課長
1933（昭和 8）年 8 月	兼任法制局参事官
1935（昭和 10）年 7 月	兼任内閣調査局調査官
1936（昭和 11）年 7 月	情報委員会事務官兼内閣調査局調査官内閣書記官
1937（昭和 12）年 9 月	内閣情報部長
1940（昭和 15）年 2 月	岡山県知事
1942（昭和 17）年 6 月	熊本県知事
1944（昭和 19）年 8 月	依願免本官
9 月	京城日報社長（～45 年 10 月）
1946（昭和 21）年 4 月	日本繊維工業株式会社勤労文化研究所長（～55 年 9 月）
1947（昭和 22）年 10 月	公職追放（51 年 8 月追放解除）
1952（昭和 27）年 1 月	弁護士登録（～75 年 3 月）
8 月	中央更生保護審査会委員（法務省）（～58 年 12 月）
1955（昭和 30）年 8 月	東京都地方労働委員会委員（～57 年 7 月）
1956（昭和 31）年 6 月	国民出版協会会長
1959（昭和 34）年 4 月	法務大臣官房司法法制調査部顧問（法務省）（～73 年 3 月）
6 月	小田急電鉄株式会社嘱託
	日本商事株式会社（60 年 6 月商号改正小田急興業株式会社）監査役
7 月	社団法人国民出版協会会長（～70 年 7 月）
1965（昭和 40）年 4 月	小田急電鉄株式会社顧問
1970（昭和 45）年 8 月	社団法人国民出版協会顧問
1971（昭和 46）年 4 月	国立公文書館顧問（総理府）
1972（昭和 47）年 5 月	勲一等瑞宝章受章
1985（昭和 60）年 1 月 16 日	心不全のため死去、87 歳

内政史研究会（1973）「横溝光暉氏談話速記録（上・下）」、横溝光暉（1986）『「昭和」への遺言 ――“昨是今非”を憂う』泰流社、を基に作成

吉原公一郎

作家、ジャーナリストとして出発し、戯曲も手掛けた吉原公一郎は、一九六〇（昭和三五）年に世に問うた雑誌論文「内閣調査室を調査する」以来、一貫して内調を厳しく批判する論考を発表した。内調を批判するそれまでの新聞報道などと違うのは、吉原の論考が同年に元内調職員から入手した内部資料に基づいていることである。吉原本人から聞いた入手の経緯については、拙著（岸二〇一九）である程度明らかにしているが、資料の信憑性にも関わることなのでここでもう一度明記しておきたい。吉原が筆者に語った話は次のようなものである。

「金融王」森脇将光が経営する金融会社「森脇文庫」に迎えられた吉原は、同社発行の『週刊スリラー』一九六〇年五月一三日号に「これが中・ソ戦略地図だ　それでも戦争の危険はないという?」と題する記事を執筆した。「安保七人衆」として名を馳せることになる日本社会党の飛鳥田《あすかた》一雄《いちを》衆院議員と手を組み、内調が中国引揚者から中国、シベリアの軍事情報を集めていると追及するものだった。吉原は元内調職員が「森脇文庫」に持ち込んだ中・ソ戦略地図の情報を飛鳥田に提供し、飛鳥田は同年四月一五日の衆議院日米安全保障条約等特別委員会でその地図を示しながら、政府に詰め寄ったのである。無署名ながら、吉原が放った内調告発の第一弾だった。

この記事をきっかけに、吉原は元内調職員から内部文書を大量に入手することになる。この男のアパートを訪ねた吉原は、そこで天袋に隠された内部文書の山を目にし、二〇万円で買い入れた。それを基に吉原は初の署名原稿「内閣調査室を調査する」を書いたというのだ。さらに吉原は、松本清張の手にもこの文書の一部が渡ったのではないか、と語った。

この話を打ち明けられ、資料を見せられた時、筆者は調査研究に用いていいものかどうか、扱いに迷った。入手方法の是非は措くとしても、それが本物であることは、吉原の弁を信じるしかなかった。しかし、その後別ルートから手に入れた内調の顛末書などを見て、文書は確かに内部から流出したものと考えるようになった。顛末書にはこうあった。

「M（筆者註・実名）室員の行跡について　昭和五九・三・一四聴取　調査室発足後間もなく、警察庁から出向してきていた〇〇〇〇（昭二七・五・二六〜三〇・一〇・二四在勤）は、村井室長の信任を得て、室の組織、運営に関する幾多の機密文書を室長から直接保管を命ぜられていたが、その多くを私物化し、警察を退官後、これらを金に換え、それが松本清張の手に渡って小説『深層海流』に引

吉原公一郎・作家（2010年7月30日、フォトグラファー宮濱祐美子さん撮影）

吉原公一郎氏年譜

1928（昭和 3）年 6 月 22 日	福島県いわき市に生まれる。本名・泛（ひろし）
1945（昭和 20）年	福島県立旧制磐城中学在学中に終戦を迎える
	その後、地元郵便局に勤務、東京勤務の辞令にて上京。ほどなく退社
	早稲田大学文学部仏文科に入学。在学中に三島由紀夫、林富士馬、麻生良方らとともに「新現実」同人、その後「文学者」同人
1950（昭和 25）年	連合国軍総司令部（GHQ）総司令官マッカーサーの指令の下に行われたレッドパージに反対する学生運動、早稲田大学事件に関係して中退
1957（昭和 32）年	同人誌「現代文学」主宰
	第 3 回原水爆禁止世界大会事務局員として、国際科学者会議を担当、服部学ら多くの科学者の知遇を得る（服部とは 1963 年に共著『原子力潜水艦』を出版）
1959（昭和 34）年	自由国民社の『映画タイムス』を経て、「森脇文庫」の『週刊スリラー』の編集者、記者を経て、「新週刊」のトップ記者として活動
1960（昭和 35）年 12 月	初の署名原稿「内閣調査室を調査する」が『中央公論』1960 年 12 月号に掲載される
1962（昭和 37）年 2 月	『松川事件の真犯人 ── ジョージ・クレイと九人の男』出版
1963（昭和 38）年 12 月	『小説日本列島』を出版、1965 年に映画化
1970（昭和 45）年	共編『日米安保条約体制史 ── 国会論議と関係資料』（全 4 巻、付録ブックレット）（〜71 年）
1971（昭和 46）年	沖縄の民衆運動を主題にした初の戯曲「もう一つの歴史」を脱稿、劇団民藝にて上演される
1978（昭和 53）年 5 月	『謀略列島 ── 内閣調査室の実像』を出版（「赤旗（日曜版）」の連載を単行本化）
1993（平成 5）年	日本航空を憂うる会発足。日航労組関係者を主たる読者に小冊子『EMERGENCY』を発刊（〜2016 年終刊）
2005（平成 17）年	世田谷・九条の会発足に際して呼びかけ人として参画
2018（平成 30）年 5 月 19 日	NHK スペシャル「日本の諜報　スクープ　最高機密ファイル」が最後の TV 出演に
2021（令和 3）年 8 月 6 日	心不全のため死去、93 歳

吉原佐也香・白田敦子編（2022）私家版『吉原公一郎　表白　一九二八―二〇二一』を基に作成

用され、また、吉原公一郎の『小説日本列島』その他に引用され、実像・虚像とり交ぜた調査室のイメージが形成される因を作った。（後略）」（岸二〇一九、五四〜六一頁）。

顛末書は、徳島県選出の社会党衆院議員がこのM室員のおじにあたることから、内調内外の動きが同議員に伝わり、社会党から中ソなどに伝わった可能性があることにも言及していた。内調が顛末書にまとめた文書流出の経緯と、吉原の証言する文書入手の経緯はほぼ一致する。吉原は、著書の『小説日本列島』、『謀略列島――内閣調査室の実像』や雑誌論文で内調を取り上げているが、基本的な情報源は段ボール四箱ほどのこの内部文書（「吉原資料」）だった。

志垣民郎

志垣民郎は、吉田茂首相が一九五二（昭和二七）年に内閣総理大臣官房調査室を新設した際の、草創期のメンバーの一人である。内調の内部資料によると、志垣が同年五月一日付で経済調査庁勤務の経済調査官のまま総理府事務官を兼任し、内調勤務を命じられた時には既に七人がいたことになっている。しかし、いずれもが兼任であり、実質的には初代室長の村井順の下に四人の体制だったと証言する。

志垣が内調に勤務するようになったのは、初めに文部省に勤めた時に旧制東京高校（略称・東高）と東大の先輩にあたる村井と知り合い、結婚の仲人までしてもらって、その縁で内調に

志垣民郎・元内閣調査室主幹（2017年11月3日、岸俊光撮影）

誘われたのがきっかけだった。村井から「文化面を担当してもらう」と言われたことが、知識人担当、世論対策というその後の仕事を方向づけることになった。加えて大きな影響を受けたのは、東高と東大以来の人脈と、転機となった学徒出陣、戦争体験である。リベラルな校風で知られた東高の先輩には、内調勤務後に親しくつきあうことになる糸川英夫《いとかわひでお》（ロケット工学者）や桶谷繁雄《おけたにしげお》（金属学者）、同級生には土田国保《つちだくにやす》（警視総監）、後輩には渡邉恒雄《わたなべつねお》（読売新聞グループ本社代表取締役主筆）がいた。最も深くつきあった同級生は小説家の吉田満《よしだみつる》で、吉田の著作に通じる総括なき戦後日本に対する割り切れなさを、志垣は抱き続けた（志垣／岸編二〇一九、三〇七〜三三七頁）。

筆者は、志垣が最晩年の二〇一九年に発表した回想録『内閣調査室秘録』の編集を依頼され、確認のため元資料となった志垣の日記や内調の内部資料を閲覧した。志垣の死去後も、長男信《のぶ》人《ひと》氏の許可を得て、自宅に保管されていた内部資料の整理を手伝うことになった。冷戦期の業務を伝える第一級の資料であり、保存・公開に向け今も作業を進めている。丸善雄松堂が二〇二三年にリリースした「志垣民郎旧蔵 オンライン版 内調資料」では、監修と解題を担当した。

志垣民郎氏年譜

1922(大正11)年10月22日	東京・神田に生まれる。父は「生活綴方運動」を推進した雑誌編集者、教育評論家の志垣寛
1935(昭和10)年 4 月	旧制東京高等学校尋常科に入学
1939(昭和14)年 11 月	後に『戦艦大和ノ最期』を著す同級生の吉田満と知り合う
1942(昭和17)年 4 月	東京帝国大学法学部政治学科入学
1943(昭和18)年 10 月	学徒出陣。明治神宮外苑競技場の出陣学徒壮行会に参加
12 月	徴兵検査を受け入隊
1944(昭和19)年 7 月	陸軍経理学校入校
	中国配属。経理部見習士官として設営隊の主計将校に。南京・大校飛行場設営などに従事する
1946(昭和21)年 3 月	復員
1952(昭和27)年 5 月	(経済調査官) 兼総理府事務官。内閣総理大臣官房調査室勤務 (広報の部)
1955(昭和30)年 8 月	(総理府事務官) 広報班長、出版班長兼務
12 月	(総理府事務官) 広報の部第一班長
	兼同第二班長
1957(昭和32)年 1 月	(総理府事務官) 調査第三部出版班長兼務を免ずる
8 月	(内閣事務官) 総理府事務官を免じ、内閣事務官に任命。内閣官房内閣調査室勤務
9 月	調査第三部第二班長
1958(昭和33)年 2 月	(内閣事務官) 調査第一部第二班長兼調査第三部第三班長
10 月	(内閣事務官) 調査第三部第二班長を免ずる
1959(昭和34)年 6 月	(内閣事務官) 調査第二部第三班長
1960(昭和35)年 8 月	(内閣事務官) 内閣調査官に任命。調査第三部付。調査第五部付兼務。調査第三部第二班長の事務取扱
1961(昭和36)年 3 月	(内閣調査官) 調査第三部第二班長事務取扱を免ずる
4 月	(内閣調査官) 調査第三部第二班長事務取扱
1962(昭和37)年 11 月	調査第三部主幹下野信恭海外出張不在中、同主幹事務代理
1964(昭和39)年 4 月	(内閣調査官) 調査第五部の兼務を免ずる
8 月	(内閣調査官) 調査第六部兼調査第三部の事務を分掌させる
8 月	(内閣調査官) 調査月報編集委員会委員に指名
1966(昭和41)年 3 月	室付を命ずる。調査第六部における事務を分掌させる
1967(昭和42)年 7 月	(内閣調査官) 調査第五部主幹
1970(昭和45)年 8 月	(内閣調査官) 調査第三部主幹兼調査第五部主幹
1972(昭和47)年 8 月	(内閣調査官) 調査第五部主幹事務取扱を免ずる
1974(昭和49)年 8 月	(内閣調査官) 警察庁へ出向 (警察庁警備局参事官に転出)
1975(昭和50)年 4 月	(警察庁・警視長) 内閣調査官に任命。調査第一部主幹
10 月	(内閣調査官) 兼調査第三部主幹
1978(昭和53)年 3 月	(内閣調査官) 願に依り本官を免ずる
6 月	社団法人国民出版協会会長 (〜一九九〇年五月)
2020(令和 2)年 5 月	前立腺がんのため死去、97歳

志垣民郎・岸俊光編『内閣調査室秘録 —— 戦後思想を動かした男』、内閣情報調査室『職員勤務記録』(平成4年4月)、志垣が日々の仕事などを綴った日記 (以下、「志垣日記」) を基に作成

†能弁な個人資料の数々

ここまで述べてきたように、横溝、吉原、志垣の三人は、戦前戦後の日本の内閣情報機構を語る上でのキーパーソンである。内閣情報機構に対する考え方はそれぞれ異なり、中でも情報委員会と内閣情報部を担った横溝、内閣調査室の中枢を担った志垣と、部外から厳しいまなざしを送り続けた吉原は対極に位置する。ただ、三人が残したのはそれぞれ別の時代の資料であって、微妙に重なりながら相互に補完し合う関係にある。考え方は三者三様でも、情報機関に関する自らの仕事に誇りを持ち、個人資料を用いながら情報機関の実態を語っているのである。

本書はおおむね、第一章〜第三章で「横溝文書」と横溝の著作を基に、戦前の情報委員会、内閣情報部、情報局を論じ、第四章、第五章で「吉原資料」を基に、第六章、第七章で「志垣資料」を基に戦後の内閣総理大臣官房調査室、内閣調査室を論じる。基本的に時系列に沿って記述するが、筆者の関心が戦前戦後の関係性にあるため、戦前と戦後の内閣情報機構を並べて比較検討することもある。ここまで書いてきた「内閣情報機構」は元来、横溝らが情報委員会、内閣情報部、情報局を包含して用いた概念だった。本書ではそれを内閣総理大臣官房調査室、内閣調査室、内閣情報調査室まで拡大し、首相直属の情報機関全体の意味を込めて使う。

それでは三人の資料を読み解き、知られざる内閣情報機構の軌跡を追体験してみよう。

第一章　行政史上初の内閣情報機構

†出所不明のマル秘資料

蔵書数二九〇〇万冊を超える早稲田大学中央図書館の地下一階研究書庫に、『戦前の情報機構要覧――情報委員会から情報局まで』という、カラシ色の表紙の古い書物がある。公式サイトで検索しても、一九六四年三月の出版とあるだけで、出版地、出版社は不明とされている。

この奇妙な冊子の存在に気づいたのは、筆者が新聞記者のかたわら早稲田大学大学院で内閣調査室がひそかに行っていた核政策調査を研究し始めた二〇一四年頃のことだった。一九三一（昭和六）年九月に端を発する満州事変に始まり、敗戦の年の一九四五（昭和二〇）年一二月に消滅した中央情報機構の足跡、すなわち、情報委員会の設置から内閣情報部を経て情報局の廃止までを網羅した、計三八六頁の膨大な記録に興味を持った。

書名の内閣情報機構とは、情報委員会、内閣情報部、情報局と変遷した中央情報機関を一括した呼び名である。表紙左上に㊙、右上に「一九六四年三月」と大書きされ、当時の内部文書をふんだんに用いているが、どの頁を繰っても執筆者や発行所のことは出てこない。

内閣調査室研究の合間に戦前の内閣情報機構のことを調べるうち、メディア史研究の大家である内川芳美《うちかわよしみ》の著書『マス・メディア法政策史研究』に、この本について言及した箇所があることを知った。満州事変に対する国際世論の圧力に対抗するため、一九三二年に外務、陸軍両省が時局同志会を組織し、これに海軍、内務、逓信《ていしん》、文部各省が加わり、非公式の情報委員会が置かれた。その経緯を述べた一文の註釈に、以下の短い記述があったのである（内川一九八九、一九九頁）。

「『戦前の情報機構要覧――情報委員会から情報局まで』（内閣調査室部内資料といわれている）」。

わずか十数文字の記述だが、ピンと来るものがあった。その頃、筆者は元内閣調査室主幹、志垣民郎のもとに足しげく通い、内調のさまざまな内部文書を閲覧していた。しばらくすると、内調の文書にある特徴があることに気づいた。作成した組織や執筆者を奥付に載せないのも、その一つである。関係団体や執筆者の名称を書いた小さな短冊を挟んでいることもあるが、それを抜いてしまえば、誰が作ったものかはうかがえなくなる。

問題の書の記述は正確であり、内川もその内容に信を置いている。本の作り方からしても、内閣調査室部内資料という見方は当を得たものだろう。しかし、内閣調査室の資料だとしても、なぜ戦後の一九六四（昭和三九）年になって、誰が、何のために作ったのか。そこまで考えをめぐらせたものの、経緯を知る手掛かりはなかった。当時は志垣にそれを尋ねることにも思いが至らなかった。戦後作られた内閣調査室の研究に没頭していた筆者は、戦前の情報機構のことを書く際に限定的に利用することにした。

第四章以下で詳述するように、戦後日本の情報機関は戦前を想起させる言論統制への懸念が高まる中で新設されたものである。戦後日本の情報機関について論じるなら、戦前の情報機関についても検討しなければならない（岸二〇一九、二二頁）。しかし、戦前戦後に連続性があるとしても、それにどうやって迫ればいいのか、その糸口はなかなか見つからなかった。

†記録を残そうとした人々

『戦前の情報機構要覧』はどのように作られたのか。それを調べる機会は、筆者が内閣調査室の核政策研究についてまとめた『核武装と知識人』と、そこで重要な資料を提供してくれた元内調主幹、志垣民郎の回想録『内閣調査室秘録』を二〇一九年に同時発表した後に訪れた。

翌二〇二〇年五月に志垣は回想録の出版を見届けるようにして亡くなり、長男信人氏の理解を得て資料や日記の整理にあたることになった。そして多くの資料に目を通すうち、元気だった頃の志垣からは聞いたことがなかった「内閣情報機構の創設」という題名の冊子があるのが目に留まった。表紙には「内閣情報機構の創設」「横溝光暉」と印刷され、他の資料と同様に志垣の花押が記されている。三三頁の小ぶりの冊子で、これも奥付などは作られていない。

だが、あとがきに内閣調査室の見知った職員の名前があるのを見つけた筆者は、しばらくこの資料を借りることにした。下野《しもの》信恭《のぶやす》というこの人物は、志垣が何度か口にした、内調の重要な業務を担った幹部だった。「志垣日記」には、内調の看板雑誌『調査月報』の編集や現実主義の学者相手の接待などで下野と行動を共にした様子が詳細に綴られている。下野は、内調の文化担当になった志垣にとって指南役とも言える存在だった。生前の志垣は筆者の質問にほとんど答えてくれたが、戦前の内閣情報機構との繋がりを語ったことはなかった。

「内閣情報機構の創設」に話を戻そう。そのあとがきには「脱稿してから、下野信恭、小林正雄両氏に送って、校閲をお願いした」とあり、さらにはじめにとして『戦前の情報機構要覧』が作られた経緯を説明していた。重要な証言なので引用しておきたい。

内閣情報機構創設の経緯につき、関係者として是非記録を書き残しておきたい、また書き残さねばならないと思いながら、その暇もなく、荏苒《じんぜん》今日に至ってしまった。すでに記録としては、昭和十六年四月一日付で情報局から「極秘」として、「情報局設立ニ至ル迄ノ歴史」(上)が印刷刊行されているが、これは当時の情報官陸軍歩兵少佐竹田《たけだ》光次《みつつぐ》君の執筆にかかり、同君によると、資料は情報委員会及び内閣情報部に常勤された情報官陸軍砲兵大佐清水盛明君から引継いだ書類の中に在ったものを使用したものであり、「(下)」は執筆に至らなかったということである(三九年来翰《らいかん》)。それにしてもようこそこれだけ纏《まと》めておいてくれたものであって、今日においては真に貴重な資料といわなければならない。さらに最近内閣調査官小林正雄君が、これをも含めて、さらに多くの資料を蒐《あつ》め、「情報委員会から情報局まで」の資料集を編纂し、「戦前の情報機構要覧」と題する記録を作成された。同君は情報委員会創設当初から情報局の廃止に至るまで、終始この内閣情報機構に勤務されたのであるから、その記録作成者として最大の適任者であり、私もかねてからその完成をお願いしていたのである。幸いにして、このほど退官される直前にこれを印刷に付されるに至った。(後略)

手元にある、『内閣情報調査室「職員勤務記録」(平成4年4月)』によると、小林正雄の略歴は次のようになっている。

一九五二(昭和二七)年八月一六日(総理府事務官)

一九五二(昭和二七)年一〇月一日内閣総理大臣官房調査室勤務を命ずる。

一九五二（昭和二七）年一一月一日（総理府事務官）内閣総理大臣官房総務課兼内閣総理大臣官房調査室、内閣総理大臣官房人事課勤務を命ずる。

一九五三（昭和二八）年二月一日（総理府事務官）内閣総理大臣官房調査室兼内閣総理大臣官房人事課勤務を命ずる。

一九五四（昭和二九）年六月一日（総理府事務官）調査官を命ずる。

一九五五（昭和三〇）年一月二七日資料主幹を命ずる。

一九五六（昭和三一）年四月一日調査第四部主幹。

一九五六（昭和三一）年六月二五日（調査官）浅沼主幹アメリカ合衆国へ出張不在中兼ねて総務部主幹代理を命ずる。

一九五七（昭和三二）年八月一日（総理府事務官、内閣総理大臣官房調査室調査官）国家公務員法第七八条第四号に依り本官を免ずる。

一九五七（昭和三二）年八月一日内閣調査官に任命する。

一九六一（昭和三六）年九月二九日（内閣調査官）調査第四部第一班長兼同部第二班長岡崎修海外出張不在中同班長の事務取扱を命ずる。

一九六四（昭和三九）年六月三〇日（内閣調査官）願に依り本官を免ずる。

戦前の内閣情報機構時代の経歴は、この中にはない。しかし『戦前の情報機構要覧』には、一九三六(昭和一一)年七月一日に設置された情報委員会職員名簿に、書記として小林の名前が明記されている。内調の別の人事記録(昭和二七年〜三五年分)を見たところ、小林は内閣総理大臣官房調査室が一九五二(昭和二七)年四月九日に新設されると、同年一〇月一日付で戦前の経験を生かせる内閣の情報機関に復職したらしい。そこで資料主幹を命じられたことも興味を引く経歴である。退官は一九六四年六月なので、その年三月に『戦前の情報機構要覧』が刊行されたという点でも平仄《ひょうそく》が合う。

大蔵省印刷局発行の古い職員録にあたると、東京都区内の小林の住所が分かった。住所表示は変更されており、区の住居表示新旧対照表で現在の住所を突き止めたが、小林姓は見当たらなかった。

下野の内閣調査室(前身の内閣総理大臣官房調査室を含む)の勤務記録も紹介しておこう。同じ『職員勤務記録』によると、下野の記録は次の通りである。

一九五六(昭和三一)年三月一日総理府事務官に任命する。
内閣総理大臣官房調査室勤務を命ずる。

調査官を命ずる。
広報主任を命ずる。
一九五六（昭和三一）年四月一日調査第三部主幹を命ずる。
一九五七（昭和三二）年八月一日（総理府事務官）（調査官）
国家公務員法第七八条第四号に依り本官を免ずる。
一九五七（昭和三二）年八月一日内閣調査官に任命する。
一九六二（昭和三七）年三月二六日（内閣調査官）
調査第三部第三班長事務取扱を命ずる。
一九六二（昭和三七）年四月二日（内閣調査官）
調査第三部第三班長事務取扱を免ずる。
一九六三（昭和三八）年七月二九日（内閣調査官）
調査第三部第二班長事務取扱内閣調査官志垣民郎海外出
張不在中同班長事務取扱を命ずる。
一九七〇（昭和四五）年八月三日（内閣調査官）
願に依り本官を命ずる。

一九四〇(昭和一五)年一二月に、内閣情報部を強化し設置された内閣情報局の職員住所録(同年一二月)にあたると、下野の名前が見つかった(小林の名前もそこにあった)。さらに、古い人事興信録にあたると、下野は一九三二(昭和七)年に東京大学文学部西洋史学科を卒業し、同年報知新聞社に入社、三九(同一四)年に内閣情報部情報官となり、情報局課長を務めたことが分かった。

戦前に情報委員会や内閣情報部、情報局という内閣情報機構に勤め、戦後もまた内閣調査室に勤務した職員が、この「内閣情報機構の創設」に関わっていたのである。

†五・一五事件、二・二六事件と横溝光暉

この「内閣情報機構の創設」を著した横溝光暉とは、どのような人物なのか。筆者は小冊子を精読し、内閣情報機構解明のカギを握る横溝の足跡を追うことにした。『戦前の情報機構要覧』を見ると、横溝が情報委員会設立の中心であったことはすぐに分かるが、戦後の内閣調査室を調べても思い当たらない名前だった。

横溝の記録を探すうち見つけたのが、国会図書館憲政資料室が保存する内政史研究会の資料だった(内政史研究会一九七三)。内政史研究会とは、辻清明《つじきよあき》や升味準之輔《ますみじゅんのすけ》が代表を務め、戦前の行政に携わった人々に主としてインタビュー形式で行政に関する意見聴取をした政治学者のグ

ループである。聴取の対象は六六人にのぼり、その中に横溝をはじめ、戦前の内閣情報機構を研究する貴重な記録が含まれている。この上下二冊にわたる記録のお陰で、横溝の人となりや、内閣情報機構の特に前半期の業務が相当理解できるようになった。

その下巻では、『戦前の情報機構要覧』が小林正雄の手によってまとめられたことを、横溝が説明している。さらに横溝は「内閣情報機構の創設」を自らが書いたことを明かし、いずれはそれを一般に公表するつもりである、と述べている。

この意見聴取が行われた一九七三(昭和四八)年一〇月から一年後、一九七四年一二月に「内閣情報機構の創設」は横溝の著書『昭和史片鱗』に収められる形で世に出た(横溝一九七四)。そこには、横溝が東京大学新聞研究所と内閣調査室で、内閣情報機構の創設から内閣情報部時代までを講話したことや、「内閣情報機構の創設」を前述の「情報局設立ニ至ル迄ノ歴史」(上)、『戦前の情報機構要覧』と内調での講話の速記を基に執筆したことが記されている。

『昭和史片鱗』は、横溝の昭和史三部作の第一作である。後年、『戦前の首相官邸』、『「昭和」への遺言——〝昨是今非〟を憂う』が次々に世に出た。一連の著作からは、戦争へと向かう時代の政治の重要局面に何度も立ち会った体験や、内閣のトップ官僚の有能さが垣間見える。印象深いエピソードをいくつか紹介してみよう。

海軍青年将校らが犬養毅《いぬかいつよし》首相を暗殺した一九三二(昭和七)年の五・一五事件は、政党政治の時代に終止符を打ち、軍部の発言権を増大させたクーデター事件として知られる。それから四年後の一九三六（昭和一一）年に起こった二・二六事件は、高橋是清《たかはしこれきよ》蔵相、斎藤実《さいとうまこと》内大臣、渡辺錠太郎《わたなべじょうたろう》教育総監ら政府要人が殺害され、政治・軍事の中枢が占拠されて、軍国主義体制が成立する決定的な契機となった。

この二つの重大事件を、横溝は内閣官房総務課長として身をもって体験したのである。官房総務課長は、戦後の官房副長官に該当する。横溝は、五・一五事件の半年前の一九三一（昭和六）年一二月に官房総務課長に就任し、二つの事件を挟んで、三六（同一一）年七月に情報委員会事務官兼内閣調査局調査官内閣書記官に転じるまで、その職にあった。『昭和史片鱗』には、横溝の知る政府部内の動きや、既刊の文献に関する当事者の考証が精密にまとめられている。

五・一五事件と二・二六事件の記述は、現場を知る者ならではの緊張に満ちたものである。五月晴れの日曜に起こった五・一五事件では、レクリエーションで高尾山に登り、夕方首相官邸近くの官舎に戻った直後に事件に遭遇した。官邸日本間に駆け付けると、首相はまだ息があり、手当を受けていた。そのうち状態が悪化し、午後一一時二〇分「全くの危篤」に陥った。一六日午前二時三五分高橋蔵相「臨時兼任内閣総理大臣」の親任式が真夜中の宮殿で行われ、この時をもって首相の死去が発表された。

詳細は同書にあたってもらうしかないが、驚くのは横溝の緻密な書きぶりだ。地下に埋めておいたため戦災を免れた当時の手記をまず掲げ、それと区分けした補遺解説と既刊文献の考証を載せるという周到さである。長い歳月を経て書いたものであるため、記憶違いが生じたり、あとで知ったことにより当時の経験が修飾されたりして混乱が生じることを避けようと、案出した手法だった。原稿の末尾には、初稿、改訂、再訂の日時まで明記するという徹底ぶりである。

ちなみに「全くの危篤」という奇妙な言い回しは、生理的な「死亡」を意味するが、危篤に陥った者の任官、陞《しょう》、叙位、叙勲等は存命中に行うのが建前だったため、手続きが危篤中に行われたものと見なす一種の擬制なのだという。

また二・二六事件では、岡田啓介《おかだけいすけ》首相が難を逃れ、代わりに義弟の松尾伝蔵《まつおでんぞう》大佐が誤認され、射殺されたことから、五・一五事件とはまた別のドラマが展開する。首相が亡くなったなら、五・一五事件の時と同様に「臨時兼任内閣総理大臣」の辞令が発せられる。しかし、首相が生存していて、しかも職務をとることができない故障がある場合は、内閣官制第八条に基づき、「内閣総理大臣臨時代理被仰付《おおせつけ》」という辞令が発せられることになる。

岡田首相は奇跡的に官邸から救出されたが、その生存はあくまで秘匿《ひとく》しなければならない。そのため、横溝が「内閣総理大臣臨時代理被仰付」の形式にするよう指示したのだった。辞令の奇妙さに不信を抱かれたら、首相の生存を探知される恐れがある。かといって法制に通じた横溝のような内閣書記官がいなければ、岡田首相が戻ってきた時に日本に二人の首相が同時に存在することになりかねない。

こうした薄氷《はくひょう》を踏むような場面が、五・一五事件の時の同じ精密な手法で描かれる。そして、横溝は二・二六事件後に成立した広田弘毅《ひろたこうき》内閣で設置された情報委員会の幹事長に就くことになったのだった。

†満洲事変の「二つの声」

内閣に直属の情報委員会を設置する話が具体化したのは、岡田内閣の末期、一九三五（昭和一〇）年秋頃のことだった。だが、そこに至るまでには四年にわたる前史があった。

外務省や陸海軍固有の情報機関のほかに、これらの情報を政府全体の立場から総合調整する情報機構が必要だと認められるようになったのは、満洲事変が大きなきっかけである。

一九三一（昭和六）年九月一八日、日本が南満洲鉄道の線路を爆破した柳条湖《りゅうじょうこ》事件が、満州事変の契機になった。政府は不拡大方針をとったが、現地の関東軍将校が暴走し、翌一九三二（同七）年三月には満洲国を樹立した。ドイツとともに日本が既成の国際秩序の挑戦者となり、一九三三（同八）年の国際連盟脱退につながった軍事作戦と位置づけられている。だが、当時の内閣情報機構資料にも、戦後に編まれた『戦前の情報機構要覧』などにも、日本の軍事行動に対する批判の言葉は見られない。

時の政府の問題意識は、日本から「二つの声」が外国に流れ、国内外に誤った認識を与え、国論の不統一を暴露し、国策遂行上支障をきたした、という点にあった。すなわち、陸軍、海軍、外務省の間に情報宣伝について密接な連絡がなく、英国のロイター、米国のAP、UPのような国家的通信社もなかっただけでなく、陸軍が日本電報通信社(電通)を、外務省が聯合《れんごう》通信社(聯合)をバックアップする関係だった(横溝一九七四、二一九〜二五八頁)。

陸軍の行動を支持する電通と、外務省との関係が深かった聯合の報道はしばしば食い違い、国際的にも不信を招いたのである(『戦前の情報機構要覧』七頁)。

同時代の新聞人は、「二つの声」の弊害をリアルに伝える(御手洗辰雄《みたらいたつお》一九五二、一四九頁)。

「昭和七年一月、錦州《きんしゅう》爆撃が問題となつた時、電通は日本軍は必要あれば爆撃を辞せぬと報道し、聯合は爆撃せずとの予想を打電した。結果は爆撃が行われて内外を衝動したが、外国の新聞通信はもちろん、一般輿論《よろん》も日本の代表通信による正反対なこの報道ぶりに甚だしい不信を表し、外交上にも非常な不利を来した。その後国際聯盟脱退に際しても、電通は脱退必至と報じ、聯合は脱退せずと伝えて結果は電通の勝利となつたが、列国を惑わすこと甚《はなは》だしく、各国の新聞、通信社が調査した結果、電通は陸軍と結び、聯合は外務省の補助を受けている関係上、かような重大問題に対する観測が異なり、結果はいつも陸軍の意向を代表する電通の勝利となるものと結論するに至つて日本に対する不信はますます甚だしくなった」。

現代日本のメディアには、政治部記者が政治家に、社会部記者が検察に〝飼い犬〟化され、官庁からの情報リークに基づく〝メディア・スピン〟が常態化していることに、批判が寄せられる。電通と聯合という当時の通信社も、それと同じ傾向を持っていたのである。

アメリカは、第二のパールハーバーのような奇襲攻撃を大統領に事前に警告することを使命として、CIA（米中央情報局）を創設した。同様に日本が、満州事変における国際宣伝戦の失敗から中央情報機関の設立検討へと向かったのは、必然だったのかもしれない。

満洲事変後、関係各省が宣伝の基本方針を決定し、共同歩調を取ることで陸軍、外務両省が一致して、一九三二（昭和七）年五月頃に「時局同志会」が作られた。その後、官制による「対内外宣伝委員会」を内閣に設置する案が浮上するが、それには時間を要するため、やむをえず官制によらない非公式の委員会が同年九月に外務省内に設置された。同年の五・一五事件後に斎藤実内閣が成立すると、九月の情報委員会で「国家代表通信社」設立の方針が決定された。

その後ナショナル・ニュース・エージェンシー、同盟通信社が一九三六（昭和一一）年一月に設立されるが、聯合と電通の合併交渉は難航し、複雑な経過を辿ることになる。同盟の興亡については重厚な研究があるので、それを参照してもらうとして（例えば里見脩《さとみしゅう》二〇〇〇、鳥居英《とりいひで》晴《はる》二〇一四)、ここで指摘しておきたいのは、同盟設立が非公式の情報委員会を強化する要因になったということである。

「内閣情報機構の創設」の中で、横溝はこの間の事情を次のように書いている。
「けだしこの国家的代表通信社設立の暁には、どの省が監督育成の主務官庁となるべきかの問題があり、到底一省のよくするところではない。(中略)今や時世は単に消極的な公安保持の必要性を越えて、積極的に国の意図、国策の真義を内外に周知徹底せしめることが緊要になって来たことからすれば、それはいわば関係省総掛かりでなければならず、従ってその間の連絡調整はきわめて大事なことになる」(横溝一九七四、二二五頁)。

さらに『戦前の情報機構要覧』は、無線通信が進歩し、日本放送協会がラジオ放送を通じて、国民に同盟通信社が各国の新聞を通じて日本のニュースを伝えることができる情勢になっていたことに言及している。これらの放送通信内容については電信法、無線電信法の規定により逓信省がいわゆる通信警察権を持っていたものの、ニュースの内容は外交、内治、軍事、経済、文化の各般にわたり、逓信省だけで判断することはできない、と述べる。

こうして閣議決定をもって内閣に情報委員会を設置することに外務、陸軍等の関係官の話がまとまり、議論の外にいた官房総務課長の横溝に陸軍省軍務局の中佐が腹案を持ち込んできたのである。

†生みの親　育ての親

内閣情報機構をどのような形で設置するかは、戦前も戦後も重要なポイントであり、省庁間の権限争いにもつながる問題だった。詳しくは後述するが、戦後新設された内閣総理大臣官房調査室では総理府内部部局の組織規程の改正という簡便な方法が取られた。組織の作られ方は、業務内容はもちろん、国民に理解を求める際も影響するのである。

当時、外務、陸軍、海軍、内務、文部、逓信各省の非公式な集まり（非公式の情報委員会。後述する官制による情報委員会とは別物）を受け、陸軍省軍務局の池田《いけだ》純久《すみひさ》中佐が横溝に持ち込んだ案は、閣議決定によって情報委員会を内閣に設置し、首相官邸の一室に常任幹事が常勤するという趣旨は書かれているが、情報委員会の職責、権限、運営方法が何ら示されていない「法三章的」（法律がきわめて簡略なこと）な要項書だった。この粗雑な要請を前にして、横溝は能吏ぶりを発揮する。

情報宣伝について、首相の「行政各部統一保持」の職責を果たすためには若干のスタッフ組織を確立すべきだと考えていた横溝は、官制による正式の機関を作るべく奮闘する。内閣情報機構と外務省は、戦後も権限争いを繰り広げるが、この時も外務省の重光葵次官が閣議決定によることを要求し官制に反対した。だが、軍の政治関与が激しくなってきた頃であり、「責任の所在も不明確になりがちな生半可な閣議決定などでこの重要機関を設置し、次第に横車を押されるようになってはならない」という横溝の意見が通って、官制で行くことに決した。

この情報委員会設置の趣旨を、どのように理解すればいいのだろうか。

情報委員会官制第一条は「情報委員会ハ内閣総理大臣ノ管理ニ属シ各庁情報ニ関スル重要事務ノ連絡調整ヲ掌《つかさど》ル」と書いている。また、「官制制定ニ当タリテノ閣議了解事項」は「第一条ニ所謂「情報」ノ中ニハ「啓発宣伝」ヲ含ム」とし、「「連絡調整ヲ掌ル」トハ「連絡ヲ緊密ニシテ統一ヲ保持スル」ノ義ナリ」と解説する。

『戦前の情報機構要覧』によると、情報委員会設置の趣旨として、さらに次のような注文がつけられた。

「他国ノ例ノ如ク独立シタ情報宣伝機関トシテ街頭ニ進出シタリ又一般言論ノ統制ヲ実行スルモノデハナイ。故《ゆえ》ニ情報委員会ガ直接情報ヲ蒐集シ或ハ外部ニ情報ヲ発表スルコトナク、殊ニ外国公館或ハ外国新聞通信社関係者ト接触スルコトモナイ。各庁ニ於テ夫々《それぞれ》職務トシテヰル情報事務ヲ侵スモノデハナク、政府部内各庁ニ属スル情報事務ノ連絡調整ヲ行ウテ国策遂行ニ遺《い》漏《ろう》ナキヲ期セントスルモノデアル」。

首相による情報政策の統一を目指す意図と、各省がやっていることには手を出さないというセクショナリズムの激しさが併存した両義的な言い回しである。

第一条の「管理ニ属シ」という言い回しも議論を呼んだ。法制局の審査の際、「監督ニ属シ」の誤りではないかと質問が出たのである。これに対し、横溝は都市計画委員会や朝鮮総督府林《りん》野《や》調査委員会に「管理ニ属シ」の先例があるし、「管理」だと当該大臣の指揮監督権は内部部局と大差ないくらい立ち入って行われ、「監督ニ属シ」とは大きな差がある、と切り返した。

一つ付け加えると、次に述べる情報委員会事務規程などで頻発する「国策」とは、「国の政治行政に関する諸国方策」というほどの意味である。あえて「国策」という言葉を遣ったのは、一党一派のための情報政策や一内閣だけの利益を目的とした政治的情報政策を避けようとしたからにほかならない、と『戦前の情報機構要覧』は言う。

さまざまな狙いを込めた内閣情報機構は、時代を降るにつれ、当初の意図とは異なるものになっていった。

そのとき横溝が最も腐心したのは何だったのだろうか。一方で満洲事変に際して「二つの声」が外国に流れたことが反省され、他方で内閣情報機構をめぐる各省の主導権争いが激しくなる中で、首相が「行政各部の統一」を図ることではなかったか。

明治憲法下の首相や内閣は力が弱く、分権的・割拠的だったと見なされてきた。近年この理解に再考を迫る研究も発表されている（佐々木二〇一九）が、一九三〇年代以降、軍部、特に陸軍が台頭して内閣を動揺させるような風潮の中で、横溝が情報委員会の設置にあたり、「内閣総理大臣ハ各大臣ノ首班トシテ機務ヲ奏宣《そうせん》シ旨ヲ承《う》ケテ行政各部ノ統一ヲ保持ス」（内閣官制第二条）との条項を強く意識していたことは確かだろう。

ここで横溝が情報委員会の所掌《しよしよう》事務を具体的に起草し、閣議決定された「情報委員会事務規程」を見ておこう。情報委員会事務規程第一条に挙げた所掌事務は次の通りである。

一　国策遂行ノ基礎タル情報ニ関スル連絡調整
一　内外報道ニ関スル連絡調整
一　啓発宣伝ニ関スル連絡調整

この三大職務のほかに、表には出ていないが新設された同盟通信社の育成という大きな任務があった。また、横溝の手になる「情報委員会ノ職務」と題する解説も用意された。例えば、「内外報道ニ関スル連絡調整」については、次のような釈義を示す。運営上の規範になった重要な文献なので、紹介しておきたい。

「国ノ内外ニ弘布《こうふ》セラルル「ニュース」ハ固《もと》ヨリ正確公平ナラザルベカラザルモ、各庁夫々ノ立場ニ於テ之ヲ与ヘラルル結果、或ハ一庁ノ一面的判断ヲ以テシ、国家全局ヨリ総合セル結論的意見ノ捕捉ニ苦シマシメ、内ハ輿論ヲ誤リ、外ハ国論ヲ誤解セシムル虞《おそれ》ナシトセズ。（中略）

故ニ今日ニ於テハ、消極的ニ内務省ノ出版警察権ニ依ル公安保持ニ止マラズ、積極的ニ「ニュース」ノ弘布ニ対シテ国家的批判ヲ加へ、国家ノ利益ニ資スル所ナカルベカラズ、而《しか》モ其ノ内容タルヤ外交内政諸般ノ方面ニ渉ルヲ以テ、益々各庁情報事務ニ関スル連絡調整ヲ図リ統一保持ヲ期セザルベカラズ」。

この釈義については、内外報道のネガティブなコントロールだけでなく、ポジティブなニュースの流通に国家が介入することに注目した研究がある。内閣情報機構の特徴に関わる重要な指摘であり、第三章で検討したい。いずれにしても三つの所掌事務は、情報委員会が一年有余にして内閣情報部に改組された際、「各庁ニ属セザル情報蒐集、報道及び啓発宣伝」の一項目を加え、内閣情報部官制第一条にとして表に出た。

横溝は情報委員会の三つの所掌事務や解説について「何らの参考文献も持たず、探しもせず、まったく私の貧しい頭の中からひねり出し、そして「情報委員会ノ職務」なる解説を書いたのだから、今から顧みると、盲目蛇におぢざるの類か、実はまったく冷や汗もの」と書いている（横溝一九七四、二三〇頁）。そうではあっても、この所掌事務と解説が、情報委員会と内閣情報部を通じて運営の規範となった重要な文献であることは間違いない。後年、内閣情報局の設立過程を研究した内川芳美は、横溝を「情報部の生みの親　育ての親」と評している（日本新聞協会一九七九、九六頁）。

†広田弘毅首相の下命

官制案が裁可され、「情報委員会事務規定」と「情報委員会ノ職務」と題する解説も閣議決定されて、一九三六（昭和一一）年七月一日に情報委員会の官制が公布されることになった。

次に重要なのは人事であった。

「情報局設立ニ至ル迄ノ歴史」（上）と『戦前の情報機構要覧』が、委員会の職員名簿を掲載している。委員長と委員の顔ぶれは次の通り。

委員長　内閣書記官長　藤沼《ふじぬま》庄平《しょうへい》
委　員　（常任）法制局参事官　樋貝《ひがい》詮三《せんぞう》
（常任）資源局長官　松井《まつい》春生《はるお》
対満事務局次長　青木《あおき》一男《かずお》
外務次官　堀内《ほりうち》謙介《けんすけ》
（常任）外務省情報部長　天羽《あもう》英二《えいじ》
内務次官　湯沢《ゆざわ》三千男《みちお》
（常任）内務省警保局長　萱場《かやば》軍蔵《ぐんぞう》

大蔵次官　川越《かわごえ》丈雄《たけお》
陸軍次官　梅津《うめづ》美治郎《よしじろう》
（常任）陸軍少将　磯谷《いそがい》廉介《れんすけ》
海軍次官　長谷川《はせがわ》清《きよし》
海軍少将　野田《のだ》　清《きよし》
司法次官　長島《ながしま》　毅《はたす》
文部次官　河原《かわはら》春作《しゅんさく》
農林次官　長瀬《ながせ》貞一《ていいち》
商工次官　吉野《よしの》信次《しんじ》
逓信次官　富安《とみやす》謙次《けんじ》
逓信省電務局長　平沢《ひらさわ》　要《かなめ》
鉄道次官　喜安《きやす》健次郎《けんじろう》
拓務《たくむ》次官　入江《いりえ》海平《かいへい》

情報委員会官制によると、委員長は内閣書記官長を充て、委員は関係各庁勅任官の中から任命され（第二条）、幹事は関係各庁高等官の中から命ぜられることになっていた（第四条）。

委員長となった藤沼は、社会運動の取り締まりや検閲を含む警察行政全般を管轄する警保局長、警視総監などを歴任した内務官僚。委員の中には、満州事変後の各国の中国経済援助政策に反対する、いわゆる「天羽声明」を公表した天羽英二外務省情報部長の名前も見える。天羽はのちに東条英機内閣で、内閣情報部を改革し強化した情報局の総裁を務めた。他にも、委員には後年、米艦ミズーリで降伏文書に署名し、極東国際軍事裁判（東京裁判）で終身刑となった梅津美治郎陸軍次官、軍部の宣伝、言論統制の一翼を担う海軍報道部長を務めた野田清海軍少将、政治学者吉野《よしの》作造《さくぞう》の弟吉野信次商工次官らが顔をそろえている。ちなみに映画監督の実相寺《じっそうじ》昭雄《あきお》は、海軍大将・台湾総督の長谷川清の孫にあたる。

これらの興味深い顔ぶれとは別に、急ぎ決めなければならなかったのが、下部機構にあたる事務局の専任職員だった。常勤事務官は所属官庁の都合もあり、開庁日までに間に合わなくてもやむを得ないが、専任職員は官制公布当日に発令されなければならない。しかも「幹事長ハ上席専任情報委員会事務官ヲ以テ之ニ充ツ」（官制第四条第二項）とあるから、まずこの人選を行い、その人物が陣容を整えていかなければならない。

この要となる幹事長に指名されたのが、横溝光暉その人であった。横溝は自分の親しい内務省の先輩を藤沼書記官長に推薦し、外務省も省内の人材を推したが容れられず、かえって藤沼は横溝自身に「ぜひ引受けよ」と言ったのである。

情報委員会事務局開庁式の記念写真。1列目の左から4人目が横溝光暉幹事長。右隣が内閣書記官長の藤沼庄平委員長（1936年7月1日、横溝幸子さん提供）

「内閣情報機構の創設」で、横溝は当時を振り返り、こう書いている。
「これには私もまったく驚いた。第一代は何としてもよく事情のわかり、各省をおさえてゆける人物でなければならぬというのが書記官長の意嚮《いこう》である。私は創設準備のため官制案その他の立案こそしたが、創設された場合に自分が専任職員殊に幹事長という中枢の大役になろうなどとは、夢想だにしなかったところである」。

横溝が固辞したのは、幹事長だと勅任事務官になるという事情もあったようだ。横溝は一九三三（昭和八）年八月に兼任ながら法制局参事官として既に「兼勅《けんちょく》」（本官内閣書記官三等、兼官法制局参事官二等）の形で勅任になっており、幹事長として「本勅《ほんちょく》」（本当の勅任）

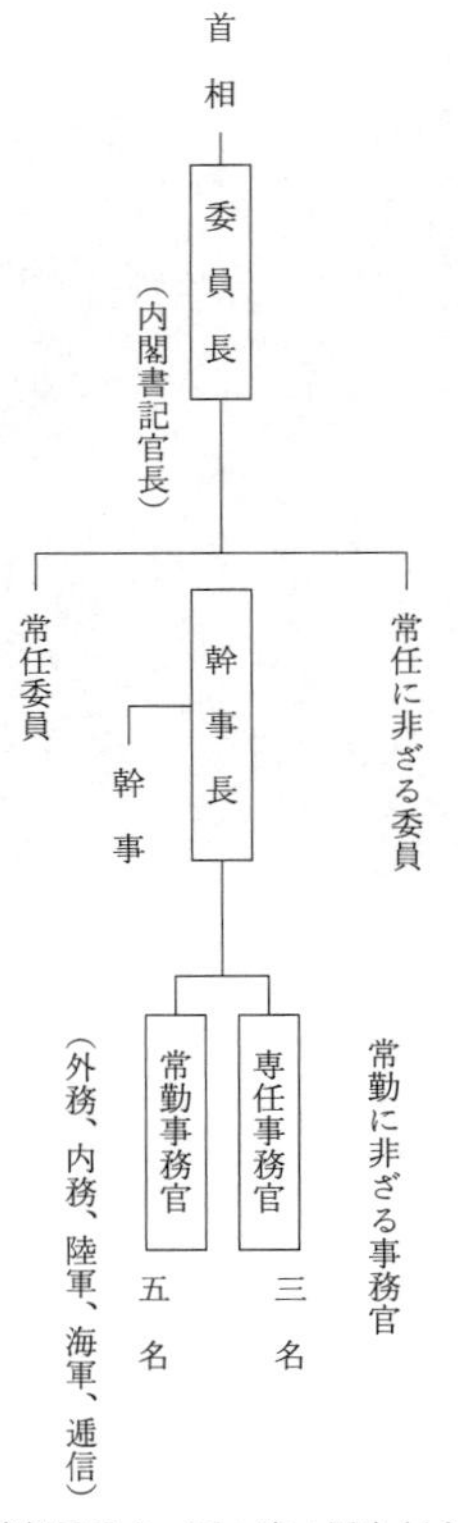

「情報局設立ニ至ル迄ノ歴史（上）」を基に作成
図一－1　情報委員会の組織

になろうとして自ら道を作って納まったと、「出世主義」が渦巻く官界で陰口を言われるのを嫌がったのだった。

「天皇の官吏」だった戦前の公務員制度では、まず公法上の関係にある官吏と民法上の雇員、傭人などに分けられ、官吏はさらに高等官と判任官に分けられていた。高等官は最上位に各省大臣などの親任官と言われる勅任官のグループ、その下に高等官一等、二等の勅任官、一番下は高等官三等から九等の奏任官のグループがある階層構造だった。

しかし藤沼書記官長は譲らず、ついに広田首相が横溝を呼び、ぜひとも受けるよう下命するに至って、受諾しないわけにはいかなくなった。横溝が日本の行政史上初めての内閣情報機構の立案者から実務の責任者になった運命的な場面だった。

「内閣情報機構の創設」から、その時の様子を引いておこう。

「当時の私の手記を見ると、こうした経緯を書いた後に、「遂に総理からも御下命をうけ、茲《ここ》に愈々《いよいよ》私が乗り出すことになった。同盟通信社の幹部、調査局の連中等も連《しき》りに私の就任を希望し、その他でも私より外適任者なしとの声をきいた」と書いてある。私としてはまことに光栄の至り、感銘に堪えないところである」。

†常勤にして、ただで使う

こうして横溝は、事務官の陣容を自ら整えることになった。両腕となる専任事務官として、横溝に幹事長就任を口説いた逓信省電務局無線課長の川面隆三《かわづらりゅうぞう》書記官の転任を懇請《こんせい》し、外務省からも同省情報部第三課長の喜多長雄《きたながお》書記官の推薦を得た。さらに、同盟通信社設立に尽力した内閣調査局調査官の奥村喜和男《おくむらきわお》に兼任を頼んだ。

庶務を担当する専任書記には、内閣官房の若手だった小林正雄ら三人を抜擢し、首相官邸からも一人兼務してもらった。この小林が後年、『戦前の情報機構要覧』をまとめることになったのである。

事務局の構成は、専任職員が事務官三人、書記四人という少人数だった。ただ、ここで横溝が専任職員の数の少なさを補うためにユニークな知恵を出しているので紹介しておこう。

情報委員会官制には、「内閣総理大臣ノ奏請《そうせい》ニ依リ関係各庁高等官ノ中ヨリ内閣ニ於テ事務官ヲ命ズルコトヲ得」（第七条）という規定があった。「内閣情報機構の創設」によると、専任事務官には「任情報委員会事務官」という辞令が出るのに対し、この規定にいう事務官には「情報委員会事務官被仰付」という辞令が発せられる。

部外者には何とも分かりにくい違いだが、最も意味ある点は、軍人が専任事務官になるには予備役とならなければならず、出世の道が閉ざされるし、高等試験行政科試験合格者でなければ高等試験委員による審査を要し、現役のままでは任官できない。だが、「被仰付事務官」なら現役のままで差し支えがないのだという。

前述した内政史研究会が一九七三年九月二五日に行ったインタビューで、横溝は次のように説明している。「被仰付事務官というのは連絡官なのですよ。（中略）それは兼任とするわけでもない、嘱託でもないのです。そこで「仰せつけられる」というので、仰せつけられるというのはどんな地位の低い人でも、それにするならば上奏ご裁可を経るという扱いですね」。

一九二七（昭和二）年に内閣に設置された戦時動員のための総括機関である資源局に先例があり、これを踏襲したのである。軍人の適任者を軍部と密接に関係のある行政部門に採用する便法だったが、「後日この制度がいささか濫用された嫌いがあることは否み得ない」と、横溝は述懐している（横溝一九七四、二三五頁）。

さらに横溝は、被仰付事務官について情報委員会事務規程の中に「内閣総理大臣ハ官制七条ノ事務官中若干人ヲ限リ本属長官ノ承認ヲ経テ常勤ヲ命ズルコトヲ得」（第五条第一項）という規程を作り、「被仰付事務官」を専任事務官と同様に勤務させることができる「常勤事務官」を設けた。「内閣の人件費を使わず、関係庁の人件費によって、内閣に出向させ、内閣の事務を掌らしめるすこぶる虫のよい規定」、つまり内閣の「常勤」にして「ただで使うということ」だった（横溝一九七四、二三五～二三六頁、内政史研究会『横溝光暉氏談話速記録〔下〕』四〇頁）。

戦後になり、内閣総理大臣官房調査室が日本の独立直前の一九五二（昭和二七）年四月に新設された際、内部資料によると、最初のメンバーは国家地方警察を主力とする七人だったことになっている。だが、そのいずれもが兼務であり、実際は四人にすぎなかったと、当時を知る元内閣調査室主幹、志垣民郎は証言した（岸二〇一九、二三～二六頁）。戦後の公務員制度は「国民全体の奉仕者」として転換されたが、内閣情報機構が戦前も戦後も似通った方法で人集めをしているのは小組織ゆえの悲哀というべきかもしれない。

†首相揮毫の「以和為貴」掲げる

被仰付事務官には各省関係官一六人が任命され、そのうち外務事務官の太田《おおた》三郎《さぶろう》、内務事務官の小貫弘、陸軍砲兵少佐の清水盛明、海軍中佐の光延東洋《みつのぶとうよう》、逓信省事務官の宮本吉夫《みやもとよしお》が常勤することになった。横溝によれば、外務省から来た太田は鼻っ柱が強く、清水や光延ら軍人相手に大いにやりあった。啓発宣伝の一翼を担った政府広報誌『週報』の発刊は、逓信省の宮本が言い出したという。

人繰りの次に問題になったのは場所である。横溝が目を付けたのは、二・二六事件以来閉ざされていた首相官邸の日本間だった。幹事長室に充てた奥の一室は、かつて二・二六事件の時に岡田首相の身代わりになった松尾伝蔵大佐の遺体が横たわっていたところ。専任・常勤事務官の部屋は、五・一五事件の時に犬養毅首相が凶弾に倒れたところ。この日本間はまさに「五・一五事件、二・二六事件と相ついで血塗ぬられた疾風怒濤《しっぷうどとう》の昭和史の史蹟」であった。「別に化物も出ないと思うんだけれども、閉されてありましたから、日枝《ひえ》神社の神主に来て貰ってお祓《はら》いをして、そして開けて、あそこを事務所に使ったのです。これは閣議との連関もいいし、非常に便利なんですよ」と横溝は振り返る（内政史研究会『横溝光暉氏談話速記録（下）』八頁）。二つの事件を体験した横溝ならではの、合理主義的で豪胆な発想と言えよう。

専任・常勤事務官室には、中央に幹事長席を置き、専任二人、常勤の被仰付五人の順番にコの字型に各人の机を並べ、会議や執務を行った。常勤事務官の机には、庁内電話のほか出身省への直通電話を備え、迅速な連絡調整ができるようにした。さらに壁間には、広田首相に揮毫《きごう》してもらった聖徳太子《しょうとくたいし》の一七条憲法の冒頭にある「以和為貴」の言葉を表装して掲げた。寄り合い所帯の内閣情報機関を悩ませた各省のセクショナリズムを思い起こさせる逸話である。

こうして情報委員会は発足し、広田首相は一九三六（昭和一一）七月一日に辞令伝達と訓示を行った。「人間生れて歴史を作るより愉快なことはない。委員会の発足に当り、其の使命にかえりみ之を遂行して新しき正しき流れを作り、委員会としても諸君としても将来の思い出とせらるることを切に希望いたします」。藤沼書記官長は自叙伝の中で、このようにその日に述べた自らの訓示に触れている（藤沼一九五七、二二二頁）。

そして翌二日には、情報委員会第一回総会が総理大臣官舎内で開催された。そこで広田首相が述べた訓示はおおよそ次のようなものであった。

外交内政の各般の方面に於て、政府が国策を樹立し、之を遂行するに当りましては、正しき情報の基礎に立脚しなければならぬこと固《もと》より申すまでもありません。然《しか》し乍《なが》ら今日の如き複雑なる行政機構の下に於て、各庁の得る情報は同一事案に関し、或は彼此《ひし》矛盾撞着《むじゅんどうちゃく》することもあり、或は一面的判断に陥る場合もないではないのであります。それ故に何等か常置的国家機関を設けて専門的に絶えず各庁情報に関する連絡調整を行ひ、以て国策の遂行に資するの要があるのであります。それと同時に国策遂行に当って国民に対し公正なる智識を啓《ひら》き、延《ひ》いて健全なる輿論を培ふが為に各庁の行ふ所謂啓発宣伝の事務に就きましても亦《また》、同様に其の連絡調整を図り、国策遂行に遺漏なきを期すべきであります。更に又最近に於ける報道通信の発達殊に無線科学の驚くべき進歩に伴ひまして、国内及国際報道に一大境地が展開され、新聞通信乃至《ないし》放送は内に於ては国民の与論を左右し、外に対しては国論を代表するの重要なる役割を演じて居るのであります。故に国策に関聯ある事案に就ては、対内的に輿論を誤らしむることなく、対外的には国論を誤解せしめざる様深く留意せねばならぬと共に、進んで正確公平なる報道の普及を図り、正しい輿論の発生に努め、事案の実相と帝国の真意とを誤りなく伝へて国際的諒解の増進に資することが必要となるのであります。政府が曩《さき》に社団法人同盟通信社の設立を斡旋致しましたのも、全くこの趣旨に出でたものでありますから、今後益々同社が国家的見地に基く健全なる発達を遂げ其の機能を遺憾なく発揮せんことを望む次第であります。それと同時に政府部内に於ても各庁情報事務に関する連絡を図り、報道の正確公平を期すべきであります。(『戦前の情報機構要覧』四四〜四五頁)

広田が首相に就任したのは一九三六(昭和一一)三月九日、近代日本最大のクーデター未遂事件となった二・二六事件に善処して政治的空白を埋め、粛軍の実を挙げることが急務だった。

東京裁判で処刑された唯一の文官という悲劇性も相まって、広田は何度も論じられてきた外交官・政治家である。城山三郎《しろやまさぶろう》のベストセラー『落日燃ゆ』の影響は大きく、その同情的な解釈を修正する研究が近年いくつか発表されている（服部二〇〇八、井上二〇二一）。ただし、在職日数三三一日に終わった首相時代の業績として情報委員会の設置を取り上げたものは見当たらない。軍部大臣現役武官制の復活、「庶政一新」を目標に掲げた社会政策、統制政策、格差是正政策などの広範な改革、対中国外交と、検討すべき問題が多いからでもあろう。

他方で、戦前の情報委員会から戦後の内閣情報調査室に至る内閣情報機関の歴史から見ると、広田内閣は日本の行政史上初めて内閣情報機構を設けた政権である。広田は情報委員会にどのような狙いを込めたのか。長文をいとわず情報委員会第一回総会での訓示を引いたのは、そこから広田らの意図や新しい情報機構のありようが読み取れるように思うからだ。

†前史としての外務省情報部

広田は、一九〇六（明治三九）年の外交官領事官試験に首席で合格した外交官である。この時の合格者一一名の中には、のちに首相となる吉田茂がいた（広田弘毅伝記刊行会編一九六六、三八頁、猪木一九八一、六七〜六八）。吉田首相は、日本が独立する直前の一九五二（昭和二七）四月に内閣総理大臣官房調査室を新設した。連合国軍総司令部（ＧＨＱ）の参謀第二部（Ｇ２）と手

1936（昭和11）年7月2日、首相官邸内で開かれた情報委員会第1回総会の際の記念写真。前から2列目の左から2人目が横溝光暉幹事長。1列目の左から6人目が広田弘毅首相（横溝幸子さん提供）

を結び、内閣総理大臣官房調査室などを作った吉田は、「日本情報機関の父」と形容されることもある（春名二〇〇三［下］、九五〜一四八頁）。広田と吉田という同期入省の二人がそれぞれ、戦前戦後に内閣情報機構を創設する最高責任者になったことは興味深い符合である。

広田の経歴で特筆すべきは、一九二一（大正一〇）八月に新設された情報部第二課長に就任したことだ。広田がこのポストに就いたのには伏線がある。

一九一九（大正八）年、第一次世界大戦後のパリ講和会議に参加した少壮外交官が外務省の改革を語り合い、世界各地の出先公館に檄《げき》を飛ばして同志を糾合《きゅうごう》した。日本全権団の随員だった有田《ありた》八《はち》郎《ろう》によると、「たしかイの一番に同志として現われたのは当時ワシントン大使館で一等書記官をしていた広田弘毅君でみんなを喜ばせた」という（有田二〇二二、三三頁）。

有田は、ほどなく仲間を糾合し、「外務省革新同志会」というグループを結成する。革新同志会がまとめた「革新要目」の中には、「国内諸般の事情を通報せしめるための一局新設」がうたわれていた。日本の国内事情を外国に宣伝・広報する、のちの情報部新設を目指すものだった。同省内では「外交の本流に直接触れない部局である情報部と文化事業部」は「蔑視」されていたが（石射《いしい》二〇〇七、一六〇頁）、外務省改革に早くから賛同していた広田は、対外広報の重要性をよく承知していたのであろう。

実際、外務省情報部が設けられたのは、第一次世界大戦の結果、日本の国際的地位が上がり「東洋的外交の範疇より世界的外交場裡に躍進したため」と、「パリ講和会議の際、日本の対外情報宣伝活動が欠如していることが痛感された」ためであった（広田弘毅伝記刊行会一九六六、六二頁）。ワシントンから帰国した広田は、米国事情や世界の大勢に通じているとして、欧米諸国とその属領の情報事務を扱う情報部第二課長に任命された。

外務省情報部が創設されるまでには、古くは清朝末期の一九〇〇（明治三三）年に起こった民衆運動、義和団《ぎわだん》事件にさかのぼる前史がある（松村一九七一）。また、陸軍の言論政策は一九一九（大正八）年五月に設置された陸軍省新聞班あたりまでさかのぼる。ここでは、情報委員会の設置に関わる前史に絞って外務省と陸軍の動きを紹介しておこう。

第一次大戦後のパリ講和会議が日本政府に広報外交を促したのは前述の通りだが、具体的には中国の強力な宣伝攻勢に日本が危機感を募らせた経緯があった。

約半年にわたり開催されたパリ講和会議で日本を悩ませたのは、顧維鈞《こいきん》、王正廷《おうせいてい》ら「ヤング・チャイナ」と呼ばれる中国代表団の対日宣伝である。講和会議に日本が提出した要求事項のうち、最も紛糾したのが中国山東《さんとう》半島における旧ドイツ権益の日本継承をめぐる問題であった。日本は第一次大戦で山東半島を占領、対華二十一カ条で権益の継承を求め、講和会議でそれを認めさせようとした。これに対し中国側は日本に反対し、諸外国の支持と同情を求めて猛烈な宣伝攻勢を展開したのだ。

講和会議に随員として参加した若き近衛《このえ》文麿《ふみまろ》は、秘密外交が過去の遺物となり、国民外交・公開外交の時代が来ようとしているとの所感を残している。一〇〇年前のウィーン会議を想起し、「ウィーン時代の政治家がほとんど夢想だにせざりし大規模のプロパガンダが今次の講和会議で重大なる役目を演じたりし事実」、「プロパガンダにつきては支那人の方遥かに日本人よりも心掛があるようなり」という近衛の観察は鋭い（近衛二〇一五、二二六〜二二七頁）。

広報外交に対応しようとする動きは、実はパリ講和会議以前から日本政府部内にもあった。原敬《はらたかし》首相はローマから全権委員として参加した伊集院彦吉《いじゆういんひこきち》大使に欧米各国の政府広報機関について調査研究するよう委嘱し、「本部を内閣に置く統合案」が原に報告されている。原は陸海軍を制御するのは難しいとして、「外務省に有力な情報部を作り、そこで情報の収集、交換、配布などを行」う腹案を示した（松村二〇〇二、二三五～二三六頁など）。

実際、講和会議を経験して危機感を抱いた有田八郎ら若手外交官が、前述したように外務省革新同志会を一九一九（大正八）年に結成し、さらに一九二〇（同九）年四月から外務省内に情報部が事実上設けられた。そして、中国による対日宣伝攻勢の再燃が予想された一九二一（同一〇）年一一月からのワシントン会議に備えることとなったのである。

結局、ワシントン会議は、日本政府から代表団への暗号電を米国政府の「機密室（ブラック・チェンバー）」が傍受・解読したことで、米国の有利に進んだ。日本の広報外交は、中国問題についてパリ講和会議の時より改善されたが、情報戦の中で日本の主力艦保有率は、米英の五に対し三と低く抑えられたのだった（ヤードレー二〇二三、三二〇～四一八頁）。

†陸軍パンフレット事件の影

一方の陸軍は、満洲事変を機に対内外宣伝を本格化させた。ここでは、軍部の政治関与として大きな反響を呼んだ「陸軍パンフレット事件」を取り上げる。「陸軍パンフレット事件」とは、陸軍省新聞班が一九三四（昭和九）年一〇月一日、『国防の本義と其強化の提唱』と題するパンフレットを発刊し、国防政策は武力のみでないとして、合理的な経済統制により、総力戦体制への移行を促すものであった。「たたかひは創造の父、文化の母である」という印象的な一文で始まり、国防の観点から国民生活の安定、農山漁村の更生、国民教化の振興などの問題も広く提起して、「通信・情報・宣伝」についても次のように主張している。

「通信は武力戦たると文化戦たるとを問はず、極めて重要なる要素である。就中《なかんずく》宣伝戦に於ては其の国の全世界に有する通信、宣伝組織如何が直ちに戦争の勝敗に重大なる影響を持つ。(中略)近くは満洲事変に於て我が宣伝の拙劣《せつれつ》なりし為め、我正義の主張を十分全世界に徹底せしむるを得ず、遂に聯盟脱退の余義なきに至つた苦き経験がある。

思想宣伝戦は刃に血塗らずして対手を圧倒し、国家を崩壊し、敵軍を遺滅せしむる戦争方式である。識者にして今尚《な》ほ茲に着眼する者少きことは真に慨《うれた》しい次第である。宣伝の要素たる可きものは、新聞雑誌、通信、パンフレット、講演等の言論及報道機関、ラヂオ、映画其他の娯楽機関、展覧会、博覧会等多々あるが、平時より是等機関の国家的統制を実行し、平時より展開せられある思想戦対策に遺憾なからしめる必要があるのではないか。」

この筆者は確定されていないものの、先に述べた、閣議決定により内閣に情報委員会を設置する案を横溝に持ち込んだ陸軍の池田中佐が実は最初の執筆者であり、新設された情報委員会の常勤事務官となった陸軍の清水砲兵中佐が二次案以降の執筆者とみる研究がある（千賀二〇一三）。

強まる軍部の圧力を横溝はどう見ていたのか。本人に対する貴重なインタビューが残されている。『マス・メディア法政策史研究』の著者で社会学者の内川芳美らが一九七二年六月一〇日に日本記者クラブにおいて横溝にインタビューしたものである。日本新聞協会が調査的活動の一環として先覚新聞人の談話を記録し、新聞の将来に役立つ教訓を汲み取るという「聴きとりでつづる新聞史」の一つで、一九七九年三月刊の『別冊新聞研究』No.8に掲載された後、遺構として横溝の『「昭和」への遺言』に再録された。

この中で質問者は、『国防の本義と其強化の提唱』に思想宣伝戦の中枢機関として宣伝省または情報機関という国家機関を設立すべきだと書いていることや、陸軍省新聞班が一九三六年初めに作ったと思われる『積極的新聞政策私案』、内閣資源局が同年に作った『情報宣伝に関する実施計画綱領案』にも同様の構想が述べられているとし、軍部が情報宣伝と実施の一元化構想を独自の発想から進めていたと指摘した。そのうえで横溝の情報委員会は軍とは別の系譜だが、軍部の構想が情報委員会に後になってもぐり込んできたことはないか、と尋ねたのだ。

補足すると、資源局案は、戦前、企画院調査官などを務め、戦後は行政管理庁行政管理局長に就いた法学博士の石川準吉が、一九七六（昭和五六）年に出版した『国家総動員史　資料編第四』という大部の書物に収められている。資源局が一九三七（昭和一二）年八月一日にまとめた「第三次期間計画情報宣言に関する計画綱領」がそれで、国内宣伝のあり方など内閣情報機構を先取りするような一〇五条に及ぶ成案だった（石川一九七六、七九〜一〇七頁）。戦前の内閣情報機構の源流は、横溝らの創設した情報委員会だけとは言い切れないのである。

これに対する横溝の答えは、次のようなものだった。

私が創立準備をしたその段階において、資源局のは見ていません。作ったことも知りませんし、軍からももらいません。もし軍の意図があるなら同じ内閣なんですし、資源局のそれをもってきて「資源局でもこういうのを作っています」「これは私どもも同様です」とかあってもいいですが、二回ばかり準備委員会を開いた時にもそんなもの出てきませんね。全然筋が違うんですね。（中略）これはドイツの宣伝省みたいなものを作るべきだという話で、構想はあったと思いますよ。現に情報委員会ができた時、「ザ・ジャパニーズ・ゲッペルス・イズ・ミスター・ショウヘイ・フジヌマ（藤沼庄平書記官長）」というのが『エディター・アンド・パブリッシャー』という週刊誌の八月一日号に出ておったです。だから情報委員会の創設がドイツにおける宣伝省のようなものの芽生えであるというふうな感じを外国でもみたんじゃないですかな

『国防の本義と其強化の提唱』の筆者と目されている清水少佐が情報委員会の常勤になり、軍部が清水を窓口にかねての構想を情報委員会の活動に生かし、現実化しようとしたのではないかとの問いには、こう答えたのだった。

「それはないです。陸軍のやつが来てね、清水なんかが自分の意図を実現しようとはかるとか、そんなことはありませんでした。その点は都合よくいっていましたよ」。

横溝は、池田中佐が持ち込んだ官制によらない委員会設置案に特別な意図があったかという点について「あのころの軍はなかなかいい着眼点はあるんですが行政のことは知りませんからどうしていいかわからない。ですからいろんな問題について、思った通りやらせようとするから無理がいきましてね。政治行政に介入することになる」と冷ややかに振り返る。

情報委員会が設置された一九三六（昭和一一）年九月に、寺内寿一《てらうちひさいち》陸軍大臣らが広田首相に提出した政治行政機構整備改善要綱にあった情報委員会強化案と、情報委員会が作られる前の軍の情報宣伝構想とのつながりについては、さらに辛辣な見方を示す。

「軍は当時スタッフがないんですからね。軍人にそんな知恵はない。それを外の人に――私立大学の先生とか、若干の人に聞いちゃ書くんです。ですから本気になってまともに受けてやることはないんですが、びっくりしちゃうんですよ。陸軍大臣がもってきてつきつけると、これなんか軍部の政治関与を強からしめたと私は思うんです。びくびくすることはない。けっとばせばいいんですよ。」

首相官邸を預かる横溝の、強い自負心をうかがわせる物言いと言えるだろう。

ちなみに、内川はこのインタビューの中で出所不明の『戦前の情報機構要覧』の筆者が小林正雄であることを、内政史研究会より一年以上早く耳にしていた。後年、『戦前の情報機構要覧』についての注釈に「内閣調査室部内資料といわれている」としか書かなかったのは、小林が戦後転じた内閣調査室の実態がつかめなかったためかもしれない。

戦前の内閣情報機構は、総じて言えば外務省と陸軍の激しいせめぎ合いの中から生まれたと見られることが多かった。だが実際の情報委員会の作られ方を辿り、「生みの親　育ての親」となった横溝の回想に耳を傾けると、軍や外務省の既得権を巧妙に避けながら、国策遂行の基礎になる情報宣伝に関する事務の連絡調整を通じて、「行政各部の統一保持」という首相権限を確立しようとした意図が浮かび上がる。次章からは、日本の行政史上初めて作られた内閣情報機構の具体的な業務を検証してみよう。

†『週報』創刊

情報委員会は一九三六（昭和一一）年七月一日官制によって発足すると、早速、政府広報誌の創刊作業に乗り出した。

「情報局設立ニ至ル迄ノ歴史」（上）によると、情報委員会は「国政一般の革新」を円滑に遂行するためには「先づ革新の要望を輿論の中に横溢《おういつ》せしめ、政府の行ふべき芸新諸政策に対し、正確なる理解と、強力なる支持を与ふべき気運の醸成を図るは喫緊《きつきん》の要務である」と認識していた。そこで委員会事務局は輿論喚起の方法について審議し、政府が発行する公式の機関誌を創刊して、政府が行おうとする政策を国民に普及させ、理解を求めることにした。そして九月には、情報委員会はタイトルを『週報』とすることや、刊行要領を正式に決めたのである。

情報委員会の幹事長を務めた横溝光暉は、内川芳美らが行ったインタビューの中で『週報』

発行の発案者や経緯について次のように述べている（横溝一九八六、一〇一～一〇四頁）。

宮本吉夫君と小貫弘君。主として宮本君でしょうね。部長と専任、常勤でしょっちゅう会議やっているでしょう。たしか宮本君だったと思いますが、政府各省の意図を国民にしらせる必要がある。各省には各省それぞれの機関誌があるが、国全体として統合して政府の意図を国民に周知徹底する方法として何か出したらどうだろうか、という議が出まして、よかろうということで委員長である藤沼書記官長も非常に賛成されましてね。『緑の週報』というんでね。緑は藤沼さんのアイデアだったと思います。『週報』という名も藤沼さんのアイデアです。（中略）同時に無資本でやった。それはぼくが考えたんです。あの当時、官報に資料版という付録があったんです。そいつを利用してただでつくった。五銭で売ったんです。

藤沼も、自著に『週報』の思い出を書いている（藤沼一九五七、二二三頁）。

官報の付録として発行し、国の政策の周知徹底を図らんとしたのです。情報委員会の企画です。その表紙、色、文字及びその大小等、幹事長の横溝光暉君と共に決定しました。

当初三、四万部をと期待したのが、その後印刷局長の土屋《つちや》耕二《こうじ》君に聞きますと百万を越えて居ると（の）ことで、その隆盛に驚きました。

『週報』はよく目に付くものだったし、関係者の間で成功例として記憶されているのは間違いない。内閣情報機構が情報委員会、内閣情報部、情報局と変遷する中で、『週報』は一九三六（昭和一一）年一〇月一四日の一号から一九四五（昭和二〇）年八月二九日の第四五二号まで発行され続け、太平洋戦争中の発行部数は一八〇万〜二〇〇万にのぼったという（朴一九九四、一三六〜一三九頁）。同時代の大衆雑誌『キング』などに肩を並べる膨大な部数であり、「国民雑誌」と言われる『文藝春秋』にして四〇万部余という出版不況の今日から見れば驚くほかない。

それにしても、専任、常勤の事務官ら一〇人ほどの小所帯だった情報委員会は、何を意図し、どのような編集方針で『週報』を発行したのだろうか。当時の資料から探ってみよう。

横溝の話にあるように、官報の雑報欄に目を付けた情報委員会はこれを利用することが最も適当と考え、官報雑報欄の改善意見として、①雑報欄の名称と内容を改め、編集を情報委員会が担当する、②官報には引き続き付録として添付しながら、別に表紙付き単行本の形で別刷りを発行し、一般に販売するという方向で内閣印刷局から賛同を得た。そして題号を『週報』に決め、目的、型式、掲載内容、原稿執筆者、刊行頻度、頒布方法、定価などの刊行要領を立案し、九月二一日の常任委員幹事会に付議して発刊方針を決定した。

そこで閣議に報告して了解を求めるとともに、「掲載記事は各省部局の自発的提供に係るものを原則とし事務局よりもまた依頼するものとする」、「掲載記事は各省名、各省部局名とし成るべく課名を用ひざること」など八項目からなる編集要領を決めた。原稿募集については各省の文書課長に集まってもらい、提出を依頼した。こうして準備が整い、大蔵省主税局提出の「税制改革の要領」と、外務省情報部提出の「西班牙《スペイン》内乱をめぐる欧州の政局」の二稿を収録して、一〇月一四日に第一号を創刊した。情報委員会設立から三カ月余りの早業であった。

第一号の表紙裏に掲載された「発刊に際して」を紹介しておこう。


政府の行おうとする政策の内容や意図を広く一般国民に伝えてその正しい理解を求め、公正な輿論の声を聞くことは国政運用の要諦である。又新たに法令が制定された場合実効を期するには、その趣旨や内容の一般によく諒解されることが肝要である。その他政府の各種機関に依って得られる内外一般の情勢、産業経済学術技芸等に関する資料を広く公表してその活用を図ることは甚だ有用である。「週報」はこの趣旨に依り従来の官報雑報の規模を拡充してその体裁内容を改め、法令法案各種政策の解説、内外一般情勢、産業経済学術技芸に関する資料等を掲載して、政府と一般国民との接触を緊密にし公明な政治の遂行に寄与しようとするものである。

内閣情報機構はその後も様々な形で広報誌を発行するが、この文面を見る限り政府の狙いは戦前も戦後もほとんど変わっていないことに気が付く。一九九〇（平成二）年に発行された『政府広報30年の歩み』も「定期刊行物による政府広報は、戦前の「週報」、「写真週報」にその前身としての性格は見受けられる」と述べている。

刊行回数を重ねるうち、外国公館などは『週報』を翻訳し、情報資料として利用するようになった。しかし中には誤訳もあったため、公的訳文を提供することで対外宣伝にも効果が期待できると考え、英文版の刊行について一九三七（昭和一二）年五月の常任幹事会に付議し、準備を進めることにした。

筆者の手元に、古書店で入手した『週報』の関連資料が二点ある。

一つは、『週報要覧』と題する情報委員会が一九三七（昭和一二）年三月に発行した、言わば『週報』の概説書である。創刊から五カ月を迎えた頃で、順調に第二四号まで漕ぎつけていた。『週報』の刊行趣旨、刊行要領、編集要領、関連する各種通牒、用字例、広告要綱などが説明され、各庁の電話番号、主任官、連絡官の名前が載った関係者名簿、情報委員会委員幹事名も盛り込まれている。「政府唯一の総合的啓発宣伝誌」の発行体制が確立した様子がうかがえる。

もう一つの資料は、『週報』の英文版『TOKYO GAZETTE』である。一九四一年四月に発行された第四巻第一〇号で、主に『週報』から記事を選んだ月刊誌となっている。インターネット検索によると、オーストラリア国立図書館が一九三七（昭和一二）年七月発行の第一号から数号を収蔵している模様だ。『戦前の情報機構要覧』などにも英文版の詳しい記述はなく、内閣情報機構がこれをどのように利用したかは今後の調査研究を待たなければならない。

†強まる軍部の関与

各省部局が記事を自発的に提供することになった『週報』に、実際、どの省部局が記事を執筆することになったのだろうか。一九八八（昭和六三）年に『週報』が復刻された際、伊香俊哉が詳細な解説を書き、全巻の総目次を作っている（史料週報　解説）。また、『週報』を初めて本格的に研究した論文に朴順愛《バクスンエ》の「「十五年戦争期」における内閣情報機構と対内情報宣伝政策」がある。これを利用しながら、省別の出稿状況を見てみよう。

朴の統計によると、省別の記事数は、①陸軍省二八八、②海軍省二四一、③外務省二二九、④厚生省一九二、⑤商工省一三三、⑥文部省一〇三、⑦逓信省八五、⑧内務省八一、⑨司法省四二、⑩農商省三九、⑪鉄道省三五、⑫大東亜省一七、⑬軍需省一六、⑭拓務省一五、⑮宮内省一二、⑯運輸通信省一一、⑰その他軍部四、の順になっている。伊藤の統計が外務省の記事数を三一三としているのは、国際時事解説欄の記事を外務省に算入しているためである。一九四〇(昭和一五)年一二月六日に情報局が設置され、外務省情報部は情報局に統合された。それまで国際時事解説欄は外務省情報部の担当だった。

これとは別に、筆者が内閣の記事を集計したところ、二八九と陸軍省を上回り、最多だった。この中には、情報委員会・内閣情報部・情報局や、企画院とその前身である資源局、企画庁、興亜院《こうあいん》、技術院、首相の所感などが含まれている。例えば、企画院は各省に対する優越性を持たなかったが、国家総動員の事務機関となり、興亜院は首相を総裁として、対中政策、中国占領政策を担当し、関係各省庁を調整する機関として設置された。「国策遂行ノ基礎タル情報ニ関スル連絡調整」などを所掌事務として設置された情報委員会と同様に「首相の行政各部統一保持」を志向した機関であり、それらが『週報』記事の主力となったことは注目に値する。

朴論文は、『週報』における軍部(陸軍省・海軍省)と外務省の記事数に焦点を当てている。これに内閣の記事数を加えて、推移を見てみよう。軍部と外務省の記事を、内閣情報機構の変遷に従い、情報委員会(一九三六年一〇月一四日〜三七年九月二四日)、内閣情報部(一九三七年九月二五日〜四〇年一二月四日)、情報局(一九四〇年一二月五日〜四五年八月二九日)ごとに分けて集計する。この間の『週報』の号数はそれぞれ、情報委員会一〜四九号(四九回)、内閣情報部五〇〜二一七号(一六八回)、情報局二一八〜四五二号(二三五回)である(表二-1)。

	情報委員会 1936.10.14〜37.9.24 1〜49号（49回）	内閣情報部 1937.9.25〜40.12.4 50〜217号（168回）	情報局 1940.12.5〜45.8.29 218〜452号（235回）	計
外務省	47	170	12	229
陸軍省	19	168	101	288
海軍省	11	142	88	241
軍部計	30	310	189	529
内閣	60	159	70	289

『史料週報』所収『週報』全巻総目次などを基に作成

表二－１　『週報』における外務省、軍部、内閣の記事数

それによると、情報委員会時代には、外務省が陸海軍を合わせた軍部を上回っている。内閣情報部時代には、陸軍が外務省と肩を並べ、陸軍と海軍を合わせた軍部は外務省を圧倒する。情報局時代になると、外務省情報部が解体された影響で外務省が激減し、陸軍省と海軍省がともにその数倍になっている。内閣の記事の本数を見ると、情報委員会時代には外務省、軍部を上回ってトップを占め、内閣情報部時代には軍部よりは少ないものの外務省、陸軍省とはそれほどの差がなく、情報局時代には陸軍省、海軍省に続く数に落ち着く。

情報委員会は一年余りで改組されたため、内閣情報部や情報局と記事数を単純に比較するのは不適当だが、内閣情報機構が創設された当初は影響力の大きかった外務省が、次第に軍部に押されるようになったことが見て取れる。一方内閣は情報委員会から情報局まで一貫して存在感を示しており、内閣情報部から記事の内容が変わった点は、このとき所掌事務に一つの事項が加わったことを考慮する必要がある。

†「各庁ニ属セザル」所掌事務

情報委員会の設置は時節柄かなり世間の注目を浴びたものの、意図するところを正しく理解し、実を挙げるのは容易ではなかった。創立まもない一九三六（昭和一一）年九月一六日には、横溝自身が東京中央放送局で「情報委員会に就て」と題して講演した。横溝にとっても初めての記念すべき放送だった。その前半部分を引いてみよう。

一体情報宣伝といふことが極めて重要視されるやうになりましたのは、主として世界大戦以来のことでありまして、国際情勢は段々複雑となつて参りますし、国と国との間の生存競争も益々激しくなつて来るに従ひまして、情報宣伝といふものが国策の樹立遂行の上に、著しく重要性を加へて参つた今日に於きましては、総理大臣の管理の下に、何か適切な常置的な機関がなければなるまいぢやないか──さうゆふ必要を痛感せしめられるやうに相成つたのであります。情報委員会は取も直さずこの必要を充す為に生れ出たものでありまして、今日の時局に対して政府が、正しい、さうして真剣な政治を致します上に於きましても、我が帝国が国際場裡《じょうり》に活躍する上に於きましても、極めて大切なる機関であります。

このように機会を捉えて訴えたものの、進捗状況は関係者にとってまだまだ満足のいくものではなかった。創設から一年後の一九三七（昭和一二）年七月一日に開催された情報委員会第二回総会において、横溝は一年間の業績を次のように報告している。三大職務に照らすと、第一の「国策遂行の基礎たる情報に関する連絡調整」については連絡調整したものを国策遂行に反映させる域には程遠く、第二の「内外報道に関する連絡調整」については同盟通信社の設立もあって比較的よく進み、第三の「啓発宣伝に関する連絡調整」は『週報』創刊などで最も進捗を見た、というのが自己評価であった。

それから六日後の七月七日、支那事変（日中戦争）が勃発した。非常時の様相が深まる中、情報委員会は改組され、一九三七（昭和一二）年九月二五日に内閣情報部となったのである。

情報委員会から情報部への機構改革については、「生みの親　育ての親」である横溝と周囲の理解が異なる。すなわち、情報部に改組されたことをもって昇格拡大と見るか、部局になるのだから縮小と見るかという違いがある。横溝の考えは、「委員会の方は民主的でもあるし広いと思う」という理由で後者だった。

横溝はかねて内閣情報機構の本義を、情報宣伝という仕事について首相の行政各部統一保持のスタッフという点に置き、独自の権能を持つ各省と対立しないという考えだった。さらに言えば、首相のスタッフは内閣の職員だけでするのではなく、各省総がかりで各省の行政事務の統一保持の職責のスタッフになるというものであり、それには委員会制度でなければならないと認識していた。諮問を受けてそれに答申する部局的な存在とは違い、行政委員会は合議制でまとめていくものという横溝の理解からすると、情報部を縮小と見たのも分からなくはない。

そうではあっても、規模を見れば、明らかに拡大だった。専任書記官を二人から五人に増員するなど全省から常勤者が派遣されることになり、報道と啓発宣伝をつかさどる「情報官」という職制が設けられ、学識経験者の協力を得られるよう一〇人以内の「参与」が置かれた。

参与には当初、緒方竹虎《おがたたけとら》（東京朝日新聞社専務取締役兼主筆）、高石真五郎《たかいししんごろう》（大阪毎日新聞社、東京日日新聞社会長兼主筆）、芦田均《あしだひとし》（ジャパンタイムズ社社長）、古野伊之助《ふるのいのすけ》（同盟通信社常務理事）、片岡直道（日本放送協会）、増田義一（実業之日本社）、野間清治《のませいじ》（大日本雄弁会講談社社長）、小林一三（東宝映画社長）、大谷竹次郎《おおたにたけじろう》（松竹株式会社社長）、藤波庄平（前情報委員会委員長）が並んだ。「情報宣伝に関係のある民間各機関と連携をよくしたい。それには大物に協力していただく。そうすれば配下の人と交渉するにも都合がいい」という横溝の考えからだった。

それでも横溝が内閣情報部の官制案を近衛文麿首相に持っていった時、近衛の質問は「こんな程度でよいのか」というものだった。若い日にパリ講和会議でプロパガンダの重要性を痛感した近衛からすると、情報部の権能か構成人員かに物足りなさを感じたのかもしれない。

だが、注視すべきはむしろ内閣情報部官制の内容だった。情報部官制第一条に、かつて閣議決定で定められた情報委員会の三つの所掌事務「一　国策遂行ノ基礎タル情報ニ関スル各庁事務ノ連絡調整」、「二　内外報道ニ関スル各庁事務ノ連絡調整」、「三　啓発宣伝ニ関スル各庁事務ノ連絡調整」が表に出る形でうたわれた。これに「四　各庁ニ属セザル情報蒐集、報道及啓発宣伝」という分野が加わったのである。

ここに言う「各庁ニ属セザル」というのは「各庁ニ専属セザル」という意味で、具体的には支那事変（日中戦争）の拡大に伴う戦争協力の思想教化運動であった国民精神総動員運動を挙げることができる。『週報』の発行も「ここで大っぴらになったわけですね。従来は日かげもんでしょうね。官制の上からいえば」というのが横溝の理解だった。

†法令に現れた「宣伝」

内閣情報機構のことを調べていると、「宣伝」や「啓発宣伝」、「プロパガンダ」といった言葉によく出くわす。戦後になると、それは「弘報《こうほう》」という用語に取って代わる。使い手によって含意が異なる、注意を要する言葉である。横溝のような政策当事者がその意味を説明したり、後世の学者が検証したりしているので、それらを手がかりに整理してみたい。言葉自体が所掌事務の核心を突いていることが多いからだ。

内閣情報部官制第一条の「宣伝」について、横溝は自著の中で特に註を設け、「宣伝」の漢語が用いられた一三〇〇年以上前の中国の歴史書まで引いて、次のように説明している（横溝一九七四、二五二頁）。

法令に「宣伝」の文字が現れたのは、これ（内閣情報部官制第一条＝引用者註）が最初ではなかろうか。従来用いられなかった所以のものは、けだし、「宣伝」という語が、拡張とか再生産とかの意味を語源するプロパガンダの訳語に用いられたため、その本義が歪曲されたからであろう。私は宣伝の本義をもって「ある目的達成の為に正しいことを其儘《そのまま》に普《あまね》く伝えて共鳴と理解とを求めること」と解している。

内閣情報部が中堅文武官を対象に行った思想戦講習会でも横溝が詳しく説明しているので、引いておこう（第一回思想戦講習会・横溝光暉「国家と情報宣伝」）。

従来宣伝といふ言葉は余り芳しい感じを与へて居らない。動《やや》もすれば事を針小棒大《しんしょうぼうだい》に吹聴する、或ひは白を黒と言ひくるめるといふやうな、相手方を誤魔化すといふ観念或ひは一種の誇大又は欺瞞《ぎまん》といふやうな観念に結び付けまして、何となく悪い意味のやうに考へられて居るのでありまするが、従てこの言葉を避けて「啓発」と言ひ、或ひは「普及」と称し、或ひは「普伝」といふ新しい言葉を用ひて居る向もあります。併しながら「啓発」と申しますと、「啓蒙」といふ言葉と結び付けまして、何となく官僚的と申しますか左様な響きを与へまするし、さりとて「普伝」といふ言葉はまだ熟して居りませぬ。「普及」といふても弱いやうな感じがするといふやうな訳で、私共は「啓発宣伝」といふ言葉を使って居ります。現に内閣情報部官制に於きましても「啓発宣伝」といふ言葉が用ひられたのであります。併し「宣伝」といふことはそれ自体決して少しも邪道的なものではないのでありまして、邪道的なのは実は「宣伝」にあらずして「不正なる宣伝」。「歪曲せられたる宣伝」であると申すべきであります。

宣伝という言葉自体にマイナスの意味はないとしながらも、内閣情報部官制第一条が誤解を招かぬよう「啓発宣伝」を意識的に用いていることは明らかである。ほぼ同じ時期の別の文献も見てみよう。対華二十一ヵ条要求で悪化した日米関係を調整した、石井―ランシング協定で知られる戦前期の外相、石井《いしい》菊次《きくじ》郎《ろう》の著書『外交余話』にも「宣伝外交」という言葉が出てくる（石井一九三〇、四〇三～四〇四頁）。

宣伝外交には一定計画の遂行を容易ならしむるために、内外人の思潮を我欲する方向に導くの予備行動として為さるる場合と、我態度を説明して世上の誤解を予防し又は已に起りたる誤解を是正する為に行はるる場合とがある。前者は主動的宣伝に係り、後者は重《おも》に受動的宣伝であるが、其目的に至つては両者均しく我行動の釈明に在る。主動的宣伝の場合に於て、其遂行せんとする計画が野心を包蔵《ほうぞう》して侵略的のものであれば、其宣伝も亦利己的排他的に亙るを免れない。世の中には斯《かか》る場合の宣伝にのみ注目するの余り、宣伝其物を欺瞞行為と視て、終に外交の宣伝を一般に悪《にく》むものがあるも、夫は本末を誤りたる見方である。欺瞞行為として悪むべきは計画の本に在りて宣伝の末にあらず、宣伝は一の方便に過ぎない。侵略政策の遂行に用ひらるる宣伝を見て、一般に外交の宣伝を悪むは怒《いかり》を移すものである。平和を愛し正義を旨とする外交が宣伝を用ふるに何の遠慮があらうか。

石井書からさらに一〇年遡る近衛文麿『戦後欧米見聞録』は、既に述べたように第一次世界大戦後のパリ講和会議における各国の激しいプロパガンダに触れ、日本にもプロパガンダ機関が必要だと説いている。近衛は内閣情報部設置時の首相であることを想起されたい。

それプロパガンダは自家広告なるがゆえに個人としては断じて敬意を払いがたき行為な

り。この点よりすれば日本人のプロパガンダに拙きは一個の美質として賞賛するを得《う》べけん。しかれども今日のごとく民衆の同意同情を集むることなくしては何事もなし得ざる時代において円滑無礙《むげ》に所期の目的を達せんとするにはプロパガンダによるのほかなく、もしこの手段を欠く時は諸事渋滞頓挫《とんざ》するのみか、時には失敗に終わるを免るべからざるなり。（中略）思うに戦後における外交関係は従前に比しいっそう民本的公開的色彩を呈するに至るべく、従ってプロパガンダの重要ますますその度を加うべきは論を俟《ま》たざるところなり。この時にあたり、いやしくも外に対して我が国利民福《こくりみんぷく》の伸張を図らんと欲せば大々的対外プロパガンダの挙に出でざるべからず。しかしてこの目的のために最も急要を感ずるものの第一はプロパガンダ機関の設置なり。

横溝の講演記録や石井の著書を見ると、「宣伝」自体に悪い意味はない点で一致していたが、他方でそれが欺瞞と受け取られがちなことも承知していた。近衛は大衆化の流れを強く意識しつつ、「プロパガンダ」に負の側面があることを認めながら、それを時代の要請と捉えていたように思える。いずれにしても、「宣伝」や「プロパガンダ」について当時広く共通認識があったとは言えず、内閣情報部官制による「啓発宣伝」の是非も個別に判断しなければならない。

†『週報』の国際時事解説

内閣情報部の初仕事は、懸賞募集による「愛国行進曲」の制定であった。支那事変（日中戦争）の拡大長期化に伴う国民精神総動員を機として、永遠に愛唱し得る国民歌を作ることになったのである。横溝はこの愛国行進曲の募集を、情報部官制第一条四項の「啓発宣伝」であり、「内閣情報部というものの存在を周知させる一つの演出ですね」と述べている。

戦後世代にはほとんど聞き覚えのない曲だが、東南アジアなどの人々の記憶には今も残っている。横溝によると、情報委員会当時から内閣情報部になった時に出すつもりで準備を進めておいて、一九三七（昭和一二）年九月二五日に情報部となった途端に募集要項を発表した。

歌詞の一等の当選者は森川幸雄という鳥取県の青年、作曲は「軍艦行進曲」（軍艦マーチ）の瀬戸口藤吉《せとぐちとうきち》という老大家だった。日比谷公会堂で公開演奏会を開いて一般に発表し、横溝自身も歌手に請われて一緒にステージに上がり歌ったという。

戦前の内閣情報機構を調べていて気づくのは、業務の資料が割りと保管されていて、当初は高揚感や明るさが見られることだ。国民への「報道及啓発宣伝」が所掌事務である以上、資料が残っているのは当然とも言えるが、同じような業務を志向しながら手掛かりが少ない戦後の内閣情報機構との違いを感じずにはいられない。

「啓発宣伝」という事務で言えば、情報委員会時代に始めた『週報』もこれに該当するものだった。ここから『週報』の内容を、具体的な記事をもとに検討してみよう。「極秘」と記された「情報局設立ニ至ル迄ノ歴史」(上)は、『週報』の編集方針を次のように説明している。

即チ掲載内容ノ範囲ハ法令、法案及政府ノ行ハントスル各種政策ノ解説、内外一般情勢、産業、経済、学術、技芸ニ関スル資料等ト定メタガ、編集ニ付テノ題目ノ選定及取材の角度ハ、之等ノ解説、資料等ヲ通ジテ国民ニ時勢ノ進運ト我国現下内外ノ時局ノ実相ヲ正確ニ認識セシメ、革新ノ緊切《きんせつ》ナル所以ヲ自ラニシテ会得セシメントスルトコロニ求メテキルノデアル。殊ニ国際時事解説ニ関シ一欄ヲ常設シ、毎号外務省ヨリノ寄稿ヲ求メタルハ、一ニハ国際政局ノ動向ニ対スル国民ノ認識ト関心トヲ高メ、併セテ時勢ノ進運ヲ思考スルノ資トシ、二ニハ国民ニ世界政策的見識ヲ養成セシメントスルノ意図ニ外ナラナイノデアル。

国家にとって都合のよい事実だけを選択したり、偽情報、誤情報、デマといったフェイクニュースを流したりする気配は、この記述を見る限りまだうかがえない。

支那事変(日中戦争)の発端となった一九三七(昭和一二)年七月七日の盧溝橋《ろこうきょう》事件に対する

政府の宣伝方策は、『戦前の情報機構要覧』によると、おおむね以下の経過を辿った。

七月九日午前八時三〇分：臨時閣議を召集して盧溝橋事件の処理方針を決定し、風見章内閣書記官長が、事件の原因は全く中国側の不法行為に基づくこと、日本としては事件不拡大の方針を堅持すること、中国側に反省がなく憂慮すべき事態を招く危機があると見れば適切迅速に機宜の処置を講ずることなどを旨とする発表を行った。

七月一〇日午後五時頃：一段落する気配を見せていた情勢は悪化し、中国軍が停戦協定を無視して日本軍を攻撃してきたので応戦した。中国政府が飛行隊と中央軍四個師を北上させたという情報があり、重大局面に入ったため、横溝幹事長と事務官は七月一一日が日曜だったにもかかわらず払暁には登庁して次々に入ってくる情報の処理にあたった。

七月一一日午前九時半：風見《かざみ》書記官長は新聞記者との会見で「総理、陸、海、蔵の四大臣が会談したあと臨時閣議を開き、場合によっては言論界の代表、政界、財界の主要人物とそれぞれ懇談会を催す」と述べた。このため情報委員会はすぐに政府声明案の作成を開始し、陸軍案をもとにしたものを臨時閣議で決定した。午後六時半に近衛文麿首相がそれを内外に発表して、派兵は自衛権の発動に基づくものであることを明らかにした。

七月一一日午後九時：首相官邸で行われた新聞通信社、放送協会幹部との懇談会に横溝幹事長も出席した。また国民に時局を正しく認識させ、挙国一致の輿論を喚起するため、七月二一日発行の週報第四〇号を「北支事変特集号」とし、五〇万部発行することを決定した。(後略)

『戦前の情報機構要覧』の記述はさらに続き、他の箇所と比べても特別に詳しい。臨場感のある筆致からは執筆者の強い関心が伝わってくる。戦後、日本の対外政策の失敗を満洲事変に求める専門家の研究は多いが、満洲事変当時、内閣情報機構は呱々の声を上げてはいなかった。支那事変(日中戦争)の勃発は、情報委員会にとって手腕を問われる最初の場面だったのだろう。

実際、政府が大部の発行を決めた『週報』第四〇号は、陸軍省新聞班の「北支派兵に至る経緯」を事実上の巻頭に置き、事件の模様や南京政府の宣伝戦を伝え、北支(中国北部)に派兵しても平和的折衝の望みを捨てないとする政府方針を説明した。外務省情報部は、国際時事解説として盧溝橋で日本と衝突した中国第二九軍の不法事件を詳述した。大空社の『週報』復刻版を見ると、事件の舞台となった、中国北部方面の要図まで折り込む力の入れようだった。

盧溝橋事件は、日中両軍のどちらの挑発で起こったのか、今もはっきりしないと言われる。当時中国は、義和団事件の議定書により外国軍の北京駐留をのまされていた。抗日運動の高揚に危機感を抱いた日本軍は、軍事行動の機会をうかがっていたのである。満洲事変は一九三三

（昭和八）年五月の塘沽《とうこ》停戦協定で一応の終止符が打たれ、日本は中国に満洲支配を事実上認めさせた。だが協定によって日中関係が好転することはなく、盧溝橋事件当夜北京近くで中国を刺激する夜間演習を行っていた日本は、軍事行動をエスカレートさせた。

†「近来のヒット」の内実

『週報』を実際に読んでみて思うのは、文章が固く内容も面白みに欠けるこの小冊子がどのような読者を想定して作られたのか、なぜ一〇〇万人以上の人々に受け入れられたのかということである。同時期の総合雑誌『中央公論』一九三六年一二月号は「ジャーナリズム界近来のヒットと云つてゐる」としつつ、「この小冊子は将来思想統制の一翼として活躍するものと見られないこともない。吾々は「時事性」に富むこの小冊子に学ぶべきを学び、監視すべき点を監視すればいいのである」と賛辞と警戒が入り混じったコラムを掲載した。

また、マルクス経済学者の向坂逸郎《さきさかいつろう》は『改造』一九三七年二月号に「官許ジャーナリズム」という一文を寄せ、『週報』の問題点や発刊の政治的背景をこう分析した。「いはゆる『官許ジャーナリズム』が問題となるのは、このような商品としてのみではない（『改造』や『中央公論』との競争＝引用者註）。役所で規則と伝統の中に固定していた官吏群が、このやうな雑誌を通じて、一般民衆に、その中でも、一般知識階級に近づく方策をとつたということにある」、「広田内閣ほど言うことゝ為すことゝをちがへなければならなかつた内閣も少ない。二つの勢力の均衡の上にのつて、しかも、この双方に対してある程度のおさへをきかすに足る力がなかつたからである。だから、この内閣ほど言葉の宣伝を必要としたのも少ないといふことになる」。

このようにジャーナリズム界の関心を集めた『週報』だが、盧溝橋事件を伝える新聞には、速報性でも機動性という点でも到底太刀打ちできなかった。試みに、事件直後の東京朝日新聞と東京日日新聞（毎日新聞の前身）の報道を拾ってみよう。

「日支両軍交戦／不遜行為を繰返す／支那軍撤退の模様なし」（『東京日日新聞』一九三七年七月九日付夕刊）

「支那側の不信・三たび激戦／協定履行の我軍に／暴戻《ぼうれい》・銃砲を乱射す／今暁三時の協約を無視」（同七月一〇日付夕刊）

「北支の危機・爆発点に達す／協定蹂躙《じゆうりん》の支那兵／突如・我軍を襲撃す」（同七月一一日付朝刊）

「南京政府・平和の意思なし／外国依存、地方軍整理／狡猾極まる態度／馮、盛んに抗日を鼓吹」（『東京朝日新聞』一九三七年七月一六日付朝刊）

「遽《あわただ》し戦雲・今や一触即発／支那一片の反省なく／形勢俄然緊迫す／我和平解決方針も

水泡」（同七月二〇日付朝刊）

「皇軍・膺懲《ようちょう》の火蓋を切る／望楼《ぼうろう》一瞬にして崩壊／壮烈・わが砲火炸裂／夜に入り再度の交戦／無抵抗の記者に発砲」（同七月二一日付朝刊）

東京日日も東京朝日も、敵愾心《てきがいしん》を煽り、味方を鼓舞するような過激なトーンである。それに比べ『週報』の一報は一〇日以上も遅く、内容も説明的で迫力に欠ける。

時代をくだって、日本の中国における軍事行動の拡大に対して米国が経済制裁を加えるため、日米通商航海条約を破棄した一九三九年七月二六日ごろの新聞と『週報』の報道を見てみよう。これにより、戦略物資を米国に依存していた日本は東南アジアへの南進論を強め、一九四〇年九月に北部仏印へ進駐。さらに米国が石油や鉄屑の輸出制限に踏み切ったため、ＡＢＣＤ包囲網の打破という世論が高まる中、対米英戦争へ突入することになった。

まず、新聞報道は次の通りである。

「日米通商航海条約／米、突如廃棄を通告す／けふ対日通牒《つうちょう》を手交《しゅこう》」（『東京朝日新聞』一九三九年七月二八日付夕刊）

「米人の神経を冷せ／日米通商廃棄問題／英の奸手《かんしゅ》警戒の要」（『東京日日新聞』同七月二九日

付朝刊）

二つの記事は一面トップ、一面二番手と大きな扱いだが、日本政府が対米戦争を避け、米国と英国を引き離すという方針だったこともあって、中国報道より抑制が効いている。

『週報』がこの問題を本格的に取り上げたのは、ことが起きてから二週間余りがたった一九三九年八月一六日の第一四八号だった。外務省情報部が執筆した「日米通商条約廃棄問題」はおおむね次の通り。

通商航海条約は、変化する通商関係事項を規定するものだから、無限に片方の国を束縛することは不合理であり、廃棄に関する条項が設けられている。日米通商航海条約においては第一七条にそれが規定されている。廃棄通告はこの第一七条によるもので、手続きの上では合理的な措置である。しかし、米国政府の通告のような理由によって条約を破棄するならば、どの条項が米国の利益を保護伸長するのに妨げとなるか、いかなる点が修正を必要とするか等を指摘して、現条約の改訂を提議するか、新しい条約を急ぎ結ぶために交渉を始めたいということを廃棄と同時に申し入れるのが外交上の慣例である。しかし、米国政府の廃棄通告は、そうした「外交上の慣例を全然無視した、友好国の普通の外交関係

において は見られない措置」である。

他方、支那事変に対する日米の関係では、当初、米国は公正な態度を示し、日本も米国権益の尊重に意を用いてきた。しかし、欧州において全体主義国家と民主主義国家の対立が激化しつつある情勢も相まって、米国内の全体主義国家排撃の世論が高潮した事情もあり、日本に対する感情も悪化しつつある中で、米国政府としても今回のような措置に出たと推測される。

『週報』は地味な内容ながら、米国が日米通商航海条約を破棄した理由を詳しく述べ、今回の措置が「外交上の慣例を全然無視」したものと主張した上で支那事変(日中戦争)にふれ、米国でも欧州における全体主義国排撃の世論の高まりもあって、破棄に至ったと解説したのである。政府の方針に沿い、米国への批判は最小限にとどめつつ、国民の啓蒙に努めたものと言えるだろう。となると、『週報』が普及した理由をどう考えればよいのか。

†読者対話型『週報の友』

筆者の手元に『週報の友』という小冊子がある。前述した朴順愛の論文で存在を知り、古書店で入手したもので、国民が『週報』をどう受容したかを探る手がかりになる。

『週報』を普及させるのに政府がとった方法は、読者のネットワークを作るというユニークなものだった。盧溝橋事件から一年にあたる一九三八（昭和一三）年七月六日に発行された『週報』九〇号と、同年七月一三日に発行された『週報』九一号に、内閣情報部は「週報会結成を提唱す」というお知らせ記事を掲載した。「週報会」の結成を勧め、編集部と読者の連絡を密にし、全国的な週報会機関誌を発行することによって「読者の御意見をもうかゝひ」、「政府と国民との結びを固め」るという企画である。これによって、「公正な輿論の声を聞き」「政府と一般国民との接触を緊密にし公明な政治の遂行に寄与する」という『週報』刊行の趣旨が実現され、政府と国民の間の橋渡しをする『週報』本来の使命が達せられると考えたのだ。

そして、同年九月一四日発行の『週報』一〇〇号で、『週報』によって時局認識を深め、国策を理解し実践しようとする人たちの集まりも結成されつつあるとし、その機関紙ともいうべき『週報の友』が『週報』一〇〇号と同時に発刊されたと報告した。

『週報』の読者については、一九四一（昭和一六）年夏に大がかりな調査が行われた。同年一一月五日の『週報』二六五号に発表された調査結果によると、『週報』一部あたりの平均読者数は四・九人で、部数の五倍ほどの読者がいることが分かった。職業別では、一位が「学生生徒」の一九・八％、二位は「無職」と「官公署、会社銀行、工場鉱山事務者等」が同率で一一・四％、三位が「官公吏」の九・八％、四位が「教員」の九・七％だった。読者を、青少年

（二五歳まで）、壮年（二六〜六〇歳）、老年（六一歳）という当時の年齢三クラス別に見ると、青少年層四五・九％、壮年層五一・二％、老年層二・九％だった。さらに学歴は、小学卒程度（国民学校児童、中学校、女学校、農業学校、技芸学校その他すべての中等学校在学者、中途退学者、小学校中途退学者）五〇・六％、中等卒程度（各種専門学校、高等学校、大学予科の中途退学者、または在学者、中等学校卒程度の資格検定試験合格者）三六・六％、高専卒以上（専門学校、高等学校、大学予科大学等卒業者、大学中途退学者、大学在学者）一二・三％の順だった。

この結果から、『週報』の価格が五銭と安かったこともあって金銭的余裕に乏しく時間的余裕のある学生と無職者が最大の読者になったとし、国民全体に国策を浸透させるパイプ役として期待をかけた内閣情報部の意図とはズレがあったと見る向きもある（赤澤一九八五、二六〇〜二六一頁）。朴論文の見方はやや異なり、ファシズム運動に無関心か冷淡な態度をとり続けた都市のサラリーマン、文化人、ジャーナリスト、学生によって構成される知識人の協力を得ることを意図して、『週報』は編集されたと述べている。

メディアが政治意識に与える影響については、人々はマスメディアから直接影響を受けるというより、オピニオンリーダーを介してコミュニケーションを行うことに注目した「コミュニケーションの二段階の流れ」仮説と呼ばれるものがある。『週報』の読者調査の中で興味深いのは、三位と四位を占める官公吏や教員の存在だ。『週報』が広範な知識人層を取り込んだ形跡はないものの、官公吏や教員らがオピニオンリーダー、つまり今で言うインフルエンサーとなり、「週報会」の活動を通じて読者の獲得に貢献したのではないだろうか。

それでは、「週報会」に集《つど》った人々の声を『週報の友』から拾ってみよう。発刊の狙いはどこにあったのか。一九三八（昭和一三）年九月一四日発行の『週報の友』第一号は、「発刊の言葉」を次のように述べる。

「週報」は発刊以来すでに二年、こゝに第百号を迎へるに至つたが、微力ながらもこの意味で政府と一般国民との接触を緊密にするための役割を果たして来た。しかし時代の進展はさらに一歩進んで、政府と国民とがもっと〳〵親しみをもって、ともに手をつないで論じ合ひ、語り合ふ必要を切実ならしめた。／「週報の友」はかういふ時局の要望によつて生れ出たのである。こゝに用意された読者の頁は、国策遂行を強力適正ならしめるための主張、感想等を盛り、輿論をきくよすがともなり、又一面、「週報」を中心に読者によって組織されてゐる「週報会」の消息、連絡の頁でもありたいと思ふ。／そして、一方、編集者の側としては、この「週報の友」で「週報」よりももつと親しみ易い角度から時の問題を解明して「週報」の姉妹編としての新しい役割を担つて行きたいと願つてゐる。

この言葉通り第一号から『週報』への注文を受け付ける「緑のポスト」が設けられ、そこには「知識階級のみに非ずして国民全体を対象とする以上もっと平易なる語句、表現に依るべきだ」、「民間の普及不十分と思はれますから、理髪、結髪《けつぱつ》業者の家に備へつけては如何」という読者の声が紹介されている。

「読者から」の欄には、日露戦争後に日比谷焼き討ち事件が起こったのは「日本国内の諸情勢や国際関係を民衆に徹底するように宣伝することが不徹底だったため」だとして、「新らしい日本を創造するには新らしい現実の情勢を認識するより外にない」という意見も掲載された。さらに、「ニッポン」「ニホン」のどちらが正しい称呼かを解説した「質疑応答」の欄や、『週報』発案者の宮本吉夫が『週報』第一号が出るまでの逸話を紹介した記事もあった。

「週報会だより」の欄も作られた。第二号には、大阪市浪速《なにわ》区長が責任者の会員数一七五名の会、埼玉県の飯能《はんのう》警察署長が責任者の警察吏員二八名の会、長野県上伊那《かみいな》郡宮田小学校の校長が責任者の教員による会などが紹介され、地域の指導者を中心に組織された週報会が全国に広がっていた様子がうかがえる。

毎号B五判八頁の小冊子ながら、読者の声を集め、編集部が伝えたい解説記事を執筆する、双方向性を確保した読者対話型の紙面づくりはかなりの負担だったのか、第八号からは最終頁を全面の写真グラフにした。そして一九四〇(昭和一五)年一月三一日の第一七号において、今後は会の連絡誌としての本来の使命に返り、用紙対策から随時発行にすることを宣言した。全国の週報会名簿を収容し一六頁の拡大版となった同号には、今や週報会数は一四〇〇余、会員数約六万と書かれている。その後の『週報の友』を辿る情報はないが、『週報』が情報委員会と内閣情報部の代表的な業績になったことは確かだろう。

†内閣調査室『調査月報』との接点

ここから戦後に舞台を移して、内閣調査室が発行していた『調査月報』について紹介したい。『調査月報』が創刊されたのは一九五六（昭和三一）年一月一日、『週報』が四五年八月二九日発行の四五二号で廃刊となってから約一〇年四カ月後のことだった。

創刊の中心になったのは、本書の後半に登場する元内閣調査室主幹、志垣民郎であり、情報局出身の志垣の上司である下野信恭であった。

第一章で触れた『戦前の情報機構要覧』を糸口に、それが作成された経緯を綴った横溝光暉の著作や内閣情報機構の資料を読み進めるうち、筆者が最も驚いたのは下野の名前を見つけた時だった。下野が戦後の内閣調査室で『調査月報』の編集にあたっていたことは、筆者がこれまでに進めてきた内閣調査室の研究で把握していた。その下野が横溝の下で『週報』編集の柱を務めていたとなると、戦前・戦後を通じて内閣情報機構の広報誌を手掛けたことになる。

下野が内閣総理大臣官房調査室に入ってからの勤務記録は第一章に詳述したが、戦前からの経歴は、一九七一（昭和四六）年の人事興信録などによると次の通りである。

一九〇九（明治四一）年六月九日、石川県に生まれる。三二（昭和七）年、東大文学部西洋史学科卒。同年報知新聞に入社。三九（同一四）年、内閣情報部情報官となり、情報局課長を経て四五（同二〇）年文部省文化課長。五六（同三一）年三月、総理府事務官に任命、内閣総理大臣官房調査室勤務、広報主幹を命ぜられる。一九五七（昭和三二）年八月、内閣調査官。七五（同四五）年八月、願に依り本官を免ずる。同年、社団法人国民出版協会会長に就く。

下野は元新聞人だった。内閣情報部に転じた経緯については本人の証言がある。横溝光暉のインタビュー記事を掲載した一九七九（昭和五四）年三月の『別冊新聞研究』No.8に、当時、国民出版協会顧問だった下野が「横溝先生と私」と題するエッセイを寄稿している。

私が大先輩横溝光暉先生におつき合い願ってからもう四十年を超えるようになった。はじめてお目にかかったのは、昭和十三年二月、首相官邸の元の日本間にあった、内閣情報部長室だったと思う。私は元の「報知新聞」の社会部記者で、大学を出て七年のころだった。（中略）お目にかかったのは、二年前の十一年十月十四日から当初は情報委員会、ついで内閣情報部編集、印刷局発行で世に出ていた緑の「週報」のお手伝いをするためで、二月二十八日付で「内閣情報部の事務を嘱託す」という辞令をいただいた。それから半年ほどして民間からの専任情報官になり、私は「週報」関係に携わり、「写真週報」はじめ写真宣伝関係は「毎日」にいた〝おはなはん〟〝チャーチル会〟で有名な林謙一《はやしけんいち》君が担当して、いっしょに働いた。（後略）

ここにある『写真週報』は、『週報』より平易に国民に訴える啓蒙誌として、支那事変（日中戦争）勃発から約七カ月後の一九三八（昭和一三）年に創刊された写真を駆使したグラフ誌である。林謙一は、東京日日新聞から内閣情報部事務嘱託、情報局情報官を経て、戦後は母の生涯を描いた随筆がNHKの朝の連続テレビ小説『おはなはん』として放映された随筆家だった。内閣情報部には、先に述べた「参与」以外にもマスコミ出身者が深く関わっていたのだ。

下野のエッセイは横溝の人柄にも及び、「個人的には親切で、やさしく、心温まる方」、「法律、行政については研鑽を積まれ、内閣の中枢で実務で鍛えあげておられる上、根が熱心で、誠実で一筋なだけに仕事には厳しかった」、「校正に厳正で、ご本人がその名人であることである。（中略）「後世畏《おそ》るべし」という「論語」にある有名な文句をもじって、「校正畏ルベシ」とよくご訓示をいただいた」などと敬愛の念を込めて書いている。

終戦後の二人のつきあいは、横溝が勤めた日本繊維工業株式会社勤労文化研究所を手伝うことで再開したらしく、下野が内閣調査室にいる時に横溝を委託団体である国民出版協会の会長に迎えた。下野が一九七〇（昭和四五）年に内閣調査室を退官し、横溝と交代して国民出版協会会長になると、横溝はその顧問に就任した。戦前の情報委員会を舞台に、下野は取材記者として気鋭の内閣官僚だった横溝と出会い、戦後も内閣調査室に場を移し、内閣情報機構の部下と上司として兄事し続けた様子が浮かび上がる。

横溝の方も下野が『週報』を担当したことをよく覚えていて、先に述べた社会学者の内川芳美らのインタビューにこう答えている。「（『週報に』）くわしいのは下野君といって、いま国民出版協会の会長をしている下野信恭君です。この人は新聞出身の人で週報課長をやりまして、情報部の時も『週報』のこと（を＝引用者）ずっと手がけていた」。

同じ『別冊新聞研究』No.8に横溝のインタビューと下野のエッセイが載ったのは、一九七二（昭和四七）年に横溝のインタビューをした内川らが下野とのつきあいを知り、七九年の出版時に寄稿を依頼したからだろう。

†『調査月報』の役目も国民啓発

それでは、下野らが戦後の内閣調査室で作った『調査月報』とはどのようなものだったのか。一九五六年の第一号には創刊の辞のようなものはなく、刊行の経緯や意図などは分からない。ただ、それから二一年後の一九七七（昭和五二）年に『調査月報』が突然廃刊となり、それに代わる月刊誌『明日の課題』が同年四月に発行された際、当時の内閣調査室長だった渡部正郎《わたなべまさろう》が創刊号に次のような「発刊のことば」を掲載した。

内閣調査室は、これまで「調査月報」を発行してきました。「内閣の重要政策に関する情報の収集及び調査に関する事務」と、「各行政機関の行う情報の収集及び調査であって内閣の重要政策に係るものの連絡調整に関する事務」が内閣調査室の仕事とされていますが（内閣法12条及び内閣官房組織令4条）、その仕事の一環として、内閣調査室が自ら作成し、あるいは他に依頼して作成された資料のうち、一般の方々の参考にもなると思われるものを、この「調査月報」にのせてきました。（後略）

「発刊のことば」はこの後も続くが、要は内閣の重要政策が成功するか否かが国民の理解と協力が得られるかにかかるようになったため、その点に関する「情報の収集及び調査」がさらに重要になり、「内閣と国民の情報交換誌」を目指して新雑誌を創刊したとのことである。

だが『明日の課題』は定着せず、一九七八（昭和五三）年に廃刊となった。内閣調査の業務については第四章以下で本格的に取り上げることにして、ここで注目したいのは『調査月報』が『週報』と同じように一般国民の啓発を念頭に置いていた点である。また「発刊のことば」を載せた『明日の課題』の発行所となったのは、下野が会長を務める国民出版協会だった。

『週報』と『調査月報』を比較すると、外形的にも共通点が多いことに気づく。二つの雑誌の型式はともにA5サイズ（『週報要覧』によると、官報二分の一大）。『週報』が毎号二〜六本程度の記事を収録し、『調査月報』が三〜五本のメイン記事を収録していることも類似している。『調査月報』の創刊にあたり、下野が担当した『週報』が相当程度踏襲されたのではないか。

†誌面に息づく戦前の人脈

一〇年ぶりに内閣の広報誌として作られた『調査月報』創刊の舞台裏や、その後の記事内容をもう少し詳しく見てみよう。元内閣調査室主幹、志垣民郎の日記（以下、「志垣日記」）が創刊前夜の模様を詳細に綴っている。

一九五五（昭和三〇）年一〇月六日（木）「十時半より官邸大食堂にて「調査月報」編集委員会。室長（古屋亨《ふるやとおる》＝引用者）、三井、根本、小林、下野、浅沼、頓田、有吉の各委員に、松本、岡崎、志村、志垣の各幹事。下野氏司会で内容、テーマなど検討。各人より思い付き意見あり。共産圏との交流問題、選挙結果、うたごえ運動、防衛意識などのテーマが一応決る。」

同年一二月二二日（木）「登庁十時。「調査月報」出来、届けて来る。室内諸官に配り、後、配布計画を作成。望月、三井氏らと協議。各省代表の意見も聞いて廻る。下野氏らと次号以降の内容相談。雑用多し。」

「志垣日記」には名前の姓しか書かれていないことが多く、筆者が日記を借り出して志垣の著書『内閣調査室秘録』を編集した時にも人物を特定するのに苦労した。今回も一〇月六日の項に登場する「小林」に興味を持ち、姓名を突き止めようと内閣情報調査室の『職員勤務記録』にあたったが、同時期に小林姓の職員は三人おり、特定するに至らなかった。しかし、幹事の志垣らより格上と見られる編集委員を下野らと共に務めていることから、戦前の情報委員会創設当初から情報局の廃止に至るまで内閣情報機構に勤務し、『戦前の内閣情報機構』を執筆した小林正雄の可能性が大きい。小林正雄は『調査月報』創刊時、資料主幹を務めていた。小林正雄だとすると、下野信恭と併せて戦前の内閣情報機構に深く関わった人々が戦後の内閣調査室でも同じような仕事をしていたことになる。

編集スタッフの次に、記事内容も見てみよう。『調査月報』は、三〜五本のメイン原稿に続いて諸外国の書籍、メディア報道を紹介する「資料」を置き、「重要問題日誌」と題する国内外の予定表を末尾に付けるスタイルが終刊までおおむね踏襲された。記事の多くは無署名(後年はイニシャル署名)で、実際には内閣調査室や外務省、防衛庁、警察庁、労働省の官僚が執筆にあたり、学者に委託したこともあった。戦前のような「行政各部の統一保持」の権限は明確にされていないが、記事を各省から集めるやり方は『週報』と同じである。

第一号には、志垣執筆の「〝うたごえ〟について——合唱運動の背景と将来」も掲載された。当時多くの勤労者や青年婦人層の心を捉え、全国的な広がりを見せていた〝うたごえ〟運動に着目し、運動の背景にある日本共産党や総評の動きを探ったものである。歌曲の影響力に目を付け、「愛国行進曲」を懸賞募集した内閣情報部との共通性がうかがえ、興味深い。

†中国に対する一貫した関心

では『調査月報』は、一九五六(昭和三一)年一月の第一号から七六(昭和五一)年一二月の第二五二号まで、具体的にどのような問題を論じてきたのだろうか。内閣調査室が一九七二

政治問題(182)	政党(12)	選挙(45)	政治思想・意識(63)	左翼運動(21)	沖縄(16)	その他(25)	
外交問題(43)	日ソ関係(20)	日中関係(12)	その他(11)				
国際問題(740)	自由圏諸国(70)	共産圏諸国(95)	ソ連(161)	中共・中国(184)	AA諸国(197)	国際共産主義運動(19)	その他(14)
経済問題(140)	国内(21)	国際(119)					
軍事・国防問題(117)	国防(34)	軍備(67)	軍縮(16)				
労働問題(95)	労働問題(95)						
社会問題(80)	平和運動(26)	青少年(15)	学生(22)	その他(17)			
教育・文化・マスコミ問題(82)	教育・文化・マスコミ問題(82)						
その他の問題(34)	その他の問題(34)						
合計(1513)							

＊創刊第1号（1956年1月）～終刊252号（1976年12月）の全号を対象に筆者作成。事項の分類は、内閣調査室が作成した「事項別総索引」（第200号）を採用し、それ以降の号は内調の分類を踏襲した。例えば、一つのテーマを（上）（下）で論じた場合は論文2本と数えた。

表二－2　『調査月報』事項別総索引

（昭和四七）年に刊行した記念の第二〇〇号が、七二年八月までの二〇〇号分の事項別総索引を刊行している。この索引の分類を踏襲し、筆者が終刊の第二五二号までをまとめたのが上の表である（表二－2）。

『調査月報』の創刊に関わった志垣民郎は筆者に、一貫して「編集長役」を務めたと証言している。『職員勤務記録』では、一九六四（昭和三九）年八月に編集委員会委員になっている。人事異動で警察庁勤務となった一九七五年の半年を除き、志垣は『調査月報』の内容をほぼ承知していたと見ていいだろう。

この総索引は、内閣調査室が文字通り索引としての使い勝手の良さを考えて分類している。例えば、中ソ関係の論文は「ソ連」からも「中共・中国」からも探せるよう、二重にカウントされている。このため表の論文の本数は実数を反映しておらず、内調の関心事だった「中共・中国」や「ソ連」の論文数は過大に表されることになる。ただ、そうした作り方を含め、『調査月報』の傾向を読み取ることはできると見ていいだろう。

この事項別総索引によると、合計一五一三本の論文のうち、本数の多い順に①国際問題(七四〇本)、②政治問題(一八二本)、③経済問題(一四〇本)、④軍事・国防問題(一一七本)、⑤労働問題(九五本)、⑥教育・文化・マスコミ問題(八二本)、⑦社会問題(八〇本)、⑧外交問題(四三本)、⑨その他の問題(三四本)、となっている。国際問題が全体の四九%もあり、外交問題などを合わせると国外の問題に強い関心を寄せているのが特徴である。

次に国際問題の内訳を見ると、論文数が多い順に①AA(アジア・アフリカ)諸国(一九七本)、②中共・中国(一八四本)、③ソ連(一六一本)、④共産圏諸国(九五本)、⑤自由圏諸国(七〇本)、⑥国際共産主義運動(一九本)、⑦その他(一四本)、となっている。AA諸国には、東南アジア各国や韓国、北朝鮮などが一括して含まれているから、中共・中国とソ連の論文が多いのは一目瞭然である。

それでは『週報』の記事には、どのような傾向があったのだろうか。一九三六(昭和一一)

年一〇月一四日に創刊された『週報』第一号から、内閣情報機構の「生みの親　育ての親」である横溝光暉が突然の人事異動で内閣情報部を去ることになった一九四〇（昭和一五）年二月二一日の第一七五号までの記事を、『調査月報』の事項別総索引を下敷きにして分類した。

とは言っても、アジアで盧溝橋事件を発端に支那事変（日中戦争）が起こり、欧州ではドイツ軍のポーランド侵攻をきっかけに第二次世界大戦が勃発した戦前・戦中と、鳩山一郎《はとやまいちろう》首相による日ソ国交回復の直後から田中角栄《たなかかくえい》内閣による日中国交正常化へと至る戦後の冷戦期とでは、国際環境が激変している。日本と周辺地域との関係も、植民地化した台湾、朝鮮や、委任統治下に置いた南洋諸島、傀儡《かいらい》国家である満洲国と、支配の形態は一様ではなかった。

こうした時代背景を踏まえ、国際問題を論じた記事の内訳を見ると、本数が多い順に①中国（二九〇本）、②欧州（九四本）、③ソ連（四四本）、④その他（二九本）、⑤米州（二二本）、⑥満洲（一九本）、⑦アジア・アフリカ（一四本）、⑧樺太《からふと》（五本）、⑨朝鮮（四本）、⑩台湾（三本）、⑪南洋（一本）、オセアニア（一本）、であった。ここでの分類も、例えば満洲国とソ連の国境問題を満洲とソ連の両方に数えるなどしているため、記事の実数とは異なる。

また無署名の論文が多い『調査月報』と違い、『週報』は記事の担当省をかなり特定することができる。先に述べたように、外務省情報部や陸軍省新聞班、海軍省海軍軍事普及部の手になる記事は多いが、植民地関係は台湾総督府と朝鮮総督府、満洲は対満事務局などが担当した。

それにしても中国関係の記事の数は他を圧しており、支那事変（日中戦争）を取り上げ始めた第四〇号以降は陸海軍の戦況報告が誌面を占めるようになる。支那事変（日中戦争）の長期化を考慮すると当然とも言える傾向で、特筆すべきは戦後の『調査月報』も同様の関心を持ち続けている点かもしれない。

もう一つ目を引くのは、欧州関係の記事が多いことである。日独伊三国同盟の締結を含め、日本政府が外交のかじ取りに欧州情勢を注視していた証しだろう。対照的に、アメリカや東南アジアに対しては日米開戦までそれほどの関心を払っていなかった。

†『時局と青年』にみる情報局指針

横溝光暉に誘われ、民間から専任情報官になった下野信恭は、横溝が一九四〇（昭和一五）年二月に内閣情報部を去った後も、週報課長などとして機構改革された情報局に勤務した。一九三九（昭和一四）年六月の内閣情報部官制一部改正により「上官ノ命ヲ承《う》ケ情報、報道及啓発宣伝ノ事務ヲ掌ル」専任の情報官が新設され、関係勅令が同時に公布されて、新聞人、文化人を自由に任用する道が開かれたことが、下野にとって人生の転機になったのである。

本章を締め括るにあたり、下野の足跡をもう少し辿ってみたい。新聞出身の下野は自らの名前でいくつかの文章を発表したり、有識者に交じって座談会に出席したりしている。ここでは、下野が一九四二（昭和一七）年に出版した著書『時局と青年』をみてみよう（下野一九四二）。

下野の職歴は『週報』を担当したという以外は不明だが、刊行時は情報局情報官で、勤務のかたわら同書をまとめたことになる。冒頭に、情報局次長の奥村喜和男による序文が掲載されている。奥村は逓信省出身の革新官僚の代表的存在で、同盟通信社の設立に参画し、一九三六（昭和一一）年に情報委員会が創設された際は、横溝の下で内閣調査局調査官のまま事務官を兼任した。東条英機《とうじょうひでき》首相の側近の一人として、経済統制と言論統制の確立を担ったとされる。

序文では、大東亜戦争や時局に関する青年向けの解説書が少ない中、同書の公刊は「沙漠の中でオアシスを発見したような喜び」という推薦の弁を述べている。続く下野の自序にも情報局先輩諸氏への謝辞があり、情報局が組織的に出版を後押ししている様子が窺える。

その内容は、日米開戦から一年のタイミングで、世界の歴史と地図を書き換えるような戦果を挙げている「武の戦ひ」に「文の戦ひ」が遅れを取らぬよう、皇国民としての自覚、日本精神、日本世界観という「心棒《しんぼう》」をつかみ、戦争や政治、生活、教育を、すべて一貫したものとして認識し、皇国のあるべき姿、歴史の前進の方向を体得して、実践するというものである。

二三二頁の小ぶりな書ながら、戦時下の局面を武力戦、経済戦、思想戦などの幅広い角度から説明するだけでなく、当時の日本を米英主導の歴史的発展の中に位置づけ、それを戦争完遂の原動力にしようとしている。下野の該博な知識と文章力を結集した意欲作と言えるだろう。

複雑な議論をつづめて紹介するのは難しいが、同書の前半で例えば米英のアジア侵略や野望をめぐり痛烈な批判を展開している。

「平和は善であり、戦争は罪悪である」といふ、彼等が長い間強調して来た世界人類の正義は、彼等の秩序を長らへるための方便でしかなかつた。彼等にとつては、植民地掠奪《りようだつ》のために行ふ戦争は善であり、新興国家が生きんがために行ふ戦争は罪悪なのである。（中略）彼等は好んで自由を説き、正義を称へるが、それはかかる自らの秩序を合理化する「言葉の阿片」であり、彼等の植民地支配の文化戦であり、思想戦である。ところがこの「言葉の阿片」が、植民地ではなかなか役に立った。

日本のアジア政策のスローガンである大東亜共栄圏については、以下のように説明される。

指導国家日本の下に大東亜の各国家各民族を積極的に協力せしめ、米英の従来の植民地支配を完全に駆逐し、東亜の原住民を彼らの制圧下より解放し、古き東亜の姿に返して、日本を中心にして、相より相扶《あいたす》けて一家族の如き共栄圏をつくり、政治的に、経済的に、文化的に道義に基づく新秩序を実現しようとするものである。それは東亜の復興、東亜の興隆であり、東亜に、延いては世界に、新らしき秩序をもたらさんとするものなのである。

これらを踏まえ、下野は同書の後半で「皇国政治」のありようについて次のように述べる。

かゝる時局下においては政治力を結集し、強力な政治を行へといふことがしばしばいはれるが、政治力とは何であらうか。国民の一人々々が政治力を有し、その総和が国家の政治力をなすといふやうな考へこそ、米英的な民主々義なのである。わが国において、政治を行はせられるのは上御一人《かみごいちにん》のみであつて、内閣総理大臣にしても、下は名もなき民草《たみぐさ》にしても、これを翼賛《よくさん》し奉ることにおいては本質的に変りはないのである。寧《むし》ろ、我々の一人々々が、日本国民である以上誰でも、その職域において御奉公し翼賛し奉ることの出来る点に、皇国政治の本姿があるのである。

第二次近衛内閣の下、情報局は一九四〇（昭和一五）年一二月六日に、各省情報機関を統合して内閣情報機構を強化するため、官制により設立された。同書は下野の個人的見解ではなく、情報局のお眼鏡にかなった教科書的なものだろう。米英に対する歴史観は若い頃の近衛が一九一八（大正七）年に発表した「英米本位の平和主義を排す」に一脈通じるところがあるものの、

「国民外交公開外交の時代」の到来を見抜き、内閣情報機構創設の淵源《えんげん》となった一九二〇（大正九）年の近衛書『戦後欧米見聞録』の視点は持ち合わせていない。首相による行政各部統一保持を目指し、軍の政治関与を押しとどめようとした情報委員会設置時の企図も失われている。

そこに浮かび上がるのは、肥大化し、統制機関と化した内閣情報機構の姿である。

†ある情報局情報官の戦後

戦後、内閣調査室主幹として内閣情報機構に復帰した下野信恭には印象的な話がある。下野の部下だった志垣民郎に筆者が聞いた、戦後の進歩的文化人を代表する哲学者、鶴見俊輔にまつわるエピソードである（岸二〇一九、一二一～一二五頁、志垣・岸二〇一九、二八四～二八九頁）。

一九五六（昭和三一）年六月一四日、志垣は月刊誌『中央公論』編集者、粕谷一希から鶴見を紹介され、パージの訴願資料を見せてほしいと頼まれた。やや間を置き、一九六〇（昭和三五）年一〇月一二日に横山貞子《よこやまさだこ》（後の鶴見夫人）が内閣調査室を訪れ、やはりパージの資料を見たいと依頼すると、具体的なやりとりが進む。同一八日にも横山と鶴見が訪れ、志垣の上司も交えて鶴見らの「転向」研究のことを聞き、資料を見せることになった。そして二年ほど後の一九六二（昭和三七）年六月一日、鶴見夫人となった貞子が来訪し、志垣と上司はパージの資料を使ったという『転向』下巻を贈られたのだった。ここに登場する上司が下野であった。

一連のエピソードは志垣の日記に残されており、一九五六年に鶴見と出会った時から下野は同席していたらしい。これは鶴見にも忘れがたい出来事だったようで、後年、上田耕一郎・元共産党参院議員との対談でも次のように話している。

彼（筆者註：志垣）は、役人でもかなり上の方なのです。係長と一緒に新橋のてんぷら屋で会った。総理府の自分のところに占領軍にたいする追放解除申請の文書がいっぱいあるが、これを誰も使うものがいないので、使ってくれというのです。政府の現役の役人ですよ。しかもわりに偉い部署にいる人が、上司を連れてきて言うのだから、たいへんびっくりした（鶴見・上田二〇〇四『経済』一〇〇号）。

志垣から資料の話を持ち掛けたことなどは鶴見の記憶違いと言うものの、内閣調査室が資料を見せたことは間違いない。その後も志垣とつきあいのあった鶴見は、このエピソードを志垣に絡めて話しているが、資料の公開には当時主幹だった下野の判断が大きかったと思われる。戦争に加担した知識人を批判する鶴見に、下野はなぜ資料を見せたのだろう。青年に戦争完遂を訴えた下野をそれとどう結び付ければ良いのか。もしかすると多くの日本人は、このように時世に合わせることで戦前戦後を生き延びたのかもしれない。

第三章

戦下の思想戦と文化人

†思想戦とは何か

内閣情報部になって加えられた所掌事務「各庁ニ属セザル情報蒐集、報道及啓発宣伝」の中で、『週報』と並ぶ独自の仕事に思想戦講習会がある。「情報部の生みの親 育ての親」の横溝光暉も、「特に忘れかねること」としてインタビューや自著において何度も言及している。ただし、思想戦の意味を国民に理解させ、実践させるのは容易なことではなかった。

一九三九(昭和一四)年八月に内閣情報部が発行した「内閣情報部は何をするところか」は次のように述べる。思想戦は、戦前の内閣情報機構を特徴づけるキーワードなので、主要部分を引いておこう。

「近代戦は国家総力戦である」といふ事は、近代戦が武力戦であると同時に経済、外交、思想等の総ての力を動員する、国を挙げての戦ひであると云ふことを意味してゐる。この事は今日既に常識である。だがそれにも拘らず、近代戦のかゝる特性が国民によつて概念としては兎も角、端的に直接的に体認され、総力戦に相応《ふさわ》しい態勢が国民のあらゆる生活部面に成立つことは、決して容易なことではない。今次の支那事変に際しても武力戦である事は、国民の一人々々が或は身を以て体験し、或は日常生活の裡《うち》にまざ〳〵とその実感を味はつてゐる。経済戦、外交戦も、物資の統制や険悪な国際関係が、必然的にそれ等を国民各個の重大な関心の焦点たらしめてゐる。然るに思想戦については一般にかやうな自覚と体認が果して正確に、又は十分になされてゐると云へるだろうか。

元来思想戦といふ言葉は何時の頃から誰が言ひ始めたものが審《つまび》らかでない。その理論についての研究も未だ少い様である。今日一般に思想戦として理解されてゐるものは、自国民に挙国一致堅忍持久《けんにんじきゅう》を要求し、且つ凡ゆる手段を用ひて敵国民に戦意を喪失させる事である。而して自国民に関する消極的な防衛が「思想国防」の部分であり、敵国民に対する積極的な攻勢が、「宣伝戦」の部分であるといふ風に説かれるのが普通である。(荻野編二〇〇三、編集復刻版情報局関係極秘資料第八巻、九〜一五頁)

横溝もまた、後年の著書の中で内閣情報部が主催した思想戦講習会を取り上げ、次のように書いている。

「思想戦」という言葉は、何時の頃から何人が言い始めたものか明らかではないが、支那事変続いて大東亜戦争にかけて、戦争の概念がクラウセヴィッツの「戦争論」から、ルーデンドルフの「国家総力戦」へと進化したので、「敵に直接又は間接に心理的影響を与えて戦意を喪失させ、依《よ》て以《もっ》て戦果を挙げんとするたたかい」であると定義してよかろう。敵の心を攻めるのだからこれを「心戦」ともいう。（横溝一九八四、九七〜一〇四頁）

第一次世界大戦、支那事変（日中戦争）を経て浸透した思想戦という言葉も、実は出所不明の、すぐには分かりにくい概念だった。こうした状況を踏まえ、内閣情報部は一九三八（昭和一三）年から四〇（同一五）年まで毎年一回思想戦講習会を開くことになったのである。それは、中央官庁や地方長官が情報宣伝の指導者として適当と認めたり、軍司令官、師団長らが指定したり、鎮守府《ちんじゅふ》長官らが適当と認めた中堅文武高等官を首相官邸に集め、一回あたり一〇〇人（第三回は一五〇人）を定員として約一週間にわたり講習と共同研究を行う大がかりなものだった。横溝は後にこの講習会を振り返り、各省庁、民間、陸海軍の若手エリートを集めて総力戦体制に向けた教育と訓練を行い、真珠湾攻撃の四カ月前に「日本必敗」の戦局を予測した総力戦研究所の「萌芽」とも自賛している。その位置づけ自体は今後の研究課題だが、思想戦講習会がともすれば対立しがちな文武高等官を集める先駆的なものだったのは確かだろう。

さらに講習会と並行して、思想戦展覧会を東京の百貨店で開くなどし、一般国民にもあの手この手で思想戦の重要性を認識させることも試みられた。

†思想戦講習会の狙い

思想戦講習会とは、実際どのように行われたのか。『戦前の情報機構要覧』に一九四〇（昭和一五）年二月の第三回思想戦講習会前に作られた要綱が掲載されている。それによると、初日午前の開講式、宮城《きゅうじょう》奉拝、明治神宮、靖国神社参拝と、最終日午後の閉講式の間、都合六日にわたり連日午前一〇時から午後五時まで、午前は講義、午後は講義か研究会、見学が組まれるハードスケジュールだった。

各回の講義科目と講師は、表三－1の通りである。研究会では、内閣情報部と各庁関係官の出席のもと、①時局問題（主として軍事、外交、経済問題）、②啓発宣伝（宣伝方針、宣伝技術、情報宣伝機構等）、③思想対策（国民精神総動員思想問題等）、の三つの分科会を設けて、意見交換する。見学先には、思想戦展覧会、放送局、新聞社、通信社、議会等が予定されていた。

主催者の内閣情報部は、研究会や見学会の時間を利用して文武官の接触を図り、相互理解に

	講義科目	講師
第一回（一九三八年二月一九日～二月二五日）	国家と情報宣伝	横溝光暉（内閣情報部長）
	日本精神と思想戦	藤沢親雄（内閣情報部嘱託大東文化学院教授）
	国際思想戦の現状	安東義良（外務省調査部第三課長）
	支那事変と国際情勢	矢野征記（内閣情報部委員外務省情報部第三課長）
	戦争指導と思想戦	高嶋辰彦（内閣情報部情報官陸軍歩兵中佐）
	戦争と宣伝	清水盛明（内閣情報部情報官陸軍砲兵中佐）
	日本戦争論の梗概	多田督知（内閣情報部情報官参謀本部部員陸軍歩兵大尉）
	支那事変と英米	小川貫璽（軍令部第五課長海軍大佐）
	支那の抗日思想戦	雨宮巽（内閣情報部情報官陸軍歩兵大佐）
	スパイ戦の現状と防諜	白浜宏（陸軍憲兵大尉）
	フリーメイソンリーについて	大塚惟重（軍令部海軍大佐）
	思想戦と警察	富田健治（内閣情報部委員内務省警保局長）
	人民戦線に就て	清水重夫（内閣情報部委員内務省保安課長）
	思想犯罪の現状	平野利（司法省刑事局第五課長）
	マルキシズムの克服	平野勲（東京保護観察所長）
	学生思想問題	阿原謙蔵（内閣情報部委員教学局企画部長）
	思想戦と新聞学	小野秀雄（内閣情報部嘱託東京帝国大学新聞研究主任）
	思想戦と新聞	緒方竹虎（内閣情報部参与）
	思想戦と映画及び演劇	小林一三（内閣情報部参与）
	思想戦と出版業	増田義一（内閣情報部参与）
	思想戦と通信機関	岩永裕吉（同盟通信社社長）
	思想戦に於けるラヂオの機能	田村謙治郎（内閣情報部委員逓信省電務局長）
第二回（一九三九年二月二〇日～二月二五日）	思想戦の理論と実際	横溝光暉（内閣情報部長）
	国際思想戦の現状	井上庚二郎（外務省欧亜局長）
	国体の本義と神ながらの精神	筧克彦（東京帝国大学名誉教授法学博士）
	国家総動員の現状と将来	植村甲午郎（企画院産業部長）
	支那事変と宣伝	清水盛明（内閣情報部委員陸軍省情報部長陸軍砲兵中佐）
	ソ連邦事情と防共	川俣雄人（参謀本部課長陸軍歩兵大佐）
	新支那建設の基調	日高信六郎（内閣情報部委員興亜院経済部長）
	海防思想論	関根郡平（海軍少将）
第三回（一九四〇年二月一九日～二月二四日）	思想戦概論	横溝光暉（内閣情報部長）
	日本精神と思想戦	安岡正篤
	武力戦に伴ふ思想戦	松村秀逸（内閣情報部委員陸軍砲兵中佐）
	外交戦に伴ふ思想戦	須磨弥吉郎（内閣情報部委員外務省情報部長）
	海洋思想と思想戦	金沢正夫（内閣情報部委員海軍軍事普及部委員長海軍少将）
	思想戦と新聞通信	古野伊之助（内閣情報部参与同盟通信社社長）
	△特別講義	
	更生新支那政権の現状及将来	鈴木貞一（内閣情報部委員興亜院政務部長）
	満洲国に於ける思想戦	大越兼二（関東軍参謀陸軍歩兵少佐）
	英米の対日動向とその海軍	松田千秋（軍令部課長海軍大佐）
	国内思想動向と防諜	本間精（内閣情報部委員内務省警保局長）
	思想戦と財政経済	賀屋興宣
	思想戦と文芸	菊池寛（内閣情報部参与）

横溝光暉『戦前の首相官邸』を基に作成

表三－1　思想戦講習会（第一回・第二回・第三回）

努めた。横溝は「これがこの講習会の目玉といってもよい。けだし、従来文官国防を知らず、武官政治行政を知らずという情況であったからである」と述懐している。さらに昼食は主催者が供与し、宿泊先も希望により日本青年館か軍人会館を斡旋する用意周到ぶりだった。

延べ四二人を数える講師の顔ぶれを見てみよう。全体的な特徴は、省庁、軍、民間の講師とも、内閣情報部官制や事務規程により情報部と関係を持つようになった者が多いことである。第二回はやや傾向が違うものの、第一回と第三回には外務省や陸軍、海軍の出身でかつ内閣情報部の情報官や委員を務める者が九人いる。民間からの顔ぶれは新聞、通信、放送界の大物六人で、そのうち五人が内閣情報部に改組された時に置かれた参与だった。大学教授も、内閣情報部嘱託の肩書を持つ者が三人のうち二人いた。

横溝は第一回講習会における開講の辞で、「本講習会の講義項目を公表することは日本の思想戦対策を外国に知らせることになりますのでそれさへも極秘」、「本講習会の各講義内容の如きは極秘中の極秘」と、情報の漏洩に注意を呼びかけている。情報管理を徹底するため、講師の人選も内閣情報部がよく知る者に限ったということだろう。

では、講義内容はどのようなものだったのか。横溝による第一回思想戦講習会の開講の辞と、講習会と連動して開かれた思想戦展覧会の前に行った講演をまず紹介する。

第一回講習会の第一講ではなく開講の辞を取り上げるのは、第二章で「宣伝」の意味について検討した際、第一講の主要部分を既に引いたからでもある。「国家と情報宣伝」と題する第一講で横溝が述べたのは、宣伝とは「それ自体決して少しも邪道的なものではな」く、邪道なのは「不正なる宣伝」、「歪曲せられたる宣伝」だということと、政府が宣伝するのは「国民の共鳴と理解を求め、仍《よっ》て以て全国民信頼の下にその政策が実施されるのを望む」からで、国外には「帝国政府の意思を伝える、真の事実を伝える。(中略)外国に於て正しい理解と共鳴とを求めて、国際的諒解の増進に資する」といったことである。続けて無線が情報宣伝の最も有力な手段になったとして通信社の重要性に触れ、ドイツ、イタリア、ソ連、イギリス、フランス、アメリカなどの思想戦機関を瞥見して、日本の内閣情報部の現状を解説した。

横溝はこの第一講を講習会の「緒論」と位置づけているのに対し、開講の辞では講習会の前提になる思想戦の意義を解いている。横溝が膨大な挨拶や雑誌論文など戦前戦後の記録を自らの手でまとめた「光暉」三〇巻と別巻二巻を含む草稿を、遺族が国立公文書館に寄贈しているので、その第六巻に収められた「第一回思想戦講習会に於ける開講の辞」を辿ってみたい。

その中で横溝は最初に、従来「戦」と言えば武力戦が全てだったと言っても過言ではないが、近代になり平時戦時の区別がなくなってきて、戦は平時から経済、外交、思想等あらゆる方面に於いて行われているとし、「武器なき戦ひ」である思想戦は平時といわず、戦時事変といわず常に絶えず行われているとの認識を示す。そして戦時事変の思想戦は、「一面に於ては我が威力を普く敵に識らしめて其の戦意を喪《うしな》はしめ他面更に相手方をして我に正義の存する所以を伝へ、遂には我に帰一させる、又第三者の認識を是正せしめ其の態度を我に有利に展開させて以て我が目的の達成を容易ならしむる為に用ゐられる手段」と述べる。

さらに第一次世界大戦から支那事変（日中戦争）へと至る思想戦の状況を辿った上で、内閣情報部としても初めての試みとなる思想戦講習会の意義を次のように力説する。

「今や私共は思想戦の重要性を強調して、国民の一人一人が之に参加することを慫慂《しょうよう》すると共に、職を官に奉ずる者が此の思想戦の重要なる戦士としての究鑽《きゅうさん》に努むることの喫緊の要務たるを思ひまして、一方に於ては思想戦展覧会を開催して国民の認識を喚起し、他方此の講習会を開いてお互いに研究錬磨の機会を設けたのであります。」

「私は今回の企てに於て重点を思想戦の組織、手段方法といつた部面に置いて出来得る限り全面的に講義題目を選び、将来諸君自ら御研究になるべきあらゆる端緒を供せんことを期した積りであります。」

思想戦講習会を初めて催した内閣情報部の狙いがよく伝わってくる言葉である。横溝が思想戦展覧会前日の一九三八年二月八日に東京中央放送局から放送した「思想戦に就て」と題する原稿も、アジア歴史資料センター所蔵「思想戦展覧会記録図鑑」や、国立公文書館所蔵『横溝光暉関係文書』の「光暉」第六巻に残されている。

二月九日から同二六日まで東京・日本橋の高島屋で開かれる「武器なき戦ひ、世界に渦巻く思想戦展覧会」をアピールするのが狙いで、思想戦講習会と同様に思想戦の重大さを丁寧に説いている。ここで目に付くのは、「思想戦といふ言葉はお解り難いことゝ思ひますが」という前置きに見られる低姿勢ぶりだ。「今後挙国一致して長期戦に対処する為に、戦ひの場に立たぬ国民各自が思想戦の戦士として御活動願ひたい」、「内閣情報部主催の下に明日から二十六日迄東京に於て思想戦展覧会といふものを催すことに致しました所以のものも、思想戦のかやうな重大性をよく認識して戴きたい為の一端であります」。こうした文言からは、思想戦を定着させるのは当初、容易なことではなかった様子がうかがえる。

†「内面指導」

ここから思想戦講習会の講師になった知識人、文化人について検討してみたい。講習会では官僚に交じってメディア出身者らが講師を務め、各人の実務と思想戦について話をした。内閣情報部が情報局になる前夜の出来事であり、戦後これらの活動をめぐり知識人の戦争協力が問われることになった。

思想戦講習会の講師となったのは、内閣情報部参与に任命された知識人が中心だった。横溝は後年、新聞界や学識経験者からなる参与を置いた狙いを次のように説明している。

これはね、情報宣伝に関係のある民間各機関と連携をよくしたい。それには大物に協力をしていただく。そうすれば何も大物と交渉するんじゃなくてその配下の人と交渉するにも都合がいい。要するに挙国一致態勢ということから、官民一致という意味で参画していただきたいし、またそういう人から忠告をいただいた方がいい、というふうな意味で、月一回参与会を開いて部長から報告し、参与の方からもお話を伺うという会合を開きました。これはそう大した意味はありませんね。それよりもそういうことによって、常時その方面と連絡するのに都合よくするということですね。それはよかったと思うんですよ。参与会の席上、難詰されたことはありません。(横溝一九八六、一一〇〜一一一頁)

内閣情報部に改組されてから、新聞社などとの接触は一段と緊密になっていた。別のところで横溝が回顧しているように、在京八社の政治部長会、経済部長会、社会部長会も催され、情報部から注文し、新聞社からの注文を聞く場になっていた(内政史研究会『横溝光暉談話速記録

(下)』三〇〜三二頁)。政治部長会議は毎週一回開かれ、政府側から言えば「内面指導」、新聞社側からいえば不満を言える会合だったという(横溝一九八六、九八頁)。現場を仕切る部長と経営トップによる二つの会合が有機的に機能していた様子がうかがえる。

日常的に接触のある各社の経営トップはもともと政府が参与に選んだ人々だったし、講習会講義速記に残る講師の話によると、講演のテーマも横溝自身が依頼したものだった。

当時使われた「内面指導」は、現代人には分かりにくい言葉である。当事者の横溝が、一九八六年に出版された本の中で「内面指導」について説明しているので、紹介しておこう。第一章で触れた、日本新聞協会が一九七二年に行った横溝へのインタビューの中にあり、八六年に出版された『「昭和」への遺言』に収録されている。「内面指導」は、情報委員会に始まる各社の編集幹部との定期的な懇談会を性格づける重要な用語である。

インタビューの中で横溝は、政治部長会のような形の懇談会が活発に行われ、この種のものを「内面指導」と呼んでいたようだが、これはいわゆる行政指導そのものであるのか、別個の概念として新たに生まれたものなのか、という質問にこう答えている。

「内面指導という言葉は、端的にいえば役人の思い上がりですね。私は行政指導というものには非常に疑義をもっているんです。行政指導は危ないことなんです。しかもね、小役人が自分の考えだけでいろんなことをいうでしょう。ですから行政指導というのは、法令の執行をはなれて法令以上に出ているんですね。ですから民間からいうと非常に迷惑なことがあります。かた方において許可とか認可とかいう武器をにぎっていてせまられますと、やっぱり長いものにまかれろとか、ここで反発して後でかたきをとられても困るもんだから無理にがまんするというのが、得てしておこりがちなんです。」

「要するにもとはといえば、行政官庁が行政運営において、対象者に十分意図を知らしめて、意図の如くに行ってもらおうという要望を披瀝《ひれき》することなんでしょうね。きかなかったからといって処罰するわけじゃないが、ただきかないとかたきをうたれるという一種の強迫観念が伴っています。これが行政指導の悪いところです。また対象者の方もずるいのがいますから、その辺のところむずかしいと思います。行政法上からみて、行政指導は問題があると思います。」（横溝一九八六、九八〜一〇〇頁）

横溝はこの中で、内面指導は広い意味では行政指導の中に入ると言いながら、各社の部長を集めた懇談会については、各省が各個に手前の都合のいいことばかり言う内面指導より情報部が総合体でやる方が公平でいくらかいい、という趣旨のことを話している。戦後の行政指導にかこつけて質問者の追及をかわしたという印象だが、後に述べるように、内面指導には新聞社に対するあからさまな恫喝もあった。

現在、総務省はウェブサイトで行政指導について「処分のように、相手方に義務を課したり権利を制限したりするような法律上の拘束力はなく、相手方の自主的な協力を前提としている。従って行政指導を受けた者に、その行政指導に必ず従わなければならない義務が生じるものではない」、「その指導に従わないからといって、役所がそのことを理由に、例えば今まで平等に提供していた情報をその相手方にだけ提供しない、別の許可申請のときに意図的に嫌がらせをするなどの差別的、制裁的な取扱いをすることは禁止されている」などと明記している。

全体主義では、個人の内面の自由は保障されず、国家が社会の全領域に浸透し、私的な領域は許されなくなる。「内面指導」は国民の懐に手を突っ込むような、まさに戦時下の日本を象徴する言葉だった。

†文化人と思想戦講習会

思想戦講習会の講師に選ばれた文化人たちは、それぞれの出身母体に即した講義を行った。緒方竹虎（朝日新聞）、小林一三（東宝映画）、増田義一《ますだぎいち》（実業之日本社）、岩永裕吉《いわながゆうきち》（同盟通信）が第一回講習会で、古野伊之助（同盟通信）、菊池寛《きくちかん》（文藝春秋）らが第三回講習会で話をした。

内閣情報機構は、戦前戦後を通じて知識人と深い関わりを持つようになる。内閣情報部参与はそれを制度化したものだった。ただしその関係は、知識人が政府に籠絡されたというほど単純なものではなく、官僚の振り付け通りに動いたわけでもなかった。戦後の内閣情報機構と知識人との関係は、政策への影響を含めて後の章で論じることにして、ここでは極秘とされた思想戦講習会の内容を、当時の講義速記を基に検討したい。個性的な話全体を要約するのではなく、印象的な言葉遣いを、以下の三人について引くことにする。

緒方竹虎「思想戦と新聞」

・今日の新聞は報道第一主義をとっていることが一つの特徴である。
・報道第一主義の目的は、読者社会に向かって一つの思想を与え、それにより輿論を形作っていくところにある。
・新聞の社説は権威を失ったと言われるけれど、社説の如何によって新聞が生き或いは死ぬ点は報道第一を主張する時代の新聞でも変わりない。
・今日の新聞では、社説のみでなく、報道自体もまた一つの社説であると言い得る。
・ソヴィエト、イタリア、ドイツ、国民政府下の支那（中国）の新聞は思想戦の第一線に活躍している。
・これら革命国家の新聞は政府の統制の対象でなく、初めから国家機関である点において一致している。
・立国の本義が万古不易の我が国において、新聞が演じる思想戦は革命国家の理論とは違う。
・新聞は戦時体制の中に入り、国策の線に沿ってあらゆる犠牲を忍び、自発的に政府にできるだけの協力を払っている。

小林一三「思想戦と映画及び演劇」

・映画演劇は一方において娯楽、他方において営利であり、これと全く相反する思想戦ないし国民精神総動員と結び付けるのは説明が難しい。
・国家意思を国民に徹底するのに協力し、同時に国民の士気を鼓舞し、堅忍不抜《けんにんふばつ》の日本精神を叩き込むところに国民劇が必要となる。
・芸術一点張りや娯楽専門でなく、国策に適応する薬になる作品で、芸術的にも価値あるものでなければいけない。
・予《あらかじ》め脚本を査閲する法令を発布したドイツは、ほとんど感心させられる映画を作っていない。
・思想戦と映画演劇の調和によって出来上がったものが、いかに娯楽として受け入れられるか。
・統制の美名のもとに映画製作を画一的にし、無競争にすることは却って当事者を委縮させ、佳い作品は得られない。

・映画配給の統制は必要で、長期にわたり興行すれば、一つの作品に時間と費用がかけられ、佳いものができて粗製乱造《そせいらんぞう》を防げる。
・日本には国立劇場もなければ、国民生活の必需品でもなく、贅沢品という位誤解されている。

菊池寛「思想戦と文芸」

・音楽、絵画などの根本的な芸術は思想と関係ないが、文芸や映画になると思想が入ってくる。
・他に役立てようとすると芸術の力は薄れる。キリスト教の頒布に使われた文芸は堕落した。
・バーナード・ショーは、社会に対する思想を戯曲に書いたが、その思想はすぐ古臭くなった。
・思想が人生の一角として芸術に現れるのは仕方ないが、思想を宣伝するために使うと文芸は第二流のものになってしまう。
・労働者はみな善人、資本家はみな悪人というプロレタリア文芸は、人生の真実という点から言えば嘘になる。
・文芸は善い作品を書くことによって、人生に対する元気、人生を闘い抜く力、時局に耐える力というものを養う。
・書く人に御用を務める意識がなく、本当の情熱が出る場合は立派な文学になるのではないか。
・国家が文芸に関心を持ち、文芸が国家に生きがいのあるよう奨励することは、国策上も重要。

講習会に参加した文武の高等官が、大物三人の話をどう聞いたかは定かではない。小林一三や菊池寛の講義速記には、「笑聲」の文字も見えるので、あるいは異業種の知識人の話を楽しく聞いたのかもしれない。しかし、冒頭から「映画演劇を思想戦と結び付けるのは説明が難しく、時には誤解を招きやすい」、「芸術と思想とは、根本的には関係ない」と切り出した小林と菊池には、講師を依頼した横溝も内心ハラハラしたのではないか。

横溝は、戦後のインタビューの中で内閣情報部のトップ人事について「内閣官制の一一条によって、「国務大臣として閣議に列せしめる」というふうなことにすればいい」と述べ、「そういう場合には私が次長になって、適当なる人、例えば緒方さんのような人でもいいし、古野さんのような人でもいいし、高石さんのような人でもいいのですが」と参与三人の名前を挙げている（内政史研究会『横溝光暉談話速記録（下）』一一～一二頁）。官界では切れ者として知られた横溝だが、簡単には政府の言う通りにならない、一癖も二癖もある知識人とどう接すればいいのか、改めて難しさを認識したことだろう。

†粕谷一希の菊池寛論

戦後この三人は連合国総司令部（ＧＨＱ）によって公職追放となり、中でも菊池寛は「戦争協力者」として批判を浴びた。追放者は政界だけでなく財界、言論界の二〇万人以上に及び、政略的に使われる余地も指摘されたが、緒方、小林、菊池の戦前の記録を辿ると、当時の政府に与する言動が目に付くのも事実である。

ここからは、元『中央公論』編集長の粕谷一希が書いた菊池寛の評伝（丸谷編一九八五、一三一～一六一頁）を手がかりに、戦前の菊池寛の動静について検討してみたい。詳しくは後の章で述べるが、粕谷は戦後作られた内閣総理大臣官房調査室に関わり、この物語のキーパーソンの一人である元内閣調査室主幹の志垣民郎とは、粕谷が東大在学時から行き来があった。

『父帰る』『真珠夫人』などを著した流行作家であり、『文藝春秋』を創刊し、芥川賞・直木賞をつくって有力な作家を育てた菊池寛と、『中央公論』の編集者として才気ある学者、作家を世に出し、現実主義の潮流を築いた後、都市出版を創業し、多くの著作も残した粕谷一希は、軟派と硬派の違いはあっても、その歩みには重なるところが目に付く。

粕谷が内閣調査室との関係を公にすることはほとんどなかったが、戦時下の菊池寛が軍部に協力し、内閣情報部、情報局の宣伝戦にも加担したことをよくわきまえていた。

前出の評伝は、戦後まもなく京都で開かれた文芸講演会で菊池が舞台に出て話し始めると、「戦争協力者」と野次が飛んだ時の劇作家、川口松太《かわぐちまつた》郎《ろう》の回想を引用して冒頭に置く。それを聞いた菊池は、次のように言い放ったというのである。

「戦争に協力しない日本国民があるか、あればそれは非国民だ」と怒りをこめた声をぶつけて、

「僕は昔から右にもかたよらず左にも偏《へん》せず中道を守ると宣言している。我々はだれにしても戦争に反対だ。しかしいざ戦争になってしまえば協力して勝利を願うのは、当然の国民感情だろう。それとも君は祖国が負ければいいと思ったのか」

まなじりを釣り上げて、正面をにらみつけた。

そして粕谷は、「拡大する戦火のなかで」と小見出しの付いた評伝をこう締め括るのである。

こうして自由と平和と繁栄の束の間をもっとも享受した菊池が晩年の十年間、戦争に直面したことは基本的に不幸であったという他はない。菊池寛は「右せず左せず中正で清新な自由主義を標榜し、インテリゲンチャの友」を自認して『文藝春秋』を編集・経営してきたのだが、その彼も次第に〝いいたいこともいえなくなる〟想いが強くなってゆく。しかし、ジャーナリストとしての彼は、毅然として屈せず、かなり思い切ったことを言いつづけた。

――北支に於て、日支が戦端を開いたことは遺憾である。数年来の抗日気運の避けがたい結果であらうが、日本と支那とが、ローマとカーセージのやうに仇敵《きゆうてき》同士となり、十年目二十年目に、戦争をしなければならぬとすると、東洋に於ける平和や文化のために一大障碍《しようがい》となるであらう。いかに日本の武力を以てしてもあの大国と四億の民衆とを徹底的に屈服させてしまうことは不可能であらう。

よく、事変の性格と将来を見透していたというべきであろう。しかし、その菊池寛も戦火が拡大し、太平洋戦争に及ぶ過程で、むしろ、積極的に軍部に協力してゆくことにもなる。軍部にも影響力を持ち、少しでも日本の国策を理性的たらしめようとしたためでもあろう。また、『文藝春秋』社を担い、組織を守るためにも、社会的指導者の一人として責任を負わねばならなかったためでもあり、そして明治人の多くがそうであったように、〝国家あっての自由〟という愛国者であったことだろう。

戦争の渦中に平時の冷静さを保つのが相当に困難だったのは間違いない。筆者自身も戦火の只中に身を置いた現代の記者たちの心情にふれたささやかな取材体験を持っている。

二〇〇三年から二〇一一年まで続いたイラク戦争で、米軍は大々的なエンベッド取材を導入した。エンベッド（embed）は英語で「埋め込み」を意味し、戦争取材では前線の部隊に記者が同行し、兵士らと寝食を共にしながら、その活動を報じる手段を指す。毎日新聞記者だった筆者自身に戦場取材の経験はないが、イラク戦争取材の検証をすることになった時に思いついたのがエンベッド取材に参加した記者にインタビューすることだった。エンベッド取材を経験した記者は限られるため自社以外にも対象を広げ、同僚と手分けして毎日新聞、朝鮮日報、日本テレビ、朝日新聞、米ピッツバーグ・トリビューン・レビューの記者たちに会った(『毎日新聞』二〇〇八年一〇月六日付朝刊)。

実際のエンベッド取材は、陸軍や海兵隊など陸上部隊への同行、空母への乗艦と、さまざまだが、彼らが口をそろえて言ったのは「極限状態だから身近な人間に情が移る。公平な視点を持てるだろうか」という自問自答であり、部隊の位置や作戦を報じられない制約下にある記者には全体像は見えず、「戦争の是非はワシントンや東京で判断すべきだ」ということだった。

支那事変(日中戦争)当時の日本を顧みた時、現代のエンベッド記者が考えたような自立がどこまで可能だったのか。「いざ戦争になってしまえば協力して勝利を願うのは、当然の国民感情だろう」という菊池寛の物言いと、「極限状態だから身近な人間に情が移る」というエンベッド記者の証言には時代を超えた共通性があるように思う。戦前次々に作られた言論統制の諸法を念頭に置く必要もあるだろう。粕谷は、敗戦後の菊池寛の不機嫌さを「民族の運命と自らを同一視したことによる挫折感」と書き表し、「戦争協力者」のレッテルを貼った戦後に菊池寛の舞台はなかったと結論した。

†内閣情報部と菊池寛

内閣情報部の事務において、菊池寛はどのような形で宣伝を担うことになったのか。思想戦講習会の講師のほか、第二章で論じた『週報』や『週報の友』にも菊池寛の原稿が掲載されている。ここでは、一九三八（昭和一三）年一一月九日に発行された『週報の友』第三号の巻頭を飾った特別寄稿「戦地見聞」に焦点を当てる。

『週報』と一緒に発行される『週報の友』には特段の説明もなく、菊池寛の寄稿が掲載されているが、この年六月に支那事変（日中戦争）の一つの節目となった武漢《ぶかん》作戦が始まり、菊池寛はいわゆる「ペン部隊」の中心として中国現地に赴いた。蔣介石《しょうかいせき》の国民政府に決定的な打撃を与えることを目的に武漢作戦が立案され、武漢三鎮（漢口《かんこう》、武昌《ぶしょう》、漢陽《かんよう》）が攻略された。『週報の友』第三号の一号前の『週報』一〇七号（同年一一月二日発行）の表紙には、「漢口陥つ」の見出しが躍り、『週報』一〇八号には続報となる「漢口、廣東《かんとん》陥落の反響」が掲載されている。

菊池寛の手書きの署名が入った『週報の友』の短信から、一部を引いてみよう。

ある軍屬の話に、皇軍兵士の死體と支那兵の死體《したい》とを澤山《たくさん》見たが、皇軍の兵士と支那兵とでは、死相までが、ハッキリ違つてゐる。支那兵は、もがき苦しんでゐる容子が、死體にまで殘つてゐる。日本の兵士の立派な死相とは、ハッキリ違つてゐた。尤《もつと》も、支那兵は、出征に際して見送り人など一人もゐず常に故郷の妻子の生活が心配で乏しい月給から送金してゐる状態だから、最後の場合にもなか〳〵死にきれないのだらうと、その人は云つてゐた。（中略）

＊

武穴が落ちてから間もなく海軍の士官が、視察に行つてある家に入らうとすると、そこにゐた十二、三の少女が、鼻をつまみ「臭いから入るな」と、しきりに止めた。通譯《つうやく》に事情を訊かせると、その奥に支那兵に殺されたその少女の母の死體がある事が分つた。この少女は「臭いから入るな」と云ふ口實《こうじつ》で、健氣《けなげ》にも、死せる母を守つてゐたのであつた。

（中略）

＊

第一線の軍艦に乘つてゐるとき、機雷《きらい》が前方で爆破されるのは氣にならなかつたが、浮遊機雷が後方で處分されるのは、とても嫌だつた。それは、大抵朝で、夜の中に、我々の乘つてゐる船の傍を、フラ〳〵と流れたものだと思ふと、氣持が惡かつた。

『週報の友』は『週報』の「姉妹篇」という位置づけであり、この短信にも前線の緊張感はあるものの、戦争の悲惨さや死者への弔意がのぞく、新聞報道にない文学ならではの小品である。このペン部隊は戦後、文学者の戦争責任が問われる中で、戦争協力の代表的な例と捉えられるようになる。しかし、同時代の一九四一（昭和一六）年に刊行された「情報局設立ニ至ル迄ノ歴史（上）」にも、戦後の一九六四（昭和三九）年にまとめられた『戦前の情報機構要覧』にも、関連する記述はない。

ペン部隊の中国出発に先立ち、一九三八（昭和一三）年九月三日に日比谷公会堂で東京日日新聞（毎日新聞の前身）が主催して開かれた「文壇部隊壮行大講演会」で、内閣情報部長の横溝光暉が文壇部隊派遣の経緯を説明しているので見てみよう（『東京日日新聞』同年九月六日付夕刊）。

横溝は「今回わが文壇の方々が中支戦線に文章報國の赤誠《せきせい》を披瀝せられることは誠に意義深きを覚える」と挨拶の口火を切り、経緯を次のように語った。

文壇の方々を煩《わずら》はせして第一線を見てしつかりと日本精神の神髄を體験《たいけん》して頂き日本精神の昂揚《こうよう》の上に一役買つて頂きたい。かういふ議が豫《か》ねてからあつた。（中略）この考へは陸海軍當局《とうきょく》の方は當初《とうしょ》から持つてをられた所であり、また内務省、外務省等各省においても勿論必ず賛成されるところであつて私共内閣情報部は斡旋役としてこの企てがトン〳〵

拍子に進みその結果先日文壇の一部の方にお集まりを願ひ、いろ〳〵御相談を申し上げた結果全部の人選を見た次第である。

尾崎士郎《おざきしろう》は内閣情報部の集まりの場面を『文學部隊』という小説にして、菊池寛を菊川信という別名で登場させている。尾崎も二二人の「ペン部隊」の一員となったから、フィクションとは言っても内閣情報部に赴いた作家の発言にはリアリティーがある（中支軍報道部が二二人に突き付けた「従軍文芸家行動計画表」には、「目的――主として、武漢攻略戦に於ける陸軍部隊将兵の勇戦奮闘、及び労苦の実相を国民一般に報道すると共に、占領地内建設の状況を報ぜしめ、以て国民の奮起緊張を促し、対支問題の根本解決に資するものとす」とあった〔高崎一九七六、三二～五五頁〕。櫻本富雄《さくらもととみお》はこれを引いて「何一つこっちから注文するわけではない。唯《ただ》、ありのままを見て来てもらいたい、書けなければ何も書かなくともいいし、行くということに特別の責任を負う必要もない」という海軍中佐の発言は嘘と指摘する〔櫻本一九九三、一六～二二頁〕）。

「ペン部隊」は、陸軍班一四人、海軍班八人に分かれて九月中旬に中国大陸へ旅立ち、約一カ月後の一〇月に帰国した。「ペン部隊」参加者の現地報告を新聞各社は競って掲載した。朝日新聞社と契約した林芙美子《はやしふみこ》は単独行動を取って、朝日のトラックに乗り「漢口一番乗り」を果たし、帰国後は朝日主催の報告講演会が開かれ、引っ張りだこになった。その従軍記『戦線』

を佐藤卓己《さとうたくみ》は「朝日新聞社と共同制作したメディア・イベント作品」と評している。菊池寛は翌一九三九（昭和一四）年にも中国へ渡り、『昭和の軍神　西住戦車長伝《にしずみせんしやちようでん》』を東京日日新聞社と大阪毎日新聞社から同年に発行し、これを基に一九四〇（昭和一五）年には松竹が映画も作った。

ペン部隊について、横溝光暉は陸海軍当局から持ち上がり、内閣情報部は「斡旋役」を務めたと述べる（『東京日日新聞』一九三八年九月六日付夕刊）。だが、作家たちに求められたのは、速報性を重視する報道記者がフォローしきれない「前線と銃後との距離を心理的な距離としない言葉」だった（五味渕二〇一四）。ペン部隊をきっかけに、内閣情報部は思想戦の新たな手段を手にした。知識人との協働作業は、戦後の内閣情報機構でも、形を変えて主軸の業務になっていくのである。

†深化する思想戦

一九三八（昭和一三）年二月に初めて開かれた思想戦講習会は、毎年一回のペースで回を重ね、一九四〇（昭和一五）年二月には第三回が受講者をそれまでの一〇〇余人から一五〇人に増やして開催された。だが、第三回のさなかに主任者の内閣情報部長、横溝光暉が岡山県知事へ異動する話が持ち上がり、当座は乗り切ったものの、横溝が内閣情報部を去った翌年以降は開かれることはなかった。それだけでなく、内閣情報部の「生みの親　育ての親」である横溝の異動を待っていたかのように、内閣情報部は情報局に改組された。

首相による情報宣伝に関する行政各部の統一を目指して設置された内閣情報機構は、戦前も戦後も首相自身との関係性が問題になった。内閣情報機構を重視する首相もそうでない首相もいたし、首相のスタッフという性格から首相と幹部職員との相性にも影響を受けた。ここからは第二回以降の思想戦講習会を辿りながら、戦前の内閣情報機構の変遷について考えてみたい。

第二回思想戦講習会は、第一次近衛文麿内閣の後継という性格が強い平沼騏一郎《ひらぬまきいちろう》内閣の下で開かれた。『戦前の情報機構要覧』に、開会式での平沼首相の訓話が収録されている。思想戦や思想戦講習会についての首相の考え方がうかがえる、他にはない資料なので紹介しよう。

平沼は訓話の中で、皇室の輔翼が臣民の道であることを強調した上で、日本は「固有の精神を何処迄《どこまで》も根幹」とし、外国の文化を排斥することはないとしながら「外国の文化は凡《すべ》て之を助けると云ふ一の補助」のものとしてきたと説く。「我固有の精神といふものは厳然として古から今日迄少しも変りなく存続し又是は未来永劫存続すべきもの」であり、「我が国は一切の思想に超越致しまして之を我が固有の道に混然融和《こんぜんゆうわ》せしめなければならぬ」と語ったのだった。

思想戦講習会を始めるにあたり、国際共産主義などの外来思想の弊害を念頭に、平沼が日本固有の精神を重視する「皇道」や「道義外交」を、官吏に改めて提唱したと言えるだろう。

防共や欧米中心の国際秩序への反発で第一次近衛文麿内閣と一致していた平沼内閣は、重要な外交案件へ対応を迫られる。「親日的」と見られていた天津《てんしん》の海関《かいかん》（当時の中国で開港場に設けた税関）長の程錫庚《ていしゃくこう》が暗殺されたことに端を発する天津英祖界封鎖問題や、米国による日米通商航海条約の廃棄、関東軍とソ連・モンゴル軍が衝突したノモンハン事件が次々に起こり、さらにドイツとの同盟に意を注いでいた中で独ソ不可侵条約の締結に直面するに至って、「欧洲の天地は複雑怪奇」の声明を残し、思想戦講習会から半年後の一九三九年八月に総辞職した。

こうして始まった第二回思想戦講習会の初日に、横溝は緒論、総論の意味を込めて「思想戦の理論と実際」と題する講義を行った。その講義速記が『情報局関係極秘資料』第七巻に収録されている。

ここでも横溝は思想戦の意義にこだわり、前年に催した思想戦展覧会で観覧者向けに書いた「思想戦に就て」を用いながら、詳細な説明を試みている。

横溝の講義は「思想戦といふ言葉は何時の頃から誰が之を言ひ始めたのか審かに致しません。近頃ではだいぶ普及して来たやうでありますが、まだ一般にはその理論に就いての研究が少いやうであります」という、思想戦をめぐる現状認識から始まる。

そして、「思想戦とは相手方を我が意思に帰一せしめんがため行はれる武器なき戦である」という定義を引き、ただそれは思想戦の攻撃攻勢の作用と防御防衛《ぼうぎょぼうえい》の作用のうち攻撃攻勢の積極的部分だけが強く表れているうらみがあることを述べ、「平戦両時を通じ彼の思想攻勢に對しては我を防衛するのも亦《また》思想戦である」という断りを付け加える。

さらに横溝は、思想戦の本格的意義に歩を進める。思想は論理的体系的なものだけでなく、心情も含まれ、「平時に於ては我が理想や信念を彼に傳《つた》へて我に歸一し同一の理想實現《じつげん》に向かはしむる手段」(「思想戦とは何か」一九三八年二月、第一回思想戦展覧会に提出)である思想戦は世界に渦巻いていると、米国の民主主義、イギリスの自由主義、ソ連邦の共産主義に触れながら述べる。続けて、一九三六(昭和一一)年一一月に公布された日独防共協定は共産主義的破壊という思想戦攻撃に対する共同防衛であると説く。

次に横溝は、戦時事変を取り上げ思想戦の現実的意味に入っていく。戦時事変の思想戦を、まず対敵思想戦と対第三国思想戦に分ける。その対敵思想戦を、敵の同盟国や同情国に対する対敵思想戦と対第三国思想戦に分け、さらに第三国思想戦を敵の同盟国や同情国に対するもの、厳正中立国に対するもの、自らの同盟か同情国に対するものに区分けする。その上で世界大戦においてイギリスが採用した思想戦は、これらを組み合わせたものであると説く。

ここで横溝は、本講義を特徴づける戦争における思想戦の地位に言及する。すなわち、武力と武力との闘争、会戦、戦闘による敵戦闘力の殲滅《せんめつ》を戦争の本質とみるクラウセヴィッツ流の「戦争論」は過去のものとなり、ルーデンドルフ流の戦争概念に進化したというものである。

「戦争は啻《ただ》に軍隊の仕事ばかりではなく、参戦國民の一人一人の精神力及び生活力に直接影響する所のものにまで型態が變化《へんか》したのであります。国民の生活力に關《かん》するものは卽ち「經濟戦」であり、精神力に關するものは申すまでもなく「思想戦」であります。これ等が「武力戦」と共に相互に離れることの出来ない有機的一體的に結ばれて一つの戰争といふ事象を展開するのであります。斯《かか》る戦争型態が「國家総力戰」又は「全體戰争」と呼ばれるものでありま す」。

横溝は、戦争型態が「国家総力戦」にまで発展する過程を、さらに「国家総動員戦争」と「国家総力戦的戦争」に分けて説明する。総動員的戦争とは武力戦をいろいろな部門がバックアップしていく形であり、総力戦では思想戦、経済戦それぞれ一つ一つが戦争であるという違いがある。

戦後のインタビューの中で、総動員的戦争の発展段階に総力戦的戦争があるというのは自分の考えかと質問された横溝は「それは何かから教わってきたんじゃないかな。それは受け売りですよ、きっと」、「どこから調べたかね、ちょっと記憶にないですね、その出どころは」などと答えている（内政史研究会『横溝光暉談話速記録（下）』）。

講義はさらに思想戦の闘争手段や思想戦対策、思想戦機構に分け入っていくが、この総力戦の考え方は当時の思想戦理解の最先端だったと言えそうだ。

†突然の終幕

思想戦講習会は一九四〇（昭和一五）年二月一九〜二四日に第三回が開かれ、内閣情報部長の横溝光暉はここでも第一講を受け持ち、「思想戦概論」と題して講義した。後年自らの講義について、横溝は「もとより顧みて忸怩《じくじ》たるものがあるが、それでも「国家と情報宣伝」「思想戦の理論と実際」「思想戦概論」というように、題目も内容も年毎に幾分か歩を進めた感がある」と自己評価している（横溝一九七四、二五三〜二五五頁）。

実際、第一回思想戦講習会の閉会の辞で横溝は「我国に於て未曾有《みぞう》の此の講習会を只今茲に閉づるに當《あた》り」と切り出し、「此の一週間の講習会に依つて必ずや何等ら未知のものを得られたことであらう、少くとも思想戦の重要性に就ては之を認識して戴けたことゝ信ずる」、「私共は今回の講習に依つて、全国に思想戦の戦友を持ち得たことを大なる喜びとするもの」と、かなり高ぶった様子で述べていた。主催者として、分かりにくい思想戦について説明し、その重大性を認識してもらおうと、苦心して講習会を運営した様子がうかがえる。

それが第三回思想戦講習会になると、思想戦のなじみの薄さを嘆くような言葉は影を潜め、第二回「思想戦の理論と実際」と第三回「思想戦概論」のテキストを用意し、すぐさま本題に入っている。三回目を迎えた講習会に、相応の手応えや意義を感じていたのであろう。

第三回の「思想戦概論」はおおむね、第二回の「思想戦の理論と実際」の話の流れを踏襲し、深掘りしたものになっている。「戦争トハ敵ヲ屈服セシメ自分ノ意思ヲ實現センガ為ニ用ヒラレル暴力行為デアル」というクラウセヴィッツの定義を引き、しかし、第一次世界大戦の経過からそれに置き換わったのがルーデンドルフの「全體戦争論」「國家総力戦」であるとしたのは、第二回講習会の内容を滑らかにしたような印象がある。言葉を継いで、戦争の目標は単に敵軍のみならず敵國民全體ということになるが、それは敵國民を殲滅するのではなく敵國民の意思の屈服にあると結論した辺りは、思想戦の特徴を巧みに表現した印象で堂に入《い》ったものだ。

相変わらず思想戦の源流にこだわり、この言葉をいつ誰が使い始めたかは分からないとしながら、思想戦という言葉を使った大正期の日本の書籍を紹介したり、「思想戦を以て戦つて武力戦に至らず勝つことが上の上」という孫子《そんし》の言葉を引いたりしているところからは、研究の進展がうかがえる。

だが、そうした中で横溝本人にとって最も印象に残ったのは、シュミット・ヘンネルの著書『近代史に於ける政治と戦争』の一節を紹介して講義の最後に述べた政軍関係への警告だったようだ。やや長くなるが、当時の記録から引用しよう。

「外交家と軍人とは其働《そのはたらき》にても其思想に於ても極端に相隔たつてゐた。両者の教育は内部的連絡を持たずに全く反對の立場を以て實施《じつし》され政治家と將帥《しょうすい》とは根本的に其思想を異にした。政治家は軍を指導する事が出來ず、將帥は政治を行ふ事が出來なかつた。軍人は決戰の事を考へ、政治家は發展の事を考へた。軍人から見れば政治家が如何にも軟弱にして卑屈の態度の様に思はれ、政治家から見れば軍人が無考な暴虎《ぼうこ》馮河《ひょうが》の亜流の如く思はれた。（中略）」

是は大變《たいへん》示唆に富んで居る言葉だと思ふのでありまして、我々文官と武官とは、それ〴〵違ふ世界に活動は致して居ります。併しながら御國に尽す真心は同じである。是が一體として御奉公致さなければならないが故に、文武各々其の職分に恪循《かくじゅん》（謹んで守ること＝引用者註）しつゝ、互に他の職分を理解し、互に他の職分を尊重して和衷戮力《わちゅうりくりょく》の行はれて初めて政略戦略の一致を見ると思ひます。斯くの如くして強力なる國家總力戰の遂行が可能であり、思想戦の部門に於ても当然之が要請されたのであると私は思ふのであります。

「思想戦は、戦時ばかりではない。平時に絶えず戦われる武器なき戦いである。その勝利によって武力戦に至らしめないことも可能である。それほど大事な思想戦の機構及びその活動というものについては、等閑《とうかん》に附せられがちでいる。内閣情報機構として、まさに十分考究さるべき重要課題といわなければならない」。第三回講義で言及したシュミット・ヘンネルを引き、戦後一九年をへた一九六四年に横溝がまとめた一文からは、その後の日米開戦から敗戦に至る歴史を想起すると、横溝の慨嘆が伝わってくるようにも感じられる。

この第三回思想戦講習会を最後に、内閣情報部長の横溝は、情報委員会創設以来三年半余、内閣官房総務課長就任時から数えると八年有余の間、毎晩電話を枕元に置いて寝るようにして務めた内閣の要職を、思いを残したまま離れることになった。

†疎まれた理論家

横溝光暉の急な人事異動は、横溝自身にも政治の思惑を感じさせるものだったようだ。異動話がいつ持ち上がったかについては、本人が戦後語ったインタビューや回想録に、「第三回思想戦講習会をやっている最中」という表現と「第三回の講習会が始る前」という表現の二通りがあり、正確なところは分からない。ただいずれにしても内閣情報部の重要な業務をやろうという時に「主任者の部長が《ママ》更迭するなんていうことは無責任でもあるし、動揺も来すし、来ている受講生にも相済まない」事態であったことは疑いない（内政史研究会『横溝光暉談話速記録（下）』二六頁、横溝一九八四、九七～一〇四頁）。

横溝の回想などを基に、人事異動の背景を探ってみよう。横溝が後年のインタビューで指摘しているのは、国民精神総動員運動の政治問題化である。

国民精神総動員運動とは、日中戦争の拡大長期化に伴って起こされた国民の戦争協力を促す国民教化運動である。一九三七（昭和一二）年八月、第一次近衛文麿内閣は「国民精神総動員実施要綱」を閣議決定し、情報委員会、内務省、文部省を計画主務庁として、各省総がかりでこれを実施することになった。当初は精神運動が中心だったが、次第に貯蓄奨励、国債応募、国防献金奨励、物資節約などの物的運動が加わった。

一九三九（昭和一四）年三月には、政府に文部大臣の荒木貞夫《あらきさだお》（陸軍軍人）を委員長とする国民精神総動員委員会が作られ、内閣情報部長の横溝は幹事になる。

しかし、この運動は国民には不評だった。「この運動の計画実施にあたり、各庁のセクショナリズムが禍いしたと云われているが、根本的には永い間自由であった個人生活に干渉し、日常生活や思考を一本化して、戦時の耐乏生活を強いるものであるから当然のことである」と『戦前の情報機構要覧』は率直に書いている。

自分の転任は「国民精神総動員運動が非難を受けたその弁明につかわれた」というのが、横溝の見方だった。段階的に統制を強化する中にあっても、時の政権にとって国民世論の反発は無視し得ないものだったということだろう。横溝は自著の中でこう述べている。

あの異動には政治的意味があるとぼくは思うんです。あれは米内《よない》内閣です。ちょうど思想戦講習会を開いてまして、その時に異動をやろうとしたんです。石渡（荘太郎＝引用者）書記官長から――ぼくの先輩なんです――「地方長官に君、出ないか」というわけだ。ぼくは大事な思想戦講習会を主催してる。今すぐ出るときめることもできないし、だいたい地方長官に出るという問題は、もう少し考えてみないとできない。――やめるかどうかという問題です――ぼくは地方長官に出る意思も希望もないんですよ。情報部長にかじりついていようとも思いませんが、あまり積極的に出たいとも思ってなかったわけです。たまたま国民精神総動員について政府が議会でだいぶやられたんですよ。それで何とか転換しなきゃならない、責任者をかえることは政治のゼスチャアになるんですよ。（横溝一九八六、一一三～一二〇頁）

横溝の話を読んでも、官僚の鈍感さと言うべきか、どこか他人事のようで、当時の空気は分かりにくい。小説家の広津和郎《ひろつかずお》は米内内閣に好意的で、総合雑誌『改造』一九四〇年一二月号の特集に「私の希望」と題して「国民の生活の上に与へてゐる息詰るやうなこの狭苦しい空気を一掃させて欲しい」と書いている。阿川弘之《あがわひろゆき》著『米内光政《よないみつまさ》』が当時の空気をうまく説明しているので引いておこう。

広津和郎の言う「日本の官僚政治が国民の上に与へてゐる息詰《いきつま》るやうな空気」とは、例えば芸能人への「粛名《しゆくめい》」申し渡しとか、満洲の協和服に倣って日本人男子全部にカーキ色の国民服を着用させる運動とか、夜十一時以後町での飲食禁止、そういうものであったろう。／漫才のミス・ワカナ、歌手のディック・ミネ、ミス・コロムビア、俳優の藤原釜足《ふじわらかまたり》らは、時局にふさわしくない奇矯《ききよう》な芸名を持つ者として、自粛改名を慫慂されていた。／国民服制定にもっとも熱心だったのは、満洲帰りの商工次官岸信介《きしのぶすけ》である。満洲国では大臣から商店の店員まで皆同じ詰め襟の協和服を着ている、儀式にも労働にもこれで出る、服装が非常に簡素化している、内地でもまず各省次官が率先垂範《そつせんすいはん》国民服を着用し、新生活運動のさきがけになろうではないかと主張した。（阿川弘之一九八二、三二八〜三三四頁）

『戦前の情報機構要覧』は、内閣情報部が政府全体の立場から直接に実施した啓発宣伝事業として、四二頁にわたり政府総がかりの国民精神総動員運動を最初に掲げている。第一回思想戦講習会が開かれた一九三八（昭和一三）年の「国民精神総動員実施ノ基本方針」を見ても、「国民精神総動員強調週間」、「明治節奉祝及国民精神作興週間」、「国民精神総動員新年奉祝要項」、といった具合に、政府総掛かり的に行う宣伝が一五項目も列挙されている。

翌一九三九（昭和一四）年三月に国民精神総動員委員会官制が公布され、続いて同年六月の内閣情報部官制一部改正により情報部の所掌事項に「五　国民精神総動員ニ関スル一般事項」が加えられた。戦後、横溝がインタビューで述懐したように「委員会で決めたことが、ちっと瑣末にはいりすぎ」て、国民の不興《ふきよう》を買ったのは確かだろう。ただ、その責任を取ったにとどまらず、政治指導者が内閣情報部をさらに強化しようと考えた時、それに消極的だった「情報部の生みの親　育ての親」である横溝が疎《うと》ましい存在になったのである。

†歴代首相との距離

情報委員会に始まる内閣情報機構は、首相による行政各部の統一保持を図ることを目的に、首相のスタッフ組織を確立するよう、横溝の手で設計された。横溝は、首相と直接会うことも「自由自在」だったと述懐する（内政史研究会『横溝光暉談話速記録（下）』四一〜四九頁）。

さらに横溝は閣議の席にも自由に出入りできたため、人を介さずに閣議との連携を図れたのも好都合だった（同二四〜二六頁）。情報委員会ないし内閣情報部と閣議との関係について、横溝は次のように述べている。

それからもう一つは、閣議との関係ですけれども、これは私が情報委員会の専任になった時、書記官長は藤沼（庄平＝引用者註）さんで、法制局長官が次田《つぎた》（大三郎《だいざぶろう》・同）でした。

政党的な色彩からいいますと、藤沼さんは政友系であり、次田さんは民政系であるといわれていたのです。ところが、かつて、あれはあっちのものだよと言われた政友系とみられた私に、民政系とみられている次田法制局長官が、「君、情報委員会へ行っても内閣書記官は辞めないだろうね、辞めないでくれよ」というふうな要請があったのですよ。それで兼任で内閣書記官というものをしましたけれども、もうすでに立派な総務課長なり、あと書記官がいるのですから、姑みたいな役割をするのはいやですから、官房の仕事自体にはチョッカイは出しませんでしたけれども、兼任になっておったということが、非常に情報委員会乃至情報部の運営の上において都合がよかった。といいますことは、内閣書記官という肩書を持っていますから、自由自在に閣議室にはいれるのですね。ですから閣議との連関というのは、総務課長を通じないでも完全にできるし、それから、情報宣伝の立場から大臣方にお話をする機会もできるし、非常に好都合であったわけです。

『戦前の内閣情報機構要覧』も、これと同種のことを書いている。横溝が人事異動によって岡山県知事に去ったあと、後任の熊谷憲一《くまがいけんいち》以降は閣議の模様が分からず、これから生じる政策との遊離が、部内でも次第に問題になってきたというのである。情報委員会、情報部の仕事は「政策と平仄がうまく合うように、啓発宣伝についてもツボをわきまえて進めて」いかなければばならない。内閣書記官を兼任していた横溝にはそれが可能だったが、内閣情報部長が交代した時に不都合が生じ、そのことが認識されたということだろう。

さらに情報委員会の幹事長、内閣情報部長は、首相と頻繁に顔を合わせるスタッフだったがゆえに、横溝と首相との関係は日常業務にも相当に影響を及ぼすことになった思われる。

横溝が情報委員会の幹事長になってから三年半余の間に、広田弘毅、林銑十郎《はやしせんじゅうろう》、近衛文麿、平沼騏一郎、阿部信行《あべのぶゆき》、米内光政の六人が首相を務めた。このうち横溝が著書やインタビューで名前を挙げた首相や、準公式記録ともいえる『戦前の情報機構要覧』に登場する首相は広田、近衛、平沼、米内の四人である。

横溝を情報委員会幹事長に指名したのは、先にも述べたように首相の広田弘毅だった。両者のつながりを示すような資料は他には見当たらないが、広田が渋る横溝を呼び出し、「どうしても君やってくれ」と口説いたエピソードからしても、関係は良好だったと見るべきだろう。

平沼は国家主義の高調を掲げる「国本社《こくほんしゃ》」をバックに政治的地歩を固めながら、政権に就いてからはドイツ、イタリアとも英米とも異なる外交を進めようとした。第二回思想戦講習会開校式における訓話以外に横溝との接点は見いだせない。陸軍が進める日独同盟政策に反対した元海相の米内光政は、国民精神総動員の瑣末な官僚統制が好きではなかった。横溝が内閣情報部長から異動することになった時の首相だが、それ以上のことは著書の回想にも出てこない。

問題は、情報委員会が内閣情報部に改組され、横溝が初代内閣情報部長になった時の首相、近衛文麿との関係である。

†内閣情報部改革への疑問

内閣情報機構に関する横溝と近衛の考え方は、当初から明らかに違うものだった。日中戦争(支那事変)の長期化に対処して国内の総力戦体制を確立するため、一九三七(昭和一二)年九月二五日に情報委員会は内閣情報部に改組昇格した。このとき第一次内閣を率いていた近衛とのやりとりを、横溝は後年、内閣情報機構についての持論を交え、次のように述懐している(内政史研究会『横溝光暉談話速記録(下)』一一~一三頁)。情報機関のありようをめぐる重要な対立点なので、内閣情報部発足の際の逸話を紹介しておきたい。

その時に情報部の官制案を閣議決定に出すというので、私が書いて近衛総理のところへ持って行ったのです、閣議へ出す前に、閣議にこういうのを出しますから、と言って持って行った。そうしたところが近衛総理が、「こんなものでいいかね」と、おっしゃったのです。それから、「私はこれでいいです」と言って、原案どおり閣議に出したわけですが、その近衛さんがおっしゃった「この程度でいいのかね」というのは、どうも意味がよくわからないのですがね、もう少し大きな規模であるべきじゃないかとか、あるいはもっと権限をどうすべきかというのか、その時反問もしなかったのですが、ちょっと「この程度でいいのかね」という意味はよくわかりませんでした。私はこの程度でいいんだとお答えしたのは意味があるのです。

内閣情報部にしても、情報委員会にしても、これは内閣官制による内閣総理大臣の行政、各部統一保持の職責をつくすためのスタッフである。あくまでもスタッフであるのですから、その組織は小さくてよろしいんだと、ただ、この情報宣伝、啓発宣伝というのは、政府の政策と緊密な関係があったので、閣議と十分なる連絡がとれなければ浮いてしまうという、だから、将来情報部長は、あるいは情報部総裁としてもいいのですが、内閣官制の一一条によって、「国務大臣として閣議に列せしめる」というふうなことにすればいいので、あとは規模が小さくてもよろしいというのが私の意見だったのです。もっとも私が国務大臣になろうという野心を持っているわけではありません。(中略)私は、情報部を情報局にしたのは間違いだということを思っているのです。

情報局にして五部にして、各部長に、外務、陸軍、海軍、なんていうふうにそれぞれの省で分割して部長をやるというふうな、ああいう組織にするのは大間違いだったと私は思います。情報局というものは、私から言わせると、あんなにしなくてもよかったんだと思います。殊に新聞検閲、出版検閲の問題を、（内務省＝引用者註）警保局から取ろうとしても取れなかった。わずかに国家総動員法によるものだけしかやれないというような状態でして、独自の大きな官庁にしてしまいますと、どうしても行届かないことになるのです。

横溝が人事異動で岡山県知事に去ったあと、各省情報機関を統合して内閣情報部機構を強化することを重要政策の第一に取り上げ、情報局を設置したのは第二次近衛内閣だった。第一章で見たように、第一次世界大戦後のパリ講和会議に随員として参加し、プロパガンダの重要性を目の当たりにして、国民外交・公開外交の時代が到来していることをいち早く認識したのは近衛文麿なのである。

一方、横溝光暉は一九三〇年代以降、軍部の政治関与が著しくなる中で、横溝は情報委員会の設置にあたり、首相が行政各部の統一を保持しなければならないと強く念じていた。話が飛躍することは承知しているが、選挙制度の変更と省庁再編により平成の政治改革が目指した内閣機能強化にも通じる問題意識と言いうるかもしれない。

横溝と近衛の議論の対立は、首相権限の確立と情報機関の強化という二つの課題に、小ぶりの内閣情報機関の連絡調整機能によって対応するのか、それとも独立した大型の内閣情報機構を設置することによって対処するのか、という違いに起因するものだった。

二人の関係を示すように、横溝は近衛内閣時代に直接会って話した事柄で記憶に残るようなものはないかという質問に、「あんまりありませんね」、「近衛さんと、ぼくはよく知っているけれども、そう突込んで話をしたことはないような気がしますね」と、すげなく答えている。

†思想戦講習会と総力戦研究所

ところで、内政史研究会の会員だった伊藤隆《いとうたかし》は、横溝光暉へのインタビューの中で内閣情報部長時代に「近衛新党みたいなものをお聞きになりましたか」と繰り返し尋ねている。

支那事変（日中戦争）の拡大に従い、第一次近衛内閣は準戦時体制へ向けて内閣の政治力と国内体制の強化を迫られた。国民精神総動員運動の発足、企画院と内閣情報部の設置は、それに対応した措置だった。一九三八（昭和一三）年の武漢作戦を前に、さらに政治体制の強化を要請され、近衛の出馬を見越した新党運動も盛んになった（矢部一九九三、伊藤二〇一五）。

伊藤らは、第一次近衛内閣期の国民精神総動員運動と第二次近衛内閣期の近衛を中心に推進された新体制運動には関連があり、内閣情報機構がその一翼を担ったのではと考えたらしい。だが、これに対する横溝の答えは「近衛さんがそういうことを企てているようなことは聞かなかった」、「後年の新体制運動と国民精神総動員運動とは無関係だと思う」というものだった。

この年、内閣情報部が始めた思想戦講習会には、第二次近衛内閣期に首相の管理下に設置された総力戦研究所と興味深い共通点があった。ここからは、内閣情報機関と並行して企画された、総力戦研究所を含む「国策統合機関」について考えてみたい。

一九四〇（昭和一五）年二月二四日の第三回思想戦講習会終了を待って、横溝光暉を岡山県知事とする異動が発令された。それから七カ月後に設置されたのが総力戦研究所だった。

総力戦研究所は同年一〇月に開設され、一九四五（昭和二〇）年三月末まで、国家総力戦の研究と教育訓練を目的に首相の管轄下に置かれた研究機関である。極東国際軍事裁判（東京裁判）において、検察側が一般的戦争準備段階の立証審議で取り上げ、関心が寄せられるようになった。検察側は、総力戦研究所の研究が政府の政策立案や決定に寄与したのではないかとただしたが、それは「総力戦研究所」（Total War Research Institute）という名称ゆえの誤解だった。告発は立証されないまま頓挫した（粟屋《あわや》・中村解説二〇一六『総力戦研究所関係資料集』解説・総目次』不二出版）。

しかし、東京裁判の記録が公開され、研究所関係者の伝記などが刊行されるようになると、一九七〇年代以降、総力戦研究所は別の形で注目を集めることになる。それは日米開戦直前の一九四一（昭和一六）年七月から八月にかけて実施された「第一回総力戦机上演習」への問題関心ゆえだった。研究生らが模擬内閣を組織し、米国と戦争した場合の戦局をシミュレーションした結果、日米戦は長期戦になることが予想され、日本の国力ではそれに耐えきることができず、戦争の終末期にはソ連の参戦もあって、日本の敗北は避けられないという「日本必敗」の結論が導き出された。それが現実の戦局推移に合致しており、研究所の評価を高めたのだ。「第一回総力戦机上演習」に限らず、物資生産の悪化と国民生活の確保への対応など、時局を反映した総力戦研究所の活動はそれ自体興味深いが、ここでの筆者の関心は別にある。総力戦研究所と思想戦講習会の組織上の共通点はその一つである。

戦後、自ら主催した思想戦講習会を振り返って横溝はこう書いている。「思想戦講習会は、毎年一回私の在任中三回開いたわけであるが、中堅の文武高等官を首相官邸に集めて一週間に亘る大がかりなものであった。これは後年の総力戦研究所の萌芽といってよいであろう」(横溝一九七四、二五三頁)。

横溝は一見何のつながりもない総力戦研究所になぜふれたのか。同研究所の名声にあやかろうとしたと考えられなくもないが、研究所を取り上げた有名な小説が世に出たのは、横溝が上記の回想を書いた後の一九八三年である(猪瀬一九八三)。

シュミット・ヘンネルの著書の一節を引いて横溝が述べたように、文官と武官のいさかいは大きな問題だった。省同士のセクショナリズムもいつまでたっても抜けずに、横溝の頭を悩ました。思想戦講習会が文武高等官の受講生を集めたのは珍しく、総力戦研究所が省庁に偏りなく所員と研究生を集めたのを先取りしたと言えるかもしれない。

また一九四〇（昭和一五）年九月三〇日の総力戦研究所官制は、第一条に「総力戦研究所ハ内閣総理大臣ノ管理ニ属シ国家総力戦ニ関スル基本的調査研究及官吏其ノ他ノ者ノ国家総力戦ニ関スル教育訓練ヲ掌ル」（森松一九八三、四四〜四八頁）とうたった。「管理ニ属シ」は、横溝が情報委員会官制に使った、当該大臣の指揮監督権が内部部局と大差ないくらい立ち入って行われる、「監督ニ属シ」とは差がある言い回しである。

総力戦研究所が設置された詳細な理由は次のようなものであった（粟屋・中村解説二〇一六、一七〜一八頁）。

一、総力戦研究所設置ノ必要ナル主タル理由

1、武力戦以外の思想戦、政略戦、経済戦等ニ関スル基本的調査研究ノ不充分特ニ従来ノ研究ハ動モスレバ消極的防衛戦ニ惰シ積極的攻勢戦ニ於テ欠クル所多キノミナラズ武力、思想、政略、経済戦等ヲ一元的ニ総合セル所謂総力戦ニ関スル体系ノ不充分ナル現状ヲ打開スルコト

2、政戦両略ノ調整ニ於テ欠クル所多キ現状ニ鑑《かんが》ミ軍官民ヲ通ジ将来国家枢要ノ地位ニ立ツベキ者ノ教育訓練ヲ行ヒ其ノ思想的統一ヲ図リ以テ政戦両略ノ一致並ニ官吏ノ再訓練ニ資スルコト

3、各省割拠主義、官民対立ノ観念ヲ打破シ軍官民ヲ通ズル挙国一体的新体制実現ノ一助タラシムルコト

総力戦研究所は、「武力ノ外《ほか》思想、政略、経済等ノ各分野ニ亘ル全面的国家総力戦」の不足を指摘した。「情報宣伝に関する指導者」を対象に、思想戦要員を養成するという思想戦講習会の機能を、総力戦、武力戦、外交戦、経済戦に拡充したと見ることができよう。

†「国策統合機関」との接点

一九三七（昭和一二）年九月二五日、初の内閣情報機構である情報委員会は内閣情報部に改組された。この年の七月七日に支那事変（日中戦争）が勃発し、事態に即応して総力戦体制を確立するために取られた各種措置の一つだった。これに先立ち、同年五月には岡田内閣当時創設された内閣調査局が企画庁に改組された。

内閣調査局とは、一九三五（昭和一〇）年五月に設置された「内閣総理大臣の管理に属し、重要政策の調査、内閣審議会の庶務を所管」する部局である。企画庁に改組されたのは、官制上権限を強化し、調査局よりも閣議への影響力を強めるためだった。

一九三〇年代は、内外の危機に対応するため、官僚集団が中心となって「国策統合機関」の

設置を模索した時代でもあった。体制全体の統合は、斎藤実—岡田啓介—広田弘毅—林銑十郎—近衛文麿の五代にわたる内閣で繰り返し試みられた（御厨一九九六、一〜九六頁）。細部にわたるが、この種の官庁については「国策統合機関」、「総合国策機関」など、論者によって別の用語が使われてきた経緯がある。「内閣機能の強化」という問題意識は共通しているが、ここでは「行政各部の統一」という点に注目し、国策統合機関を使うことにする。

国策統合機関設置の模索は、国家総動員体制を前提に遂行された第一次世界大戦までさかのぼることができる。人的物的資源の統制運用計画の設定と遂行に関する、統轄事務を所管する資源局が内閣に設置されたのは、一九二七（昭和二）年五月であった。文官官庁でありながら、「被仰付事務官」という形で軍人が兼任の事務官になり得たところに特色があった。資源調査や戦時総動員の研究を行っていた資源局は、国策全般の調査企画を主任務とする企画庁と統合され、一九三七（昭和一二）年一〇月、企画院となる。

情報委員会設置の際に横溝光暉が軍人を専任事務官にするために用いた「被仰付事務官」は、資源局の例を踏襲したものだった。情報委員会官制第一条の「情報委員会ハ内閣総理大臣ノ管理ニ属シ」は、内閣調査局官制第一条「内閣調査局ハ内閣総理大臣ノ管理ニ属シ」と同じ位置づけである。

さらに資源局企画部は一九三六（昭和一一）年五月二〇日に「情報宣伝ニ関スル実施計画綱

領（案）」を作成し、そこには既に中央情報宣伝機関として「情報局」が描かれていた（内川編一九七三、六二七〜六四一頁）。「主トシテ開戦前及戦争初期ニ於ケル総動員ニ必要ナル情報宣伝ニ関シ」て作成された、「総則」、「総動員ニ関スル情報宣伝機関ノ組織及其ノ所掌」、「諸団体言論機関出版物興業物其ノ他ノ統制利用方針」、「情報宣伝要領」、「平時ヨリ準備スベキ要項及平戦時ノ転換要領」の五章からなる精密な設計図で、その基底に流れているのは一九三四（昭和九）年一〇月一日に陸軍省新聞版が作成した『国防の本義と其強化の提唱』と同系統と指摘される（内川一九八九、一九五〜一九六頁）。軍部の発想が情報委員会の構想にもぐり込んだ可能性については、第一章の陸軍パンフレット事件の節でもふれた。

だが、それは横溝の与り知らぬことだった。ここでは、第一章で引いた内川たちのインタビューより前に行われた内政史研究会のインタビューを紹介しよう。横溝はその中で「驚いたことには資源局で情報構想をやっておったのですね。ぼくは情報機構を作る時に知らなかったですよ」と語っている。さらに、情報委員会を作る時に、資源局は無関係だったのかという問いにも「ええ、無関係です。何ら相談しません。ただ、私と松井さんとの関係で、いろいろ話はしました。それは資源局という意味でなくてね。松井先輩という意味でね」と述べている（内政史研究会『横溝光暉談話速記録（上）』一〇九〜一一〇頁）。

横溝が言う松井とは、資源局総務部長、内閣調査官、資源局長官を歴任した内務官僚、松井春生のことである。一九一六（大正五）年、東京帝国大学法科大学政治学科を卒業後内務省に入り、横溝の六年ほど先輩にあたる。近代政治学の基礎を築いた小野塚喜平次《おのづかきへいじ》教授から助手に残ることを勧められたほどの秀才であり、資源局という名称も小野塚政治学と建築社会学を総合して発案したものだったという（御厨一九九六、二七頁）。

調査研究から政策立案までを一元化した機関が構想され、岡田内閣の下で一九三五年に内閣調査局として実現した時、松井らと相談してその官制を書いたのは横溝だった。内閣調査局の首席調査官だった松井に言われ、その設立に関わった横溝は同年七月、兼任内閣調査局調査官になったのだった。

前節で紹介した総力戦研究所も、首相の管理下に設置され、国家総力戦に関する基本的調査・研究、及び官吏その他の国家総力戦に関する教育訓練を管掌した「国策統合機関」の一類型ということになろう。

横溝光暉は松井のように国策統合機関設置の中心になったわけではないが、ごく近いところにいて、国策統合機関の重要な一分野である内閣情報機構を通じてそれに関与した。その政策指向性は、戦後新設された内閣情報機構の中でも伏流水のように流れ続け、時折世間に顔をのぞかせることになる。資源局企画部が作った情報機構構想の位置づけも、さらなる調査研究を待たなければならない。

†情報局というゴール

ここまで、三章にわたって横溝光暉が道を開いた戦前の内閣情報機構の足跡を辿ってきた。本章を閉じる前に、横溝が人事異動で去った後に設置された情報局に触れておきたい。戦前の内閣情報機構に対する後世の厳しい評価は、情報局のメディア統制によるところが大きい。

情報局が設置されたのは、一九四〇(昭和一五)年七月二二日に成立した第二次近衛内閣においてであった。後任の内閣情報部長に外交官の伊藤述史《いとうのぶふみ》を起用し、「内閣情報部ノ機構ヲ改メ外務省情報部、陸軍省情報部、海軍省軍事普及部、内務省警保局図書課及逓信省電務局無線課ノ事務等ヲ統合シ情報並ニ啓発宣伝ノ統一及敏活《びんかつ》ヲ期スルコト」との方針を閣議決定して、法制局長官、内閣官房会計課長、内閣情報部長、法制局第一部長、企画院第一部長、外務省情報部長、内務省警保局長、大蔵省主計局長、陸軍省情報部長、海軍省軍事普及部委員長、逓信省電務局長の計一一人から成る「内閣情報部機構改正協議会」が設置された。

そして同年一二月六日に情報部官制が公布された。第一条に「一　国策遂行ノ基礎タル事項ニ関スル情報蒐集、報道及啓発宣伝、二　新聞紙其ノ他ノ出版物ニ関スル国家総動員法第二十条(政府は、戦争時に国家総動員上必要な時は、勅令によって新聞紙その他の出版物の掲載を制限または禁止できることなどを規定＝引用者註)ニ規定スル処分、三　電話ニ依ル放送事項ニ関スル指導取締、

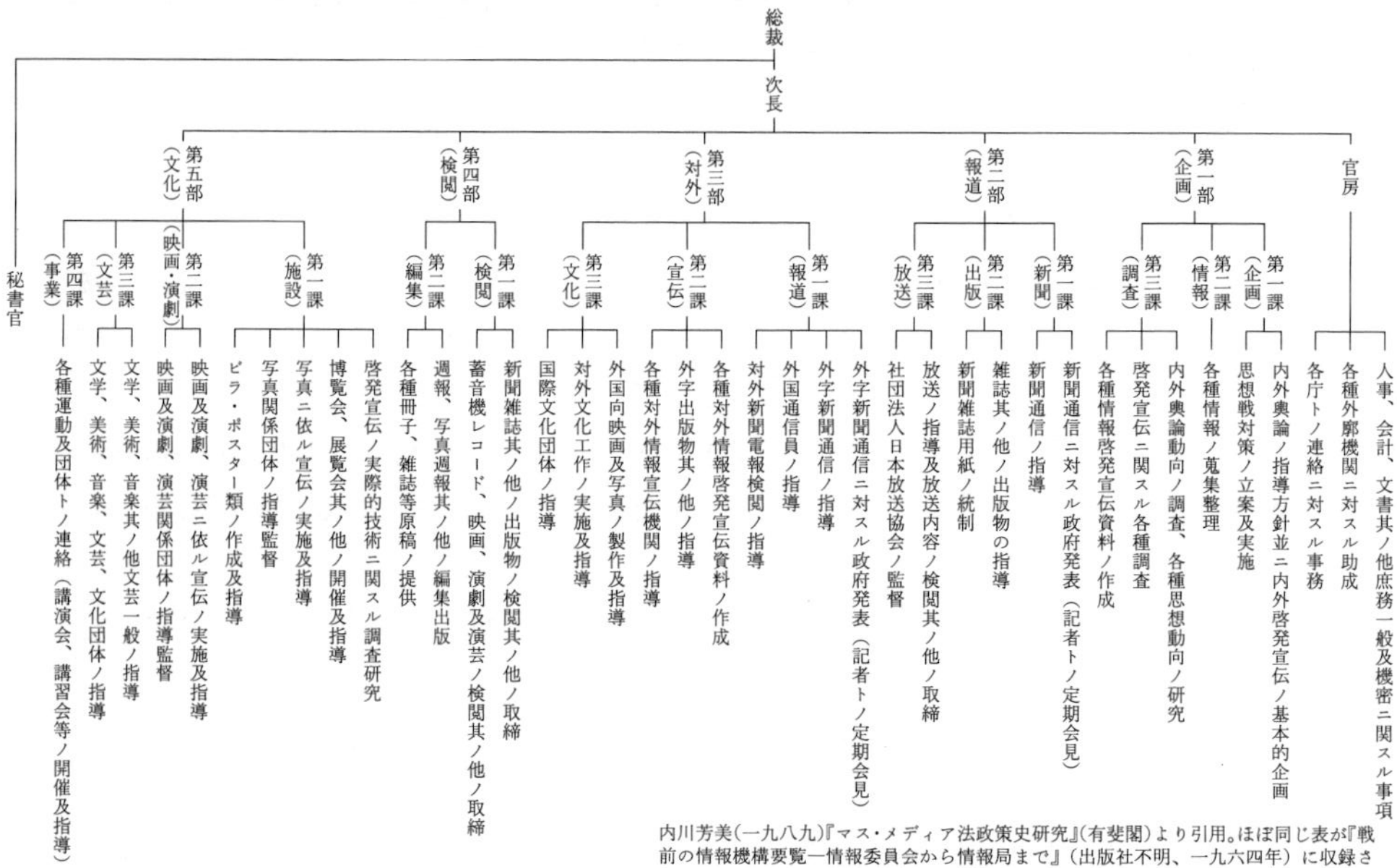

内川芳美（一九八九）『マス・メディア法政策史研究』（有斐閣）より引用。ほぼ同じ表が『戦前の情報機構要覧—情報委員会から情報局まで』（出版社不明、一九六四年）に収録されている

図三－1　情報局組織・職掌表（1940年12月）

四　映画、蓄音機レコード、演劇及演芸ノ国策遂行ノ基礎タル事項ニ関スル啓発宣伝上必要ナル指導取締」を職務としてうたい、総裁以下一官房五部一七課に計一六〇余名の職員を擁する「未曾有の大情報宣伝機関」が、当時東宝の手にあった帝国劇場を庁舎に発足した。これをもって「情報宣伝」体系の整備が一応のゴールに達したと評価される（内川一九八九、二〇三頁）。

それでも情報局設置要綱に見るように、既存の関係機関との事務の統合は不完全なままで、外務省の対外啓発宣伝の事務や文化事業部、陸軍省情報部、海軍省軍事普及部も「内部ノコトニノミ関スル事項」などは残された。新聞・雑誌・出版についての新聞紙法・出版法に基づく取締及び処分権は内務省が譲らず、新たに発動された国家総動員法第二〇条に基づく取締だけを内務省と調整を図りつつ管掌することになった。

後年、横溝は次のように述懐している（内政史研究会『横溝光暉談話速記録［下］』四七〜四八頁）。

「情報局の最初の意図は検閲を全部もってくる意図だったんじゃなかろうかと推察されます。これは私は参加していませんから。これはちょっと無理なんですよね、これは警察の仕事ですから。一方からいうと――。治安の問題に関連しますからね。ちょっと情報局でやるというのは――。／もうそこへくると、総理大臣の行政各部統一保持の職責のスタッフということから逸脱するわけですね。「各庁ニ属ゼザルモノ」でなくて、「各庁ニ属スルモノ」をもってきて、自分のところでやろうということになりますからね。だから、結局情報局というものは、最初の意図と違ったものが出来たと私は思うのです。そして大きくなりすぎちゃったのです」。情報局へと至る歩みは、内閣情報機構の「生みの親　育ての親」である横溝の当初の思惑を離れ、「「連絡調整」という媒介作用から独自の働きをもつものへと「独立化」して行く過程」と見ることができるのかもしれない（香内三郎《こううちさぶろう》一九六一、一二五～一三六頁）。

社会学者の内川や香内は、情報局の設立過程を「日本ファシズム形成期のマス・メディア組織化政策」と捉え、メディアに対する消極的統制と積極的情報宣伝が統合され、ファシズムによる「同調の支配」が確立するのが昭和前期のメディア統制の特質と考えていた。すなわち、明治期の新聞紙法・出版法から大正末期の放送用施設無線電話規則などにつながる警察的取締が消極的統制であり、これと並行して第一次世界大戦直後から陸軍、外務省などに現れ、総力戦思想を契機に拡大したのが積極的情報宣伝である（内川一九八九、二二二～二二九頁）。

内閣直属の情報宣伝機関の設立が政府部内で議論され始めたのは一九三五（昭和一〇）年秋ごろであり、このとき重視されたのは、単に消極的な公安保持の必要性を越えて、積極的に国の意図、国策の真義を国内外に周知徹底させることだった。その源流には、若い日の近衛文麿がパリ講和会議で見た国民外交・公開外交の到来があった。民主化すなわち「民衆が政治上に於て一つの勢力として動く」（吉野作造「民衆的示威運動を論ず」『中央公論』一九一四年四月号）大衆の時代が始まったのであって、これまで論じられてきた「日本ファシズム」の視点だけでは内閣情報機構の意味を把握できないのではないか。

皮肉なことに横溝が初代部長を務めた内閣情報部は、情報戦、思想戦の言葉が流行した当時も、職員を中国に視察にやったぐらいで外国に派遣することはなかった。「連絡調整」と並んで新たに官制に加わった「各庁に属セザル情報蒐集」も、「ただ書いていただけ」(横溝)で、国内の啓発宣伝に終始したのである。

†GHQの存置方針

一九四〇(昭和一五)年一二月六日、情報局官制とこれに関連する各種勅令が公布され、同時に初代総裁の伊藤述史、次長の久富達夫《ひさとみたつお》以下の人事も発令されて、情報局は発足した。そして一九四五(昭和二〇)年一二月三一日、この大情報宣伝機関は忽然と姿を消した。

本書では、戦前の内閣情報機構について「情報部の生みの親 育ての親」である横溝光暉が関わった資料を中心に検証するので、横溝が岡山県知事に異動した後に発足した情報局は重要なトピックを扱うにとどめる。ここで取り上げたいのは、終戦後の情報局の歩みである。

終戦後の情報局の活動を伝える資料は少ないが、一九四五(昭和二〇)年の暮れまで情報局は継続し、国策に関する情報蒐集などを引き続き担当していた。『戦前の情報機構要覧』によると、連合国軍総司令部(GHQ)が様々な角度から情報局について検討した結果、占領行政

官職	氏　名	主な職歴	在職期間	備考
総裁	伊藤　述史	外交官、貴族院議員	1940.12. 6〜1941.10.18	国際連盟日本事務局次長
	谷　　正之	外相、駐米大使	1941.10.18〜1943. 4.20	外相と兼任
	天羽　英二	外務省情報部長、駐イタリア大使、外務次官	1943. 4.20〜1944. 7.22	「天羽声明」で日本の単独東亜管理を強調
	緒方　竹虎	朝日新聞社副社長・主筆、副総理	1944. 7.22〜1945. 4. 7	国務大臣と兼任
	下村　　宏	朝日新聞社副社長、NHK会長、号海南	1945. 4. 7〜1945. 8.17	国務大臣と兼任
	緒方　竹虎	朝日新聞社副社長・主筆、副総理	1945. 8.17〜1945. 9.13	国務大臣兼内閣書記官長と兼任
	河相　達夫	外務省情報部長	1945. 9.13〜1945.12.30	外務次官、終戦連絡事務局次長と兼任
次長	久富　達夫	東京日日新聞政治部長、国立競技場会長	1940.12. 6〜1941.10.23	大政翼賛会宣伝部長と兼任
	奥村喜和男	内閣調査局調査官、東陽通商社長	1941.10.23〜1943. 4.22	同盟通信設立に参画。革新官僚
	村田　五郎	内務官僚、官選群馬県知事	1943. 4.22〜1944. 7.28	自民党の政治資金団体・国民政治協会会長
	三好　重夫	内務官僚、官選京都府知事	1944. 7.28〜1945. 4.10	内閣副書記官長
	久富　達夫	東京日日新聞政治部長、国立競技場会長	1945. 4.10〜1945. 8.22	
	赤羽　　穣	内務書記官・警保局図書課長	1945. 8.22〜1945.12.30	

『戦前の情報機構要覧』の情報局職員名簿を基に筆者作成。『要覧』では終戦後の情報が不足しているため、朝日新聞、毎日新聞、官報、国立公文書館デジタルアーカイブ等により補った。情報局は1945年12月26日の閣議で廃止されることが決定、29日に枢密院本会議で可決され、31日に廃止された。

表三－2　歴代情報局総裁・次長

にその機能を活用することが認められ、戦後もこれを活用するとの方針が表明されたのである。

占領行政を担うため、同年八月一五日の終戦後に二人の情報局総裁と一人の次長が就任した。上は、『戦前の情報機構要覧』を基に筆者が作成した「歴代情報局総裁・次長」の一覧表である。『要覧』は終戦後の人事をフォローしていないので、当時の新聞と官報などで補った。

この人事情報を含め、終戦後の情報局の動きを朝日新聞の記事を手がかりに辿ってみよう。終戦工作を担った情報局次長、久富達夫に代わって、一九四五（昭和二〇）年八月二二日に、内務省管下の防空総本部事務局長の赤羽穣《あかばねみのる》が後任の次長に任命され、その後にわかに幹部人事が流動化した。同年九月一三日には、東久邇宮稔彦《ひがしくにのみやなるひこ》内閣が八月一七日に組閣されて以来、緒方竹虎国務大臣兼内閣書記官長が兼務していた情報局総裁に前特命全権公使の河相達夫が起用された。

機構面でも、まず同年九月一日、分課規定の全面的改正により、軍事と戦時組織を全部廃止した。朝日新聞によると、作戦行動の停止と共に従来情報局第一部として情報局に合体していた大本営報道部が大本営に戻ったことにより第一部が消滅し、また戦争遂行上必要な資料収集にあたっていた官房戦時資料室第一、第二課が不要になったことに基づくものだった。

九月一五日には、GHQが大きな動きを見せた。占領軍（GHQ／SCAP）には、インテリジェンス（諜報）や検閲を扱うG2という総本部があり、その下に民事を扱うCIS（民間諜報部）と軍事、刑事を扱うCIC（対敵諜報部）が置かれていた。前者に属するCCD（民間検閲支隊：Civil Censorship Detachment）による検閲が、九月一〇日に開始されたのだ。一四日には、同盟通信に即時業務停止の命令が伝達された（里見二〇〇〇、二五四〜二七八頁）。

一五日、CCDは古野伊之助・同盟通信社長、河相《かわい》情報局総裁、大橋八郎《おおはしはちろう》・日本放送協会会

長らを招致し、ＣＣＤ率いるフーヴァー大佐（D. D. Hoover）が一同におおむね次のように申し渡した。

最高司令部は九月十日の指令に対し、諸君がとってきた行動に満足していない。日本は文明諸国の一員として権利を所有していない敗戦国だ。君たちが国民に報道してきた色つきのニュースは、最高司令部が日本政府と交渉しているという印象を与えている。交渉と言うのは対等の関係において行なわれる。勝者と敗者は対等でなく、交渉はあり得ない。最高司令部は、日本政府に命令を与えているのであり、交渉しているのではない。こうしたニュースの歪曲は即時中止しなければならず、虚偽や誤解を与える記事は今後許さない。

同盟の業務再開はこのあと許されたが、結局、古野は同盟を「計画的に解体し」、分割した二部門が共同通信社と時事通信社として独立する策を選んだ。九月三〇日、同盟の解体を求める理事会が開かれ、古野の説明は了承され、一〇月一二日の臨時総会で解散が正式に決議された。

同盟の監督を一つの理由に設置された情報委員会が、情報局の前身にあたる。情報局はその後も存置され、一〇月二六日には改組が閣議決定された。ＧＨＱの指示により検閲制度が廃止されたことに伴い、その関係部課は完全に解消され、行政整理の線に沿って人員が四～五割削減された。一二月一五日の国会質問でも、河相総裁は今後の情報局について「情報局の戦時中に行った仕事は、国民の輿論を戦争協力へ引っ張っていくことが中心をなしていたと思う。就任して真っ先に考えたことは、戦時情報局の任務を担当していた人に全部退いてもらうことだった。従来情報局が執っていた検閲、指導、取り締まりという行き方を大きく変え、もっぱら助長斡旋の立場を執るようにした」と答弁したが、その直後に政府内部の意見対立から情報局は廃止されることになる。

『戦前の情報機構要覧』によると、ことは同年一二月の行政整理にあたり起こった。情報局の大幅な人員削減を強行しようとした幣原喜重郎《しではらきじゅうろう》内閣の次田大三郎内閣書記官長と、それでは改組された情報局の職務を遂行できないと強硬に反対の立場をとった河相総裁の意見が衝突し、同二六日の閣議で情報局の廃止が決定された。『要覧』は「戦時中の責任に対し当然との見方もあるが、まことに痛恨事といわなければならない」と記している。

†竹槍事件

「歴代情報局総裁・次長」の表をもう少し深掘りしてみたい。改めて実感するのは、新聞人がいかに深くこの組織に関わったかである。一九四〇（昭和一五）年一二月から四五（同二〇）年一二月までの約五年の間、ある時は新聞人自身が情報局幹部として業務を主導し、またある時は政治指導者の一声で統制される側に回ることもあった。

歴代の情報局幹部の顔ぶれを、情報局設置から順番に見てみよう。一九四〇年一二月、外交官出身の初代情報局総裁、伊藤述史の下で次長となった久富達夫は、東京日日新聞（毎日新聞の前身）政治部長を務めた新聞人だった。久富は一九四五年にも朝日新聞副社長を務めた下村《しもむら》宏《ひろし》の下で、次長として終戦工作に関わった。

情報局幹部を務めた新聞出身者のうち、最もよく知られているのは、朝日新聞副社長・主筆を務めた緒方竹虎だろう。緒方は一九四四（昭和一九）年七月、親交のあった小磯国昭《こいそくにあき》、米内光政からの要請により国務大臣兼情報局総裁として小磯内閣に入閣した。小磯にとっては東条英機内閣期の言論弾圧的なイメージを払拭するのが狙いだった。自由主義的言論人の清沢洌《きよさわきよし》は組閣当日の日記に「新味は緒方君が国務大臣となり、情報局総裁を兼務したことだ。これは兎に角一つの進歩である」と書き、政治学者の矢部貞治《やべていじ》は「米内海相、大達《おおだち》（茂雄《しげお》＝引用者註）内相、緒方情報局などは理想的だ」と記した（粟田一九九六、一二三頁）。緒方も終戦直後、小磯内閣総辞職から四カ月ぶりに国務大臣、内閣書記官長を兼務する形で、再び情報局総裁に就任することになる。

このように情報局は新聞人が動かすこともあったが、官制により「新聞紙その他の出版物に関する国家総動員法第二十条に規定する処分」を職務に挙げていた。取材上の内面指導だけでなく、新聞雑誌の用紙統制にも関わった。その中で起こったのが「竹槍《たけやり》事件」である。

事件は一九四四（昭和一九）年二月二三日付『毎日新聞』朝刊の一面に掲載された記事が、そのきっかけだった。

「勝利か滅亡か　戦局は茲《ここ》まで来た　眦《まなじり》決して見よ、敵の鋏状侵攻《きょうじょうしんこう》」という六段分を使った大きな記事のすぐ左に「竹槍では間に合わぬ　飛行機だ、海洋航空機だ」という四段見出しの記事がある。概要は次の通り。

大東亜戦争は太平洋戦争であり、海洋戦である。しかも太平洋の攻防の決戦は日本の本土沿岸において決せられるものではなくして、数千海里を隔てた基地の争奪をめぐつて戦はれるのである。本土沿岸に敵が侵攻し来るにおいては最早万事休すである。……敵が飛行機で攻めて來るのに竹槍をもつては戦ひ得ないのだ。問題は戦力の結集である。帝国の存亡を決するものはわが海洋航空兵力の飛躍増強に對するわが戦力の結集如何にかゝつて存するのではないか

毎日新聞社史『「毎日」の3世紀――新聞が見つめた激流130年』上巻は、同時代の新聞

人、御手洗辰雄の言を借りて、この記事が生まれた経緯を説明している（毎日新聞社二〇〇二、八九七〜九〇一頁）。

国民の間に俄然、この記事は大センセーションを起こし、筆者の訴えんとした志は半日にして全国民の胸に嵐のような感動をまき起こした。大本営や政府が、この記事のネライと効果を正しく評価できたら直ちにこれを生産に生かし、つづいて同様な感激を次々と生み出すこともできたであろう。運悪くも、ちょうどこのころは海軍の海上決戦論と陸軍の本土決戦論とが対立し、紛糾している真ッ最中であった（『日本新聞百年史』同刊行会）

筆者は政経部の海軍省担当キャップ、新名丈夫《しんみょうたけお》だった。記事は海軍と陸軍の対立の中で生まれたのである。社史はこの記事は反戦記事ではなかったとし、陸軍と東条にたてつくことは、死を覚悟せねばならなかったとことわりながら、文芸評論家、荒正人《あらまさひと》の次の文章を引いている。

筆者のほんとうの狙いは一体どこにあったのであろうか。（略）竹槍戦術がだめだということは、本土決戦の否定を言いたかったからであろう。その場合航空機を増産して海軍に廻せ、ということは、洋上決戦を行えということになるが、その見透しはどうであろうか。（略）海軍に航空機を廻すことは、戦争の局面を好転させるものではない。ただし、海軍に名を借りて、陸軍、すなわち、東条首相の作戦を批判したものと見られなくもない。その点に、この記事の微妙な価値が求められよう。（『実録太平洋戦争』第6巻）

毎日新聞は筆者の古巣だが、一歩離れて見ても、この書きぶりは自社を正当化せずに客観視しようとしたものと評価できると思う。ただ、ここに辿り着くまでに社史は二度書き換えられている。一九五二（昭和二七）年二月に出版された『毎日新聞七十年』には荒正人のような視点はなかった。

断定はできないが、恐らく経緯を最も正確に伝えているのは、事件当時の情報局次長、村田《むらた》五郎《ごろう》に内政史研究会が行ったインタビューであろう。村田はおおむね次のように回想している。

東条に会うと「竹槍作戦は陸軍の根本作戦ではないか。これを取り締まらないでおくのは、陸軍の作戦をバカにしたことになる。毎日を廃刊にしろ」という。私は「廃刊にするのはわけはありません。紙の配給を止めれば、毎日は明日から出ません。ただし、よくお考えになってはいかがですか。毎日と朝日は、いま日本の世論を代表しています。その新聞の一つが、あのくらいの記事を書いた程度で、廃刊ということになりますと、世間の物議をかもす。外国殊に敵国側は悪意をもって宣伝するでしょう」と答えた。東条は「以後注意しろ」と言うので、私は「では毎日はこのまま存続させますから」と廃刊の話を打ち切った（詳しくは、内政史研究会一九八一『村田五郎氏談話速記録4』一一三〜一三八頁）。

実際の竹槍事件はこれで終わらず、吉岡文六《よしおかぶんろく》編集局長と加茂勝雄編集次長兼整理部長は一切の責任を負い辞職した。新名は、陸軍に懲罰召集されるなど複雑な経過を辿った。「まさに危機一髪のところを、情報局次長の良識と果断に救われたのである。次長は勅任官であり、天皇に親任された気概があった」。『毎日新聞百年史』はそう胸を撫で下ろしている。

村田のインタビューには、周囲の陸軍将官が聞いた東条のこんな言葉が記されている。「大体、村田というのは妙な男で、弁解が上手というのか逃げ口上がうまいというのか、こちらが『うんと』とっちめてやろうと思ってもどうしてもそのようにはいかなかった。（中略）その点が貴官たちと違うところであるいうのを〝叱られ上手〟とでも言うんだろうな」。村田が人間的に東条と相性が良かったことに、毎日新聞は救われたと言うべきかもしれない。

この事件から約一年半後、鈴木貫太郎《すずきかんたろう》内閣の情報局次長に就いた毎日新聞出身の久富達夫は、終戦詔書を天皇の肉声によって朗読する「玉音放送」を進言したと伝えられている。一九四五（昭和二〇）年八月一日の朝のことだった。鈴木終戦内閣の情報局を舞台に、朝日新聞出身の総裁、下村宏、読売新聞出身の総裁秘書官、川本信正《かわもとのぶまさ》と、久富がトリオを組み、終戦工作の重要な役割を演じたのである（読売新聞社編『昭和史の天皇7』二〇〇～二一三頁）。メディアと内閣情報機構の因縁を思わざるを得ない。

第四章　独立日本の内閣情報機構

†戦後内閣情報機構の柱石

戦前戦後の内閣情報機関は、終戦を境にして画然と分けられるわけではない。第三章で見た通り、情報局は戦時下の言論統制に対する批判にもかかわらず一九四五（昭和二〇）年一二月三一日まで存続した。日本側は占領軍の進駐を前にして、情報局の機構を改組し、軍事並びに戦時組織を全部廃止して、新事態に即応しようとした。また、連合国軍総司令部（GHQ）は占領行政に情報局の機能を要することを認め、これを活用する方針を表明した。

『戦前の情報機構要覧』などによる限り、情報局の廃止は行政整理の人員削減をめぐり日本政府内部の意見対立から突然持ち上がったように見える。いったん廃止された内閣情報機関が直ちに存置されることはなく、日本が独立を回復する直前の一九五二（昭和二七）年四月九日に内閣総理大臣官房調査室が新設されるまで、六年三ヵ月余りを要することになった。

これまでの章では、戦前の情報委員会、内閣情報部、情報局を内閣情報機構と総称してきた。「生みの親　育ての親」である横溝光暉や、当時の資料を収集した『戦前の情報機構要覧』に倣ったものである。戦後の内閣情報機関も、内閣総理大臣官房調査室、内閣調査室、内閣情報調査室と変更を繰り返すことになる。横溝が「内閣情報機構の創設」の論考を含む『昭和史片鱗』を著した際、戦後のことには言及しなかった。ここからは戦前戦後の情報機関を比較しながらその全体像を描くため、戦後の内閣情報機関も内閣情報機構と位置づけることにしたい。

戦後情報機関の新設に関する資料は極めて限られている。内閣総理大臣官房調査室も、後身の内閣調査室、内閣情報調査室も正史を編んだことはなく、内閣情報調査室の公式サイトには「第二次世界大戦後、我が国が再び国際社会の荒波に耐え、復興、そして繁栄することができるよう、昭和27年（1952年）、旧総理大臣官邸の小さな一室に「内閣総理大臣官房調査室」が設置されました。設置当初は小規模なものでありましたが、時代の趨勢《すうせい》に応じ、国内外の様々な事象に迅速且つ確実に対応できるよう、その体制を増強してきており、内閣を直接支え、我が国の安全・繁栄に寄与しています」と書いているにすぎない。

当時を知る手がかりは、同時代の新聞、雑誌の記事や、関係者の回想、そして序章でふれた作家、ジャーナリストの吉原公一郎が入手した内部資料（「吉原資料」）などである。「吉原資料」のことは後ほど詳述することにして、最初に同時代の新聞、雑誌記事を点検しておきたい。

一九五二（昭和二七）年四月二八日、日本は約六年八ヵ月に及んだ連合国軍の占領から解放され、主権を回復した。サンフランシスコ平和条約と日米安全保障条約が発効したのである。吉田茂首相は同日、次のような談話を発表し、独立の喜びと米国をはじめ諸国の援助に対して感謝を述べ、日本の前途に国民の努力を要望した。「我々は今や喜び勇んでたゆむことなく平和と民主主義の大道を進めばよいのであります。しかしながら我々の前途には一団の暗雲が横たわっています。それは巧妙なる宣伝戦と浸透謀略《しんとうぼうりゃく》を用い、はたまた暴力そのものの武力侵略によって世界征服を企図する共産主義の脅威であります」と。

これより一九日前の四月九日、内閣総理大臣官房調査室（以下、内調と略すことがある）が総理府内部部局組織規定の改正により新設された。同日の官報には、調査室の事務として「政府の重要施策に関する情報をしう《ママ》集、調査し、これに対する各行政機関の連絡及び事務の総合、調整に関する事務をつかさどる」と記されている。初代室長には、国家地方警察本部警備部副部長の村井順が就いた。ただ新聞には、国警幹部全体の人事異動の中で村井のことが短く取り上げられただけだった。当時、この小さな組織に注目する者はほとんどいなかったのだ。

新聞各紙が内調に注目するのは、それから半年後の同年一〇月一日に実施された第二五回衆議院選挙で緒方竹虎が福岡県第一区から初当選し、政治の表舞台に復帰してからである。講和後の吉田政権にとって緒方は大きな存在だった。一九五二（昭和二七）年一〇月の衆議院選挙で初当選すると、緒方には第四次吉田内閣の国務大臣兼官房長官というポストが用意された。緒方は戦前、東京朝日新聞の主筆、副社長を務めたジャーナリストである。政界に転じてからは小磯内閣の国務大臣兼情報局総裁として入閣し、「言論暢達《ちょうたつ》」政策により言論・思想統制を緩和し、戦争を身近に考えさせることで国民の戦意昂揚に努めた。戦後は、東久邇宮稔彦内閣の国務大臣兼内閣書記官長兼情報局総裁として内閣を取り仕切り、時局収拾にあたった。こうした経歴からすれば、戦後の内閣情報機構の柱石となるのは緒方をおいて他にない、というのが大方の見方だったのである（岸二〇一九、二六～四一頁）。

†「緒方構想」への批判

緒方の入閣からひと月もたたない一九五二年一一月中旬、政府の情報機関構想が報じられた。「政府としては、あえて情報機関とは申さないが、国内の事態の真相を伝える機関、同時に外国の真相を集めて国内に弘布する機関を内閣に置きたいと思い、官房長官のもとで計画を立てておる」、「政府が指導をして国民の思想統一をしたのは過去のことである。日本に対する外国の正確な判断、国民が国際関係において正確なる判断を持つことが民主政治の基本となるので、ただいま申すような機関を新設する考えである」。新聞各紙は、情報機関設置を言明した衆議院本会議における吉田の答弁を基に意図を紹介した（『朝日新聞』同年一一月二七日付朝刊など）。

各紙が「官製情報機関」と厳しく批判する中、緒方の出身母体である朝日新聞は、おおむね以下のような緒方との一問一答を掲載した（『朝日新聞』同年一二月二日付朝刊）。

問　情報機関設置のほんとうのネライを聞きたい。

答　世界の情勢は米ソ両国の対立関係を中心にして動いているが、政府はその動きを機微にわたって刻々に知る必要がある。現在もっとも速いニュースはラジオであって世界中から無数の電波が飛ばされているから、これを一カ所で集めたうえ、分析することは、この要求を満たす一つの有効な方法だと思う。政府はこれをやろうとしているのだ。

問　再軍備や防共にそなえて政府が宣伝するのではないかとの疑問もあるが……

答　この機関は大ぜいのリスナー（ラジオを聴き取る専門家）がいて細大もらさずニュースを採録する。それを政治、経済、文化各方面にわたりニュース感覚もあり学識も深い人が問題別に分析し総合するのだが、大切なのは何らの先入主、偏見をもたずに客観的に取あつかうところである。あるがままの世界の姿が浮び上がって来なければ何にもならない。

問　言論統制方策の頭を出したのだとの批判について……

答　これをやらなければ政府はラ針盤《しんばん》なしに航海をするようなものだ。どこを指しても言論統制の片りんも指摘できないと思う。

問　対外宣伝を行うような計画はないか。

答　政府の考えがゆがめられて伝えられるか、不十分に伝えられて困るような場合には情報機関がＮＨＫを通じて対外放送をすることになるだろう。

吉田は「日本情報機関の父」（春名・下二〇〇三、九五～一四八頁）、緒方は「情報組織の主宰者」（栗田一九九六、二〇五～二一七頁）と評されるが、情報機関に関する二人の肉声はそれほど多いわけではない。そのため、新たな情報機関のありようが曖昧になった側面があった。国会答弁やインタビューを読むと、二人の考え方には多少の距離があったようにも受け取れる。

例えば同年一二月八日付の『毎日新聞』は「情報機関は外務省でよい」という社説を掲げ、緒方が政府の世界情勢判断の資料を集め、必要ある場合にＮＨＫを通じて対外放送する機関と説明しているのに対し、吉田は依然として弘報機関だと言っているのはおかしい、と疑問を呈した。ただ、二人の間に深刻な対立があったわけではない。吉田は、第四次内閣組閣後の同年一一月七日の記者会見に「今度は大物官房長官がこられたのだから私は出ないほうがいいでしょう」と笑顔で応じた。情報機関の具体化は緒方に任せるつもりだったと見るべきだろう。

問題は、読売新聞をはじめとする各紙が「緒方構想」を激しく批判したことだった。一九五二年一一月二八日付の『読売新聞』朝刊は「官製情報機関の構想　報道統制のおそれ　自由党総務会、きょう究明」との見出しで、戦時中の同盟通信社復活のにおいがするなどの疑念があり、自由党総務会が政府を追及する構えを見せていることを伝えた。情報機関の構想には緒方案のほかに、元同盟通信社社長の古野伊之助らによる案があり、この年春から吉田首相らに特殊通信社設立を進言していたことから、「緒方構想」は大がかりな古野構想の第一歩にすぎないとも指摘した。同年一二月一日付の『毎日新聞』社説は「新情報機関に反対する」との見出しを掲げ、かつての情報局総裁と同盟通信社長が、吉田首相を中心に構想したり、進言したりしているだけに、多くが同盟通信の再現を懸念することは致し方あるまい、と述べた。

さらに事態を複雑にしたのは、第四次吉田内閣の組閣前に、追放解除になった鳩山一郎らが政界に復帰し、反吉田の動きを活発化させていたことだった。吉田の緒方起用には、広川弘禅《ひろかわこうぜん》、池田勇人《いけだはやと》、佐藤栄作《さとうえいさく》らの「吉田側近」政治に対するメディア批判をかわす意図があった。一方、吉田派側近は閣僚ポストなどを通して緒方を牽制し続けた。

†村井順の進言

「緒方構想」より先に実現したのは、日本の独立直前に設けられた内閣総理大臣官房調査室だった。「内閣に強力な情報機関　次国会で立法措置　複雑な国際情勢に対処　長官に緒方氏有力　施策に的確な資料提供」。一九五二年一一月一六日付の『毎日新聞』朝刊は、こんな見出しで政府の情報機関構想を取り上げた。内閣総理大臣官房調査室にもふれ、緒方が内調の村井順室長と設置の方法について協議を進めており、新たに法的措置をとり局相当の機関を設けたい意向であること、政府には内調を拡大して目的に沿う機関にする声もあるが、治安情報の収集に傾いて国民に暗い印象を与えるという意見が強く、別の機関として情報局再現の印象を与えないよう努めていることを報じた。これにより内調と村井は、にわかに注目を集めることとなった。

ここで戦後内閣情報機構のキーパーソンである村井について紹介しておこう。村井の著書や『職員勤務記録』などによると、経歴は次の通りである。

一九〇九（明治四二）年　二月五日　東京生まれ
一九三五（昭和一〇）年　三月　東京高等学校を経て東京帝国大学法学部政治学科卒業
一九三五（昭和一〇）年　四月　内務省入省、山口県属事務官見習
一九三七（昭和一二）年一〇月　福岡県防空課長
一九三九（昭和一四）年　五月　興亜院事務官
一九四五（昭和二〇）年一〇月　青森県警察部長

一九四六（昭和二一）年一一月　第一次吉田茂内閣で内閣総理大臣秘書官
一九四七（昭和二二）年　六月　内務省警保局公安第一課長
一九四八（昭和二三）年　三月　国家地方警察本部警備部警備課長
一九五二（昭和二七）年　四月　初代内閣総理大臣官房調査室長
一九五三（昭和二八）年　七月　欧米出張（～同年九月）
一九五三（昭和二八）年一二月　京都府国家地方警察隊長
一九五七（昭和三二）年　一月　東北管区警察局長
一九五八（昭和三三）年　九月　九州管区警察局長
一九六二（昭和三七）年　七月　財団法人オリンピック東京大会組織委員会事務次長
一九六五（昭和四〇）年　七月　綜合警備保障株式会社創立、同社代表取締役
一九八〇（昭和五五）年一一月　綜合警備保障株式会社代表取締役会長
一九八八（昭和六三）年　一月一二日　没

官界を去り、綜合警備保障の社長となっていた一九七〇（昭和四五）年、村井は『政界往来』五月号に「内閣調査室の思い出」と題する手記を発表した。「神格化された創設時代の真相」

を書いておいてほしい、という内調の後輩職員の求めに応じた形になっている（村井一九七〇、六九〜七五頁）。

それによると、内調の設置に向けて村井が動いたのは、独立を約二〇日後に控えた一九五二（昭和二七）年四月初め頃のことだったという。当時の模様を次のように綴っている。

首相官邸に出向き、吉田首相に面会して、内閣直属の情報機関を設置する構想を単刀直入に進言した。「近く日本も独立します。今までは占領軍の判断なり方針に従って政治をやってきたが、独立国となった以上は日本が自から情報を集め、自から判断し、日本の進路を決めて行かなければなりません」、「私の考えている情報機関とは、内外のあらゆる情報や資料を集め、これを分析し検討して正しい判断を下す。そしてそれを政府の施策に資するというものです」。続いて、「兎《うさぎ》の耳はなぜ長いか」という得意のたとえ話でたたみかけた。「弱い兎が野や山で生き抜くためにはどんな小さな音でもキャッチして逸早く身の安全を守らなければなりません。そのために大きな耳を持っていると思います。敗戦で弱い国になった日本も、情報活動を強化し、世界の動向を早く正しく知らねばならないと思います」と。

さらに興味深いのは、緒方が第四次吉田内閣に入閣した際の逸話を披露したくだりである。着任早々の緒方に内調の概要を説明したところ、次のように語ったというのだ。「役人の考えは地味だね。私の考えは世界中の電波を東京のセンターで全部キャッチする。これを翻訳し分析し、まとめれば労せずして世界中の動きをつかむことができる。それを政府に報告し、また日本の報道機関にも提供したい。君の構想とは大分違うようだから、それぞれ別個に進もう」。

その後の顚末は次のようなものだった。吉田は直ちに村井の進言を取り上げ、翌日の閣議にかけて、各省の意見を聞いた。適切な意見が出なかったので、村井自身が「設立要綱」の作成を命じられ、即日提出した。その後、斎藤昇《さいとうのぼる》国家地方警察本部長官に呼ばれ、吉田首相から「君を内調の室長にしたいから出向させてくれ」と要請されたと聞かされ、承諾した――。

この寄稿が紙幅の都合上簡略に書かれたものだったとしても、実際の内閣総理大臣官房調査室新設はここにあるようにトントン拍子で進んだわけではない。準備を始めたのが一九五二年四月初めというのも正確でないことが、今では内調の内部文書によって明らかになっている。この内部文書については後ほど紹介することにして、「緒方構想」が論議を呼んでいた同年一二月一一日付の『読売新聞』朝刊に掲載された村井との一問一答から、注意すべき箇所を抜粋しよう。

【問】調査室は何時、どのような理由で出来上がったものか
【答】占領中のわが国の施策は大体占領軍の判断に頼った、しかし独立後はそれではいけないというわけで重要政策立案に対する情報収集の機関が考慮された、当時各省の情報活

動も不十分であり、また総合分析、全体的に判断する中央機関がなかったことから、閣僚懇談会で話がまとまり本年四月九日総理府設置規定で官房内に新設され、総理府本府組織令で引続き設置されている

【問】どんな活動をしているか

【答】発足当初はメーデー事件、吹田《すいた》事件等治安関係事件の総合検討を主としていたが、現在は経済問題、海外関係の情報の収集、検討を行い、資料を整えつつある

【問】緒方長官の言う新情報機関とどのような関係があるか

【答】長官の構想は聞かしてもらっている程度で詳しくは知らぬがこの調査室にその仕事を任せようと考えた時機もあったようだ、しかし現在は新情報機関と調査室は全く関係がなく、補正予算に計上されている六百五十万円の調査費経費は、報償費四百万円をはじめ純然たる調査室の費用で、新情報機関とは何のつながりもない、しかし新情報機関は世界中のラジオを聴き、整理、分析する機関に落着くもようであるが、ここの情報、結論を一つの資料として受取り、利用したいと考えている

【問】総理府本府組織令によると調査室は「弘報に関すること」を行うことになっているがこの意味で言論統制機関に転化しうるのではないか

【答】言論統制は全く考えていない、政府の弘報活動については主として官房審議室が研

究している（本社注、組織令では審議室に弘報業務の規定はない）緒方長官の最初にいった〝新聞に流す〟ということは、新情報機関で集めた情報を好意的に参考資料として提供するとの意味であったが、現在はそれも考えていない、なお戦時中の情報局はドイツの宣伝省にモデルをとったもので、内容は宣伝局であり、現在の調査室、新情報機関は全く性格が違う

読売新聞には、村井が吉田に会って情報機関の設置を提案した話は出てこない。ただ、この時の取材に村井がすべてを正直には語っていないとしても、議論の只中にあった一九五二年と一八年を経た一九七〇年とでは状況が違うことを斟酌すべきかもしれない。緒方が一九五六（昭和三一）年に、吉田が一九六七（同四二）年に世を去り、村井自身も官界を離れた一九七〇年（同四五）年だからこそ、当時の具体的なやりとりを書きやすくなったのは確かだろう。いずれにせよ村井の二つの証言から浮かび上がるのは、内閣総理大臣官房調査室と緒方の情報機関構想が、当初は別々に動いていたということである。

†キャノン機関と吉田、緒方の接触

戦後の内閣情報機構については、長年引用されてきたもう一つの証言がある。吉田茂首相が一九五二（昭和二七）年一月にＧＨＱ参謀第二部（Ｇ２）直属の秘密諜報組織を率いるキャノン

中佐とその片腕の延禎《ヨンヤン》に会い、緒方竹虎のところに行くよう頼んで、緒方が二人に情報機関の設置について助言を求めたというものだ。延は韓国海軍出身で、G2の部長だった米陸軍のウィロビー少将が、米陸軍少佐という仮階級を与え、連合軍の情報官として行動できるようにしたのだという（ウィロビー二〇一一、二二八〜二三二頁）。この証言は『週刊文春』一九七一年七月一九日号に「キャノン機関からの証言」として掲載された。延禎が一八年ぶりにキャノンと米国で再会し、その証言をまとめる形で、一九七一年三月から九月まで同誌に連載されたうちの一回である（加筆修正して番町書房から『キャノン機関からの証言』として一九七三年に単行本化）。

のちに出版された単行本では、「吉田首相と会う——内調誕生の真相」という一節が、『週刊文春』に掲載された「Z機関、ひそかに緒方竹虎に協力」の前触れとして加筆されている。Z機関（Zユニット）とは、世間で言い伝えられた「キャノン機関」の正式名称である。以下、延禎の手になるキャノンの証言の要点を紹介しよう。

G2のボスであるウィロビー少将から延禎に電話がかかってきたのは、内閣総理大臣官房調査室が新設される約三カ月前の一九五二年一月のことだった。「キャノンといっしょに、大磯の吉田茂の邸に行ってくれ」。ウィロビーは、吉田が二人に会いたがっているような口調だったという。一九四八年一〇月、民主党の芦田均内閣が昭和電工への復興金融金庫融資をめぐる事件で総辞職していた。昭電疑獄《しょうでんぎごく》事件の背後にはＧＨＱ内の民政局（ＧＳ）とＧ２の暗闘があり、自由党の吉田がＧ２のウィロビーと通じていることも、キャノンらはよく承知していた。

二人に会った吉田はこう告げたという。「いまの日本はこんな状態ではダメだと思っている。これから徹底的につくり直さなければいけない。……その大改造、再建のためには、たとえ小さくてもよいから情報機構のようなものが是非とも必要だと考えている。ウィロビー少将に相談したら、あなたがたがその方面に詳しいというので、わざわざご足労いただいたわけです」、「わたしには、その方面の知識はまったくありません。しかし、わたしの友人で、追放解除になったばかりの男に、緒方竹虎という人物がいます。かれは戦争中に、情報局総裁をつとめたこともある人間だから、あなたがたの話を聞いても、十分に理解できるでしょう。ぜひ、かれに会ってください」

二人は横浜のＣＩＣ（対敵防諜部隊）に立ち寄った後、その足で国会議事堂近くの事務所に緒方を訪ねた。そして「情報機関というものを、いまの日本につくるとすれば、どういう形がいちばん良いでしょうか？」という緒方の質問に、ＣＩＡや英国のＭＩ５、ＭＩ６のことを話した。「ＣＩＡは大統領直属の機関であるし、ＭＩ５もＭＩ６も首相に直轄されている。……だから日本でも内閣に直属する機関をつくったらいかがでしょうか？」と助言したのである。

組織の長に誰を据えたらいいかという緒方の質問には、キャノン機関によく出入りしていた国警課長の村井の名前を挙げ、「われわれが推薦するとかしないとかいえる筋合いではありません。しかし、キャノンもわたしも、村井順については、ひじょうに良い印象を持っています」。延禎はそう述べたのだった。

「Z機関、ひそかに緒方竹虎に協力」は、さらに村井の「内閣調査室の思い出」にもふれている。村井が吉田首相に情報機関の開設を直訴した一九五二年四月より三カ月早く、キャノンと延禎が吉田、緒方と相談したことを強調し、「最初の発案者が、吉田氏であったか緒方氏であったか……そこらへんは分からない。だが少なくとも、村井氏でなかったように思うのだが」と記した。そのうえで論争的な情報機関設置が吉田や緒方の提案となれば〝政変〟に発展する可能性もあったとし、「村井氏の発言を責めたり、嘘だときめつけているわけではない。むしろ村井氏が、そう言わざるを得ない状況であった、と同情したいぐらいだ」と語ったのである。

†即座に反論した村井

内調誕生に関するキャノンと延禎の証言は、これまでほぼ額面通り受け取られてきた。吉田がキャノンらとのエピソードを明かすことはなかったが、例えばウィロビーとの関係について『回想十年』に次のように明示していることも、証言の支えになったかもしれない。

私は民政局はじめ、私のいわゆる理念派の人々から、余り好かれていなかったようだが、不思議と生粋の軍人連とは気が合ったとでもいうのか、親しくなった。（中略）この人たちは軍人とはいいながら、一般的な社会的教養のある人が多く、それに何よりいいのは、理屈をあまり弄さないで、占領政治の上に実際的な効果があるかどうかということを判断の基準にしており、一度それがいいと納得すれば、面子《メンツ》や感情にこだわらず、われわれのやることを激励してくれたり、援助してくれたりして、われわれも非常に助かったという感じをうけたものである。参謀第二部長だったウィロビー少将（Charles A. Willoughby）もその一人である。（吉田二〇一四［上］、一三二頁）

ウィロビーも自らの回想録の中で、G2とGSの対立を赤裸々に書いているし、大変な吉田びいきだったことも隠そうとしない（C・A・ウィロビー二〇一一、一四六～一七二頁）。『キャノン機関からの証言』は、一九七〇年一一月に延禎が渡米してキャノンに会い、事実関係を確認したうえで公表されている。ただ二人ですり合わせたとはいえ、キャノン側の見方であるし、何よりキャノン機関は世論工作はもちろん、場合によっては脱法行為も辞さない諜報機関とされてきた。内調をめぐる証言も別の資料や証言に照らし合わせる必要があるのでは、と筆者は考えていた。それがひょんなことから、当事者の〝反論〟が見つかったのである。

それは、本書の主人公の一人である志垣民郎が自宅に遺した資料を、筆者が閲覧していた時のことだった。村井順が「キャノン機関からの証言」に対する意見をまとめた、B5判3頁の活字の文書が出てきたのである。一九七一（昭和四六）年七月一〇日に時の内閣調査室長川島《かわしま》廣守《ひろもり》に宛てた釈明というべきものだった。

当時の新聞広告を調べてみると、「Z機関ひそかに緒方竹虎に協力」が掲載された『週刊文春』一九七一年七月一九日号が発売されたのは同年七月九日、つまり村井順の釈明の文書は翌日に出されたことになる。そのとき村井は官界を去り、綜合警備保障株式会社の代表取締役という立場だった。しかも七月一〇日は土曜にあたっていた。国家公務員に週休二日制が取り入れられたのはずっと先の一九九二（平成四）年だが、それにしても、雑誌の出版された翌日に古巣の内調に意見書を提出する村井という人物の行動力と内調に対するこだわりに瞠目した。村井に傾倒していた志垣の一九七一年七月九日（金）の日記にも、村井から電話があり、室長との間を取り持った旨の記述がある。

八項目の箇条書きにまとめられた、村井の見解はおおむね次の通りである。
一、記事にあるような事実については全く初耳であり、当時吉田さんからも緒方さんからも聞いたことがない。

二、しかし、キャノン氏が吉田さん、緒方さんに情報機関について説明することはあり得るし、否定するつもりもない。おそらく吉田さんも緒方さんもその説明を興味深く聞き置く程度だったのではないか。

三、というのは、その後お二人から情報機関設置の話を聞いたという閣僚が一人もいないからだ。これは当時の内閣の記録を調べれば判明することと思う。

四、私自身はキャノン氏からも延禎氏からも情報機関の話を聞いたことはない。私は単に吉田さんに「すべての独立国は情報機関を持つべきであり、特に敗戦国日本には必要である」旨の意見を進言したにすぎない。(「内閣調査室の思い出」参照)

五、吉田総理は私の進言を聞いて直ちにこれを取り上げ、閣議に諮り、各省から意見を聴取し、その設置方を命令したと聞いている。その時の経緯は当時の官房長官の保利《ほり》(茂《しげる》=引用者註)さんが万事記憶していることと思う。また当時の内閣の資料を見れば明白である。

六、というわけで、内閣調査室は日本政府が独自の判断で設置したものであり、米国のCIAや英国のMI5等とは全く性格の異なる地味な調査機関であって、それは内調の実績を見れば明白なところである。

七、なお当時吉田さんと緒方さんが考えていた情報機関はキャノン氏が進言したようなものとは全く構想の違うものであったことは有名であった（吉田さんは国民に正しい情報を知らせる機関を、緒方さんは戦前の同盟通信のような機関を考えていたと記憶している）。

八、キャノン氏は室長の人選についてまで緒方さんと話し合ったようになっているが、自分は調査室長になるまで緒方さんと一度もお会いしたことはない（それは当時の緒方さんの側近の人たちに聞けば判明すると思う）。

村井の言を信じるなら、吉田や緒方とキャノン機関の接触が事実だったとしても戦後の内閣情報機構新設に与えた影響はかなり限定的ということになる。延禎が言うように、戦後初めての情報組織が世の中の反発を買うことを恐れ、村井が偽りの証言をした様子はうかがえない。だが実は、村井が一九五二年四月初め頃、首相官邸に出向いて、吉田首相に情報機関の設置を進言し、直ちに吉田が閣議に諮ったという証言とは異なる資料が残っているのだ。

†松本清張vs.藤原弘達

村井証言とは別の資料について書く前に、内閣調査室の設立について書かれた二つの文章について紹介しておきたい。

一つは、政治学者の藤原弘達《ふじわらひろたつ》が一九六七年の月刊『現代』九月号に寄せた「内閣調査室――疑惑に包まれたその正体　未公開資料を駆使して明かした〝日本のCIA〟」と題する記事である。藤原は内調に極めて近い学者の一人で、志垣と二五年にわたるつきあいがあったことは志垣が著書『内閣調査室秘録』で明かしている。筆者も志垣から、藤原がこの記事を書く際に情報提供したと聞いていたが、「志垣日記」を精読する中でその一部始終を知ることになった。それは単なる情報提供にとどまらず、志垣が藤原同席のもと講談社の『現代』副編集長を紹介され、ゲラのチェックもするという藤原と志垣の二人三脚で作られたものだったのである。

「藤原氏より2時半頃電話、Ｈｏｔｅｌ Ｎｅｗ Ｊａｐａｎ隣に行き会う。『現代』月刊誌の伊藤副編集長を紹介さる。内調のこと50枚書くという。Ｈｏｔｅｌ Ｎｅｗ ＯＴＡＮＩのバーに行き3人で話。松本清張を批判して真実を書き、従前の内調イメージを修正する……ｅｔｃ若干の説明を行う」（「志垣日記」一九六七年七月四日（火）の項）。

作家の松本清張は、一九六一（昭和三六）年の『文藝春秋』一月号～一二月号に初期の内閣総理大臣官房調査室をモデルにした小説『深層海流』を連載、六四年の同誌七月号にも「現代官僚論」の一つとして、内閣調査室をノンフィクションの形で取り上げていた。「志垣日記」には清張の二つの作品が内調内で問題となった様子が記されている。また、藤原、志垣と『現代』の副編集長が会う直前の一九六七年六月二八日には、日本社会党の猪俣浩三《いのまたこうぞう》衆院議員が衆議院外務委員会で『深層海流』を引きながら内調とCIAの関係を追及していた。

藤原が『現代』に書いた記事は、この国会質問が一つのきっかけになったと思われる。内調と知識人、文化人、メディアの関係は非常に興味深く、かつ重要である。それについては後の章で個別に取り上げることにして、ここでは藤原が当該記事で「内調の設立過程に、戦時中の情報局総裁だった緒方竹虎が一役買ったという説もあるが、これは誤りで、官房長官兼副総理として緒方がタッチするのは発足してから数ヵ月もあとになってからのこと」、「吉田の秘書官もやったことのある村井が、直接首相のところへその発想をぶっつけ、「よろしい」ということでワンマンの鶴の一声できまったというのが真相」と書いていることを指摘しておきたい。

もう一つ、内調の設立に触れているのは、一九九三～九七年に、内閣総理大臣官房調査室の後身である内閣情報調査室長を務めた大森義夫《おおもりよしお》が二〇〇五年に「研究ノート」としてまとめた著書の中の一文である。「内調の初心」と題する節において大森は「内調の前身・内閣調査室が三十人ほどの人員で設置されたのは一九五二年四月で、内務省採用の村井順氏が吉田茂総理、緒方竹虎副総理に熱心に説いて賛同を得た」と書いている（大森二〇〇五、三五～三七頁）。前述した藤原の記事や村井の「キャノン機関からの証言」に対する反論にあるように、緒方が内調に直接関わるのは一九五二年一〇月に国務大臣兼官房長官として入閣してからなので、村井が緒方に内調設立を説いたというのは正確ではないと思われるが、村井の進言により内調が新設されたという見方が内調関係者に語り継がれている様子が窺える。

村井の部下だった志垣も筆者に、村井が「独立するからには、日本にもCIAのような情報機関が是非必要である」、「国際情勢も多岐にわたり今後日本の立場も大変である」と吉田首相に説いたことを証言した（志垣二〇一九、一四〜一八頁）。

大森が「内調の歴史に私は通じているわけではないし、それを記述した部内資料も存在しない」としながら、「内調創設にたずさわった人びとの間では、内閣に直属し首相官邸にオフィスを置く情報組織を再興しようとする意識が強かったという。具体的には戦前の一九三七年に制定された内閣情報部官制第一条にある「国策遂行ノ基礎タル情報ニ関スル各庁事務ノ連絡調整」という機能は戦後の日本にも必要だ、とする意識である」と書いている点は注目すべきだろう。筆者は内閣情報機構の組織論を軸に戦前戦後の繋がりを辿ろうとしているが、草創期の内調に関与した者たちの精神にも戦前との連続性が見いだされるのだ。

それでは、大森の言う「内調の初心」とも違う内調創設にまつわる資料とはどのようなものなのか。

†四つの創設案

内閣調査室を語る際のキーパーソンの一人、作家、ジャーナリストの吉原公一郎は一九六〇

（昭和三五）年の『中央公論』一二月号に初の署名原稿「内閣調査室を調査する」を発表した。一九六三（同三八）年には内調をモデルに戦後政治史の裏面を描いた『小説日本列島』を出版し、それを原作として日活作品『日本列島』が一九六五（同四〇）年に公開され、内調ウオッチャーとして一躍名を馳せることになった。吉原の仕事については内調にとって転機となった一九六〇年に焦点を当てる第五章で詳述するが、ここでは「内閣調査室を調査する」で初めて明らかにされた内調の四つの創設案について書いておきたい。

「内閣調査室を調査する」の基になったのが、元内調職員から一九六〇年に漏れた内部資料、「吉原資料」である。吉原がそれをどうやって入手したかについては序章で述べた。

「吉原資料」には、「内閣官房調査室の設置経過」と題する国家地方警察本部の用箋に記された手書き文書が含まれており、四つの創設案である第一案から第四案までの経緯が説明されている。箇条書きにまとめると、概要は次の通りである（吉原一九七八、一〇八〜一一八頁）。

・昭和二七（一九五二）年三月四日?、国警本部村井警備課長は総理官邸において官房長官臨席のもと総理に対し治安問題、対共弘報宣伝に関して意見具申《ぐしん》を成したところ、総理も対共弘報宣伝に関しては非常な関心を示し、早速その計画と実施を進めるよう指示した。

・村井は情報機関が国警、自警、外務、特審（現在の公安調査庁の前身・法務府特別審査局）等に分かれ、その総合、調整の不備ある点を遺憾に思っていたので内閣に情報室または調査室を設ける案を決定、構想を工藤《くどう》（真澄《ますみ》）警視に示し、これを浄書させて第一案が出来上がった。

・村井はこの案を検討し、更に要約し系統的に改めることを工藤に示し、昭和二七年三月一二日、第二案「内閣調査室の設置竝に運営要領」三部を作成、村井はこれを官房長官に提示した。

・総理は対共弘報宣伝に特に関心を示し、三月□（一字空白）日開催された治安関係懇談会でこれに関する発言があった。第二案は最初の出発としては構想が大きく見えるので、第三案「内閣調査室設置運営」に改め、「内閣調査室創設に関する措置」を別紙とした。

・本計画の進展を察知した外務省は立ち後れに感づき内閣情報局設置計画書を作成、一億五千万円にのぼる予算を添えて内閣に働きかけた。また治安関係懇談会における総理の発言に基づき、特審局は「破壊活動の実体を国民に周知させる方策について」を策定。

・斎藤（昇）国警長官は村井に弘報宣伝に関する計画案を作るよう下命、村井は調査室設置計画の経緯を述べるとともに、工藤に三月二二日、政府の行う弘報宣伝と警察の行う弘報宣伝を立案するよう下命した。

・三月二三日、工藤病気のため、三枝《さいぐさ》（三郎《さぶろう》）警視正、和田《わだ》（俊三《しゅんぞう》）警視に指示を行い、三月二四日午後一時頃、三枝、和田、工藤は案を持って村井宅を訪問、要旨をまとめ、当日村井は長官を訪問、「政府の対共弘報活動の強化について」と題する簡潔な案にまとめ、第四案が出来上がった。

・長官はこの案を持って三月二六日の治安関係懇談会に臨み、官房長官も臨席、特審局の案その他が提示されたが、結局国警の案によって進めることが本決まりとなり、内閣調査室の設置は決定の運びとなった。

「内閣官房調査室の設置経過」はさらに、初代調査室長に村井が選ばれた経緯、村井の転出に伴う国警警備部の再編成、室の人選を時系列に説明している。文書の日付には「?」が付いていたり、空白になっていたりするところがある。吉原が一九七八(昭和五三)年に赤旗日曜版の連載に加筆し出版した『謀略列島――内閣調査室の実像』の中で書いているように、内部の記録として保管用に書かれたものなのかもしれない。

ただし、村井が吉田に意見具申したあと国家地方警察本部の中で四案に至るまで計画が練り上げられ、外務省や特審局との競り合いに勝ったという話は、吉田が村井の進言を直ちに取り上げ、翌日の閣議にかけたという村井の話より説得力がある。この経緯を知っていた内調関係者は、村井のほか、創設案作りに関与した工藤、三枝、和田の三人で、工藤、三枝は同年四月九日に内閣総理大臣官房調査室が新設されるとすぐ内調との兼任が発令され、和田もやや遅れて兼任となった。二九歳と最年少の創設メンバーだった志垣は関わっておらず、三月中の動きが伏せられた理由ははっきりしないものの、これを聞いていなかったと考えられる。

†当初案から後退を重ねた第四案

それでは、本決まりになった第四案「政府の対共弘報活動強化について」はどのようなものだったのか。以下、その内容を引用する。

第一　内閣調査室の設置
諸般の情報を収集、総合、調整し、併せて国民に対する弘報宣伝の統一的企画を行うため内閣に調査室を設置する
第二　弘報宣伝方針
一、調査室の活動の当面の重点目標を共産党及びこれに同調する勢力の（企図、宣伝、運動の）実体を国民の前に暴露することにおく
二、弘報宣伝に当たっては言論、出版に対する統制の再現という誤解を招かないよう政府はつとめて表面に出ず所謂「見えざる手」となって民間の団体及び個人の活動を推進する

第三　具体的方策
一、情報活動
（イ）調査室は関係各庁及び民間の収集した情報の提供を受け、これが総合調整を図る
（ロ）そのため調査室に関係庁との連絡班を置き、各庁からの情報収集に便ならしめる
（ハ）尚必要に応じ関係機関の連絡会議を開催し、情報の総合調整を行う
二、弘報活動
（イ）各関係庁の弘報活動と連絡をとり、対共啓蒙宣伝の統一的運用を企画推進する
（ロ）適当なる民間の団体及び個人を選び、これと連絡、対共啓蒙宣伝の援助指導を行い、次の事項を実施する
・パンフレットの作成配布
・講演会の開催
・映画、演劇の興行
・新聞、放送の編集
第四　組織
一、対共啓蒙宣伝の専門家及び事務職員、室長以下約十五名を調査室に置く
二、調査室に情報班、弘報班の二班を置く。情報班は情報の収集総合調整、各庁との連絡

に当たり、弘報班は啓蒙宣伝の企画、各庁及び民間との連絡に当たる
三、調査室の職員は室が制度化されるまでは関係庁からの派遣によって構成する
第五　その他
調査室は政府の治安関係懇談會の事務局としての役割を果たす

簡潔な内容ながら、「政府の対共弘報活動強化について」が、四月九日に新設された内閣総理大臣官房調査室の指針になったことが見て取れる。第一に、内閣調査室は諸般の情報を収集、総合、調整し、国民に対する弘報宣伝の統一的企画を行う、とし、第二に、当面の重点目標を共産党及び同調勢力を国民に知らしめることに絞っており、弘報宣伝のあり方も戦前の情報局を想起させるような統制の再現にならないよう、自らくぎを刺し、政府はなるべく表に出ずに「見えざる手」となる方針を打ち出している。

「内閣官房調査室の設置経過」は、政府の弘報宣伝について別添えの方針が決定されたことにもふれている。その別添えとおぼしき「啓蒙宣伝要領　案」（政府の実施するもの）の「啓蒙宣伝要領」は、第四案「政府の対共弘報活動強化について」を詳述したものになっている。

すなわち、第一の「目的」に「特定の目的を持ち国際的背景をもって国民を欺瞞し、無知と利欲心を利用して共産革命の路線に国民を引入れようとする共産党の企図、運動、宣伝を破砕

し、併せて国際、国内諸問題に関する正しき理解を国民に与え、国民の健全なる判断力を養い、健全なる国民文化の発展を促進し政府の施策に積極的に協力せしめる」ことを掲げ、国際共産主義の脅威を前面に打ち出した。

第二の「方針」では、「戦時中の戦争遂行のための言論出版等の統制と情報局を中心とする政府報道は終戦を迎え国民の憤激と不信をかい、その苦々しい反感は国民各層の中に根強く、政府の報道指導の裏を行くことが自己保衛の道であると確信する国民の数は相当多い」と率直に認め、「政府が啓蒙宣伝を実施するにあたっては、この現状を前提として十分に理解検討し過去の失敗を再び復活するという印象を微塵だに与えないよう考慮せねばならぬ」と述べる。

また、第四の「啓蒙宣伝の具体的方策」として消極的方策と積極的方策を示し、消極的方策はなるべく最小限にとどめ積極的方策を主として推進すべきであると述べた。そして、消極的方策として「国民思想、国家治安上許しがたい有害な言論出版等について最小限度の制限取締方途を講ずる。即ち立法措置によるものであるが、憲法との関係もあり立法化は困難」としつつ「緊急時においてはこの種の対策は必要」と記した。さらに立法的権限行使によらないものとして「消極的宣伝工作」を挙げ、「有害なる宣伝組織の資金面を制約する」などを例示した。

一方、積極的方策は「啓蒙宣伝が個人の思想感情に影響を与える」ことを強調し、（1）解説パンフレットの印刷配布（一般向け、公務員、経営者、農民、商工市民、労働者向け等）、（2）優秀なる研究家の研究補助出版補助、(3)系統的批判書の印行《いんこう》(有識層)、(4)講演会、(5)放送―政府の時間を設けるか解説者と特約または材料を送る、(6)新聞工作―協力新聞の取材活動に協力し、編集上の考慮を求める、(7)映画工作―スライド宣伝と巧妙に暴露する映画作□(一字不明、制か)、を列挙した。第四案の抽象的な部分が明確になっており、多くは内調が後年実際に取り組んだものだった。

いずれにしても、第三章でふれた戦前のマスメディアに対する消極的統制と積極的統制と重なる類型化である。

†設置法による官制を目指した第一案

筆者は、四つの創設案を目にした時から、内閣総理大臣官房調査室の新設に直結する第四案を重要視してきた。一方で第一案が、組織の名称に内閣総理大臣官房調査室ではなく内閣情報室を予定していたことや組織の作り方として総理府組織規定の改正ではなく内閣情報室設置法を検討していたことに注目し、拙著(『核武装と知識人』)にもその旨を明記した。だが、当時の関心はそこまでだった。

一九三六(昭和一一)年七月、横溝光暉が行政史上初の内閣情報機構たる情報委員会を設置するにあたり、軍の政治関与が深まりつつあった状況に照らし、「責任の所在も不明確になりがちな生半可な閣議決定などで重要機関を設置し、次第に横車《よこぐるま》を押されるようになってはならない」し、「時局の進展とともに強化拡充されるべき見透しのつく将来を思えば、当初から堂々と官制による正式の機構を作るべきである」と考えた歴史を知らなかった。また、後年志垣民郎ら内閣調査室の職員が、任務である「政府の重要施策に関する情報」とは何か、目指すべきは「情報機関というより調査機関ではないか」と自問自答を繰り返したことに気が付かなかった。

その後、横溝の記録から戦前の内閣情報機構の歩みを追体験し、志垣の日記や「吉原資料」で戦後の内閣情報機構をめぐる議論の数々に接するうち、採用されなかった第一案、第二案、第三案の重要性を理解するようになった。どういうことなのか。まず原稿用紙に手書きされた「第一案、二七、三、一〇」から考えてみよう。最初に以下の目次が示されている。

一、内閣情報室設置法(仮称)案
一、内閣情報室事務分掌表
一、内閣情報室各班の任務と主要連絡先
一、内閣情報室職員配置表第一次、第二次、第三次(未)
一、内閣情報室設置経過措置

一、内閣情報室予算概要　第一次、第二次、第三次（二、三次未）
一、内閣情報室運営要領
一、内閣情報室設置運用上注意を払うべき諸点

続いて、内閣情報室設置法（仮称）案をそのまま引用する。

第一条　内閣に情報室を置く
第二条　内閣情報室は政府施策上重要なる諸般の情報を収集総合調整し、かねて国民に対する啓蒙宣伝を行い施策の円滑なる推進を計《ママ》るをもって目的とする
第三条　内閣情報室に室長、次長各一人を置く
室長は内閣総理大臣の指揮を受け室務を統括する
次長は室長を補佐し室務を調整処理する
室長事故あるときは次長これを代理する
第四条　内閣情報室の事務を処理するため調査官、事務官その他の職員を置く
各職員の定数は行政機関職員定員法の定めるところによる
第五条　内閣情報室が必要と認めるときは政府各行政機関に対し資料の提出を求め、ある

いは説明を求めることができる

内閣情報室事務分掌表は、以下のようになっている。

総　務　班　庶務・人事・企画・会計・更生《ママ》に関する事項　室長特命事項
調査第一班　国家防衛に関する事項
調査第二班　治安災害に関する事項
調査第三班　経済・社会問題に関する事項
調査第四班　外事問題に関する事項
調査第五班　文化報道に関する事項

第一案はまた、「内閣情報室各班の任務と連絡先」として、例えば総務班の連絡先に「内閣（官房）、国会、占領軍、（駐留軍）その他」を挙げ、任務を「室全般の管理、企画と調整を行う」と細かく定める。「内閣情報室事務運営の実際」では、情報収集の方途として二番目に「民間各層の研究家情報権威筋に委嘱して必要な資料情報をとりまとめさせる」を挙げた。内閣調査室が一九五七年頃から活発化させる、外部組織への業務委託の萌芽が、早くもうかがえる。

さらに「内閣情報室設置運用上注意を払うべき諸点」として「内閣情報室の調査権または各省各庁に対する指示権（実質的）をめぐって若干の摩擦が予想される。この間の円滑な運営を計らなければならない」と述べている点も、その後内調が頭を悩ませる他省庁との権限争いを想起させて興味深いが、ここではそれを指摘するにとどめる。

†情報室から調査室へ変更した第二案

それでは、冒頭に「控」と記されているが、日付のない第二案はどうか。「内閣調査室の設置並《ならび》に運営要領」に始まる第二案で目に付くのは、第一の組織名が内閣情報室から内閣調査室に変更されている点である。組織名を変更した理由は説明されていない。第二の組織には、調査室に六班を置くと明記されている。別紙第一の任務分担に、班ごとの任務、連絡先が詳述されているが、内容は第一案と大差ない。第一案との違いは、第四のその他に「将来に内閣調査室設置法を制定し、調査室の組織、権限を立法化する。之が草案は別紙四の通りとする」とし、官制による新設を断念していることである。

別紙第四の「内閣調査室設置法（仮称）案」は次の通りである。

第一条　内閣に調査室を置く

第二条　調査室に政府施策上重要なる諸般の情報を収集、総合、調整し、かねて国民に対する啓蒙、報道を行い、施策の円滑なる推進を計《ママ》るをもって目的とする

第三条　調査室に室長、次長各一人を置く

室長は内閣総理大臣の指揮を受け執務を統括する

次長は室長を補佐し、執務を調整処理する

室長事故あるときは次長これを代理する

第一条から第三条までは内閣情報室設置法（仮称）とほぼ同じだが、第四条、第五条の規定はない。特に「政府各行政機関に対し資料の提出を求め、あるいは説明を求めることができる」という規定がなくなっていることは、内閣情報室設置運用上注意を払うべき諸点として「内閣情報室の調査権または各省各庁に対する指示権（実質的）をめぐって若干の摩擦が予想される」という懸念を考慮したためとも考えられる。

†第三案は革命勢力の実態把握

第三案は、やはり日付のない「内閣調査室設置運営要領」から始まる。第三案では、第一の目的を「一、内閣調査室は国内外の諸般の情勢に関する情報を収集総合調整し、併せて国民に

対する啓蒙活動を行い、情勢に関する理解と認識を深めることを目的とする」と幅広に掲げながら、一方で「二、ただ差当たっての重点を革命勢力の実態を総合的に把握すること、及びこれを国民に理解せしめることに置く」（従って以下の事項はこの当面の重点目標を達成するために計画案を述べる）と定めた。この段階で内調は、第一案で述べた国家防衛、治安災害、経済・社会問題、外事問題、文化報道という広範な情報から縮小し、革命勢力の実態把握を重視する治安機関としての性格を前面に押し出したことになる。

さらに第三案は、第二の方針に「四、啓蒙宣伝は言論出版活動業の統制を行うものではなく政府はなるべく表面に出ず「見えざる手」となって革命勢力の欺瞞的宣伝を破砕する」と明記した。「見えざる手」という特徴的な表現は第四案でも踏襲《とうしゅう》される。また、第四の組織において「調査室に情報班、弘報班の二班を置く」と謳い、第二案までの六班体制をスリムにした。組織の目的を革命勢力の実体把握に絞ったことの反映と考えられる。

第三案別添は、内調創設に関する措置として「派遣員は関係庁より一人宛、新聞社より若干名」と定めた。時折表面化する内調と新聞社の業務の親和性がうかがえる記述である。

第一案から第四案までの変遷を辿ると、村井らがまとめた創設案が、防衛問題を含む本格的な情報機関から警察主体の治安機関へと縮小された様子が浮かび上がる。途中には、外務省、特審局から対案も出され、権限争いが繰り広げられた。内調で言い伝えられてきたように村井の進言を吉田首相が入れ、直ちに閣議にかけられたというほどことは簡単でなかったのだ。

†新設後も続いた試行錯誤

内閣総理大臣官房調査室は結局、総理府内部部局組織規定の改正という、人目に付かない方法で新設された。前述したように、一九五二年四月九日の官報は調査室の事務を「政府の重要施策に関する情報をしう《ママ》集、調査し、これに対する各行政機関の連絡及び事務の総合、調整に関する事務をつかさどる」と記しているにすぎない。当時の新聞は、国家地方警察本部の人事異動の中で調査室の新設をわずかに報じただけだった。

それから半年余りを経た同年一一月二六日の衆議院本会議で、吉田茂首相は改進党の重光葵《しげみつまもる》の質問に答え、「国内の事態の真相を伝える機関、外国の真相を集めて国内に弘布する機関を内閣に置きたいと思い、官房長官のもとで計画を立てている」と情報機関の設置を明言した。

緒方竹虎が同年一〇月に行われた衆議院選挙で初当選し、第四次吉田内閣の国務大臣兼官房長官として入閣した後、前述したように緒方の新情報機関構想が新聞各紙をにぎわした。「情報機関の父」と呼ばれる吉田だが、こうした国会答弁を見る限り、どれほど熱を入れて内閣情報機構のことを考えていたかは疑問符が付く。少なくともこの時点では、吉田や緒方にとって情報機関と内閣総理大臣調査室は別物であった。吉田が、「公安警察」の実務責任者である村井をトップに据えた内調は「対共弘報」機関だったのである（荻野一九九九、六三、一八一頁）。

初代内閣総理大臣調査室長の村井順の認識も二人と同じだったことは、先に引いた読売新聞との一問一答で「新情報機関と調査室は全く関係がない」と述べている通りである。ただし、村井の真意が別のところにあったことは頭に置いておくべきかもしれない。志垣民郎ら周りの部下は、「内調をうんとでかくしてやるのだ」と村井が鼓吹するのを記憶しているのだ。

しかし、情報局復活を思わせる緒方の構想は世論の反対に遭って後退し、新情報機関は内閣総理大臣官房調査室の拡充へと収斂していく（『朝日新聞』同年一二月二九日付朝刊など）。その中で内調にも注目が集まり、吉田や村井の思惑とは裏腹に批判の矛先が向かうようになった。

この間、内調の内部はどんな動きがあったのか。内調創設メンバーの一人である志垣の日記を読んで驚くのは、新情報機関構想が新聞各紙を騒がせていた時に、内調では放棄されたはずの設置法がひそかに立案されていたことである。

「昼、幹部会。室長より予算決定の経過通達、来年度予算に全力を注ぐこと、設置法を立案すること」（一九五二年一一月一二日（水））、「昼前、又幹部会、設置法（調査局の構想）について話合う」（同年一一月一三日（木））。

「調査局」に関する資料は見つかっておらず、それがどのような構想だったかは分からない。だが約八カ月前に第一案の中で「内閣情報室設置法」として構想され、第二案で「将来に内閣調査室設置法を制定し」とうたわれた戦後の内閣情報機構の官制を、その後も内調が内部でひそかに検討していたことは、総理府内部部局組織規定の改正による新設がいかに問題視されていたかを逆に示しているように思える。

†弘報活動とは何か

吉田首相は国会審議の中で、新情報機関について、再三広報機関と説明してきた。例えば、重光葵との質疑応答から二日後の同年一一月二八日の参議院本会議では日本共産党の岩間《いわま》正男《まさお》の質問に「政府としては情報機関を設けるのではなくて、広報機関を設けるつもりであります。(中略)言論の統制とか圧迫を考えているのではないのであります。国民が事実の真相を知ることが民主政治の基本であるから、政府としては事実なりとして事実の真相を伝えることを目的としてこの機関を設けるのであります」と答弁している。ただ、広報が何を意味するかは、具体的に明らかにされていなかった。

内閣情報機構について調べていると、当事者が用いる重要な言い回しがいくつかあることに気づく。戦前の内閣情報機構では、横溝光暉が「宣伝」という語を中国・唐時代の史書に遡って理解しようとし、国家総力戦の中で「思想戦」とは何かを考えて実行に移した。

ここからは、戦後の内閣情報機構のキーワードを考えてみたい。まず、吉田が言う広報とは何を意味するのか。「広報」と「弘報」に意味の違いはないが、「ひろく知らせること、またそのしらせ」（『広辞苑』第七版）といった通り一遍のものではもちろんない。

「吉原資料」に「弘報活動について」と題する内調の文書が残されている。内調発足から約八カ月後、新情報機関をめぐる国会審議のさなかの一九五二年一二月二日付で作成されたもので、外国の弘報機関の例なども紹介しながら、弘報に関する基本的な考え方をまとめている。中でも、弘報活動の必要性、弘報活動の準則という以下の節は興味深い。

一、弘報活動の必要性

(1) 政府が国策を樹立して責任ある行動をとるには国民の多数の支持が必要である。そして国策が内外情勢の変化に応じて的確に実現されるためには、その国策の遂行の基礎資料として内外に関する正しい知識を持たなければならない。「政府が何を考え、何を実行しようとしているか」「国民が何を考え、何を望んでいるか」、という知らせる面と知る面の両面を統一しつつ政治が行われるところに民主政治の真価がある。

この二つの機能、即ち、情報を受けること（情報活動）と情報を与えること（弘報活動）は、最も重要な政府活動の一つである。

(2) 現在、わが国においては、例えば、次のような弘報に関する欠陥があり、緊急に弘報機関を設立する必要がある。

(イ)再軍備、憲法改正に反対する輿論(特に青年婦人層)が強い。現状のまゝでは国民投票による憲法改正も不可能であろう。

(ロ)現在、新聞の論調は野党的であり、政府の真意が国民に正しく伝わっていない面がある。

(ハ)各省庁の弘報関係機関の横の連絡及び中央、地方の縦の連絡がわるく、弘報活動が充分に行われていない。特に地方機関の弘報活動は、放任の状態である。

(ニ)各政党の宣伝活動は、共産党に比して不充分である。

二、弘報活動の準則

(1)基本的人権の尊重。

(2)思想統制の再現に陥らないこと。

(3)事実に基礎を置くこと。必ずしも知り得たことをすべて流すことではなく、国家の立場から時と処を得て選択された必要にして充分な事実を流す意味である。

(4)党利党略に利用されないこと。

(5)国民が合理的かつ健全な批判と判断ができるようにすること。

(6)国民に過度の刺激あるいは恐怖を与えないこと。(以下略)

ここからは、政府の意向に沿うよう世論を誘導する側面と戦前の思想統制の再現に陥らないよう配慮する側面の両面があったことがうかがわれる。国家が選択した事実を流す限定付きの情報開示であることに注意しなければならない。

実はこの文書は、内調が独自に考えたものではなかった。種本になったとおぼしき専門家の意見書が出されていたのだ。

「吉原資料」に含まれている「広報並に情報機関設置に関する意見書」がそれである。表紙には、表題のほかに「昭和二十七年五月」「小山栄三《こやまえいぞう》」と印刷されている。小山は新聞学を牽引した有力な社会学者だった。戦前は情報局の嘱託として『戦時宣伝論』などを著し、ナチ新聞学の第一人者として知られ、戦後はGHQの顧問となって、世論調査のバイブルの一つと言われた『輿論調査概要――輿論をどうしてつかむか』を出版したことで知られる。

世論形成には政府の指導が必要と考えていた小山をどう評価するかはひとまず措くが、戦前・戦後の内閣情報機構の人的つながりをここにも見いだすことができる。この「意見書」は「広報連絡局（仮称）設立主意書」と称して、冒頭から次のような議論を展開する。

現次の如き国家群の対立関係が先鋭化している時代に於《お》いて国家がその生存権を確保し、

政府が国策を樹立して、責任ある行動をとるには国民の多数の強力な支持が必要である。そして国策が外界の情勢の変化に対応して妥当な実現力を持つためには、その国策遂行の基礎資料として内外に関する正確な知識がなければならない。「政府が何を考え、何を実行しようとしているか」又「国民が何を考え、何を望んでいるか」この知らせる面と知る面——民主政治はこの両面を統一しつつ行われることによって真価を発揮するものである（傍点引用者）。

広報活動は云はゞ精神を通じて作用する国民の政治意識の流□（一字不明＝引用者註）媒介するもので、政府が充分な行政能力を発揮して行くためには国内及び国外の政治、経済等の変化に関する信頼すべき報告を持たなければならない。と同時に政府は常に国民にその政策を納得するよう説明しなければならない。真実をよく知らされた与論のみが民主政治を円滑に運営して行くのである。従って他方民主的政府は公共の問題及び政府の活動に関する信頼すべき報道を国民に供給する義務があるのである。

ここまで読んだだけでも、内閣総理大臣官房調査室が作成した「弘報活動について」の弘報活動の必要性の部分が、小山の意見をその表現ごと取り入れていることが分かる。

さらに、意見書は「広報連絡機関設立の必要なことは次の事情によっても明らか」として、

「(1) ニューズ・クロニクルは三月の社説に於て日本政府は再軍備、憲法改正をしなければならないにも拘《かかわ》らず国民の説得を怠っていると論じている。現在の状況では再軍備、憲法改正に反対なのは特に青年婦人層に強い」、「(2) 現在の新聞は全部野党的立場をとっているため政府の真意は一般(に=引用者註)伝はらない」、「(3) 政府部内の各省の広報関係者の連絡機関がないため広報活動が相互に干渉して強力に行はれない」などの記述が続く。「弘報活動について」が、小山の意見書をほとんどそのまま借用しているのは明らかである。

「弘報活動について」が実際にどのように使われたのかは分からない。それでも新情報機関の国会審議を横目で見ながら、内調が吉田首相の唱える「広報機関」を短期間に血肉化しようとした表れと見ていいのではないだろうか。

†一九五三年頃に登場した心理戦

内閣総理大臣官房調査室にまつわる「吉原資料」を読んでいると、よく出くわすもう一つのキーワードが「心理戦」である。

内閣総理大臣官房調査室の発足から約一年三ヵ月をへた一九五三(昭和二八)年六月四日に調査室が執筆した「心理戦の基本問題」と題する文書がある。米国の心理学者、G・W・オルポートとL・ポストマンの『デマの心理学』や、社会学者、清水幾太郎《しみずいくたろう》の『社会心理学』などを参考にしながら、心理戦の重要性や心理戦の方法と手段、心理戦における日本の地位などをまとめたものである。

「志垣日記」には同年一月初旬の項から心理戦略の記述が現れ、「登庁後外務省曽野《その》（明《あきら》＝引用者註）氏の所に行き「ソ連の心理戦術」、「調査月報」列国元首演説（チャーチルとガスペリ）など受領」（二月二五日（水）の項）、「心理戦の原稿出来ず苦吟」（三月一八日（水）の項）、「清水幾太郎の「社会心理学」読了。心理戦原稿の素材」（五月二一日（木）の項）、「夕食後、十二時までかかり心理戦の原稿完成。「心理戦の基本問題」。三〇〇〇字四三枚」（五月二四日（日）の項）、「（村井＝同）室長に「心理戦の基本問題」提出」（五月二五日（月））、「（吉田＝同）総理に「心理戦の基本問題」提出」（八月一〇日（月）の項）などと続く。「心理戦の基本問題」には執筆者名は書かれていないが、その骨格部分を志垣民郎が書いたのは間違いない。

「心理戦の基本問題」は、「第二次大戦までは軍事的要素が戦争の決定権をもっていたが、今日においては真に世界を支配するものは武力ではなく人間の心であるということが強く認識されて来た。従って現在は心理戦という形で第三次大戦が行われているとも云える」と心理戦の重要性を指摘し、「ビラ、各種出版物、新聞、ラジオ、テレビ、デマ等いろいろの武器を投じ、先ず動揺するインテリを捕え、大衆を動員する」よう提案する。そして心理戦に対する米ソの態勢を概説して、「アジアにおける米ソ心理戦の鍵を握るものは正に日本である。日本は速に国際心理戦に対処する中央機関を充実し、相互安全保障の一翼を担うべきである」と訴える。「心理戦の方法と手段」のくだりには、謀略を思わせる次のような記述もある。「表現は確固不動の信念をもってなされなければならぬ。（中略）そしてまた宣伝は真実でなければならぬというが、必ずしもそうではなく、大切なのはそれを断言する時の態度である。「黒」もはっきり毅然たる態度で「白」だと断言すれば、聞いている者はあれ程自信ありげに云うのだから灰色ぐらいかと思い、それを断固反復していれば遂には白だと信じてしまう」。と。

だが、個々の記述もさることながら、本書が注目したいのは、弘報活動と心理戦がどのように関係づけられているのか、調査室は心理戦をどのように具体化しようとしたのか、である。第三章で詳述したように、戦前の内閣情報機構は思想戦の重要性を強調し、思想戦講習会を主催して国民の理解を促し、それを実践させようとした。ところが戦後の内閣情報機構からは、思想戦という語がほぼ姿を消す。それと入れ替わるように心理戦が登場したのが一九五三年頃であった。

†心理戦とは何か

キーワードの一つである「弘報」は吉田首相の国会答弁にも登場するし、内閣総理大臣官房調査室が新設された際の総理府令にも出てくる。志垣が心理戦の原稿をあらまし完成させたのは一九五三年五月だが、それより前に作られた心理戦関係文書「弘報活動（心理戦）に対する批判と当面の課題」が「吉原資料」に収められている。調査室ソ連班が作成したもので、作成日「二八、□（一字不明＝引用者註）、一〇」の何月かが判読しにくいが、「月曜日（十九日）検討会において弘報班から本件を提起することにした」、「来る二月七日までにアカハタ印刷局において印刷を完了し」という記述から一九五三年一月一〇日と考えられる。表題から弘報活動を心理戦と見なしていることや、「当面必要な事項」として（1）強力な心理戦機関を持つこと、（2）民間に心理戦機関の基盤を培養すること、（3）一つの大衆新聞を出して、最後までこれを続けること、（4）政府が動かしている、または動かし得る出版物、団体の機関紙誌、通信の宣伝活動をやり放しにしておかないこと、（5）ビラ、ポスター、スローガンの作製及び配布、貼布機関をつくること、（6）反共図書を毎年ベストセラーにする爲に援助を与えること、と具体的に書かれていることは興味深い。

表紙の「資料處理票」に「ソ連関係研究者の意見を基礎にしたもの。若干当たっている点があり、実行可能なものがある」という部員のコメントが付されており、内調の見解ではなく外からの意見具申と考えられる。

さらに、「心理戦に関する諸問題の概説」という文書が「吉原資料」に残っている。この文書には、「心理戦に関する諸問題の概説（其一）　工藤真澄　昭二九　八」という表紙と目次を列記したもの、「心理戦に関する諸問題の概説」の下に「(其三) 工藤真澄 昭二九 九 一三」と記した表紙を付け、三〇〇字詰め原稿用紙約三〇枚にまとめた手書き原稿、工藤とは別人の名前でまとめられた「(其四) 昭二九 九 二一」、日付と署名のない活字版などのヴァージョンがあり、創設メンバーの工藤を中心に数人で推敲を重ねたものらしい。

「心理戦に関する諸問題の概説」を心理戦の問題を論じるテキストブックと位置づけており、各節各項によって精粗があり、調和が取れていないことを認める。討議のために急ぎまとめられたもの、と考えられる。

以下、活字版の記述を辿ってみよう。冒頭、「心理戦の概念」を「個人及び団体がその安全と繁栄のため、他の個人及び団体に心理的作用によってその心意に影響を及ぼし、一定の効果を期待する意図的活動」と定義している。続いて、次のような「註」が列挙される。心理戦は武力戦に対して用いられる一種の戦争概念である。広報、宣伝、謀略の用語は心理戦の用語に包含される、ただし謀略の用語は心理戦本来の作用以外の作用も含んでいる。広報と宣伝の区分も常識の世界では曖昧だが、事実資料を提供周知させることを主作用とする広報に対し、宣伝は特定の目的を持ち、一定の考え方、判断を誘導する作用を広く持つ、謀略の特質はその欺瞞性にある。

「五、政府の行う心理戦の目的と限界」では、「政府機関が直接に行う場合と、政府の意図を

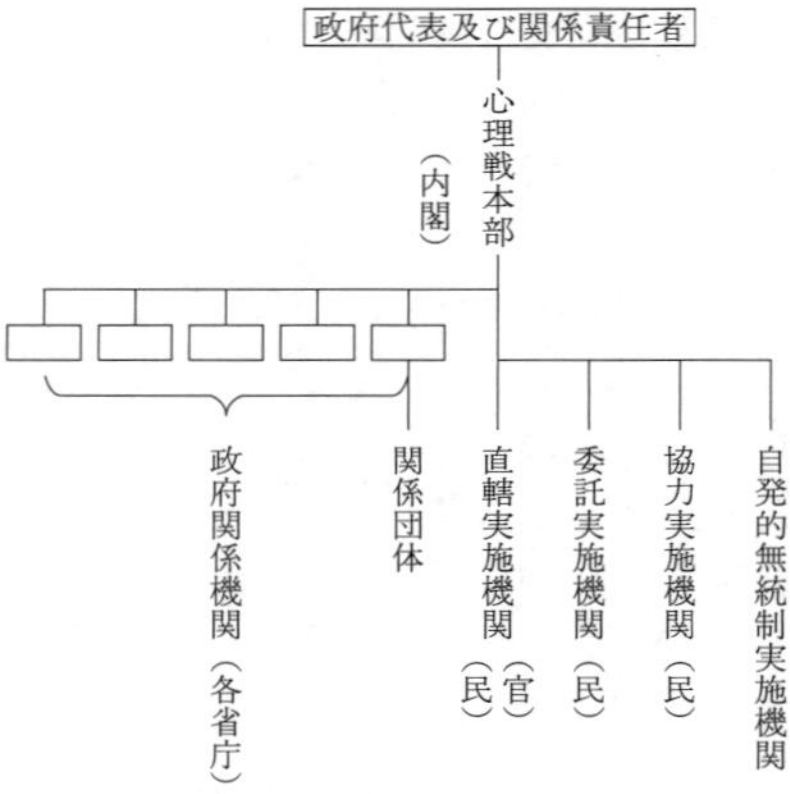

「心理戦に関する諸問題の概説」を基に作成

図四－1　心理戦実行機関

うけて民間団体又は個人がその一分野を実施する場合があり、実質的にどの内容と領域を取扱うかの問題と、政府機関が直接行う事実は何かという問題は区別して考えねばならぬ」と指摘している。政府が行う心理戦を具体的に念頭に置いた記述とも考えることができる。「六、政府の心理戦中枢本部と関係部門との関係」の中には、言論機関との関係について「心理戦はその実際活動に入ると言論機関と最も関係が深く、応々《ママ》にして摩擦を生ずる可能性がある」、「法的言論統制はなるべくさけるべきである。言論統制の上に立った心理戦は、一面極めて効果的であるが長期的に見て有害」などと、将来のメディアとの軋轢を見透したような記述もある。

さらに注目すべきは、「七、心理戦実行機関（主体）の分類とその条件」において、直轄実施機関、委託実施機関、協力実施機関などを含めて政府の関与する心理戦実行機関を図示し、それぞれの役割を考察したことである（図四－1）。すなわち、ここで言う「直轄」は公務員又はこれに準ずる者によって構成される、「委託」は政府の意図と計画を了解し、国家の経費を主たる運営の資とする、「協力」は政府の意図に協力する民間団体で、経費の補助を要する場合と要しない場合がある、「自発的」は、政府と直接の協力関係の合意を要しない、などと規定する。その上で「政府との関係の度合によって一長一短があり、こうした性格の異なる機関を持っていることが上策」としている。

†心理戦実行機関への改編

この時期、内閣総理大臣官房調査室は心理戦実行機関への改編を模索していた。

一九五三年の「志垣日記」を見ると、「朝、三井（芳文＝引用者註）氏と室長に面会。心理戦略局の構想について話し合う」（六月一七日（水）の項）、「十時より三枝（三郎＝引用者註）、工藤（真澄＝同）、和田（俊三＝同）、小林（正雄＝同）、三井らと心理戦略局に関する討議、調査室の自己批判になる。心理戦の方向に向かうべきことは見解一致」（六月一八日（木）の項）、「室長に呼ばれ心理戦局の組織案至急提出せよと」（七月一日（水）の項）などの記述が散見される。

「朝から「心理戦の機構と方法」について原稿を書く。室長の云ったことを敷衍《ふえん》して書くだけだが仲々大変」（七月三日（金）の項）、「「当面する心理戦の機構と方法」報告書作成に昼まで掛る。二時半まで掛り心理戦実施計画案及び予算の概算表まで書いて室長に提出」（七月四日（土）

の項）という記述もあれば、「室長に「心理戦実施要綱」原稿渡す」（七月二四（金）の項）といった話も出てくる。

頻出する心理戦（略）局とはどのようなものを想定していたのか。そのヒントになりそうな文書は、残念ながら見つかっていない。

「吉原資料」には、草創期の内閣総理大臣官房調査室を跡付ける「内閣総理大臣官房調査室に関する事項」と題する文書も含まれている。表紙に「極秘」とあり、筆者も作成時期も明示されていないが、文中に「昨年四月九日差当り内閣官房の組織規定を改正して調査室を設置」とあることや、一九五三年三月の衆議院解散（「バカヤロー解散」）、同年六月に暫定予算決定の見込みにふれていることから、同年三月から六月までの間に作成時期を絞り込める。

冒頭の書き出しに「講和条約の発効を前に今後予想される内外重要国策の基礎となるべき諸般の情報を関係各庁と協力して収集し、これを総合調整して政府に報告せしめると共に、国際心理戦に対処する高度弘報宣伝の機能を果さしめるため、早急に内閣直属の情報機関を設けることとなり」とある。しかし、心理戦に言及した部分はここだけしかない。

時代をくだると、吉原が一九七八年に発表した『謀略列島』に、内閣調査室の調査官が五二年一二月一二日、東京・有楽町の「フォーレストリ・ビル」を訪ねた様子が再現されている（吉原一九七八、二二七〜二二三頁）。そこには在日極東軍心理戦略課の事務所があり、応対したのはディアリングと名乗る米陸軍少佐だった。その時ディアリングは「米国には、大統領に直接提言したり、提言したりする心理戦略局という諮問機関が、国家安全保障会議の下にある。この組織は学識経験者で構成され、国務省、国防省、経済関係の省庁、CIA、FBIから集まってくる資料を審議検討する。執行権は持っておらず、大統領にのみ責任を持つ機関である」と説明したというのである。

この記述には基になった文書があり、そこにはディアリングの言葉通りのことが走り書きされている。吉原公一郎は同書の執筆時に有楽町を探し回ったが、「フォーレストリ・ビル」を発見することはできなかった。内閣総理大臣官房調査室が心理戦機関を目指した影には、キャノン機関の逸話と同様に米国の関与があったと見るべきなのだろうか。

一九五〇年代を通じて米国は日本国内の内乱や政府転覆工作など「内からの攻撃」(間接侵略)を恐れ、国内治安とその前提となる日本の政治経済の安定を重視した。この頃の米戦略を分析した石井修《いしいおさむ》は、トルーマン政権期に発足した心理戦略本部(PSB)が草案を作成し、アイゼンハワー政権がスタートして間もない一九五三年一月三〇日に承認された「対日心理戦略計画」(PSB D-27)を論じている。その目的は、日本内部の「中立主義、共産主義、反米主義」を無力化することであり、知識人への働きかけ、反共団体の支援、再軍備推進派の支持などであった(石井一九八九、九七~一二二頁)。

だがこの先駆的な論文を裏付ける、米国から内閣総理大臣官房調査室への直接的な働きかけを証明する資料は日本で確認されていない。

†固有の任務確立と米国機関との連携

一九五五（昭和三〇）年一月、内閣総理大臣官房調査室は「調査室をめぐる客観情勢の分析と当面の原則的在り方についての意見（要旨）」を作成した。「内閣総理大臣官房調査室に関する事項」から二年がたち、内閣総理大臣官房調査室と日本政界は大きく変貌していた。

初代室長の村井順は一九五三（昭和二八）年一二月一八日、「内調をうんとでかくしてやるのだ」という志半ばで京都府国家地方警察隊長に転出した。きっかけは、この年の夏、スイスで開催された道徳再武装運動（MRA：Moral Re-Armament）の大会に招待された村井が、欧州、米国を私費旅行中、三〇〇〇ドル（当時約一〇八万円）を所持していたという「闇ドル事件」だった。これが新聞に大きく報道され、後に「誤報」と分かったものの、村井を深く傷つけ、更迭されたのである。この情報を記者に流したのは外務官僚の曽野明と言われ、内調をめぐる外務省と警察との権限争いの激しさを見せつけるものだった。

そして当の吉田もいよいよ首相を退く時が来た。一九五四（昭和二九）年に表面化した造船疑獄で側近の自由党幹事長、佐藤栄作らに逮捕許諾請求が出された。法相の指揮権発動により事件はもみ消されたが、第五次吉田内閣倒閣の大きな原因となった。

くだんの「調査室をめぐる客観情勢の分析と当面の原則的在り方についての意見（要旨）」は、一九五四年一二月に鳩山一郎内閣が成立し、翌五五年一月に衆議院が解散されて、二月の第二七回衆議院選挙を控えた時期に書かれたものである。作成時期は明記されていないが、文中に「一カ月後に控えた総選挙で民主党が第一党を占め、再び鳩山首班内閣が出現するとみるのが常識でもあり、妥当な見方」という記述があることから、そう絞り込むことができる。

この「分析と意見」では、衆院選で日本民主党が第一党を占め、第二次鳩山内閣が出現することを見越し、吉田政治の修正を表看板とするこの内閣により、「前内閣色の抹殺に一層強気の拍車を加えるとみ」て、従来の調査室の在り方に根本的な再検討が加えられるのは必至と注意を喚起している。その上で「調査室は吉田色的印象を払拭し、固有任務を確立するとともに新しい機能をもってイニシアティヴを確保し、早急に心理戦的機関への脱皮を行わねばならない。そのため、従来の事務を整備して全体を心理戦的機能によって武装しなければならぬ」と述べる。

さらに、「吉田内閣色の払拭」、「固有任務の確立とイニシアティヴの確保」、「心理戦機関への脱皮」が意味するところを詳述し、最後に「当面の具体策」を列挙している。内調の問題意識がよく分かるので、労をいとわず紹介しておきたい。

まず「吉田内閣色の払拭」については、「調査室に対する風当たりの強い原因は多くあろうが、その一つは、一部の世論が調査室を過大評価していることにもある。或るときは労働運動対策を、又或るときは情報機関の再建を、又或るときは反民主主義運動対策と、調査室は二転三転翻弄されるにまかせた過去を繰り返してはならない」と主張する。続く「固有任務の確立とイニシアティヴの確保」では「調査室に期待される実質的立場は政治と行政の中間にある。時の内閣の要求を直接に充足することは勿論だが、調査室自体が日本の安全と繁栄のためにいずれの内閣の施策にも不偏不党の原則を反映せしめうる新しい固有の任務と機能を確立すべき」であると説く。そして「心理戦的機関への脱皮」について、「直面するわが国最大の行政的欠陥は冷静な心理戦的政策立案機関の欠如にある」と指摘し、「従来の情報機能の任務によって結果的に得られた情報効果を次元の高い心理戦機能によって心理政策的調整を行う機関に脱皮すること」を求めた。

結論部分の「当面の具体策」で注目されるのは、「調査室の法的根拠を改正して任務を変更するとともに、室をあげて心理戦的組織に編成推進」し、同時に「米国当該機関と連携して日本における心理戦略機関として育成」するよう求めたことであった。

これを見ると、後年自問自答を繰り返すことになる「内調とは何か」という問題を、早くもこの時点で自覚していたと言えるだろう。

さらに、「調査室をめぐる客観情勢の分析と当面の原則的在り方についての意見（要旨）」に前後して内閣調査室が作成した二つの文書を「吉原資料」に見いだすことができる。一つは、一九五四（昭和二九）年二月二五日に作られた、無署名の「調査室の運営方針について」。もう一つは、一九五五（同三〇）年四月二〇日に当時の木村行蔵室長が室員に述べた「年度の初めに当りて」という挨拶文である。

初代室長の村井順が去ったあと、一九五四年一月二七日に二代室長に木村行蔵《きむらこうぞう》が就任した。木村は、村井解任による組織の動揺もあり、コーラスなどを通して室員の融和を図ろうとした。作家の松本清張は、『文藝春秋』一九六三年七月号に発表した「内閣調査室論」の中で次のように書いている。「木村は村井に比べると温厚な人物を買われて、ここにこの就任となったらしい。というのは、内調の出向役人間の抗争があまりに激しいため、それを除去し、内部固めのために選ばれたと思われる。したがって木村は、その訓示にしばしば人の和を説いている」（松本一九七三、四九一頁）。

「調査室の運営方針案について」は、「着任以来、室員の意見も聴取し、調査室設置後の経過実情をも根本的に再検討し、（中略）どのように室を運用すべきかと思いをめぐらせてきました」といった書き方から、木村行蔵が書いた執務体制の整備案であるのは間違いない。

ここで木村はまず、内調の任務と性格が情報の収集・調査、各行政機関の連絡調整、広報等にあることを明らかにする。すなわち「行政施策そのものの企画、立案に関与したり或いはこれに関し連絡調整することは原則として行わない。後者は内閣官房内においては、審議室が主としてその任務を果たすことになっており、審議室と調査室とは性格を異にし、相互の機能を通じて連絡相助の実を挙げる」と強調している。

また、広報については収集した情報、調査資料等を客観的資料として関係行政機関、民間に配布し「政府の重要施策」を周知することに限界を置き、「特定の意図をもってする宣伝・工作のごときは行わないものとする」と明記した。

そのうえで、従来の庶務、広報、治安防衛、経済、労働、海外の事項別の班編制を根本的に改め、庶務、広報、資料、情報の機能別編成に切り替えようとした。加えて総合室を新設し、適材を内閣調査官として配置して、広い視野に立った総合判断に当たらせることが、調査室の最も重要な機能と考えたのだった。

「内閣調査室論」によると、村井が作った「縦糸の組織でつながる独裁方式を廃し、調査官を中心とする総合室を設け、分析、判断、総合をおこな」おうとしたが、「人の〝和〟のみに心を傾ければ、肝心の仕事は出来なくなるのが当然」で、「内調は急速に精彩を欠いてゆ」き、この体制は定着しなかった。志垣も『内閣調査室秘録』において、木村が「可もなく不可もなく、「MRA」を信奉するだけの人物」であり、三代室長の古屋亨が内調の体制を現在まで踏襲されている六部制（七部の時も）に定めた、と書いている（志垣／岸編二〇一九、三三～三七頁）。

六部制については別途述べるとして、ここで指摘したいのは歴代室長の人物評ではなく、木村が書いた執務体制の整備案にも、挨拶文にも、心理戦が全く出てこないことである。

前述したように、前任の村井は内調を心理戦局へ改編することに意欲を燃やし、工藤や志垣を叱咤激励して組織案を練った。心理戦的な機関を強く意識した「調査室をめぐる客観情勢の分析と当面の原則的在り方についての意見（要旨）」はその延長線上の文書と見られるが、木村の執行体制案にそれが引き継がれた形跡はない。木村が職員との意思疎通を図れなかったためと言うべきなのだろうか。いずれにしろ、その後の「吉原資料」や「志垣日記」などに心理戦という語を確認できないのである。

筆者なりの推測は、一九五三年頃の内調文書に急に現れた心理戦は、心理戦略に強い関心を抱くアイゼンハワー大統領が同年一月に登場したことを機に、米国から輸入された概念だったというものである。とはいえ、思想戦を主導した戦前の内閣情報機構に連なる日本側にとって心理戦はさほど目新しいものではなかった。

志垣が一九五三年六月にまとめた「心理戦の基本問題」には、「第二次大戦において盛に用いられた宣伝戦、神経戦といったものは、要するに武力戦の補助に過ぎなかった」、「いわゆる思想戦は心理戦の有力な一翼である」などの表現が見られ、日中戦争以降の思想戦の歴史にふれず、心理戦と思想戦の違いを殊更に強調している印象がある。しかし第三章で紹介した通り、戦争の概念がルーデンドルフの国家総力戦に変化したことから、思想戦を「敵に直接又は間接に心理的影響を与えて戦意を喪失させ、依て以て戦果を挙げんとするたたかい」（横溝一九八四、九七頁）と定義していることを思えば、思想戦と心理戦にさほどの違いがないことは明らかであろう。現に志垣が同年に読んだと書いている米国の作家、ラインバーガーの『心理戦争』（みすず書房）は、第一次大戦、第二次大戦から心理戦争の諸例を見いだしているのである。

内閣調査室創設の第一案にあった「内閣情報室」は、恐らく吉原が言うように戦前の情報局の復活という見方をされかねない組織名だった。それと同様に、情報局を想起させる「思想戦」という語を内閣調査室の面々は避けたのではないか。だが言い回しはどうあれ、内部文書から消えた思想戦と心理戦は、その後の内調の中で現実のものになっていくのである。

第五章　転機の六〇年安保

†安保国会の論戦

「内閣調査室の中に押田《おしだ》（敏一＝引用者註）機関という機関が存在をした。（中略）中国、ソビエトから引き揚げてこられた人々を個別に歴訪し、あるいは都内の某料亭などに呼び出して、飛行場の位置、飛行機の種類、軍隊の動向、軍需工場の状況といったものを詳細に聞き集め、そしてそれを報告書にまとめては提出をしておる」――。一九六〇（昭和三五）年四月一四、一五両日の衆議院日米安全保障条約等特別委員会。日本社会党の飛鳥田一雄衆院議員は独自に入手した「中・ソ戦略地図」を示して政府に問いただした。

この質疑が行われた第三四国会は、日米両政府が一九六〇年一月一九日に旧日米安保条約を改定し調印した、新日米安保条約をめぐる論戦の場として知られる。政府を追及した飛鳥田は社会党の「安保七人衆」の一人として活躍したが、内調をめぐるやりとりは「安保国会」の中では異例だった。当時、戦後混乱期に名を馳せた「金融王」森脇将光《もりわきまさみつ》が経営する金融会社、森脇文庫が発行する『週刊スリラー』の次長格だった吉原公一郎は、審議の模様を「これが中・ソ戦略地図だ　それでも戦争の危険はないという？」という記事にまとめた（『週刊スリラー』一九六〇年五月一三日号）。吉原によれば、「中・ソ戦略地図」の情報は元内調職員が森脇文庫に持ち込み、吉原が飛鳥田に提供したものだったのである。

内閣調査室はそれまでも、しばしば国会で取り上げられてきた。国会会議録検索システムを使って、内閣総理大臣官房調査室が新設された一九五二年四月から飛鳥田が国会質問を行った一九六〇年四月までに「内閣調査室」が取り上げられた会議を調べると、五六件、一五三カ所がヒットする。当初は緒方構想を含む戦後の内閣情報機関のありようが取り上げられ、内閣調査室の業務内容もよく問いただされた。定員増の理由や委託費の使途に関する質問も目立った。中には、日ソ国交回復問題をめぐり元駐日ソ連代表部のドムニツキーと鳩山一郎首相が一九五五年に行った会談や、国交のなかった中国を一九五七年に訪問した物理学者の面々に対し内調が聞き取り調査をした具体的な事案などが質問されたこともある。

だが、「概念的な批判の域をでない」（吉原）質疑がほとんどだったのは事実であり、独自に入手した内部文書に基づく飛鳥田の追及はそれまでとは趣を異にしていた。

†資料流出の顚末

吉原が、内閣調査室の内部文書（「吉原資料」）を入手した経緯については序章で説明したが、概要をもう一度おさらいしておこう。吉原によると、問題の資料は森脇文庫に出入りしていた元内調職員から「これが中・ソ戦略地図だ」の記事をきっかけに手に入れたものである。この資料に基づいて一九七八年に出版した『謀略列島』のあとがきに、吉原は資料にまつわる興味深い話を書いている。同年の『朝日新聞』連載「新・情報戦」の取材記者たちが、資料流出の経緯に感づいていたというのだ。以下、関係箇所を単行本から紹介する（朝日新聞社編一九七八、二七〇〜二七一頁）。

内閣調査室で発足当初、意外な〝機密もれ〟事件があった。警察から出向した資料保管係のM警部補が警察に戻るとき、資料を持ち出し、公安、警備担当者用の『情報官ハンドブック』という本を書いた。これが当たり、金回りがよくなって銀座のバー通い。マダムと恋仲になって金に困り、今度はこの資料を左翼系の人に売ってしまった。

資料の内容は、創設時の組織案や活動方針などであった。松本清張氏の『日本官僚論』

『深層海流』や、吉原公一郎氏の『小説日本列島』は、内調を描くのにこの資料を参考にしているといわれる。

この事実に内調幹部が気づいたのは、ずっとのちのことである。そして、今日に至るまでこの資料がたびたび登場し、内調に「在日米中央情報局（CIA）の手下」という位置づけや「日本中央情報局（JCIA）」のレッテルがはられてしまった。（後略）

朝日新聞の記者たちは「吉原資料」を入手するには至らなかったようだが、この記事は筆者が吉原本人から受けた説明や、序章で引いた内閣調査室の顚末書ともおおむね一致する。

実は、この記事が出る一年余り前の一九七七年四月に発行された内閣調査室の月刊誌『明日の課題』創刊号に、主幹の相川孝が「内閣調査室の素顔」と題する随想を寄せた（内閣調査室監修／国民出版協会発行一九七七、三、四二頁）。『明日の課題』は、内調が二二年間発行してきた『調査月報』の後継誌として創刊したものである。発行元の国民出版協会は内調の主な委託団体の一つで、内閣情報機関の戦前戦後の繋ぐ重要な舞台となった。それについては後の章で触れることにして、ここで注目したいのは随想の中身である。相川は率直にこう書いている。


では、なぜ調査室はこのように誤解され、悪者にされるのか。情報機関の宿命として世論の風当たりが強いことは止むをえないとしても、従来、極端な秘密主義と閉鎖主義をとってきた調査室の姿勢自体にも問題があったような気がする。

しかしもっと直接的な原因は、調査室創設のころ、その組織や業務についてCIAやKGBを参考とする案などいろいろな原案が検討されたが、この原案を保管していた職員が、退職後金に困り、第三者に売り払ったことにあるといわれる。これがもととなって「調査室論」が繰り返し書かれているものと思われる。

「新・情報戦」の記事は、この随想がヒントになったのかもしれない。吉原が一九六〇年に入手し、内閣調査室の月刊誌が一七年後の七七年に流出の経緯を公に認め、朝日新聞が翌七八年に関連取材をし、さらに六年後の八四年に内調が改めて顚末書を作った内部資料を、今日ようやく広く利用できるようになった。段ボール四箱の資料のうち、吉原が作品に使ったのはその一部にすぎない。本書が紹介するのも一部であって、今後詳しく調査する必要がある。

†中国引揚者調査

では、飛鳥田が「安保国会」で取り上げた「中・ソ戦略地図」とはどのようなものだったのだろうか。もう一度、飛鳥田の国会質問を見てみよう。

飛鳥田は、一九六〇年四月一五日の衆議院日米安全保障条約等特別委員会で以下のように「中・ソ戦略地図」について詳述した。

私も調べてみました。担当の押田敏一という事務官は、確かに内閣調査室におられます。さらに、引き揚げて参られた人々を問いただしのために、料亭あるいはその他の場所に呼び出す仕事を担当していらっしゃる鈴木輝夫という方も、総理大臣官房にお勤めになっているということもわかって参りました。いずれにもせよ、そういう方々が集まって仕事をし、すべての人々は偽名で行動をしていらっしゃる。しかし、その一人々々を調べてみますと、みんな元陸軍大佐であったり、陸軍中佐であったり、陸軍少佐であったり、あるいは憲兵少佐であったり、こういう方々ばかりであります。その結果は、中共事情あるいはソ連事情という形でまとめられている。たとえば、昭和三三年一月二〇日の中共事情甲情第百三号を拝見いたしますと、チチハル軍事断片、長春《ちようしゆん》軍事断片、鞍山《あんざん》軍事断片、重慶《じゆうけい》軍情断片というような形で、どういう飛行機が飛んだか、どこに飛行場があったのか、あるいは飛行場はどういうふうに利用されておるかというようなことが書かれております。重慶付近要図などというものさえついておるのでございまして、揚子江《ようすこう》のまん中に飛行場のあるその位置まで示されている、こういうものが現に出ている。

「吉原資料」の中に中共事情甲情第百三号は確認できないが、一九五四（昭和二九）年六月二五日に作成された「中共ソ連情報報告（要旨）」という資料が収められている。そこに「中共最近の一動向」として、中国の地下資源開発や鉄道網についての記述がある。

地下資源開発と建設の方向に関しては、例えば以下のように解説している。「ソ連に範を採る社会主義国家建設の骨幹は重工業であり、その建設の前提は地下資源の開発に在り、地下資源賦存《ふぞん》に応ずる即地主義建設も定石通り行われている」、「之を戦略的に見るも西太平洋の所謂自由主義陣営に対抗し、共産国家圏としての自主的国防態勢の確立を主眼として開発が促進されつつあるものと看做《みな》し得るであろう。／現に中共中央政府に於て、沿海地帯を「国防第一線」内陸要線を「国防第二線」等と称し、重点を内陸に転移しある如く、而も此等の連繫《れんけい》を考慮して自主的態度の確立に努めていると思われるのである。／之を政治的に見れば中「ソ」の経済連携によるその紐帯《ちゅうたい》強化を示唆するものと認められると共に旁旁自主的国家経済建設に向って重要資源の開発促進、之に立脚する重工業基地建設に邁進《まいしん》しているものと認められる」。

また鉄道網の状況については、以下のように指摘する。「中共の港湾は殆んど遊休状態に在り、昨年度貿易額約三〇億米弗の大部分は鉄道輸送により共産圏諸国との間に行われた様であり、随《したが》って中共に於ける鉄道の役割は啻《ただ》に国防上のみならず産業経済上、過荷重的意義を持っている」、「現在における輸送力発揮の最大の隘路《あいろ》は新線の建設ではなくして寧ろ既設線の輸送力増強、特に輪転器材の不足である」。

「中共ソ連情報報告」の内容は、かつて日本の統治下にあった南樺太（サハリン南部）を含む「ソ連事情の一端」に及び、南樺太については軍事面における飛躍的発展に言及する。全体として中国に近い東北部に関心を寄せているのが目に付く。

また、末尾には「中共の重要地下資源賦存概況」、「中共鉄道線路容量図」、「南樺太ソ軍配兵情報図」などのカラーの地図が付けられている。

結言として、情報報告は以下のように指摘している。「極東共産圏に於ける各国間の紐帯は日を遂《お》うて強化せられ、且つ社会主義建設の現状は数字面では資本主義陣営に比し尚《な》お遥かに低位にあるも、その急速なる「テンポ」を以て充実していることは将来特に注目の要がある。／我々は歴史的にも将又地理的にも宿縁関係にある一衣帯水《いちいたいすい》の大陸に対し決して眼を閉じてはならない。／中共が若い新中国に更生して茲に五ケ年、即ち解放戦の概成《がいせい》した一九四九年の工業総合水準指数を一〇〇とせば、五三年既に三三〇に達し第一次五ケ年計画の末期たる五七年既には六〇〇〜七〇〇の指数に到達する可能性大なるに於て特に然りである。／即ち我々は隣邦共産圏の現状と将来とを峻別して絶えずその推移を注視し、之が対策に遺憾なきを期さねばならない。／『時は共産圏に味方』するからである」。

†終戦直後から対米協力

この「中共ソ連情報報告（要旨）」をどう理解し、価値付けるべきなのか。引揚者調査は近年、研究が進んできた分野である。佐藤晋《さとうしん》の論文によると、大陸からの引揚者に依拠した軍事的情報収集活動は終戦直後から始まった（佐藤二〇一二、八一～一〇八頁）。

まず、進駐直後の米軍が対共産圏情報を旧陸軍に要求し、日本側もそれに応えていた。よく知られた例に、元陸軍中将、有末精三《ありすえせいぞう》の「有末機関」がある。終戦直後に、日本の軍部と進駐する米軍との間の連絡・調整を行っていたとされる旧軍の流れを汲むグループである。有末の回顧録に、内閣調査室に関する次のような証言が出てくる（有末一九七六、二五七～二五九頁）。

> 昭和二十二年第一次吉田内閣のとき、外交官出身だった同首相は年来の主張であった情報重視の信念から、政府としては始め《ママ》て内閣調査室を新設して外務省情報局に代るべき内閣直属の情報機関を設けた。
>
> 内務省警察局（警保局＝引用者註）の出身で、当時警察庁（国家地方警察本部＝引用者註）の警備課長だった村井順氏（前吉田首相の秘書官）を長とし、陸海軍将校、海軍中将前田稔《まえだみのる》氏（海兵第41期、陸士第25期相当、ソ連・中国大使館付武官、第二復員局長）、陸軍大佐矢部忠太《やべちゅうた》氏（第33期、

終戦時ソ連大使館付武官）、末沢慶政《すえざわよしまさ》海軍大佐（海兵第48期、陸士第32期相当、終戦時軍務局第二課長）、浅井勇《あさいいさむ》陸軍中佐（第42期、ソ連大使館付武官輔佐官、参謀本部ソ連課参謀）など、主としてソ連関係者数名を顧問とし、また別班として旧第二部の各課将校十名近くが協力していた。

これらは媾和《こうわ》条約発効前、独立していない当時もちろん公表されない機関であり、米軍としては当然裏面では連絡これを利用したことと想像されていた（傍点引用者）

第四章で述べたように、内閣総理大臣官房調査室が作られたのは第三次吉田第三次改造内閣の一九五二（昭和二七）年であり、初代室長の村井順は国家地方警察本部警備部警備課長から転じたものだった。年代や組織名などに誤りが多いのは心もとないが、内調と旧軍との関係は不明な点が多いだけに、この有末の手記は有力な情報である。佐藤論文は、文中にある「別班」が「中共事情」の作成など引揚者調査を担当した内調関係の組織であったと想像している。

話をもう一度日本の独立前に戻そう。当初の引揚者尋問調査は、ソ連の情報入手に力点が置かれた。柴山太《しばやまふとし》の研究によると、米軍は特に航空爆撃計画用のソ連支配地域の標的情報を求めており、旧日本陸海軍のソ連関係文書を収集・翻訳するため、GHQに協力を要請した（柴山二〇一〇、一一七～一二二頁）。有末が提出した満洲、朝鮮、ソ連極東、外蒙古地域の軍事地図やソ連陸軍の配置、ソ連陸軍将校の個人情報が米国に送付された。一九四六年末には、ソ連管理地区からの引揚者に対する組織的尋問が始まった。

佐藤論文によれば、これに協力した日本側の調査は、主に残留者数、残留地、残留者の生活状況など、引揚促進のための情報だった。その中で警察関係者や（復員庁、のち厚生省）第一復員局の旧軍人らは思想関係調査と軍事情報収集にあたった。飛鳥田が国会質問で取り上げた押田敏一は、舞鶴《まいづる》で第一復員部庶務課長を務めた後、一九五三（昭和二八）年一一月から内閣総理大臣官房調査室に勤務するようになった人物であった。

†朝鮮戦争の情報戦失敗

自衛隊において情報収集と分析を専門に扱う「調査隊」の生みの親だった松本重夫《まつもとしげお》が、著書の中で、朝鮮戦争に絡む押田敏一の逸話を紹介している（松本二〇〇八、九一～九六頁）。

それによると、松本は産経新聞の記者として取材に明け暮れていた一九五一（昭和二六）年当時、陸軍士官学校の同期生を集めて、情報収集と分析を行うチームを作った。内々では「山賊会」と呼ばれており、松本と陸軍士官学校の同級生だった押田が中心になって仲間を募ったのである。そこには、白人中心の米軍が人種的に情報収集の苦手な中国、ベトナム、ラオス、朝鮮などに関して、米軍の対敵情報部隊（CIC）も一目置かざるを得ないような貴重な情報が集まっていた。米軍から現物支給されることもあり、米軍からかっぱらうから「山賊会」と名づけたといったいわれを説明した上で、松本重夫は押田についてこう書いている。

> 押田敏一は戦後の一時期、舞鶴の復員局にいて、ソ連から引き揚げてくる復員軍人の調査を行っていた。そこでソ連の情報を収集し、収容所での洗脳内容などを調査していた。押田も私のＣＩＣラインとは異なるが、独自の米軍との接点を持っていた。
>
> 後に押田は設立されたばかりの内閣調査室に配属され、村井順室長（後に民間警備会社の草分け「綜合警備保障」の創業者となる）の片腕として活躍した（中略）。
>
> そうした情報ルートは終戦直後から作り上げていったものだが、それが機能しはじめていた。例えば次のような極秘情報がもたらされたこともあった。
>
> 「中共が鴨緑江《おうりょくこう》を越えていよいよ朝鮮戦争に参戦する。毛沢東が、北朝鮮の金日成《キムイルソン》と会った」
>
> それは毛沢東の運転手から入手したとされる情報で、押田の情報ラインからの報告だった。残念ながらこの情報を米軍上層部は無視し、中共軍の参戦による大敗北を喫することになった。

朝鮮戦争における米国のインテリジェンス失敗については、小柳順一《こやなぎじゅんいち》の論文が詳しい（小柳二〇〇三、一〇〇～一〇六頁）。それによると、GHQは一九五〇年当時、中国の参戦に関する多くの兆候が事前に蓄積されていたにもかかわらず、適正な情報の処理、使用を怠り、その予測に失敗した。同年一〇月に入ってから、例えば香港から、大規模な部隊と物資が八月中旬に漢口から北京を経由し東北地方に向けて鉄道輸送され、このため二日間、北京と天津《てんしん》間の鉄道の民間使用が禁じられたことや、一〇月初めから旧満洲・朝鮮国境近くの丹東《たんとう》と瀋陽《はんよう》間で部隊の移動が始まり、民間の輸送が麻痺しているとの情報が伝えられた。これらは旧満洲に大規模な部隊が集結していることを表し、中国の参戦を示唆するシグナルだった。

さらに北朝鮮軍兵士捕虜に対する尋問からも、中国が参戦するとの風聞が北朝鮮軍内部に広まっているとの証言が九月下旬に得られ、一〇月中旬には一〇〇万人の中共軍が旧満洲にいるとの具体的な証言が入ってきた。

しかし、このシグナルは曖昧さに満ちていた。中共軍は朝鮮戦争に介入する好機を既に逸しているという先入観に加え、敗退する北朝鮮軍の動向などさまざまなノイズがあった。こうした情報の大海の中に旧満洲に所在する中共軍の情報は埋没し、GHQは判断を誤ったという。

小柳論文は、米国が朝鮮戦争の停戦後、情報失敗の再発を防止するためCIAの機能を強化したと指摘している。佐藤論文は、中国情報の必要性が日本のインテリジェンス機関の活用に繋がったのではないかと推測する。ただし、朝鮮戦争における米国のインテリジェンス失敗がどの程度中国引揚者尋問調査の誘因となり、それが将来にわたって有用な情報となったかどうかについては、調査研究をさらに深める必要があるだろう。

佐藤論文は、大陸引揚者からの情報収集に占領軍が終戦直後から手を付け、一九四六年一二月以降はソ連共産主義の日本国内への浸透を防止し、共産主義勢力の情報を収集することに心血を注いだと結論付けた。特に、米国の占領当局が行った引揚者への尋問はソ連情報に力点を置き、一方、独立後に日本が行った調査は中国に力点を置いていたと見ている。そうだとしたら、一九六〇年の安保国会における飛鳥田の質問は、内閣総理大臣官房調査室などによる中国引揚者調査から一〇年近く後に、その一端を明らかにしたものだったと言うことになる。

†吉田茂と共産中国

ここで、サンフランシスコ講和前の日本の中国政策について紹介しておきたい。

一九四九（昭和二四）年一〇月一日、中華人民共和国の建国が宣言され、中華民国政府は同年一二月七日に台北《タイペイ》に移転すると発表した。中華人民共和国政府と中華民国政府はそれぞれ自らの正統性を主張し、中国代表問題が講和を控えた日本に影を落とすことになった。西側諸国の中で香港問題を抱えた英国は、いち早く中華人民共和国の承認を決定した。

それに対し米国は、一九五〇年六月二五日に朝鮮戦争が勃発すると国民党政権への軍事援助に踏み切る。同年一〇月には、中華人民共和国の「人民志願軍」が参戦した。

朝鮮戦争は対日講和に複雑な影響をもたらした。米国の軍部は戦争継続中の講和に消極的になったが、国務省顧問となったダレスは日本を西側に引き留めるために早期講和が必要であると判断した。一九五一年一月、対日講和条約交渉のためにダレス使節団が前年に続いて来日し、吉田茂首相と初めて中国問題について討議した（陳肇斌《チェンヅァオビン》二〇〇〇、七〜七六頁）。講和条約を進める代わりに日本再軍備を催促するダレスに、吉田は「今日の日本はまず独立を回復したい一心であって、どんな協力をいたすかの質問は過早《かそう》である」と再軍備の要請に抵抗した。さらに、日本には長い間中国大陸で身につけた知識と経験を有するビジネスマンが多数おり、彼らは中国の共産主義に対して最善の「民主主義の第五列」（第五列とは、内通者の意）の役割を果たすことができると主張した。

吉田は、一九五二年四月二八日の講和条約発効後も、対中戦略の構築を積極的に進めることになる。同年五月二二日にマーフィー駐日米大使と会談した際にも、吉田は「日本人は中国における第五列として有用である。中国本土に貴重な人脈を持つかなり多くの日本人が、多くの地域の活動に参加できるだろう」と持論を語った。後に詳しく触れるが、こうした吉田の中国認識は、奉天《ほうてん》総領事など長年にわたる中国勤務で培われたものだった。

こうして講和に向けた米国の動きが慌ただしくなる中、中国代表問題が浮上した。日本政府が最優先に考えたのは、もちろん講和条約の締結と独立の達成だった。だが、日本と最も長期にわたって戦争し、最大の被害を出した中国を代表して講和会議に参加するのは、中華民国政府か中華人民共和国政府かという問題をめぐり、共同招致国である米英両国が真正面から対立した。一九五一年六月、ダレスと英外相モリソンの間でいずれの側も講和会議に招致しないという「ダレス・モリソン了解」が交わされ、同年九月にサンフランシスコでの講和会議にこぎ着けた。

そして翌一九五二年四月二八日、講和条約が発効する直前に日本は中華民国と日華平和条約を締結した。「それは日本の戦後の対中政策のレールを敷く上での、歴史的な出発点であり、それから二〇年間の日中関係の基本的な枠組みがそこで形づくられる」ことになった。細谷《ほそや》千博《ちひろ》はこう評している（細谷一九八四、二七九〜三〇八頁）。

中国代表問題への対応をめぐっては、吉田外交を評価する解釈と否定的に捉える解釈が対立していた。一方に、米英の不一致に乗じ、北京と台北の「等距離外交」をもくろんだという解釈や、「二つの中国政策」を形成し、台湾の確保と日中関係の打開を同時に実現しようとしたという解釈があった。もう一方に、吉田の「対米抵抗」に疑問を呈し、自主性の欠如を指摘する解釈や、当初から「一つの中国政策」であり、「対米抵抗」は国内向けの「外圧利用外交」とみる解釈があった。これらを踏まえ井上正也は、外務省が二〇〇一年に公開した『平和条約の締結に関する調書』(『調書』)等を基に、米英対立が激化する中で、日本が独自の方針を採ることは「対日講和の流産を招きかねない危険な試み」であり、米英という「二人の主人」を同時に満足させるのは難しいという「ディレンマ」に他ならなかった、と論じている(井上二〇一〇、一一一〜七三頁)。

中国代表問題と戦後の内閣情報機構は、これまで別々に調査研究されてきた。だが、中華民国と外交関係を結ぶ吉田の選択は中国問題の起源となり、日本の独立直前に新設された内閣総理大臣官房調査室は引揚者調査を起点に中共の調査を本格化させた。一九五七年に内閣調査室に組織変更されて以降も、その動向に最大の関心を払い続けることになるのである。

†中国「逆滲透」構想

吉田が米側との会談で言及した「民主主義の第五列」との関連で、近年注目されているのが中国「逆滲透《ぎゃくしんとう》構想」である。

『平和条約の締結に関する調書』は、第三次吉田内閣(一九四九年二月一六日〜五〇年六月二八日)がサンフランシスコ講和条約と日米安全保障条約(旧条約)の案文作りにどのように関わったかを記しており、吉田の補佐役だった外務省条約局長の西村熊雄が作成したことから「西村調書」と称されるものである。

その西村調書に、講和会議から三カ月後の一九五一年一二月に来日したダレスと日本側との会談が詳述されている（『調書』第一冊三二六～三五一、四九一～五二八頁など）。ダレスの訪日目的は中国問題であった。ダレスは、経済上の理由から日本が中共に接近することを危惧していたのだ。

一二月一二日、ダレスと井口貞夫《いぐちさだお》外務次官の間で行われた会談に重要な意味があった。そこでダレスは「全然非公式の話」として、以下のことを吉田に伝えるよう要請した。（一）上院での講和条約批准には三分の二の多数を要し、国府（中華民国政府）支持者が多いことから、国府承認を考慮してほしい、（二）中国全体を支配する the government としてではなく、台湾・澎湖島を現実に統治している a government として「二国間条約」を結ぶことを考慮願いたい、というものである。

翌一三日のダレスとの会談で吉田は「昨日の話を聞いたが、プリンシプルにおいては異存がない」とした上で、次のように自説を開陳したのである。「中国問題、朝鮮問題などは、武力のみではなかなか解決し難い。カウンター・インフィルトレーションによって支那の民衆を共産党の勢力から離す方策を併用することが必要ではないかと思う。この観点からすれば、何といっても、同文同種の日本には英米にくらべて一日の長があるわけだから、この日本側の経験を利用して、自由諸国のために将来一臂の力を添えることができるように考えている」。

ダレス・吉田会談は、ダレスの帰国を前にした一二月一八日にも行われた。その場でダレスは、講和条約批准をめぐる上院の空気が「必ずしも楽観を許さない」として、吉田にダレス宛の書簡を自分の帰米後に発送するよう求めた。しかも、この「吉田書簡」の案文を自ら作成し、「国府を相手に二国間条約を締結する」という趣旨を表すよう懇請したのである。「吉田書簡」を含めた吉田外交の評価について解釈の対立があるのは前節で述べた通りである。

一方、吉田は一二月一三日のダレスとの会談で述べた対中国政策について、二八日、リッジウェイGHQ最高司令官にダレスに宛てたメモの転送を依頼した。そこでも吉田は「共産主義が中国人の精神を征服し中国人固有の個人主義を払拭してしまったとは考えられない」と自らの中国観を披露し、「中国民の只中に人を送りこんで中国のあちこちに反共運動を起こすのを助けさせたらどうか。かかる逆滲透によって中国の交通をサボタージュし、阻害し、ひいて、いつの日にか、かのにくむべき圧制を顚覆するための地ならしをすることもできる」と述べたのだった（『調書』第一冊三四九〜三五一頁、五二三〜五二七頁）。

それから三年近く後の一九五四年九月、吉田は欧米七カ国歴訪の旅に出発する。欧米諸国との外交、経済上の諸問題を解決し、一層の協力を得るための下地を作るのが目的だった。各国要人との会談では、中国問題とそれに連動した東南アジア対策について持論を披瀝した（吉田二〇一五（上）二一九〜三〇四頁）。吉田は、シンガポールを拠点に、日、英、米、仏、蘭などが人的、物的資本を投入して大がかりに反共攻勢を展開し、南方の華僑《かきよう》を通じて中共国民に内部から浸透しようと考えていたのである（井上一〇〇～一〇七頁）。この構想を具体化することなく、吉田は帰国後の同年一二月に退陣した。だが、内閣総理大臣官房調査室等の中ソ対策は、それとは別に水面下で様々に展開されていたのである。

†日本を舞台にした中ソの諜報活動

「吉原資料」の中に、中ソの諜報活動に関する文書が収められている。吉原公一郎が、内閣調査室を厳しく批判した著作でも使われた形跡がない資料群である。

主な資料をまとめた一覧表をご覧いただきたい（表五－1）。作成時期が不明なものもあるが、内閣総理大臣官房調査室が新設された第三次吉田第三次改造内閣期の一九五二（昭和二七）年の四月から、第三次鳩山一郎内閣期の一九五六（同三一）年四月までの二一種類の文書である。それらを、当時進行中だった諜報活動（表五－1②③④⑬⑭⑮⑯⑰⑱）、戦前の諜報活動（同①⑤⑥⑦⑧⑨⑲⑳）、中ソ引揚者調査（同⑩⑪⑫㉑）の三つに分類し、精査したところ、いくつかの特徴があることに気が付いた。

活動中だった諜報活動の資料群から浮かび上がるのは、『平和条約の締結に関する調書』などの外交文書からはほとんどうかがえないけれども、当時、日本を舞台に中共やソ連が激しい諜報活動を展開していたことである。

まず文書②は、中共が日本に留学した学生に工作するため、黄異という香港在住の人物を責任者として日本に密入国させ、横浜中華学校で暴力事件に先鋭化した中国留学生の共産党運動に指令を出していたというものである。黄異は無一文で日本に潜入し、六〇万ドルをインドネシア銀行香港支店に払い込み、東京支店で払い戻して、運動資金に注入していたという。資料の作成者は、資金が外国銀行を利用して合法的に注入されることから銀行の監視を訴えている（文中の横浜中華学校の暴力事件は、一九五二年に大陸系と台湾系に分裂した「学校事件」を指すと見られる。この事件は「華のスミカ」として二〇二〇年に映画化された）。

③は、中共が特派した女性工作員、呉貴芳が東京に潜入し、東大新聞班勤務の薩漱芳という女を買収して、中国人に対する各種情報を蒐集させているというものである。薩の祖父は中国海軍司令、父も国民政府海軍部次長だったが中共解放時に横死した。本人は上海の高等師範を卒業後、「国民政府」に従って台湾に渡り、英語教師をしていた。昭和二六年に来日して勉学中だが、上記の家庭環境から学費にも窮する有り様で、呉に金銭的に獲得されたとしている。

④は、東京都杉並区上荻窪在住で中国・青島出身の中共党員、王可光（別名・王心如）一派の盧兆堂と徐連智という二人の人物の経歴や交友関係者、活動状況などを表にまとめたものである。活動状況には、徐連智が横須賀市でクリーニング業を営みつつ米軍情報を蒐集していると

形式	頁数	概要・特記事項
手書き	21頁	旧陸軍、旧海軍、外務省、旧企画院、旧満鉄、新聞・通信関係等の姓名、住所、経歴一覧。別に㊙中国問題専門家一覧表も
手書き	5頁	中共は留日学生工作のため責任者を日本に派遣し、目下工作中
手書き	5頁	中共特派の女性工作員が東京に潜入、台湾の学生を獲得した模様
手書き	3頁	杉並区在住の中共党員の一派2名の氏名、交友関係、活動状況等
手書き	53頁	日本に亡命した元ソ連秘密警察幹部のリュシコフから聴取
活字	51頁	過去の対ソ情報機構の経験を戦後に生かすべきだとして、科学諜報、文書諜報を分析。陸軍中野学校、ハルビン特務機関等に言及
手書き	29頁	旧日本海軍の対支諜報機関を概説し、将来の諜報機関、諜報手段を説いた。特に日本再建のため、暗号戦を展開する計画を提案
手書き	5頁	中ソ関係、軍事力等の検討を提言。筆者は矢部忠太陸軍大佐か
活字	13頁	1934年以来の訪問の印象。1946年に日本大使館員として送還された際は田舎の港町が軍事基地に一変。別に秘密情報勤務の一例も
手書き	15頁 地図付き	吉原公一郎が『週刊スリラー』に書いた「これが中・ソ戦略地図だ」の原資料。飛鳥田一雄の国会質問にも関わったと見られる
手書き	41頁	帰国する抑留者を使ったソ連の逆用諜報工作を引揚者の樫原一郎が証言。作成者は通産省出身の肝付兼一。押田（敏一）の寸評も
活字	12頁	工作目標は日本。活動原則は日本の再武装阻止、日共の政権奪取の条件作り、大陸在留日本軍民帰国許可を餌にした平和攻勢など
活字	13頁	東南アジアに在住する1000万華僑の動向。彼らは中国国籍を持ち大部分が中共に歩み寄る公算が大きく、各国に不安を与えている
手書き	47頁 落丁	対日宣伝はこの2年来活発で、「大衆路線」の戦術が日共主流派の金科玉条に。日本語版「人民中国」、「自由日本放送」に注目
活字	87頁	本調書は中国共産党の対外工作の把握に有用。中共のアジアにおける平和攻勢の重点は日本で、1954年10月の中ソ共同宣言は頂点
活字	14頁・別図　落丁	ソ連分は発表資料、亡命ソ連人の発表等を、中共分は中共、反共中立系諸新聞刊行物、国府発行資料、大陸諸関係情報を基に作成
手書き （破れ）	27頁・附録　落丁	日ソ国交回復呼びかけと反米宣伝。元ソ連代表部のドムニツキーによる鳩山一郎首相訪問を解説、日本の原水爆禁止運動を激励
活字	21頁 別表	中共放送は国交関係正常化促進に他の放送より積極的。ソ連放送は左右両社会党の合同を「民主勢力統一への大きな前進」と支援
手書き	14頁	満洲人脈等の情報提供。佐藤は満洲国総務庁に勤務し拓殖大教授に転じた中国史学者。筆者「工藤」は創設メンバーの工藤真澄か
手書き	31頁	無線傍受による対ソ情報収集を手掛けた戦前の機関を用いる構想
手書き	74頁？	米空軍による諜報活動の質問指導書。訳者等不明。都市地区及び施設をはじめ全21章の目次。中国引揚者調査に使われた可能性も

	題名	作成時期	作成元
①	ソ連関係者名簿	1952年4月14日	?
②	在日中国留学生指導の中共最高指導者の潜入と資金ルートについて	1952年10月6日	内閣総理大臣官房調査室
③	中共工作員の潜入及び工作について	1952年10月7日	内閣総理大臣官房調査室
④	中共関係在日秘密情報機関	1952年10月7日	内閣総理大臣官房調査室
⑤	ソ連の特殊情報機関について	1952年12月8日、14日、24日	筆者不明、モスクワ勤務5年
⑥	内閣調査室文書　戦前の対ソ・対支諜報	1953年2月13日	内閣総理大臣官房調査室
⑦	対支諜報活動について	1853年3月6日	内閣総理大臣官房調査室防衛班が外務省(暗号関係)に依頼
⑧	「対ソ調査活動要領」についての私の意見	1953年4月15日	末尾に「矢部」の記述
⑨	鉄のカーテンの向うで行われた秘密情報勤務の一例　其三　私の見たウラジオストック	1953年5月16日	内閣総理大臣官房調査室
⑩	中共ソ連情報報告（要旨）	1954年6月25日	内閣総理大臣官房調査室
⑪	長谷川梯団（昭和廿八年十二月帰国）に対するNKVDの政治教育の大要　私は見たソ連の内幕	1954年7月5日？	内閣総理大臣官房調査室防衛班長　肝付兼一
⑫	日本及びアジアに対する国際共産集団の陰謀活動	1954年10月	アジア人民反共聯盟中華民國總會編刊
⑬	「世界最大の第五列？」＝東南アジアの華僑間に名をあげる毛沢東（US・ニューズ・アンド・ウアールド・リポート誌（八・二〇）より）	1954年11月8日	内閣総理大臣官房調査室　資料班・西口事務官
⑭	秘　中共の対日謀略宣伝活動の実態	1954年8月	内閣総理大臣官房調査室　志垣民郎ら
⑮	秘　中国共産党の対外工作と国内における最近の動き	1955年3月	外務省アジア局第二課長
⑯	ソ連および中共における政府・党・情報ならびに宣伝各組織系統図とその解説	1955年3月10日	内閣総理大臣官房調査室総務部資料課
⑰	庁用　公安調査資料　一九五五年前半期におけるソ連ならびに国際左翼団体対日工作　附＝ソ連国際左翼団体対日工作日誌	1956年3月25日	公安調査庁
⑱	庁用　公安調査資料　一九五五年第四・四半期（自十月至十二月）における　共産陣営対日宣伝放送の総括	1956年4月15日	公安調査庁
⑲	情報提供　佐藤慎一郎提報	?年7月10日	内閣総理大臣官房調査室？
⑳	東亜通信調査会に就て	?	?
㉑	発問の指針	?	米空軍諜報指導部政策運営部長チャールス・M・ヤング

＊「吉原資料」から作成時期や作成団体（者）が判明した文書を抽出。特記事項は関連文書等にも言及した

表五－1　「吉原資料」所蔵の主な1950年代中ソ関係文書

か、王可光の杉並区の住所に毎週日曜日に高級車が二、三台駐車し、会合している模様などといった記述があり、日本側が内偵している様子が垣間見える。

②③④には「資料処理表」という同じ体裁の表紙が付けられており、作成年月日は一九五二(昭和二七)年一〇月六日と七日、作成者は全て「飯田事務官」となっている。また、本文は海上保安庁の用箋に手書きで記されていた。筆者が入手した内閣情報調査室一九九二(平成四)年四月作成の『職員勤務記録』によれば、「飯田事務官」は飯田《いいだ》忠雄《ただお》のことと見られる。飯田は一九五二年八月、海上保安官のまま総理府事務官に兼ねて任命され、内閣総理大臣官房調査室勤務を命ぜられた。なぜ古巣の海上保安庁と関係が薄そうな中共の工作を調査することになったのかは分からない。

続けて、別の諜報活動に関する資料を見てみよう。⑬は、アメリカの雑誌『US・ニューズ・アンド・ワールド・リポート』の記者が書いた東南アジア全域に在住するの華僑の動向をまとめた記事で、華僑一〇〇〇万人が中共に傾きつつあり、世界最大の第五列になる可能性を指摘したものである。担当者は「西口事務官」とあり、『職員勤務記録』によると、国家地方警察事務官出身で、その後国際部門を担当した西口啓示《にしぐちけいじ》のことと見られる。

⑮は、中国共産党の対外工作の動向を、東南アジア各国別に、こちらも華僑に焦点を当ててまとめたものである。表紙に㊙とあり、はしがきには「アジア局第二課長」名で「本調書は、

当課で入手した情報であり内容の正確度については問題あるも、中国共産党の対外工作の現状把握にはかなり役立つものと認められるので、執務の参考として印刷に付した」と書いてある。一九五五（昭和三〇）年に外務省アジア局第二課長が作成したもので、当時の第二課長はのちの中国大使で宮澤喜一《みやざわきいち》の叔父にあたる小川平四郎《おがわへいしろう》だった。

共産陣営の対日宣伝活動を深掘りした⑭、⑱も興味深い資料である。⑭は、中共の対日宣伝活動として出版活動、放送・通信活動、映画・演劇活動、在日華僑活動について詳述している。例えば、出版活動では日本語版「人民日報」に特に注目し、各書店は約四割の破格の手数料に釣られ、喜んで店頭に並べていると書いている。そのほか日本に輸入されている図書についても別表を作り、輸入販売にあたる極東書店、内山書店などの営業状態にも言及している。

これも表紙に㊙とあり、作成者の記述はない。作成年も書かれていないが、放送・通信活動として、一九五二（昭和二七）年から一九五五（同三〇）年まで放送されていた非公然組織の地下放送局「自由日本放送」を取り上げていることや、一九五四（同二九）年のアメリカ水爆実験による「ビキニ事件」に触れていることから、一九五四年頃に作成された可能性が大きいと筆者は考えていた。さらに調査を続けたところ、一九五四年の「志垣日記」に「『中共の対日謀略宣伝の実態』について出版、放送、映画演劇、華僑等につき書く」などの関連する記述が六カ所ほど見つかり、志垣民郎らが一九五四年八月に作成したことが判明した。

⑱は、一九五五年第四・四半期（一〇月〜一二月）の共産陣営対日宣伝放送を総括したものである。具体的には、ソ連放送（モスクワ）、中共放送（北京）、自由日本放送、北鮮《ほくせん》放送（平壌《ピョンヤン》）の対日関係正常化の呼びかけに注目し、中共放送が最も攻勢をかけたなどと述べている。作成者は公安調査庁、作成年は一九五六（昭和三一）年で、「庁用」の扱いになっている。

†「逆滲透」構想のリアル

では、これらの資料から何が読み取れるだろうか。まず気づくのは、内閣総理大臣官房調査室が、外務省、公安調査庁や海外メディアなどの広範な資料を収集していたことである。一九五二（昭和二七）年四月九日に戦後の内閣情報機構として内閣総理大臣官房調査室が新設された際は、村井順を中心とする国家地方警察本部の案のほかに、外務省、法務府特別審査局の案が提出され、主導権争いが繰り広げられた。さかのぼれば、一九三六（昭和一一）年七月一日に初の内閣情報機構として内閣情報委員会が創設された際には、幹事長の横溝光暉が広田弘毅首相の揮毫した「以和爲貴」を掲げたほど、各省のセクショナリズムは激しかった。

中でも内閣総理大臣官房調査室の草創期に権限争いの激しさを見せつけたのは、初代室長、村井順をめぐる「闇ドル事件」である（志垣／岸編二〇一九、三〇〜三四頁、岸二〇一九、四一〜四五頁）。第四章でも触れたように、この事件は、一九五三（昭和二八）年夏にスイスで開催された道徳再武装運動（MRA）の大会に招待された村井が、欧米を私費旅行中、英国の空港で腹巻きまで調べられ、三〇〇〇ドル（当時約一〇八万円）の闇ドルを所持していたことが発覚したというものである。

この不祥事は同年九月一六日付の『産業経済新聞』朝刊など各紙に報じられたが、日を置かず誤報であることが判明した。村井は、一九七〇年に『政界往来』に書いた「内閣調査室の思い出」に、日本人がロンドンの税関で闇ドルを発見されたという話が外務省の渡航審議会で出たのと同じ日の閣議で、某大臣が西ドイツのボンで村井がスパイにつけ回されたという話を問題にしたことが結び付き、記事になったなどと記している。実は、情報を粉飾して新聞記者に流した張本人は、ソ連通でのちに西ドイツ大使を務める外務官僚の曽野明だった。志垣の『内閣調査室秘録』によると、曽野は、村井が外務省をないがしろにしてまで内調を大きくしようとしていると思い、内調と村井のイメージダウンを図ろうとしたのだという。

事件の背後には、緒方竹虎が第四次吉田内閣に入閣し、吉田後継として注目されるようになるにつれ、池田勇人、佐藤栄作、福永健司《ふくながけんじ》ら吉田側近グループと反目するようになった事情もあったとされる（藤原一九六七、八三〜八五頁）。

その後事件は沈静化したものの、この時から村井に対する風当たりは強くなり、同年一二月に村井は更迭され、京都府国家地方警察隊長に飛ばされることになるのである。

話がやや長くなったが、その事件から二、三年ほどしかたたないうちに内閣総理大臣官房調査室が外務省や公安調査庁など他省庁の資料を入手しているのは、意外の感がある。吉田首相の意を受けた治安対策が省庁の壁を越えて相当程度機能していたと見るべきであろう。

さらに重要なのは、吉田が持説である中国「逆滲透」構想を唱えた頃の日本の置かれた状況である。吉田の国際共産主義運動に対する危機感は思い過ごしなのか否か、吉田の考えを反映した最初期の内閣総理大臣官房調査室をどう評価するかということにも関わってくる。

中共の工作員の策動ぶりを伝える資料からは、独立後まもない日本が情報戦の渦中にあった様子が生々しく浮かび上がる。「由来共産主義国は宣伝の国である」（吉田二〇一五（上）三二〇〜三二二頁）として、吉田は晩年まで「世論をウラから操作する」（加瀬《かせ》俊一《としかず》一九九三、一七〇〜一七九頁）共産主義国への警戒を解かなかった。国際共産主義運動に対する吉田の危機感は、大げさなものではなかったのだ。

別の資料も併せて見てみよう。中ソ引揚者調査の範疇に入れた⑪は、ソ連の「浸透」工作を詳細に示す資料でもある。

⑪にも、②③④と同じ書式の「資料処理表」が付けられている。資料名は「長谷川梯団《ていだん》（昭和廿八年十二月帰国）に対するＮＫＶＤ（秘密警察を統括したソ連内務人民委員部＝引用者註）の政治教育の大要」で、作成者は「防衛班長　肝付兼一《きもつけけんいち》」とある。肝付は、ある依頼退職した内閣事務

官兼通産事務官をめぐり辞職願を偽造したのではないかと、社会党の河野《こうの》密《みつ》衆院議員が一九五五（昭和三〇）年一二月五日の衆議院本会議で、内閣総理大臣官房調査室のありように絡めて、名前を挙げて質問した人物である。梯団長の長谷《はせ》川《がわ》宇《う》一《いち》元大佐（関東軍報道部長）らの帰国は大々的に報道され、吉田首相の指示で与党自由党が同氏らを招いて話を聞くことになったとの続報も出ている（『毎日新聞』一九五三年一二月一日付夕刊、同九日付夕刊）。また、資料の作成年は「昭和廿八年」となっているが、資料中に「ソ連抑留者八一一名は昨年十二月一日、引揚げてきた」といった記述があることから、一九五四（昭和二九）年の誤記と見られる。

この資料は、梯団員の樫原一郎が語ったことを関西経営者協会から提供されたことになっており、「ソ連諜者（スパイ）のつくられる経過と、誘導取調、及び無理押しの誓約についてのべている点、特に注目に値する」と概要が記されている。当該箇所には、次のような記述がある。

> 日本人抑留者は、共産主義に同調する親ソ分子と反ソ分子に区分される。これを利害によって釣り得る者、理論的に引き込める者、諜報勤務の経験がある者、政治活動の経験がある者、帰国後に就くと予想される職業、学歴、家族まで綿密に調査し、それに基づき逆用し得る者とそうでない者に判別するのが第一段階。反ソ分子は親ソ分子によって摘発させ、懲罰大隊か監獄に送り、帰国、減刑等の餌によって逆用する工作とした。こうした方

法で集めた者の中から更に厳選し、最も適当と見られる者のみソ連の協力者として送還が指令された。指令を受けた者の全部が謀者として活用されることはなく、一人の本当の謀者を作るために、影武者（当然発覚することを予想して指令を与える者）を数名準備することも考えられている――。

これは明るみに出た一帰国者の観察にすぎないが、共産陣営の「浸透」工作の実態は、首相官邸の吉田のもとにも相当程度伝えられていたと考えられる。

わたくしは、モスコーの4億5千万中国人にたいする把握がそう強いともまた永続的とも信じません。中国を民主陣営に取りもどす方法はたくさんあるはずです。この点について日本の為しうるひとつのことは滲透であります。滲透はソ連の好んで用いる方法であります。しかし、われわれもまたこの方法を用いてはならないという理由はないと思います。地理的に近いのと人種と言語、文化と通商の古い絆のゆえに日本人は竹のカーテンを突破する役目に最も適しています。（『調書』第二冊、四一五頁）

一九五一（昭和二六）年二月一四日、吉田は来日したダレス特使宛てのこんな私信案をまとめさせた。吉田が思いとどまり、ダレスには送られず仕舞いだったが、当人が述べているように、中国「逆滲透」は吉田が共産陣営の激しい浸透工作に倣ったものだったのである。

†中華民国系の情報も?

先に述べたように、吉田首相は一九五四(昭和二九)年九月、欧米歴訪に出発した。当時、国際的には、アメリカが同年三月に太平洋で行った水爆実験により第五福竜丸《ふくりゅうまる》や多くの漁船が被ばくした「ビキニ事件」で、日本が共産主義に向かいかねないと、アイゼンハワー大統領やダレス国務長官は日本重視の意向を示していた(池田二〇〇四、八五〜一四八頁)また同年七月のインドシナ休戦は、アメリカの威信低下をもたらした(波多野《はたの》・佐藤二〇〇七、一一〜五一頁)。国内的には、与党自由党をめぐる造船疑獄事件の捜査を吉田が同年四月、法相に指揮権を発動させて阻止したことなどから、国民の不信が高まっていた。

こうした国内外の情勢を背景とした外遊の狙いを、ジョン・ダワーは「アジアと日本に対するアメリカの政策になんらかの実質的変化を起こさせ、そうすることで同時に日米同盟の魅力を高め、吉田自身の政治生命をのばすことにあった」と述べる(ダワー[下]一九八一、二三九〜二六一頁)。一方、吉田を迎えるアメリカの「気持の底を流れるもの」を朝日新聞ワシントン特派員は「米国が重視しているのは必ずしも一吉田首相個人または一吉田内閣の運命ではなく、むしろもっと大局的な日本における親米保守路線の将来であるということだ。(中略)この際無理をしてまで吉田首相に『みやげ』を持たせることが長期的にみて米国にとり果たしてプラスになるかということである」と鋭く分析した(『朝日新聞』一九五四年一〇月二五日付)。事実、何ら新味のないアイゼンハワーとの共同声明を携えて帰国した吉田は同年一二月一〇日、退陣に追い込まれるのである。

この外遊の頃に作られた内閣総理大臣官房調査室文書をどのように見るべきだろうか。まず注目すべきは、東南アジアに対する関心である。日米が、中華人民共和国の樹立により中国を「喪失」すると、代わりに浮上したのが東南アジアだった。欧州からワシントン入りした吉田は、四〇億ドルものアメリカの大規模援助を前提にした「アジア版マーシャルプラン」の構想を発表した。それに先立ち訪れた英国では、シンガポールを拠点に対共政策の本部を作る構想を持ちかけた。吉田の東南アジア開発は、反共政策の一環として位置づけられているところに特徴があった。未開発で住民の生活程度もいまだ高くない東南アジアは「共産主義が芽を吹くのに最も好適な温床」(吉田二〇一五(上)、三二三〜三二四頁)と見ていたのである。

折しも吉田が訪米中にまとめられた資料⑬は、東南アジア各地域の華僑と各中共との関係をコンパクトに紹介したものである。同年八月の米誌が情報源で、その後内閣調査室が多用するオープン・ソース・インテリジェンス(OSINT)の手法によっている。

外務省アジア局第二課長が提供した⑮は、⑬と類似の視点から中国共産党の対東南アジア、対日活動を深掘りしたものである。「当課で入手した」とあるだけで情報源は明記しておらず、日本の友好国の資料である可能性もある。ただ、⑮が作成された一九五五年三月は、吉田内閣から代わった鳩山一郎内閣が、同年二月の総選挙を経て第二次内閣を組閣する頃だった。特に外交面では吉田路線を転換し、中ソとの関係改善が強調された。第四章で述べたように、「吉田内閣色」が強かった内閣総理大臣官房調査室もその在り方を模索していた時であり、この資料を有効に使う機会は見いだせなかったと思われる。

これらとほぼ同じ時期に作られた資料⑫⑯にも触れておきたい。⑫は、ソ連共産主義の平和攻勢の主要目標は、中華民国と大韓民国の反共信念を動かせないゆえ、日本に向けられていると主張する。⑯は、ソ連と中共の宣伝活動の系統図などを解説したものである。興味深いのは、⑫⑯が中華民国の情報を基に書かれており、特に⑫の作成者が「アジア人民反共聯盟中華民國總會編刊」と明記されていることである。内閣総理大臣官房調査室は中華民国側と情報のやりとりをするような接触があったのだろうか。

実は、第三次吉田内閣時にこんな逸話があった。一九五二(昭和二七)年四月二七日に講和条約が発効すると、吉田は中華民国との連携強化に乗り出した。吉田は台湾を含む東南アジア諸国に政府特使を派遣することを決め、特使を委ねたのが、同年一〇月の総選挙に初当選して政界の表舞台に復帰することになる緒方竹虎であった。

同年五月七日、最初の訪問地である台湾に到着した緒方は、蔣介石や総統府秘書長の張羣《ちょうぐん》と協議を行った。井上正也《いのうえまさや》の研究によると、緒方は張羣との協議の中で共産党対策のため「日華双方が協力して正確な情報収集を行う秘密組織を設立すべきである」と提案したという。この提案については張羣が同年八月に来日した際にも協議されたが、実際に日華共同の情報組織が作られたかどうかは不明である。⑫⑯は日華の秘密組織の存在を裏付けるものではないけれども、「アジア人民反共聯盟中華民國總會編刊」の資料は他にも数点確認されており、中華民国側から内閣総理大臣官房調査室が情報を入手していた可能性がある。「アジア人民反共聯盟中華民國總會」の実態をさらに調べる必要があるだろう。

†キャノン機関と「逆滲透」

中ソ引揚者調査が組織的に行われたことは分かったが、吉田茂の中国「逆滲透」が構想倒れに終わったかどうかについてはまだ突き止められていない。もう一つ、戦後の内閣情報機構の新設について未解明のままなのは、占領期にG2直属の秘密諜報組織を率いたキャノン中佐の内閣総理大臣官房調査室新設に関わる証言をどう理解すべきかということだった。

『キャノン機関からの証言』の中で延禎は、第四章で紹介したように、内調誕生にまつわる見方をこう書いている（延一九七三、二三五〜二四六頁）。「最初の発案者が、吉田氏であったか緒方氏であったか……そこらへんは分からない。キャノンとわたしが相談を受けたときの口ぶりでは、吉田茂氏自身のようにも思えるし、緒方氏のほうが吉田総理に提案したようにも思える」と。

吉田に会った足で訪ねてきたキャノンと延禎に緒方が最初に口にしたのは「情報組織というものを、いまの日本につくるとすれば、どういう形がいちばん良いでしょうか？」という問いだった。また、吉田は「それは、大きい機関でしょうか」という延禎の質問に「いや、小さい機関でもいいんです。日本を、一から作りなおさなきゃいけませんよ」と語った。この文章を注意深く読むと、延禎は「少なくとも、（発案者は）村井（順）氏ではなかったように思う」と言いながら、それ以上は明言を避けている。あるいは、吉田にキャノンに会うことを助言したGHQの参謀第二部（G2）部長のウィロビーが発案者であった可能性もあるのではないか。

そう考えた筆者は、延禎が一九七一（昭和四六）年にキャノンの証言を得た際、米国のキャノンの自宅に同行した平塚柾緒《ひらつかまさお》氏に会ってみることにした（二〇二四年一月二二日のインタビュー）。取材・執筆グループ「太平洋戦争研究会」の代表に就任し、多くの元軍人を取材してきた在野の戦史研究者である。平塚氏が、一九七三年に刊行されたC・A・ウィロビー著／延禎監修『知られざる日本占領——ウィロビー回顧録』（修正・加筆し、『GHQ知られざる諜報戦——新版・ウィロビー回顧録』として二〇一一年に出版）の編者を務めたことは承知していた。

「ウィロビーに会うのが本来の目的だったんです。軍隊のような組織では、トップに会おうと思えばまず部下に会い、段階を踏まなければいけない。そこで延禎と一緒に最初にキャノンを訪ねたわけです」。

民政局（GS）のホイットニー少将と並ぶ、マッカーサーの片腕だったウィロビーに会いたい一心で米国をめぐり歩いた平塚氏の話は、それ自体ドラマチックなものだった。当時勤めていた徳間書店の社長を説得して渡米し、ルイジアナ州のキャノンを訪ね、キャノンに話を繋いでもらって、ウィロビーの住むフロリダ半島の保養地へ（ウィロビー二〇一一、三三二〜三三八頁）。半世紀前のこの冒険行がなければ、GHQ謀略部門の責任者の証言も、内閣総理大臣官房調査室誕生をめぐる秘話も表に出なかったかもしれない。

平塚氏が実際に会ったキャノンは偉ぶったところのないテキサス男で、延禎と平塚氏のためにモーテルまで予約してくれた。「キャノン機関」（正式名称Z機関）の役割は「ダブルエージェントの要請」、つまり二重スパイなどの工作員を敵地に送り込み、情報を得ることだったと話したという。キャノンが吉田と緒方に助言した内閣総理大臣官房調査室の新設前夜については、残念ながら、新たな情報はなかった。

だが、話が吉田の中国「逆滲透」構想に及んだ時、平塚氏は興味深い取材体験を聞かせてくれたのである。竹谷有一郎という人物から、密輸船の第二白鷹丸でひそかに中共に渡り、青島の様子を探った話を聞いたというのだ。調べてみると、竹谷は一九六三年に出版された雑誌『日本』三月号に「私は米軍スパイとして中共に潜入した――第二白鷹丸事件の真相はこれだ」と題する手記を発表していることが分かった。そこには、次のような謀略の内幕が書かれてあった。

行先は、中共治下の中国大陸の青島。／第二白鷹丸は、密輸船なのである。／そのため、取締り当局の目はできるだけ避けなくてはならなかったのだが、実は、この密輸も偽装《ぎそう》であった。／わたしは、日本の黒い霧の陰の演出者と恐れられていたアメリカの謀略組織〝キャノン機関〟の密命をおびていたのだ。／青島に秘そかに建設されている、ソ連潜水艦基地のスパイ――これが、わたしに与えられた指令だった。

竹谷は、手記の中で自らのことを「大陸浪人」、「中国の秘密結社紅幇の有力メンバー」で、一九三七（昭和一二）年に中国に渡ったと書いているが、不明な点が多い。第二白鷹丸事件が北九州の若松港から出航したのは一九五〇（昭和二五）年五月二七日。さまよいながら辿り着いた青島では、潜水艦基地の情報が幻だったことを知る。代わりに、大量の米が船積みされ、北朝鮮にピストンで運ばれている動きを察知し、直後の同年六月二五日に起こった朝鮮戦争を予言したことになっている。この逸話は、森詠《もりえい》『黒の機関――戦後、「特務機関」はいかに復活したか』にも紹介されていることから、竹谷は同じ話を打ち明けたものと見られる。

筆者が関心を持ったのは、内閣総理大臣官房調査室が新設される前の日本占領期から、キャノンが二重スパイを中国に送り込んでいたらしいことである。とすれば、吉田発案の中国「逆滲透」構想は、戦後の内閣情報機構を日本側に指南したキャノンによって既に実行されていたことになる。

†戦前期の諜報活動への関心

さて、「吉原資料」に話を戻して、戦前の諜報活動（表五－1①⑤⑥⑦⑧⑨⑲⑳）に関する資料を見てみよう。内閣総理大臣官房調査室が戦前の諜報活動にこうした関心を持っていたことは全く知られていなかった。戦後の内閣情報機構が新設される前に、戦前の特務機関の流れを汲む「日本のインテリジェンス機関」がひそかに活動していたことは、「CIA文書」を用いた近年の研究によって知られるようになった（有馬二〇一〇、一七三～一八五頁）。これらの文書は、「ナチス戦争犯罪、日本帝国政府情報公開法」に基づいてCIAが公開したものである。一方、朝鮮戦争の情報戦失敗の節で紹介した松本重夫の著書は日本側からの証言である。

ただ、戦前の諜報活動と戦後の内閣情報機構が具体的にどう結びついてくるかは、ほとんど明らかになっていない。本章で述べた押田敏一らの中国引揚者調査は、その重要な事例と考えられる。それについては後の章でもう一度検討することにして、ここでは「吉原資料」に含まれる戦前の諜報活動について見てみよう。

⑤は、戦前のソ連の特殊情報機関に関して聞き取った記録で、資料に昭和二七年一二月八日、一四日、二四日の日付が散見されることから、少なくとも三回にわたり調査が行われたと見られる。話者の氏名は書かれていないが、「私はモスコウ駐在の五年間」といった記述や証言内容から旧軍関係者、恐らく旧陸軍参謀本部のソ連専門家と推測される。

そう考える理由の一つは、ソ連の秘密警察幹部だったゲンリフ・リュシコフから直接聞いた話に言及していることである。リュシコフは一九三八（昭和一三）年六月、機密書類を抱えて満洲に亡命を決行。スターリン政権の秘密警察幹部である内務人民委員部極東地方管理局長と分かり、東京の陸軍参謀本部に身柄を送られた。事件を担当したのは、参謀本部第五課の対ソ情報機関で、モスクワの大使館付武官補佐官から帰任した甲谷悦雄《こうたにえつお》少佐であった（戦後は公安調査庁資料課課長）。後に参謀本部ソ連情報班の矢部忠太中佐もリュシコフが書くレポートの担当者になった（西野一九七九）。甲谷と矢部の名前は「吉原資料」の別の文書にも出てくることから、この資料の話者は二人のどちらかである可能性がある。

リュシコフは約一カ月後に記者会見を行い、スターリンの粛清を恐れての脱出であることや、ソ連の軍備と目標などについて赤裸々に語り、大きなニュースとなった（リュシコフはその後、ソ連共産党史批判の著述に熱中し、安全な場所に移すという名目で大連《だいれん》に移送され、終戦直後の一九四五年八月にその地で特務機関長に射殺された）。

同資料は、相手の通信を解読する「特殊情報」を取り上げ、こうしたソ連の科学情報の中心機関は内務省国家保安部にある特別班である、とリュシコフの話を引いて説明。人的諜報に関しても、イマン（現ダリネレチェンスク）付近から越境してきたドイツ人婦人のスパイや、ソ連領事館を通さずに本国と無線で連絡したゾルゲの天才的な諜報能力などについて述べている。

⑧は、「対ソ調査活動要領」に対して私見を述べた形になっており、全般の構想、まとめ方、取り上げた項目については「よく出来ている」としながら、ソ連のアジア政策、特に中ソ関係を検討し、調査項目にソ連の軍事力、ソ連の経済国力を加えるよう助言している。文書の末尾に（矢部）とあり、前出の矢部忠太の意見である可能性がある。

①は、旧軍、外務省、新聞・通信社にわたる詳細なソ連関係者名簿で、L（左翼？）、R（右翼？）、無難などの印が付いた㊙中国問題専門家一覧表もある。注目すべきは、ソ連関係者名簿が、内閣総理大臣官房調査室の新設からわずか五日後の一九五二（昭和二七）年四月一九日に作成されていることである。戦前の特務機関の流れを汲む「日本のインテリジェンス機関」

か、個人から提供されたとも考えられ、内調の前史はなお未解明な点が残っていると言えよう。

中ソ引揚者調査（同⑩⑪⑫㉑）についても付言しておきたい。㉑の「発問の指針」は、吉原が『中央公論』一九六〇年一二月号に発表した論文「内閣調査室を調査する」で紹介した資料である。序言として、「諜報指導部　政策運営部長　米国空軍大佐　チャールス・M・ヤング」の署名入りで「この新しい航空質問指導書（AIG）は1950年9月1日附の航空諜報質問指導書を改訂したものである」、「AIGは世界全般に亘る諜報質問活動の改善と効果とを更に促進するために使用されるよう絶大なる希望の下に野戦部隊に供給されるものとする」と記されている。吉原は、内閣調査室がCIAの小型機関、下請機関であることを示す資料とし、これを基に作られたのが「中共事情」などの報告書だと指摘している。

吉原の指摘を検証し、この資料と引揚者調査の関係を解明することも今後の課題である。

†「日本情報機関の父」の実像

これまで見てきたように吉田茂は講和条約、日米安保条約の締結など、「戦後を作った政治家」と評されるが、内閣情報機構との関係となると有力な調査研究はわずかしかない。例えば春名《はるな》幹男《みきお》は、米国立公文書館などの文書を用いて書いた本の中で、吉田を「日本情報機関の父」と呼んでいる。ここからは、戦前からの吉田の足跡や「吉原資料」、「志垣資料」を基に、筆者なりの「日本情報機関の父」の実像を描いてみたい。

吉田は一九〇六（明治三九）年九月、外交官領事官試験を受け、七番で合格した。同期の外交官に、首席で合格した同い年（一八七八年）生まれの広田弘毅ら一一人がいたことは、第一章ですでに触れた。二・二六事件で二人の人生が交錯する。一九三六（昭和一一）年二月二六日払暁に起こったこの事件で岡田啓介内閣が総辞職し、次期首相に擬せられた近衛文麿が固辞したため、それに代わる広田内閣の実現へ吉田が広田の説得に乗り出した。大命降下後の組閣では、吉田は組閣参謀兼外相に内定していた。ところが、この人選は陸軍の横やりで実らず、吉田は広田が用意した駐英大使に転じることになった。

終戦後、広田は南京事件の責任を重く問われ、死刑判決を受けた。極刑の理由の一つに首相在任中の行状が含まれていたことを思えば、外相就任を拒絶されたことは正に「生涯の運命の岐れ路であった」（吉田「大磯の松籟」『中央公論』一九六五年一二月号）と言うべきかもしれない（原二〇〇五、七七〜七九頁）。一方の広田は首相として、前任の岡田内閣末期に浮上した、史上初の内閣情報機構である情報委員会の新設にあたることになったのである。

吉田の外交官生活は、一九〇七（明治四〇）年に命ぜられた奉天総領事館詰の領事官補に始まる。『人間吉田茂』の年譜によると、一九二八（昭和三）年に奉天総領事の任を解かれて帰国するまでの約二〇年の間に、ロンドン領事官補、イタリア大使館三等書記官、安東《あんとう》領事、大臣官房文書課長心得、済南《さいなん》領事、英国大使館一等書記官を歴任した（財団法人吉田茂記念事業財団編一九九一、六八五〜六八九頁）。ただし、欧米諸国の勤務は数年にすぎず、一一年余りを中国で過ごした。とりわけ、最初の赴任地が日露戦争後の満洲になったことは、吉田の「帝国意識」をいやが上にも高めたと思われる。吉田は、満蒙特殊権益の熱心な擁護者となった。

後年、吉田は海外生活の大部分を中国各地の領事、総領事として過ごしたことを振り返り、明治以来の日本外交の中心は中国問題や対中政策であったにもかかわらず「不思議なことに、外務省内での出世街道としては、いわゆるチャイナ・サービス（支那勤務）、わけてもその領事勤務は、いわば裏街道であって、表街道は古くからロンドン、パリ、ベルリンか、もしくはワシントン、ニューヨーク、すなわち欧米諸国の首都、大都市での勤務であった」、「しかし負け惜しみでなく、今にして思うと、支那大陸に早くから勤務できたことは、私として非常に得るところがあった」と書いている。「地方政権、軍閥に接近し、それとともに民間の支那浪人、政党政客などがいっぱし策士気取りで横行するという実況をまのあたり体験し得たることは、決して無駄ではなかった」ということのようだ（吉田二〇一五（下）、二一五〜二一六頁）。

吉田は首相として取り組んだ中国代表問題だけでなく、晩年まで中国に関心を持ち続けた。一九六四年九月から六七年一〇月に八九歳で亡くなるまで、現在、筆者が所属するアジア調査会の初代会長を務め、同会の創立総会では「私はかねてから東洋問題、ことに中国問題が世界問題であり、この問題を解決する国が、いわゆる世界の大勢を制するような国であろうと考えている。ぜひとも、アジア調査会が目的を達するよう切に希望する」と挨拶した。吉田の中国観に戦前も戦後も偏りがあったのは事実だが、生涯のテーマであったこともまた確かである。そして吉田が作った戦後の内閣情報機構である内閣総理大臣官房調査室は、中国を最も重要視するようになった。

†パリ講和会議の吉田と近衛

吉田と内閣情報機構の関係を考える時に注目したい外交官生活のトピックは、一九一八（大正七）年一二月から岳父《がくふ》の牧野《まきの》伸顕《のぶあき》に随行して、パリ講和会議に参加したことである。吉田は一九〇九（明治四二）年三月、ロンドン領事館詰として英国に出発する直前に牧野の長女雪子《ゆきこ》と結婚した。土佐出身の実業家、政治家で自由民権運動にも加わった竹内綱《たけうちつな》の五男に生まれた吉田は、三歳のとき資産家の吉田《よしだ》健三《けんぞう》の養子になった。そして、大久保《おおくぼ》利通《としみち》の実子である牧野を義父としたことで明治維新の権門《けんもん》に連なり、「皇室への近接性」も確立して、尊皇心に個人的な一面を加える形になった（ダワー一九八一（上）、二二三〜二二五頁）。

その牧野が第一次大戦後のパリ講和会議の全権委員になることを耳にすると、自ら志願して牧野全権の随員となったのである。文書課長心得という「本省内でも一番の閑職《かんしょく》」を経て済南領事となり、牧野に宛てて志願の手紙を送った頃を、吉田は次のように振り返っている。「これは私にとって生れて初めての猟官運動の経験であった。何しろ外務省入りして十数年、いわば裏街道ばかり歩かされてきた時ではあり、パリ会議と聞いては、たとえ外交官の末端とはいいながら、これに列席し得るのは、千載一遇《せんざいいちぐう》の好機というべきであるから、さすがの私もこの時は猟官運動をせざるを得なかったのである」と（吉田二〇一五（下）、二一八〜二二四頁）。

パリ講和会議の随員に、若い日の近衛文麿が西園寺《さいおんじ》公望《きんもち》特使の随員として参加したことは、第一章で既に述べた。では、この「空前の外交戦」から吉田と近衛は何を体得したのか。吉田を論じた著作はあまたあるが、ここでは吉田を肯定的に評価する猪木《いのき》正道《まさみち》の『評伝吉田茂』と否定的に見るジョン・ダワーの『吉田茂とその時代』、そして、その後の吉田研究に大きな影響を与えた高坂正堯《こうさかまさたか》の『宰相　吉田茂』を参照しながら、吉田を近衛と対比してみたい。

パリ講和会議の当初の位置づけは、随員に加わった重光葵が書いているように、米英仏伊の四カ国は戦時中から戦争の共同指導のため会議を開いており、講和問題も既に取り上げていて、「その延長として組織されたもの」であった（重光二〇一一、六四〜六九頁）。議題は、ドイツに対する措置、国際連盟の設立、国際労働問題など「厖大《ぼうだい》で、輻輳《ふくそう》」しており、日本は自国に関係する問題以外に知識も準備もなかった。例えば国際連盟について〝総論賛成、各論反対〟で行けという国内でしか通用しない日本政府の訓令に、牧野らは苦闘を強いられた。山東問題をめぐる中国代表団の猛烈な宣伝戦に悩まされたのは第一章で詳しく触れた通りである。首席全権の西園寺は、若くしてパリに留学した頃から議長のクレマンソーと懇意だったが、七〇歳の老齢で健康に不安もあり、会議の席上では一言もしゃべらず、「アイヴォリー・マスク（象牙の面）」などと新聞で批判された（吉田二〇一五（下）、二一九〜二二〇頁）。

第一次大戦が休戦になる直前の一九一八年一一月に、西園寺の随員だった近衛文麿が書いた論文『英米本位の平和主義を排す』は今も語り継がれている。後年、近衛のブレーントラスト「昭和研究会」に参加した政治学者の矢部貞治が、この論文を評した自著の一節を引こう。

近衛は要するに英米の平和主義とは、「現状維持を便利とするものの唱う事なかれ主義」にほかならず、その構想にかかる国際連盟も、もしそれが真に正義人道にもとづいて組織されるなら、双手《もろて》を上げてその成立を祝するが、しかし連盟が、「ややもすれば大国をして経済的に小国を併呑《へいどん》せしめ、後進国として永遠に先進国の後塵を拝せしむる」ための、現状維持の機関になるおそれが、ないとはいえないのに、ドイツと同じように現状打破を唱えるべき日本人が、英米人の美辞に酔うて英米本位の平和主義にかぶれ、国際連盟を天来の福音のように渇仰する態度は、「実に卑屈千万にして正義人道より見て蛇蝎《だかつ》視すべきもの」だというのである。

矢部はこう述べて、自分がこの論文を重視するのは「近衛の生涯を貫く基本的な考え方が、ここによく現れていると思うからだ」と説いた。さらに近衛が、「会議の経過を見て秘密外交や専門外交の時代は去り、国民外交、公開外交の時代になりつつあることを、俊敏にも学び取り、国際宣伝と海外通信の重要性から、さらにわが外交官育成方法や国民の国際知識啓発の大切なことを論じている」と指摘した（矢部一九九三、二六〜三三頁）。こうした問題意識が、戦前の内閣情報機構の源流となったのは、第一章で検討したところである。

外務省革新については牽引役の一人となった重光葵も自著の中で、有田八郎、斎藤博《さいとうひろし》、堀内謙介と自分の四人で連日意見交換を行い、具体案を練り、そこでまとめた意見書を、西園寺、牧野らに進言して賛同を得、外務省革新の機運による第一の成果として省内に強力な情報部が設置されるに至った、と書いている（重光二〇一一、六四〜七二頁）。

一方、吉田が書き残したものは、これらとはかなり趣を異にする。例えば『回想十年』などには、第一次世界大戦を境にして大衆の意見が外交に影響を与えるようになったことも、外交において組織的な宣伝が重要な役割を演じるようになったことも、外務省革新運動の話も出てこない。パリ講和会議の回想として語られるのは、日本の全権が強く主張した人種平等の提案であり、岳父の牧野がそれを提唱したのはドイツ権益だった膠州湾《こうしゅうわん》租借地などの問題を有利に運ぶためではなく、牧野自身が外相時代に米国カリフォルニアの日本学童排斥に遭遇したことがあったからだ、という見方であった。

他方で、猪木が『評伝吉田茂』の中で牧野の思い出以上に重視しているのは、吉田が触れた米国のウッドロー・ウィルソン大統領の顧問、ハウス大佐らの言葉である。

『回想十年』の冒頭、吉田は一九三四（昭和九）年から一九三五（同一〇）年にかけて欧米の在外公館を巡視した折にハウス大佐を訪問した時の様子を、おおむね次のように書いている。大佐は吉田の顔を見るなり「ディプロマチック・センスのない国民は、必ず凋落《ちょうらく》する」と語り出し、「かつて、ドイツ皇帝ウィルヘルム二世を訪ねた際、ドイツの主戦的傾向に対して、口をきわめて平和論を忠言し、無謀な戦争に入るようなことがなければ繁栄を続け得ると述べたのに、彼らはそれに耳を藉すことなく、その後戦争をはじめ、自分の予言通りになってしまった。今日の日本に対しても、当時のドイツに対してと同様の忠言をしたい」というものである。

猪木は、パリ講和会議後、西園寺が原敬首相に持ち帰った「世界は日、英、米の分野となれり。伊国は到底活動の力なし、仏国は力足らず、英米の間に立って国を維持するのほかなし。日本はなるべく米国と協調を保つを以てもっとも急務なり。仏国はこの間に処して好意のあっせんをなすべし」というクレマンソーの内話に、ハウス大佐の忠言を加えて、二人の忠告こそ吉田がパリ講和会議で身に付けたものだった、と書いた。すなわち、それは「英米両国と協力して、国際協調主義に徹する以外に日本の進むべき途はないという教訓」であった（猪木一九八一①青雲の巻、二〇〇〜二〇一頁）。

†治安重視と世論への懐疑心

それでは、戦後の内閣情報機構に対して吉田は何をなし、何をなさなかったと言えるだろうか。これを考えるヒントになるのは高坂正尭の『宰相　吉田茂』である。「民主的体制下における政治的リーダーシップのあり方」を論じた論考から成るが、中でも「宰相吉田茂論」と「吉田茂以後」の二編が参考になる。世論を軸に、吉田から、鳩山一郎、岸信介、池田勇人、佐藤栄作までを射程に入れた「吉田茂以後」は、戦後日本の政治指導者を政治宣伝の観点から研究した点で、吉田再評価につながった著名な「宰相吉田茂論」より教えられることが多い。

例えば、一九五一（昭和二六）年九月の講和条約調印直後に、吉田内閣は五八％という高い支持率を記録するが、半年足らずの間に三三％に下落し、一九五四（同二九）年末に辞任するまで世論の批判は一段と強まった。

手元に、吉田の辞任直後の一九五五（同三〇）年一月に発行された『文藝春秋』緊急増刊がある。「戦後最大の政変」と銘打ち、まるで退陣を言祝ぐかのような誌面は、当時の世情を色濃く反映している。世論の反転、吉田の不人気を論じた高坂の論考を引こう。

講和条約は吉田茂の政治家としての頂点であった。その後の彼は、急速に没落してゆく。それは、ある意味では醜く、ある意味では痛ましかった。ワンマン政治は、ようやくその欠点を現わし始めていた。とくに、「茶坊主」と呼ばれる側近たちの横暴ぶりが目につくようになって来たし、それになによりも、国民は自由に発言し、多少は時間がかかっても納得ずくでやって行くことを欲しはじめていたのである。つまり、国民は異なったタイプの指導者を欲していたのだ。かつては、新聞記者に水をぶっかけても信念をもって行動する人を国民は求めた。しかしいまは、新聞記者の質問に快く答える人を望んだのである（高坂二〇〇六、六八頁）。

まず、彼はもっと根本的な意味において政党政治には適していなかった。あるいは彼は外政家ではあっても政治家ではなかったと言った方がよいかも知れない。なぜなら、彼は彼が最高の権力につくのを可能にさせるだけの支持を、自分の力で作り出すことはできない人物だったからである。彼は戦後、政治に出ることをすすめられたとき、それをことわって言った。「もし、政治家になって見たまえ。議会の廊下を歩いていると、どこの馬の骨かわからない奴が肩をたたいて『吉田君』なんていうだろう。思っただけでぞっとするよ」。それでは、人々の支持は集められはしないのである。（同八五頁）。

そもそも、吉田が一九四七（昭和二二）年四月に、実父竹内綱の選挙区であった高知県から初めて立候補した時の選挙運動からしてさんざんだった。前年の一九四六（同二一）年五月に第一次吉田内閣が成立していたが、新憲法により内閣総理大臣は国会議員の中から指名されることになった。高知県から出馬するつもりでいたところに神奈川県から出る話が持ち込まれ、迷って衆院議長の山崎猛《やまざきたけし》に相談すると、「お愛想が悪いあなたでも、高知なら遠いから選挙区にたびたび顔を出さなくても、そう文句をいわれんでしょう。高知の方が恰好です」と言われた。こんな逸話が『回想十年』に登場する（吉田二〇一四（上）、一八一～一八二頁）。

現職の首相とはいえ、吉田が選挙区の高知に顔を見せたのは三日間だけだった。その初日には「吉田総理歓迎会」が催されたが、吉田は「衆議院議員立候補者としてではなく、内閣総理大臣として迎えられたので、選挙演説はやりません」と断ってしまう。代わりに選挙の総責任者として各地を演説して回ったのが秘書官の村井順だったという（市原一九七二、七七～八〇頁）。

筆者は、こうした吉田の一面にふれるにつれ、説明責任が厳しく求められる現代の日本なら吉田はとても首相を務められなかったのではないか、と考えるようになった。高坂も「日本が占領されるような異常なことがなければ、吉田茂は首相にならなかったであろうし、また、たとえ首相になっても成功はしなかったであろう」と書いている（同八六頁）。

では、吉田が新設した戦後の内閣情報機構とはどんな性格のものだったかを改めて検討してみよう。第四章で見たように、吉田は国会審議の中で「政府が世論を指導統制するというのは過去のことである。国民が良識をもって正しい判断を下すべきであり、この判断を養うために、このような新しい機関の設置を考えた」と答弁している（『朝日新聞』一九五二年一一月二七日付朝刊）。だが、内閣総理大臣官房調査室にとっての弘報活動は「必ずしも知り得たことをすべて流すことではなく、国家の立場から時と処を得て選択された必要にして充分な事実を流す意味」（「吉原資料」所収「弘報活動について」）であり、世論操作の側面を持つものだった。

また吉田が新設した内閣総理大臣官房調査室は、荻野富士夫《おぎのふじお》も指摘するように「治安対策の一つ」として構想された（荻野一九九九、六三、一八一頁）。「公安警察」の中枢である国家地方警察本部警備部警備課の村井順を初代室長に登用したのは、村井が吉田に情報機関設置を進言したからというより、実務の経験を買ったからと見るべきではないか。

吉田は「共産党に対する処置は、私が内閣を組織してから、最後に退陣するまでの間、終始一貫した問題であった」と記し、『回想十年』の一章をその対策に割くほど、共産党への危機感を隠そうとしなかった（吉田二〇一四（中）、一六五〜二〇八頁）。そうした点は、一九四五（昭和二〇）年二月に戦局悪化に際して「国体の護持《ごじ》の建前より最も憂うるべきは敗戦よりも敗戦に伴うて起ることあるべき共産革命に御座候」と上奏した近衛文麿とも軌を一にする。

半面、人と時勢を見るに敏な近衛は、パリ講和会議に参加して、国民外交、公開外交の到来や国民の国際知識啓発の重要性を説いた。その才を持たない吉田は、戦前戦後の内閣情報機構に共通する世論啓発の側面を理解しようとしなかった。むしろ吉田は「国民に呼びかけ、世論の力を集めて、彼の外交を支える力にすることを怠っただけでなく、それを嫌い、かつ軽蔑した」(高坂二〇〇六、五八頁)。その意味で吉田は「日本情報機関の父」ではあっても、情報機関を治安の面からしか見ていなかったと言えよう。

†対米従属批判した吉原作品

一九六〇年四月の安保国会を舞台にした中国引揚者調査の論戦から約半年後、吉原公一郎は出世作となる「内閣調査室を調査する」を『中央公論』一二月号に発表した。三年後の一九六三年には代表作『小説日本列島』を出版、これを原作にした日活制作の『日本列島』が一九六五年に公開された。監督は熊井啓《くまいけい》、キャストに宇野重吉《うのじゆうきち》、芦川《あしかわ》いづみ、二谷英明《にたにひであき》らをそろえ、音楽を伊福部昭《いふくべあきら》が担当した異色のサスペンスドラマだった。この作品で熊井啓は日本映画監督協会新人賞などを受賞し、現実に起こった事件を緻密に演出する「社会派」映画監督としての地歩を固める。

この間に、松本清張は月刊誌『文藝春秋』一九六一年一月号～一二月号に小説『深層海流』

を連載し(一九六二年に同名で単行本化)、『文藝春秋』一九六四年七月号にノンフィクション『現代官僚論』の一つとして「内閣調査室論」を発表した(松本一九七三、四八三〜四九八頁)。

吉原の「内閣調査室を調査する」は、一九五三(昭和二八)年、設立二年目の内閣総理大臣官房調査室に米国家安全保障会議の大統領心理戦略顧問、C・D・ジャクソンから寄せられた勧告から始まる。勧告は二つの目的を持っており、一つは内閣調査室を米国家安全保障会議に所属させ、大統領直属の中央情報局(CIA)と心理戦略局(OCB)の二つの部門を兼ねた組織にすること、もう一つは共産主義の防波堤としての存在価値を日本に与えようとする意図だったという。このジャクソン勧告とおぼしき英文は「吉原資料」の中に確認できるが、本格的な調査研究はこれからであり、内閣調査室にどんな影響を与えたかも解明されていない。

この小文には、その後の吉原が、手を替え品を替え発表した内閣調査室の知られざる実態がほぼ含まれている。総じて言えるのは、米国に追随する日本の「諜報機関」の一面である。

松本清張もまた、『文藝春秋』に発表した「あとがきに代えて――「深層海流」の意図」で、占領下の奇妙な事件をテーマにした「日本の黒い霧」との連続性の中で次のように書いている(松本一九六一、二六六〜二七一頁)。

「日本の黒い霧」は書き終ったが、日本が「独立」した以後のことにも、実質的に見てその延長と呼ぶべきものがある。占領政策は終ったが、アメリカの政策は一挙に日本から引揚げて行ったのではない。その占領政策は別のかたちで日本に継続された。／それは日米安全保障条約（旧安保）によって具体的に示されている。（中略）

占領中はGHQがあって直接日本国内の警察を指揮していたが、GHQが解消すると、その機関は日本側に肩代りされた。しかし、安保条約でうたっているように、日本国内に米軍が駐留し、日本を共産圏に対立される必要上、「外国の教唆による」動きその他治安を紊乱《びんらん》する動きに対して、アメリカ側としては全面的に日本に任せっ放しにするわけにはいかない。

ここでも論及されるのは、国内の治安関係、特に共産党関係を当面の主題とする日米の強い繫がりである。

一九六〇（昭和三五）年の国会質問で飛鳥田一雄が安保とは直接関係のない内閣総理大臣官房調査室の引揚者調査について取り上げ、また安保改定をめぐる激しい政治闘争の余韻がさめやらぬ中で吉原公一郎や松本清張が内閣調査室を題材にした作品を発表した背景には、軍備について国民の主体的判断を求めなかった、日米安保の源流である吉田茂時代への疑問があったように、筆者には思える。そうした動きが、「閉ざされた政治」（高坂正尭）を行動様式とする、官僚政治家岸信介の時代に噴出したのは、必然だったかもしれない。

政治の季節が終わり、『中央公論』編集次長・粕谷一希の依頼に応じた高坂が、留保付きながら大筋において吉田茂を評価する「宰相吉田茂論」を発表したのは一九六四（同三九）年一月のことだった。吉原の『小説日本列島』が出版されたのは、ほぼ同じタイミングの一九六三（同三八）年一二月。対照的な作品の陰には何があったのか。次章からは、知識人と内閣情報機構の関係を追う。

元内閣情報調査室長の証言

内閣総理大臣官房調査室、内閣調査室、内閣情報調査室と変遷してきた戦後の内閣情報機構のトップ（室長・情報官）はこれまでに二五代、計二五人を数える。情報委員会、内閣情報部、情報局と変遷した戦前の内閣情報機構は、情報委員会委員長の藤沼庄平（専任の幹事長の横溝光暉ではなく、内閣書記官長をあてた委員長をトップとした）、初代内閣情報部長の横溝光暉と二代の熊谷憲一、三代の伊藤述史、そして七代の情報局総裁の延べ一一代、計九人（伊藤は三代の情報部長と初代情報局長、緒方竹虎は四代と六代の情報局総裁）だから、まがりなりにも七〇年を超す戦後情報機構の長い歩みを感じずにはいられない（表六－1）。

ただ戦後の二五人のうち、内閣（情報）調査室長・情報官としての感慨などを本にまとめて公刊したのは、村井順、渡部正郎、大森義夫、北村滋《きたむらしげる》らだけだ。戦前の情報委員会の「生みの

親　育ての親」である横溝が「内閣情報機構創設の経緯につき、関係者として是非記録に残しておきたい」と精密な三冊の本を書いたのに比べれば、戦後のトップ四人の時代は多くが秘密のベールに包まれており、彼らの本も国民への情報公開を意図したものとは言えないだろう。そうした点では、元内閣調査室主幹、志垣民郎の回想録『内閣調査室秘録』は戦後の内閣情報機構を正確に綴ったほとんど唯一の証言であり、筆者が同書の解題に「今後、情報機関の記録がこれほど詳細に明かされることはあるまい」と書いた時の気持ちは今も変わらない。

　とはいえ、四人の著書は情報機関をめぐる各人の持論にとどまらず、各人がトップを務めた時の課題や内調と首相らとの関係がにじみ出ている。個々の内容は必要に応じて紹介することにして、ここでは本書三人目の主人公、志垣民郎の膨大な資料に分け入るまくらに、大森義夫の『日本のインテリジェンス機関』の一節を紹介することから始めたい。

　大森が内閣情報室長を務めた一九九三年から一九九七年までの四年弱は、宮澤喜一改造内閣から第二次橋本龍太郎内閣までにあたる。内閣情報調査室長を退官後、二〇〇五年に町村信孝《まちむらのぶたか》外相の私的懇談会「対外情報機能強化に関する懇談会」の座長を務めるなど、後年までインテリジェンスの専門家として活躍した。筆者が内閣調査室を本格的に研究するようになった二〇一六年に死去したため、残念ながら直接話を聞く機会はなかった。しかし、『日本のインテリジェンス機関』の中にはいくつか気になる記述があった。

代	氏　名	任　期	主な職歴など
初代	村井　順	1952年4月9日～ 1953年12月18日	第1次吉田茂総理大臣秘書官。綜合警備保障創業者
2代	木村行蔵	1954年1月27日～ 1955年7月1日	広島県警本部長
3代	古屋　亨	1955年7月1日～ 1962年5月8日	総理府総務副長官。自民党衆院議員。自治大臣兼国家公安委員長
4代	石岡　實	1962年5月8日～ 1964年7月28日	内閣官房副長官。日本鉄道建設公団副総裁
5代	本多武雄	1964年7月31日～ 1966年3月5日	関東管区警察局長
6代	大津英男	1966年3月5日～ 1971年1月22日	日本道路公団監事
7代	川島廣守	1971年1月22日～ 1973年11月25日	内閣官房副長官。日本鉄道建設公団総裁。プロ野球コミッショナー
8代	富田朝彦	1973年11月27日～ 1974年11月26日	宮内庁長官。＊「富田メモ」を残す
9代	渡部正郎	1974年11月29日～ 1977年8月20日	自民党衆院議員
10代	下稲葉耕吉	1977年8月23日～ 1979年2月2日	警視総監。自民党参院議員。法務大臣
11代	森永正比古	1979年2月2日～ 1980年8月18日	北海道警本部長
12代	福田勝一	1980年8月18日～ 1982年5月20日	警視総監
13代	鎌倉　節	1982年5月20日～ 1984年2月17日	警視総監、宮内庁長官
14代	谷口守正	1984年2月17日～ 1987年6月16日	大阪府警本部長
15代	大高時男	1987年6月16日～ 1989年6月30日	皇宮警察本部長。NEC総研会長
16代	森田雄二	1989年6月30日～ 1992年9月1日	大和総研特別顧問
17代	金田雅喬	1992年9月1日～ 1993年3月8日	警察大学校長
18代	大森義夫	1993年3月8日～ 1997年4月4日	外務省「対外情報機能強化に関する懇談会」座長。日本文化大学学長
19代	杉田和博	1997年4月4日～ 2001年4月1日	初代内閣情報官。内閣危機管理監。内閣官房副長官
20代	兼元俊徳	2001年4月1日～ 2006年4月1日	日本テレビホールディングス監査役
21代	三谷秀史	2006年4月1日～ 2010年4月2日	政府の拉致問題対策本部事務局長、内閣官房参与
22代	植松信一	2010年4月2日～ 2011年12月27日	内閣官房参与。一般財団法人・世界政経調査会会長
23代	北村　滋	2011年12月27日～ 2019年9月11日	第1次安倍晋三内閣総理大臣秘書官、第2代国家安全保障局長
24代	滝沢裕昭	2019年9月11日～ 2023年6月27日	内閣官房内閣審議官（内閣情報調査室）
25代	原和也	2023年6月27日～ 現在	安倍晋三内閣総理大臣秘書官、警察庁警備局長

＊昭和天皇が1988年に、靖国神社のA級戦犯合祀に強い不快感を示したとされるメモが富田氏の手帳に残っていた

表六－1　歴代の内閣（情報）調査室長・情報官一覧

冒頭の「序にかえて――私のインテリジェンス論」で、大森は「これは回顧録ではない。内幕を描いた記録《ドキュメント》でもない。その種の本は書く気になれない。本書は、いわば「研究ノート」である」と述べている（大森二〇〇五、七頁）。しかし、読み進めると自らが内閣情報調査室長に就くはるか前の内閣総理大臣官房調査室まで遡り、歴史をよく調べていることに気づく。例えば、「内調の初心」と題する節には次のくだりがある。

内調の歴史に私は通じているわけではないし、それを記述した部内資料も存在しない。／一九五二年に創設されて以来、内調はその時その時の内外情勢に合わせて、かなり形を変えながらある種の働きをしてきたということだろう。創設から今日までを貫く太い棒のような伝統は思い浮かばない。ただし、内調の歴史に詳しい内調ＯＢの春日井邦夫氏によれば、内調創設にたずさわった人びとの間では、内閣に直属し首相官邸にオフィスをおく情報機関を再興しようとする意識が強かったという。／具体的には戦前の一九三七年に制定された内閣情報部官制第一条にある「国策遂行ノ基礎タル情報ニ関スル各庁事務ノ連絡調整」という機能は戦後の日本にも必要だ、とする意識である。（中略）この「初心」は内調が存続する限り思い起こされてよい原点だと思う。（大森二〇〇五、三五～三七頁）

春日井の大書（『情報と謀略』上・下）に、内調創設時の雰囲気を伝えるくだりはない。だが、大森が引用した「国策遂行ノ基礎タル情報ニ関スル各庁事務ノ連絡調整」は、横溝が起草した情報委員会事務規定の第一条に、早くも見いだすことができる。それと同様の機能が必要だという戦後の内閣情報機構を創設した人々の意識は、戦前から今日までを貫く地下水脈のようなものかもしれない。本書の関心である戦前と戦後の内閣情報機構の連続と断絶という観点から言えば、そうした当事者たちの意識はその連続性を浮き彫りにするものとも言える。

さらに興味深いのは、一九六〇年の安保闘争の体験から、政府が「現実派の知識人を支援」したという大森書の一節である。そこには、おおむね以下のような記述がある。

> 発足後、内調が遭遇したのは、第一次、第二次ふたつの安保闘争である。（中略）一般学生としては戦争（徴兵）への脅威もあり、岸信介内閣の強行採決への怒りもあり、対米ナショナリズムもあって国会を取り囲む大デモとなった。自衛隊の治安出動を検討するなど、守りに入った体制側の危機感は極限に達した。この頃は、内調も治安情報に追いまくられて、警察の出先としての役割だったろう。／改訂《ママ》安保条約が参議院《ママ》で自然成立し（参議院での承認を得られないまま自然成立＝引用者註）、岸内閣が退陣した。事態は急速に沈静化し、池田勇人内閣の高度経済成長路線の下で総中流化、世論の保守化が進んだ。（中略）／沖縄

返還闘争をはさんで七〇年安保を迎えるが、安全保障論議の深まりとともに現実派と呼ばれる学者・評論家が輩出してくる。中村菊男、高坂正堯、若泉敬《わかいずみけい》、小谷秀二郎《こたにひでじろう》といった人たちである。／六〇年安保の体験から政府は現実的な安全保障論議の育成に努めた。その窓口となったのが内調である。

後年、警察官僚として体制側の一翼を担う大森も当時は学生で、「何回かデモに参加した」、「六〇年安保闘争こそ戦後日本の路線を日本人が選択した熱い分水嶺だった」と率直に書いているのは面白い。が、ここで注目したいのは、政府が現実主義の知識人を支援したという証言である。そのとき内調は何をしたのか――。

†「白髪の担当者S」

日本を震撼させた安保闘争の中で、情報機関の内閣調査室はどんな仕事をしていたのだろうか。日ソ国交回復と国連加盟を花道に鳩山一郎内閣が一九五五年一二月に総辞職した後、石橋湛山内閣から岸信介内閣へと、日本政治が慌ただしく転変した頃の内調の動きはつかみにくい。大森が言う通り、この時期の内調は治安情報に追われ、警察の出先としての役割だったように外部からは見えていただろう。しかし『日本のインテリジェンス機関』を読み進めると、以下のような特筆すべきことが書かれているのだ。

内調は多くの学者・知識人の結集をはかり論議を普及させた。内調が論者たちを結集できたのには縁の下の力持ち、Sさんという白髪の担当者がいた。「文藝春秋」「中央公論」などの論壇をずっとフォローしていて安全保障論の筆者目録を作っていた。まだパソコンもない時代だが、Sさんは丹念に論壇の流れをデータ化し、「現実派」の台頭をキャッチした。

この大森の記述に気づいた時、筆者は既に志垣民郎から自身が手掛けた数々の知識人対策のことを聞いていた。「Sさんとは志垣さんのことではないですか」。そう尋ねてみたが、「違うんですよ。白髪の老人というと誰だろうね。(内容は)僕のことにピッタリだけれど、僕の子分ですかね」と前出の春日井の名前を挙げ、首をかしげた(二〇一六年一〇月一八日のインタビュー)。

結局、話はそれ以上詰められず、Sとはあるいは第二章で詳述した志垣の先輩の下野信恭のことかとも考えてみた。下野も知識人相手の仕事をしてきたし、イニシャルも同じSだからだ。だが、志垣が二〇二〇年五月に死去し、遺品の整理を手伝っている時に大森から来た年賀状を見つけて、やはりSは志垣のことだろうと思うようになった。

一九六〇年当時、志垣は四〇歳前であり、「白髪の担当者」は確かに誤解を招く表現である。また、志垣が内調を退官したのは一九七八（昭和五三）年のことで、引き続き内調の委託団体の社団法人国民出版協会の会長を一九九〇（平成二）年まで務めたが、一九九三（同五）年に内閣情報調査室長に就任した大森と時期は重なっていない。一緒に仕事をしたことがないため、志垣はSと言われてもピンと来なかったのかもしれない。理由はどうあれ、大森は一九六〇年代の志垣の仕事ぶりを内調の中で耳にしていたと考えられる。

安保闘争の渦中にあった一九六〇（昭和三五）年五月〜六月の「志垣日記」を見てみよう。

五月二〇日（金）「安保条約の反響につき室長宛て説明するようにいわれ、各班にも通知し資料丸の内より取寄せ読む。12時近くまで待ってから皆で室長室へ赴く。下野氏より国内の反対運動、文化運動など資料説明。岡崎君より海外論調少し。（中略）小生より東南アと中近東諸国の論評を説明し、石田氏よりソ連の動向を話して終る。」

六月一〇日（金）「中共・ソ連の対日資金攻勢、安保反対運動を支援する状況を原稿10枚にしてタイプに出す。出来たタイプ下野氏へ1部渡す。」

六月一六日（木）「西村宅9時半着。渡辺、George来る。昨夜の国会乱入事件の話。／アイク訪日中止の報入る。ラジオで首相の記者会見聞いて退庁6時半。」

六月二一日（火）「10時過ぎより班長会議。デモ騒ぎの報告多し。安保闘争とアイク訪日延期に関する東南アジアの反響について報告す。12時終了。久住、木下と3人で議員会館に行って食事しつつ政府PRの重要性などについて話合う。政局を憂うることしきりなり。この禍を転じて福となすべし。」

五月二〇日は、新安保条約が自民党単独で強行採決され、衆議院を通過した日（衆議院で五月一九日、与党が五〇日間の会期延長を可決し、翌二〇日未明の本会議で新安保条約を承認した。「五・一九強行採決」などと象徴的に語られる）。六月一〇日は、アイゼンハワー米大統領訪日の打ち合わせで来日したハガチー大統領新聞係秘書が安保改定阻止のデモ隊に包囲され、羽田から米軍ヘリで脱出した「ハガチー事件」当日。六月一六日は、国会に乱入したデモ隊と機動隊が衝突し、デモに参加していた東京大学学生の樺美智子《かんばみちこ》が圧死した翌日。六月二一日は、新安保条約が一九日に自然成立してから二日後である。

少し時代をさかのぼると、前年の一九五九（昭和三四）年六月に、志垣は東南アジア班長を命ぜられていた。また同年八月二五日から一〇月一三日まで、CIA（米中央情報局）の招きで渡米し、五〇日間にわたってワシントンなどで研修を受け（志垣／岸二〇一九、五七〜六三頁）、帰国後も東南アジア担当としてCIAと関係を深めていた。

一九六〇年六月一六日の記述はCIAとの定期的な交流、五月二〇日と六月二一日の記述は東南アジア班長としての仕事である。George はCIA関係者、久住は一九五五年から内調の軍事班班長となり、後年、沖縄返還交渉で活躍した軍事評論家の久住忠男《くすみただお》と見られる（久住一九八七、二三八〜二五一頁。大森二〇〇五、四一頁）。それぞれに興味深い記述ではあるが、志垣がまだ内調の幹部でなかったこともあってか、安保闘争との関わりはそれほど強く感じられない。

†内調編『安保改定問題の記録』

内閣調査室が安保闘争について特筆すべき仕事をしたのは、実は岸内閣が退陣し、池田内閣になってからのことだった。内閣官房内閣調査室編『安保改定問題の記録』がその成果である。日誌編、資料編、総括編の三部作で一体を成し、部外秘扱い。

日誌編は日米安保条約改定問題の経過を日誌体に収録したもので、一九六一年一二月に刊行された。二五二頁。一九五一（昭和二六）九月八日の講和条約及び日米安保条約調印の日から一九六〇（同三五）年七月三一日までの出来事を、次の区分により四欄に分けて記載している。Ⅰ―日米間の交渉に関する事項、政府及び与党の動向に関する事項、国会の審議に関する事項、米国の政府及び議会の動向に関する事項。Ⅱ―安保改定阻止国民会議、日本社会党、民主社会党、日本共産党、総評、中立労連、新産別、学者文化人、全学連、いわゆる平和民主団体など日米安保条約の改定に反対した勢力の動向に関する事項。Ⅲ—国内論調に関する事項、外国からの働きかけに関する事項、国外における反響に関する事項。Ⅳ—日米安保条約の改定に賛成した勢力の動向に関する事項、右翼の動向に関する事項、その他内外の参考事項。

資料編は日米安保条約改定問題に関する各方面の資料を収録したもので、一九六一年一二月に刊行された。編集にあたっては、内閣調査室が収集した資料のほか、外務省、労働省、警察庁、公安調査庁等において作成した資料及び新聞、雑誌、単行本等一般の公刊物を利用した。八八三頁。本編は二部に分かれ、第一部には「日誌編」に記載した事項のうち、その具体的な内容を記載する必要があると思われるもの及び特に説明を加える必要があるものについて、その関係資料を収録した。収録の要領は、第一—日米両国政府・議会関係、第二—安保改定反対勢力の動き、第三—安保改定促進団体その他、第四—安保改定問題に対する国外からの働きかけと反響。第二部には、第一—新旧日米安保条約、付属協定、付属文書、第二—安保改定阻止共闘組織の結成状況及び構成、第三—安保改定阻止統一行動動員状況、第四—安保改定問題をめぐる学者文化人団体の動き、第五—安保改定問題をめぐる国内論調、第六—安保改定問題に関する世論調査、の資料を収録した。

総括編は一九六三年六月に刊行された。三五二頁。一九五一年九月の日米安保条約締結後、一九六〇年六月の岸首相辞意表明までに安保条約改定をめぐって起きた問題を、外務省、労働省、警察庁、公安調査庁などが作成した資料や新聞、雑誌、単行本を参照して、資料に忠実にかつ客観的にまとめようと試みている。第一部―総論、第二部―経過と概況、第三部―内外の論調、で構成し、最後に安保改定問題に関する参考文献一覧を収録した。

三部作で計一四八七頁に及ぶ膨大な記述であり、内調がいつこれに着手したかははっきりしないが、岸内閣の退陣から三年後にようやく総括編の完成にこぎ着けた大仕事だった。この間の「志垣日記」には総括編のことと思われる記述が散見され、同僚らとの共同作業により次第に大部の『記録』が仕上がっていく様子がリアルに綴られている。志垣はこの作業のまとめ役だったのだ。

一九六〇年七月に池田内閣が発足するや、志垣の仕事は日を追うごとに忙しくなり、岸内閣から一変した。「志垣日記」を糸口に『安保改定問題の記録』を深掘りしてみよう。

†総括編のデスク役に

「志垣日記」の安保闘争に関する記述は、意外にも渦中にあった岸内閣時代はそれほどなく、逆に岸首相が辞意を表明した一九六〇(昭和三五)年六月二三日頃から目に付くようになる。日記の「昭和35年を顧みて」の中で、志垣は「調査室は安保問題で忙しかったが、小生は当時東南アジア班にいたため当面する仕事としてはあまり影響なかった」と振り返った。それは、東南アジア班が安保闘争を直接扱うところではなかったからだ。

話を理解しやすいよう、ここで内調の組織を説明しておこう。部の名称はしばしば変わっており、変遷を正確に追うのは容易ではない。だがそれより、筆者は内調内部の組織だけではなく、外部の委託団体を含めた業務全般を把握することの方が重要だと考えている。詳細は次章で述べることにして、三代室長の古屋亨が定めた六部制にふれておきたい（実際には、七部になることもあれば、五部になることもあった）。

松本清張が『文藝春秋』一九六四年七月号に発表した「内閣調査室論」に、当時の組織図が掲載されている。それによると、六部制は、一部〔国内情報〕、二部〔海外情報〕、三部〔マスコミ論調〕、四部〔資料・通信社関係〕、五部〔研究・民主主義研究等〕、六部〔情報判断会議〕となっている（松本一九七三、四八三〜四九八頁）。志垣が二五年つきあった政治学者の藤原弘達は、第四章で紹介した雑誌論文の中で、一部国内情勢、二部海外情勢、三部マスコミ調査、四部資料収集分類、五部学識経験者委託調査、六部総合分析、総務部、と書いた（藤原一九六七、八六頁）。志垣が筆者に語ったのは「一部国内、二部国際、三部広報、四部庶務、五部学者、六部審議員会議」という大まかな構成だが、基本的に松本清張や藤原弘達との違いはない。

すなわち、五部は学者への委託研究を担当する部門であり、六部は審議員会議という官庁の大物ＯＢや有力な学者をメンバーに情勢判断を担当する部門というのが実態だった（志垣／岸二〇一九、七五〜八四頁)。そして現代に繋がる六部制を確立したのが、内調の中興の祖ともいうべき三代室長の古屋亨である。古屋は約六年一〇カ月の長きにわたって室長を務め、「室の改革を行い、意欲をもって多くの事績を残した」(志垣/岸二〇一九、三六〜三七頁)という。

志垣が所属した東南アジア班は、六部制の中で、朝鮮、中共、ソ連・東欧などと並び二部に位置づけられていた。国際(海外)と国内は、内調の「車の両輪ともいうべき」(松本「内閣調査室論」)重要な部門だが、安保闘争への対応からはやや外れていたということだろう。

しかし、日記では「昭和35年を顧みて」の後半で、翌年の課題として「安保の総括」に言及すると、一九六二(同三七)年には関連する記述が増え、一九六三(同三八)年には年初から追い込みの作業に熱を入れた。これは、一九六〇(同三五)年八月に志垣が内閣調査官に昇進し、年齢も脂の乗る三〇代後半を迎えて、中堅になったことも影響していると考えられる。総括編の作業が佳境に入った一九六三年の日記の、主な記述は次の通りである。

三月二一日(木)「春分の日。9時半起床。終日、安保の原稿を読んで修正。春日井君の分は殆ど終り、夜まで約半分。仲々進まぬ。」

三月二二日(金)「島田君を呼んで安保の原稿残を受領。目次を作ってもらい、全般的な修正を頼み、小生の机で作業してもらう。(中略)5時半、犬井君来たので5部で安保の概況検討。小津、鶴田と4人で、犬井君の文に意見云い修正。」

四月一〇日（水）「6時杉山助教授6部に来たので行って話、安保の総括の原稿に対する意見語ってくれる。途中鶴田君も加わり、8時半まで。日本の政治的体質の問題、派閥etc話。仲々よく付箋つけてくれた。」

四月二四日（水）「安保原稿修正。（中略）5部に印刷屋来たので行って打合わせ。安保の原稿2段組8ポとすることなど。」

六月二四日（月）「朝、家で安保のゲラ読む、校了とす。」

七月六日（土）「「安保の総括」政府の報告書としては若干問題ありと思われる箇所について、田中、小津と話合い。」

内閣調査官に任命された一九六〇年八月一五日に、マスコミ論調担当の三部付となった志垣は、併せて学者の委託研究を担当する五部付の兼務を命ぜられた。「昭和35年を顧みて」に「安保の総括で第5部を手伝わねばならぬだろう」と書いてから約二年をかけ、一九六三年にようやく仕事が詰めの段階に来たことがうかがえる。日記の記述からすぐに気が付くのは、複数の内調職員が『安保改定の記録』を手分けして書き、志垣がデスク役を担ったことである。志垣の自宅に、『安保改定問題の記録』総括編の検討時のものとおぼしき文書が残っていた。

表紙に『安保改定問題の総括』（未定稿）とあり、部外秘の印が押され、タイトルの横に「マスコミを通じてみた安保反対闘争」と手書きで加えられている。目次も、第一国民の心理的基盤について、第二社会的背景について、第三デモの性格、第四安保改定反対の理論、第五安保闘争の評価と遺産という具合で、完成版と似た要素で構成されているが、文章には相当な違いがある。さらに手書きの書き込みが大量にあり、いつ作成されたかは不明だが推敲に推敲を重ねた様子がうかがえる。

それとは別に、作成年月日が「昭和三七年三月」と記された『安保問題文献一覧』があり、完成版末尾の付属資料「付属資料　安保問題文献一覧」になった。「マスコミを通じてみた安保反対闘争」というタイトルは完成版に採用されなかったが、マスコミ論調の調査が総括編の柱になっている。

また『安保改定問題の記録』の編集と並行して、内閣調査室は一九六一（昭和三六）年五月の一号から「社会風潮調査資料」の刊行をスタートし、一九六八（同四三）年五月の四三号まで続くシリーズとなった（国会図書館の所蔵資料）。一号は「欧米人の見た日本人の国民性――安保騒動等の事件を通して」で、アイバン・モリス、エドウィン・O・ライシャワー、ロベール・ギランら欧米人の安保闘争批判から日本人の国民性にひそむ問題を分析したものである。「志垣日記」にはこの編集を担当したことも記されており、総括編の安保問題文献一覧に同じ資料が掲載されていることから、これらも総括編に利用されたと考えられる。

総括編のほとんどの原稿は職員の手になるものだが、学者の知恵を借りた様子もうかがえる。四月一〇日の「杉山助教授」は著名な国際法学者で後に法政大学教授となる杉山茂雄のことと見られる。沖縄問題の法的側面、中共の国連加盟問題などの重要案件で、内調が杉山にたびたび意見を求めている様子が、「志垣日記」に記されている（志垣／岸二〇一九、一八七〜一八九頁）。それにとどまらず杉山は、志垣とは別の内調幹部を「人生の師」と仰ぎ、強い繫がりを持っていたのだが、その点については次章でふれることにしよう。

†「国民の不安感煽る」岸内閣

こうして出来上がった総括編で、安保闘争はどう描かれたのか。その分析と評価は、冒頭の第一部総論に集約されている。

「序　安保改定問題の意義」は、日本の安全を保障するための暫定措置だった日米安保条約が、日本の国力充実と防衛体制確立の方向に当然改定されるべきものとみていたという大方の理解や、日本の国民心理を捉えたソ連の平和共存政策などが概括される。安保闘争の要因は複雑で、単純明快な原因と結果を描き出すことはできないとしながら、当初は国民多数が平静に成り行きを見守っていたものの、一九六〇年五月一九日に自民党が単独採決を強行するに及び、議会主義（民主主義）擁護の呼びかけが民衆心理にアピールしたことを指摘する。

すなわち、デモ参加大衆の感情は「安保改定反対でも日本非武装化の欲求でもなく、まして反米運動などではありえず、ただ岸信介という個人ないしはそのとった政治手段に対する反対運動でしかなかった」という解釈が示される。さらに、闘争の高揚から約三年を経てまとめられた論文らしく、岸内閣に代わる日米協調体制強化の本命と見なされた池田内閣の出現にふれ、闘争指導部の「挫折感」や運動内部の分裂を跡付ける。そのうえで、この政治事件は国際情勢と深い関わりを持つとして、安保闘争の分析の意義を強調している。

ここから、「第一章　安保闘争高揚の諸要因」、「第二章　安保改定問題の評価と影響」が三四頁にわたり展開される。内容をいちいち紹介するのは本書のテーマではないが、第一に指摘すべきは、国内外の新聞、雑誌、書籍から関連情報を幅広く収集しているその手法である。先述したように、八八三頁にわたる安保改定問題の資料編と同様、総括編文末の参考文献一覧も、新聞は朝日、毎日、読売の全国紙はもちろんのこと大学新聞や書評新聞も網羅し、雑誌は『中央公論』、『世界』、『文藝春秋』といった総合誌から『月刊社会党』、『前衛』等の政党機関誌までフォローする。単行本は一一九冊を数え、欧米紙誌にも目配りしている。

オープン・ソース・インテリジェンス（ＯＳＩＮＴ）を十分活用するのは内閣調査室の情報収集の基本だが、ここでもそのやり方が忠実に踏襲されている。

第二に注目すべきは世論の動向に一貫して関心を寄せ、関連情報を収集していることである。第二章では、内閣調査室が一九六〇年七月の池田内閣成立直後に行った「国民政治意識の基調と変化」や、一九六〇年一一月に実施され自民党が当時としては戦後最高の二九六議席を獲得した第二九回総選挙の分析を丁寧に紹介している。内閣調査室が政府機関であることは言うまでもないし、その反共的な性格は各所に散見されるけれども、世論の傾向を追うことで、時の政府を含めて、安保闘争の様々なアクターを客観的に分析しようと試みている。

これら論文のハイライトは、闘争高揚の要因を検討した第一章であろう。国民の深層心理的背景、「平和」と「民主主義」、「反岸」感情への集約、国際共産主義の対日心理戦、マスコミの影響、政府与党の内部対立という六つの要因が順次解説される。

「平和」と「民主主義」の項では、戦争嫌悪の国民感情について議論している。ここでは、安保改定に関する朝日新聞の世論調査(一九六〇年一月発表)を挙げ、〝戦争の危険増大〟とするものの三八%、〝中立保持〟がよいとするもの三五%が各調査項目中最多で、国民の戦争にまきこまれたくないという平和感情がはっきり示されているとし、一九六〇年五月にソ連上空を偵察飛行していた米国のU2機をソ連が撃墜したことで国民に戦争の恐怖を呼び起こしたと指摘した。そして「このような国民心理の微妙な振幅《しんぷく》現象に対し、岸内閣は、安保改定がいかに日本の〝独立と安全〟に寄与するものであるかという点を十分国民に納得理解せしめる努力と配慮に欠けるところがあり、単独採決をあまりに性急に強行したことによって、国民の不安感を煽る結果となったことは否定できない」と、岸内閣に厳しい見方を示している。

日本国民の平和感覚の問題は、第二章の「安保闘争の総括的考察」の節でも取り上げられている。そこでは、国民が一般に「平和」の言葉に弱く、「安全」を無視する傾向にあるとして、「非武装中立論にみられるようにセキュリティの理論に合わぬ安全感覚の欠如性が、安保改定問題においてもはっきり露呈された」、「国際社会の冷厳な現実に対処して、これを冷たい理論で分析判断する心的態度の習得が一朝一夕には成就されぬことながら、国民的課題として努力さるべきであろう」と、国民の側にも注文を付けた。

また第一章の「国際共産主義の対日心理戦」の節は、安保反対運動への中ソの心理的攻撃に差異を見いだした興味深い分析である。すなわちソ連の場合は、日本が新安保体制に入ることは日ソ共同宣言に違反するとして、日米共同防衛体制の弱体化に主眼を置く。一方中共の場合は、安保闘争を反米・反帝の方向に発展させることに情熱を示し、社・共の各代表団を北京に招いて闘いを激励指示する直接的なイニシアチブを取ったと述べる。

第二章の「安保闘争の総括的考察」は、安保改定賛成派の役割にも簡潔にふれている。東大、慶大、早大、中大、青山学院大などを出た三〇代以下の有志の団体「土曜会」が出版したパンフレット「安保改定によせる若き良識の意見」(『経済往来』一九五九年一二月号付録)はその一例である。「若き良識の意見」は安保改定問題の本質を、日本が自由主義陣営と結びつくよう方向づけることにあると見ており、この共同討議に参加して文章をまとめた一人にのちに国際政治学者として活躍する内調に近い知識人の一人、若泉敬がいた。若泉は後年の著書『他策ナカリシヲ信ゼムト欲ス』でも内調との関係には何ら言及していない。

さらに「安保闘争の総括的考察」は、安保反対運動の側にとって新安保の信任を問うはずであった一九六〇年一一月の総選挙が革新陣営の伸び悩みに終わったことにも言及している。そこでは、安保闘争が感情的な激発であり、ブーム的要素が強かったことを指摘しながら「低姿勢ムードを推進し、党内派閥問題の調整もおおむね完成して、安保問題にふれずにこれを巧みに経済問題に切換え」た池田内閣の政治手腕を、岸内閣とは対照的に評価したのである。

†「閉ざされた政治」

六〇年安保は内調が結集をはかった学者・知識人にも影響を与え、彼らから注目すべき論考が生まれた。高坂正尭が『中央公論』一九六七年八月号に発表した「吉田茂以後」もその一つである。第五章で引いたように、高坂は吉田政治について、政策を立派なものにすることにおいて優れていても、政策を支えるための支持を生み出すことはできなかったと、世論との対話を怠った最大の弱点を指摘した。そして、吉田の遺産を受け継ぎながら、自らに対抗する勢力やそれを支援する人々を正しく評価できなかった岸信介に対しても、世論の観点から批判した（高坂二〇〇六、七七〜一六二頁）。

高坂は「吉田茂以後」の中で、明治以来の日本の工業化が、個性ある指導者の下で行われたことはまれであって、岸のような人々によって構成される官僚制に指導されたことを指摘した。つまり、日本の近代化は第一級の人物の指導でなく、第二級の人物の作り上げた組織を中心に行われ、その組織は第一級のものであったけれども、この事情が外側から権力に近づくことを困難にし、内側から権力に近づくことの必要性を高めた。日本の政治の「閉ざされた性格」はそこに根ざしており、岸を「閉ざされた政治」を体現した官僚政治家と見なしたのである。

こうした岸の行動様式は、反対勢力排除による権力強化につながった。安保改定の反対勢力に対して、高坂は、中立主義がどの程度可能かは疑問だし、非武装が現実の政策になるとは考えられないとしながらも、非武装中立という一つの理想主義が存在することは外交を見る目を広くさせたし、自民党が社会党を無視して政治を進めれば国論を分裂させ、民主主義を傷つけると国民は感じていた、と説いたのだった。

安保が定着した現代の政治学者の間には、高坂の考えは岸に厳しすぎるとの声もある。だが、吉田、岸という安保体制を推進してきた政治家を、世論の側面から再評価することは見落としがちな視点ではないか。岸の功績とされる安保改定は、半世紀以上も議論を呼んだ核搭載艦船の一時寄港をめぐる密約問題を生み、国民の不信を高める結果になったのである。

当人の岸にしても、大衆の時代には自分のような政治技術では不十分であることを自覚していなかったわけではない。「吉田茂以後」には、岸が一九五七年六月の米国訪問にあたり、平沢和重を先に派遣してジャーナリズム対策を検討させ、PR会社を雇って、ヤンキースタジアムで始球式をしたり、アイゼンハワー大統領とゴルフの交歓をしたりして、イメージアップに一定の成果を収めた逸話が紹介されている（同一一八〜一二〇頁）。ちなみに外交官、NHK解説委員などを務めた平沢は、一九六〇年代から内閣調査室と関係を深め、一九七四年に発足した三木武夫内閣では外交ブレーンとなる人物である（志垣／岸編二〇一九、二二八〜二三〇頁）。

高坂は「大衆政治家であろうとした岸の試みは人工的なもの」で、「国民は簡単に彼の実質を見抜いてしま」い、「それによって彼の宣伝はしばしば逆効果になった」と述べている。それでも、岸内閣の政府広報策は、首相個人の人気取りにとどまらない大がかりなものだった。退任直前の一九六〇（昭和三五）年七月一日に総理府広報室（内閣総理大臣官房広報室）が新設されたのである。

†総理府広報室の新設

総理府広報室（内閣総理大臣官房広報室）についての調査研究は、内閣調査室に関する研究と同様にまだ進んでいない。だが、内調とは違ってかなりしっかりした通史が作られており、実務家が検証した「政府広報」の歩みも出版されている。広報室設置前後から業務に携わってきた内納美成《うちのうよしなり》の著書を手がかりに、岸内閣当時の発足の舞台裏を探ってみよう。

内納は一九三九（昭和一四）年に東京府下の小学校の代用教員などを経て内閣情報部の属官となった、戦前から内閣情報機構に勤めた経験のある人物である。『情報局関係極秘資料』第1巻所収の一九四〇（昭和一五）年一二月六日の局報第一号に、「総裁官房第一課勤務ヲ命ズ」との人事が発令されたことが記されている。『戦前の情報機構要覧』所収の情報局職員名簿（一九四五年四月）にも、総裁官房の審議室事務室にその名を見いだすことができる。

戦後は、一九五二（昭和二七）年七月にGHQの主導で作られた国立世論調査所、一九五四（昭和二九）年七月に内閣総理大臣官房審議室、一九六〇（昭和三五）年七月に発足した内閣総理大臣官房広報室の勤務となり、一九七二（昭和四七）年二月に退官するまで約一二年勤めた。長年、「政府広報」に携わってきた生き字引と言えよう。

その内納が、社団法人日本広報協会発行の月刊専門誌『広報』に連載した「〈資料〉昭和の政府広報」をまとめた本に『昭和の政府広報――総理府広報室誕生』がある。そこに昭和三〇年代前半の教員の勤務評定強行をめぐる闘争（勤評問題）、警察官職務執行法改正に対する反対運動（警職法反対闘争）、そして安保闘争という大衆運動の盛り上がりに対し、政府の広報活動が不十分であるという問題意識が、当時の政府首脳にあったことが指摘されている（内納二〇〇四、一四三〜一七八頁、内閣総理大臣官房広報室一九九〇『政府広報30年の歩み』も参照）。

総理府広報室（内閣総理大臣官房広報室）設置の第一歩となる政府の広報活動強化に関する協議が政府部内で行われ、岸首相もその結果を了承したのは一九五九（昭和三四）年六月末のことだった。中でも、若い頃に情報局や外務省情報部に勤務した経験がある福田篤泰《ふくだとくやす》総理府総務長官（福田一九七四、一八一〜二二六頁、有山／西山二〇〇〇［近代日本メディア史資料集成第2期］『情報局関係資料』第一巻一九四〜一九五頁、昭和一六年四月一八日現在「情報局職員表」）が、独立した広報室設置に熱心だった。同年七月に首相官邸で開かれた各省庁広報担当幹部会議で福田は次のように挨拶している。やや長くなるが、紹介しよう。

政府広報の必要性、あるいはその強化につきましては勤評問題、警職法問題、安保条約問題などの推移から見てもおわかりのとおり、わが国内外の諸情勢から、一段と要望されているのであります。先般行なった世論調査におきましても、一般国民は政府広報の強化を望んでいる結果が出ているのであります。／私はこの機会に、政府広報のあり方に関する所見を二、三述べまして、各位の御参考に供したいと思います。／第一に、政府広報の重要性に対する認識を新たにすることであります。国民に真実を知らせるという基本方針のもとに、政府自らその施策を、国民に周《あまね》く知らせ、これを理解させるということは民主主義国家における政府広報活動の原則であります。知らしめずして、由《よ》らしめることの、いかに困難であるか、すなわち広報活動のともわない行政施策の実施が、いかに国民の非難を招くかは、警職法問題の例を想起するまでもなく、私どもは、常にそのような事実を率直に認めなければならないのであります。（後略）（内納二〇〇四、一四九〜一五一頁）

政府の危機感がうかがえる一幕だが、この時期に「政府広報」拡充強化の動きが出てきたのは、前年の一九五八（昭和三三）年一〇月に社会党が中心となって結成された警職法反対国民会議の国民への働きかけが一つの刺激になっていた。警職法反対の啓蒙宣伝活動には社会党の議員や文化人らも多数参加し、野党、文化人らによる安保反対闘争の先例になったのである。

独立の広報機構が政府部内で本格的に検討され始めたのは、第二次岸改造内閣後の一九五九（昭和三四）年六月頃からで、一時は四部九課一〇七人から成る大規模な広報局構想もあった。当時の新聞には、一九五二年に緒方竹虎国務大臣兼官房長官の情報機関構想が「情報局復活」として世論の猛反発にあったことを福田が懸念し、内閣調査室と切り離して広報だけに専念させると弁明した記事も見受けられる（『毎日新聞』一九五九年八月二三日付朝刊、『朝日新聞』一九五九年九月六日付夕刊）。戦後、内閣情報機構を新設した際に、戦時中の統制が復活する恐れがあると批判を浴びたのと同じような反発が再燃する形になったのだ。

一九六〇（昭和三五）年二月になって広報室の機構やその広報活動の計画が具体化し、同年七月一日付で総理府本府組織令の一部改正が行われ、総理府広報室（内閣総理大臣官房広報室）が新設された。

時事通信社発行の一九六〇年六月二八日付『官庁速報』によると、総理府本府組織令の一部を改正する政令が次官会議で決定され、総理大臣官房審議室の広報部門を広報室として独立させ、政府広報の強化促進を図ることになった。定員法の改正案が成立していないため、政府が予定していた人員一五名では発足できず、とりあえず審議室広報の人員八名で出発した。所掌事務は、①各行政機関の広報に関する施策及び事務の総合調整、②各行政機関の広報に関する事務の連絡、③他の行政機関の所掌に属さない事務のうち、広報に関するものを調査、企画、立案すること、であった。約八年前に、内閣総理大臣官房調査室が総理府内部部局組織規定の改正によって新設されたのとほとんど同じ簡便なやり方で設置されたのである。

†広報室と調査室の接点

こうして発足した総理府広報室（内閣総理大臣官房広報室）は、内閣調査室とどのような関係にあったのか。『昭和の政府広報』を読んで気づくのは、第一に内納を含めた政府関係者が、従来の行政施策に関する広報とはひと味違う「政府広報」を考えていたことである。

現在の内閣府の公式サイトは、政府広報を「政府の重要施策について、その背景、必要性、内容などを広く国民に知っていただき、これらの施策に対する国民の理解と協力を得ることを目的としています。／広報活動では、新聞やテレビ、ラジオ、インターネットなどの各種媒体を活用するとともに、政府広報室が運営する公式のウェブサイトである政府広報オンラインなどを通じて、国民生活に関わりの深いテーマを幅広く広報しています。また、海外に向け我が国に対する正しい理解と協力を得るため、英語や中国語など外国語による海外広報を行っています」と記している。

インターネットの登場や海外広報の拡充などの違いを除けば、この説明は昔も今もおおむね変わらないように思える。当時の政府関係者はさらに一歩踏み込んで、従来の広報活動を次のように問題視していた。「政治的に問題のあるものは、政策決定前の広報は避け（中略）、もっぱら行政施策についての広報を行なっていた」ために、「国民は政治的に問題となっている重要事項については、その方針や意向を政府の広報活動を通じて適確につかみ、積極的に判断をくだすことができない状況にあった」（内納二〇〇四、一四八頁）。政治的な問題を取り上げようとする積極姿勢が、政府広報活動を統一的に実施する広報機構設置を推進したようにも思える。

内納は「国民に対して適確な情報、適正な資料を提供することにより、公正な立場でものごとを判断し得る環境を整える」、「政策決定以前において、政府の方針や施策の内容を十分理解してもらい、国民の意思を反映させ、その政策に協力してもらう」と一九七〇年代以降の政府広報を展望していた（内納二〇〇四、一七四〜一七五頁）。だが、論争的な問題になればなるほど、「安保条約改定にしても、改定について考えてみるための資料をPRするなら分るが、政府の一方的な考え方で、国民の頭を〝総合調整〟されるのでは、やりきれたものじゃない」（『朝日新聞』一九五九年八月二一日付朝刊）との声が上がるのは当然だった。一定の政策を掲げる政府が、人々の熟議に資する資料を作ろうとするのは、そもそも無理だったのである。

第二に指摘すべきは、情報機関と広報機関を明確に分けて考えていたことである。一九五九（昭和三四）年八月末頃に政府部内で検討されていた「政府広報強化方針」には、次のような方針が立てられていた。「政府の施策に関しては、情報、審議および広報の三つの活動が相互に密接な連絡を保ちつつ、それぞれ分化して推進されることを原則とする」、「政府の広報機関は、情報機関とは別個のものとし、情報収集は行なわない」——。

「各行政機関の広報に関する施策および事務の総合調整に関すること」、「各行政機関の広報に関する事務の連絡に関すること」などをつかさどる広報室は、「内閣の重要政策に関する情報の収集及び調査に関する事務（各行政機関の行う情報の収集及び調査であって内閣の重要政策に係るものの連絡調整に関する事務を含む）」をつかさどる調査室との分担と連携を強く意識していたということだ。内納も「内閣調査室との統合は考えず、情報宣伝に関することは行なわず、外務省の広報とも競合しないことを明確にしている」と強調していた（内納二〇〇四、一五二〜一五三頁）。

他方、第三に気になる点は、広報関係の文書にも内調に見られるのと同様のマスコミ不信が散見されることである。内納は、政府広報を強化推進するための具体案が決定した頃に広報参与の間でも広報機関のことが検討されたとして、政府部内の参考に提出された改善試案を紹介している。広報参与とは、主として言論界に対し、公務員が行うことが難しい折衝、連絡提携等を政府と一体となって行うことを目的に、民間人に委嘱したものである。一九五七（昭和三二）年一月に設置が具体化し、同年二月七日の官房長官決裁で「広報参与の設置について」が決まった。同日、満洲日日新聞社編集局長だった藤井啓輔が参与に委嘱され、二カ月後に読売、毎日、日経、同盟の五人がさらに委嘱されて、政府広報の企画等に関与するようになった。

これら広報参与が提出した広報機構改善案は「政府広報は、報道機関の協力なしにはその使命を果たすことが出来ない」としながら、広報室の事業として「マスコミの倫理化運動に協力し、誤れるマスコミに対しては、これを正しくするための努力をする」と述べている。広報室が直接実施し得ないものは外郭団体に行わせるとして「マスコミ公正化協議会」を挙げ、「最近のマスコミの偏向は寒心に堪えないものがある。この偏向を是正するために刺激する言論を必要とする」と記した。これはマスコミ出身者からの批判ではあるけれども、部外者の口を借りたマスコミ批判は、後にふれる内閣調査室のマスコミ不信と共通するものであったことは疑いない。広報参与は一九六三（昭和三八）年に弊害を理由として廃止された。

†よみがえる緒方構想

総理府広報室と内閣調査室は、このように制度上別個のものとされていたが、人的には深いつながりを持っていた。広報室長が内閣調査室の経験者だったり、逆に広報室長が内閣調査室長に転じたりしたこともあった。実務者レベルでも頻繁にやりとりしていたことが、関係者の記録から浮かび上がってきた。

人的なつながりは、例えば一九九〇（平成二）年七月に内閣総理大臣官房広報室が発行した『政府広報30年の歩み』からも知ることができる。この中で初代広報室長の三枝三郎が「広報室草創期の想い出」と題する座談会に出席し、当時を次のように振り返っている。この座談会には、内納美成も広報業務のエキスパートとして出席していた。

私は、昭和27年4月に内閣調査室に来ましたが、その時代に後に広報室長になった時の基本的な考え方が出来上がったのです。というのは、朝日新聞の大幹部でもあった緒方竹虎先生が副総理でおいでになったのですが、私は直接お仕えして二つのことを学びました。

一つは、緒方先生がいわれるには、「例えば、ここに精巧な放送の受信装置を置いておけば、居ながらにして海外の動きがわかる。NHKのニュースで大体国内の動きがわかるように、海外の動きが全部分かる。これを正確に把握することが大事だ。その場合に注意しなければならないことは、情報を誤訳したり、間違って解釈してはならないことだ。一度誤まりを伝えたら、国民の信頼は全く失われ、取り返すのは並大抵のことではないのだから、正確に海外の情勢を把握して、それを使わねばならない」ということでした。（後略）

（内閣総理大臣官房広報室一九九〇、一二一～一二二頁）

この後、三枝の話は緒方竹虎から学んだこととして、アメリカ式の民間テレビ網を作る動きに緒方が反対したことや、テレビの時代が来ることを予想していた緒方に先見の明があったといったことに及ぶが、ここで注目すべきは三枝が内閣調査室の出身だったことである。

三枝は、一九五二（昭和二七）年四月九日、内閣総理大臣官房調査室が日本独立を前に新設された時の、四人の創設メンバーの一人だった。第四章で述べたように、吉原資料によると、村井順の下で同年三月に四つの創設案を水面下でまとめた草創期の活動を担っていたのである。

三枝は、内閣広報室長の後、町村金五《まちむらきんご》北海道知事の副知事に転じ、一九七二（昭和四七）年一二月に衆議院旧北海道四区から自民党公認で初当選して、通算三期務めた。

その三枝が、内閣広報室長になった時の基本的な考え方は内調時代に出来上がったとして、内調担当の副総理だった緒方との逸話を挙げているのは興味深い。一九五二年一〇月の衆議院選挙で初当選した緒方の新情報機関構想は、たちまち波紋を広げた。緒方構想は国会や世論の反対に遭い、内調の機能を拡充して資料室を新設する方向へ転じた。三枝が語ったのは、緒方が当初目指していた内調とは別の情報機関と考えられる。

緒方が言う「かつての情報局とまでは行かないとしても、すべての情報を分析し内閣が的確な判断をもち得る機関」（『毎日新聞』一九五二年一一月一六日付朝刊）とは、「大ぜいのリスナー（ラジオを聴き取る専門家）がいて細大もらさずニュースを採録する。それを政治、経済、文化各方面にわたりニュース感覚もあり学識も深い人が問題別に分析し総合する」（『朝日新聞』同年一二月二日付朝刊）というものだった。緒方の親友で元同盟通信社社長の古野伊之助が吉田首相に進言した特殊通信社設立（『読売新聞』同年一一月二八日付朝刊）に繋がる大がかりな案だったのである。

国策通信社・同盟の再現であり、情報局と結んだ戦時下の官製言論化を想起させると反対の声が広がった緒方構想を、約三八年もたって三枝が持ち出したことに驚かざるを得ない。戦前の内閣情報機構の系譜は脈々と受け継がれてきたし、弘報機関を標榜した戦後の内閣総理大臣官房調査室も総理府広報室も奥底で同じような狙いを持っているということなのだろう。

一方渡部正郎は、田中角栄内閣期の一九七二年六月に第六代広報室長に就任した後、六カ月足らずで広報室を去り、同年一一月、内閣調査室長に転じた。内調勤務を経験して広報室長になった三枝とは、人事上逆のルートを辿ったのである。

後年、渡部は著書で当時を次のように振り返っている。「内閣調査室の仕事は、法令によって、「内閣の重要政策に関する情報の収集調査」と、そのことに関する「各省庁間の連絡調整」と、定められている。／情報なくして政策の決定はありえない。今日のように、複雑で変化の激しい時代にはなおさらである。そして、複雑で変化の激しい内外情勢の中で、各省庁の仕事は密接不可分に絡み合っている。各省庁の情報を相互に関連させて全体的な判断を下す事務的スタフの存在が〝内閣の重要政策〟の決定には不可分である。だが、あるべき内閣調査室の姿と現実の姿との距離は、あまりにも大きかった」。

そう小組織の悲哀を述べたうえで、『文藝春秋』が田中角栄首相の金脈問題を取り上げた際、編集長の田中健五が田中首相側の反論を期待して、内閣や田中側に文春への発表を促し、文春側が集めた資料の提供まで申し出たが、何の反応もなかったというエピソードを明かしている（渡部一九八〇、一一～一〇頁）。

騒然たる安保闘争のさなかに設立準備が進められた総理府広報室は、結局、岸信介内閣で目的を果たすことはなかった。広報室と内閣調査室は、具体的にどう連携を図ったのだろうか。

†池田内閣で連携実現

一九六〇（昭和三五）年七月一九日に池田内閣が発足して、しばらくすると「志垣日記」に広報室に関わる記述が目に付くようになった。最初の特筆すべき記述は、同年一二月五日（月）の次の一節である。「平本氏迎えに来り。立花氏、木下君と4人で永田荘へ。3時、世論の佐藤、小宮山両氏、官邸より三枝広報室長を呼び、下野氏も続いて来る。皆で選挙調査の打合わせ。世論調査で何をやるか注文の出し合い。連絡会は時々やることにす。4時半終え、下野、立花、木下らと帰庁。室長に呼ばれ、官房長官より指示ありと。選挙の調査、1、3、5部でやれと。1月15日迄に報告すること。木下君と方法論と項目について相談」。

ここで言う選挙とは同年一一月二〇日に行われ、安保闘争から間もなかったにもかかわらず自民党が圧勝した衆議院選挙、世論とは国立世論調査所が一九五四（同二九）年に廃止された後、総理府の内閣審議室に移されたかつての国立世論調査所の企画部門のことと見られる。「1月15日迄に報告」という記述通り、志垣は翌一九六一（昭和三六）年の年明けからこの対応に追われることになった。同年一月九日（月）の項には「世論の佐藤氏と電話連絡し、世論調査のレポート持ってきてもらう。タイプ印書と交渉。木下君と選挙の事務打ち合わせ。（中略）木下、佐藤、杉浦と4人で応接室に入り選挙調査の相談。革新の伸びた34地区の分析など頼む」との記述が現れ、同一二日（木）に「世論でやった時事問題に関する調査（選挙等）タイプ刷上がってくる」、同一三日（金）に「資料読み、選挙の分析で数字を研究。佐竹氏のところへ行き、労働組合員組織数や労組出身代議士のことなど質問」、同一四日（土）に「世論調査の資料その他を検討。選挙の数字計算皆にやってもらう」、同一六日（月）に「選挙の分析やり、原稿書き続ける」という具合に、全てが関連しているかは不明だが、選挙絡みの記述が続く。

注目したいのは、「政府の施策では、情報、審議、広報の三つの活動が密接な連携を保ちつつ、それぞれ分化して推進される」という政府広報強化の方針が、一応実現していることである。政府部内で一九五九（昭和三四）年頃から検討されたものだ。志垣はその後も、政策と投票の関係や投票率と得票率の関係を検討し、関係者の修正意見を容れてタイプ校正した「総選挙の総括」が完成したのは一九六一年二月四日（土）のことだった。日記には記述がないが、大平正芳《おおひらまさよし》官房長官の指示で作成されたこの「総選挙の総括」は官邸に届けられたと考えられる。

広報室と内調の連携は、このように多方面で見られるようになった。同年七月六日（木）の記述も興味深い。「5時半退庁、下野、高野、小林、岡崎と一緒に上野の山本へ。広報室との初会合。芦田参事官に内野氏（内納の誤記の可能性も＝引用者註）先ず来る。酒、ビール始める。8時頃三枝室長と松本参事官も来り加わる」。この頃、志垣は先述したようにマスコミ論調担当の三部付になっており、会合に参加した下野（信恭）は三部主幹、高野（龍雄）は三部第四班長で、他部からの参加者も含まれていたが、三部が広報室との窓口になっていたらしい。

「志垣日記」には同様の記述が他にもあり、同年九月四日（月）に「昼、下野、小林と新橋小川軒へ。三枝、松本、芦田3氏来る。広報室と調査室の懇親会。古屋室長も遅れて来り加わる」、同年一一月六日（月）に「12時半三枝、芦田、松本、内野の広報室員来る。新六に案内。此方は下野、小林、竹田、志垣。広報室との連絡会議」、翌一九六二年二月九日（金）にも「朝、官邸に直行、10時半着。小客間にて広報室との会合。調査室からは下野、小林、志垣。広報室からは三枝、松本、八段、佐藤、内野各氏。国会予算、委員会その他での質問対策について、横路節雄《よこみちせつお》のこと、時事通信社のこと、フォトの経費のこと、公聴活動のことなど話合う。続いて3月にやる8000人の世論調査の質問項目とそれの基礎たる情勢判断（春闘など）について話。12時前終了。広報室の車で新橋の「ふじの」へ」などの記述が見える。

記述内容が判然としないところはあるが、内調と広報室の連絡会は二～三カ月ごとに定期的に行われ、職員同士の親睦を越えて、業務打ち合わせの機会になっていたことは疑いない。

†総理秘書官とのパイプ

安保闘争の反省から「寛容と忍耐」をモットーに掲げ、マスメディア対策を重要視した池田内閣は、岸内閣が着手した政府広報強化を現実政治の中で実現していった。それは広報室との連携にとどまらず、志垣の業務を一変させるものだった。官邸の指示が連日のように寄せられ、応えようと奔走する様子が「志垣日記」にリアルに残されている。その発信源になったのが、総理秘書官の浅沼清太郎《あさぬませいたろう》だった。警察官僚の浅沼は、池田内閣発足直後に秘書官に起用されるや、内閣調査室に勤務した自らの経験と人脈を生かし、矢継ぎ早に指示を打ち出したのである。

その一端を日記から拾ってみよう。志垣が浅沼と濃密に付き合うようになるのは、一九六〇(昭和三五)年八月一五日にマスコミ論調担当の三部付と学者の委託研究を担当する五部付の兼務を命ぜられて以降のことである。同一七日に官邸を訪れ、総理秘書官らに挨拶した直後から様々な指示を受けるようになる。最初の約三カ月間に限っても、次のようなやりとりがある。

八月二三日(火)「室長の処に浅沼秘書官来ていて、藤原弘達氏の意見聞きたしと。新政策等、選挙用か。」

八月二七日(土)「10時半下野氏らと車で官邸へ。浅沼秘書官に会い、藤原氏の新政策意見(タイプ刷り)を提出し説明。あと社会党の政策分析のことなど話して辞す。」

九月六日(火)「9時半登庁。資料読み。班長会議に出ようとしたところへ浅沼秘書官から電話が掛り、自民党新政策に対する各新聞の論調を至急、要点ピックアップして欲しいと。木下、安藤、三内、佐藤、杉浦、和田らと手分けして各紙の論調を拾う。注文により30分位でやっつけ、急ぎ車で官邸へ。(中略)車中で総理に見せる由。」

九月八日(木)「浅沼氏より電話あり。総理の要請の仕事というので木下、安藤を引きつれて官邸へ行く。浅沼氏と打合わせ。要するに新聞論調の中から批判的なもののみを抜いて欲しいと。小客間で3人、10時半から1時間余りかかって原稿を作る。12時半前出来、浅沼氏より総理に提出。」

九月二六日(月)「午後、又、浅沼秘書官より要求あり。経済成長率9%に対する社党、民社党の批判とその経済政策の資料。急ぎ新聞を探し、社会新報など赤線引いてもらう。(中略)皆にやってもらった新聞等持って車で官邸へ。浅沼秘書官に説明。まだ不足とて木下君に電話で頼み成田知巳の文章など採る。」

一〇月七日(金)「9時45分登庁。下野氏今日明日休み。資料を読んでいるうち浅沼氏から電話。社会党の政策やスローガンの変移について書いて資料もつけてくれと。大急ぎで新聞など材料集める。(中略)小生は社会新報等ひっくり返して社会党の政策変貌の原稿書き。」

一〇月八日(土)「9時10分登庁。「社会党の政策の変移について」の原稿タイプに回し急がせる。他の資料と共に持ってタクシーで官邸へ。10時、浅沼秘書官へ提出。」

一〇月二五日（火）「浅沼秘書官に会い「ジャーナリスト」紙に載った右翼〜新日協〜宏池会の関係記事見せる。選挙戦の実情報告頼まれる。」

一〇月二六日（水）「浅沼秘書官より「各党に望む」新聞論説等至急集めるよういわれ、協会の理事会出席を止めて皆と新聞選び。あと赤線引いて整理し、3時半官邸へ持ち込む。浅沼氏へ渡し説明。」

一〇月二七日（木）「浅沼秘書官から又電話あり。昨日集めた新聞の切抜、要旨を各々書いてくれと。（中略）午後手分けして要約書き。2時半に概ね終わる。又、電話あり、社会党が議員総辞職をしようとした時の論調とその事実関係を頼まる。当時の論調日報があったので赤線引いて一緒に木下君に持たせる。」

一一月七日（月）「浅沼—今野—木村—下野という具合に伝わって中立主義に関する社会党の主張を採集するよういわれ木下君らとやる。」

一一月一一日（金）「浅沼秘書官より伝言依頼で、①共産党と社会党の類似点、②外交内政問題で新聞上の論点を抜いてくれとのこと。」

一一月一二日（土）「登庁9時半。浅沼秘書官から屢々連絡あり。社党の階級政党たること、社会革命を狙うことの裏付け資料も追加要求あり。全資料捕捉し、12時頃下野氏と車で出発。信濃町の池田私邸訪問。人見秘書官に中立問題のデータ一切説明して渡す。切抜等も。楢崎《ならさき》秘書官とは世論調査の件で話合い。各省の報告にピンボケが多いと。浅沼秘書官やがて来る。共産党と社党の類似点出すが、これにはあまりふれないがいいと進言。社党の階級政党たること、議会軽視の傾向などデータ出す。食事もらう。その場で若干原稿に書いて整理して渡す。重要政策の論点も渡し3時頃辞去。」

日々の政治活動に対する内調の細部にわたる協力は、一九六三（昭和三八）年五月末に浅沼秘書官が交代するまで続いた。

†野党の動向を調査

せわしないやりとりを見て気が付くのは、浅沼が池田内閣の命運を賭ける重要テーマで内調の働きを求めていることである。池田の周囲に、大平正芳、宮澤喜一、黒金泰美《くろがねやすみ》という大蔵省出身の「秘書官」がいたことはよく知られている。「寛容と忍耐」という政治姿勢は、「荒武者と思われていた」池田のイメージを修正するため、宮澤と大平らブレーンの議論の中から生まれたという（吉村一九八五、二七〜二九頁）。金看板の「所得倍増」は初めて経済政策を正面から政治課題として取り上げたものであり、池田自身の意思が強く働いているが、それを理論面で支えたのはエコノミストの下村治《しもむらおさむ》だった（沢木二〇〇六、三四〜六七頁）。そして内閣を揺るがす一九六〇年一〇月の浅沼稲次郎《あさぬまいねじろう》刺殺事件に際し、池田が読んだ浅沼追悼の名演説を書いたのは西日本新聞記者出身の伊藤昌哉《いとうまさや》だった（伊藤昌哉一九八五、一一七～一二九頁）。

一方、補佐官の仕事をそれぞれ本に書いた彼らとは違い、池田内閣の世論対策を陰で支えた浅沼秘書官らと内調の働きはこれまで知られていなかった。

一九六〇年一一月に予定される総選挙に向け、自民党は同年九月五日に新政策を決定した。新政策では、国民総生産は今後一〇年間に二倍以上に引き上げることとされ、当面の成長目標として向こう三年間年率九％の成長が掲げられた（藤井二〇一二、二三六～二三九頁）。九％成長は七・二％の成長を前提にする経済企画庁に修正を迫るものであり、新聞は「かなり高い成長目標」であり、「均衡ある成長こそ必要」と注文を付け、野党からは「新政策は経済に中心をおき重大な政治、外交問題をことさらに避けている」（社会党）、「大企業本位の経済体制の実現を決定版としたことは〝低姿勢〟の正体を暴露したもの」（民社党）などと批判の声が上がった（『朝日新聞』一九六〇年九月六日付朝刊）。「志垣日記」の九月六日（火）、同二六日（月）の記述は、浅沼秘書官の要請で内調がこれらに対応した様子を示している。

また、一〇月二六日（木）の「各党に望む」記事を急ぎ集めたとの日記の記述は、同二四日夜に衆議院が解散され、一一月二〇日の投票日までの選挙戦に入ることを受けたもの。一一月七日（月）の中立主義に関する社会党の主張採集の記述は、外交上の中立主義が選挙の争点になったことを反映したものである。一〇月二一日に池田が施政方針演説で「中立主義は一種の幻想であり、我々は断じてこれをとらない」と述べたのに対し、社会党は「中立はいま世界をおおう現実だ」と反論した。一一月のアメリカ大統領選でケネディが当選したこともあり、「自主独立外交の展開」を主張する民社党を巻き込んで、テレビ・ラジオ討論が白熱化した。

さらに注目すべきは、一一月一二日（土）の社会党の階級政党たることや、議会軽視の傾向などの資料を提出したとの記述である。内閣調査室が反対党を監視しているのではないかという疑念を野党は持っていたらしく、後年、国会審議でも取り上げられた。「反対党の行動に対して、その機密を得るために、いろいろな方法をとっているんじゃないか」。一九六三（昭和三八）年三月二六日の参議院予算委員会で社会党の岡田宗司《おかだそうじ》がこう問いただしたのに対し、内閣調査室長の石岡実《いしおかみのる》は「できるだけ正確にして周到なる情報を集めて、政府の施策に貢献するために、いろいろの努力をして情報を集めますけれども、不当不正なる方法を講じないように、厳に戒めております。いわゆる政治情報というものは、私どもは取っておりません」と否定した。

志垣資料の中に、作成者、作成時期は不明ながら、次のような政治情報や選挙調査に関する質問を想定したものとおぼしき擬問擬答が含まれている。

問　内閣調査室は、政治情報をとっているのか。

答　「政治情報」という言葉はともかく、政治に関する情報については、内閣調査室として所要の調査分析を行なっている。これらの調査分析は、当室の任務とされている「内閣の重要政策に関するもの」の範囲内で行なっているもので、たとえば、機関紙・誌等にあらわれた政党ないし政治団体の主張やこれらに対する意見・批判とくにマスコミの論調等についてのものである。

問　野党の動向をとくに調査しているのではないか。

答　野党の政治活動を規制したり監視するような調査は行なっていない。しかし、内閣調査室は、内閣の重要政策に関する情報の収集等を任務としているので、各政党の主義主張等については、機関紙・誌はもちろんのこと、中央・地方の新聞・雑誌等各種の資料に基づき、一般的な調査は行なっている。

問　内閣調査室は、選挙に関する調査を行なっているか。

答　衆議院および参議院の議員選挙ならびに都道府県知事選挙など各種の選挙にあっては、国政上の重要政策が争点となり、あるいは地方自治についての政策が争われることが多いので、内閣調査室としては、その任務上、各種の資料を集めて分析するなど、その限りにおいて十分に関心を払っている。しかし、いわゆる当落予想などは行なっていない。とくに投票の結果については、それが国民の政治に対する率直な希望や意見を示すものとして重要な意義をもつと認められるので、これらに関するマスコミの論調等と併せて所要の調査分析を行ない、内閣の重要政策の企画・実施等に資することとしている。

この擬問擬答が岡田の質問のために用意されたものかどうかは分からない。答えは建て前に終始しているが、周到に準備されたものとも受け取れる。ただ「志垣日記」を見る限り、政治情報の収集が野党の監視にならず、選挙分析も一党一派に偏らないものになっているとは言い切れないのではないか。境界線は微妙であって、是非は事案ごとに判断しなければならない。

池田内閣期の内調の業務は、浅沼秘書官に依頼された情報収集にとどまらなかった。そこで大きな力になったのは、八月二七日の志垣日記に登場する政治学者の藤原弘達である。志垣と藤原の二五年に及ぶつきあいについて述べる前に、吉田茂時代に遡る学者を相手にした志垣の業務を紹介することにしよう。

†「文化面担当」志垣民郎

「久しぶりに登庁すれば既に内閣官房調査室発令官報にありと、皆知っている。（中略）首相官邸に至り村井さんに挨拶。文化面を担当してもらうとの話あり」。内閣総理大臣官房調査室の創設メンバーの一人である志垣民郎から組織の一員となった経緯を聞き、一九五二（昭和二七）年春の大型連休が明けた五月七日（水）の日記を読んだ時、文化面という言葉が情報機関にはあまり似つかわしくないように思えてピンと来なかった。だが、志垣が手掛けた仕事を知るにつれ、志垣を内調に誘った初代室長、村井順の見る目の確かさを実感するようになった。

文化面の意味を説いた内調の資料は見当たらない。筆者なりに解釈すれば、学者、知識人と関係を築き、彼らを通して世論を啓蒙すること、それによって内閣の重要政策を推進することになるだろうか。情報局の資料を見ると、新聞、放送、出版を相手にし、「週報」のようなメディアも手掛ける、文化に近接した業務は、戦前からあったことにすぐ気が付く。文化面担当という村井の指示は唐突なものではなかった。「生活綴方《つづりかた》」運動を推進した教育評論家の志垣《しがき》寛《ひろし》を父に持ち、自らも父親譲りの文章家だった民郎にはうってつけの仕事だったのだ。

ここでもう一度、志垣の経歴を晩年の著書『内閣調査室秘録』を基に見ておきたい。志垣は一九二二（大正一一）年一〇月二二日、東京・神田生まれ。一家は一九二三（大正一二）年の関東大震災に罹災し、転々とした揚げ句、中野の野方に落ち着いた。自宅の近くには、長じて日本共産党参議院議員になる上田耕一郎と同党議長になる不破《ふわ》哲三《てつぞう》が住んでいた。兄弟の父の上田庄三郎と志垣寛は共に教育畑で交流があった。

志垣にとって青年期の節目となったのが、旧制東京高等学校への進学である。「東高」の略称で知られる官立の七年制で、「ジェラルミン高校」とあだ名されたリベラルな校風で知られた。志垣と親交があった元『中央公論』編集長、粕谷一希によれば、ジェラルミン高校とは「スマートで都会的で優秀だが、なんとなく軽い、という若干の皮肉」を込めた言いである。ジェラルミンは天然産の鉄や鋼と比べて優秀で軽く、急速に社会生活に使用されるようになった。

東高は一九二一（大正一〇）年一一月に設立され、五一（昭和二六）年三月、東大教養学部に解消された。だが二九年間の歴史の中で有為な人材を輩出しており、志垣が内調に勤務してから親しくつきあった者は少なくなかった。ロケット工学者の糸川英夫、金属学者の桶谷繁雄は先輩、警視総監の土田国保は同級生、読売新聞の渡邉恒雄は四年後輩にあたる。特に弓道部に入ったことは、のちに同じ弓道部先輩の村井順と出会うきっかけになった。

仕事の関係は見いだせないが、最も深くつきあった同級生は小説家の吉田満であった。二人は東大法学部に進んでからも同級生で、後年吉田が日銀勤務のかたわら執筆した『戦艦大和ノ最期』の最初の熱心な読者になった。

志垣の前半生は、戦争抜きには語れない。一九四一（昭和一六）年一二月八日の日米開戦の数カ月前、良家の子女八人が久里浜へ小旅行した。志垣も吉田に誘われ、この中に加わった。夏の陽光の中で海水浴、ピンポン、街歩きに興じた、戦時下の夢のような時間だった。だが、グループのリーダーは三年後に出征先の南方で散り、ほのかに慕情を抱いた二人の姉妹は四年後の東京大空襲で命を落とした。そして志垣は、東京帝国大学入学から一年八カ月後の一九四三(昭和一八)年一〇月二一日、「人生の一大転機」となる学徒出陣を迎えた。雨中の明治神宮外苑競技場で行われた出陣学徒壮行会で、東大の前から七番目の列で銃を抱え行進したのだ。

入隊後は中国戦線の野戦飛行場設定隊に配属された。幸い敵と対峙するようなことなく捕虜生活を経て東京の家に戻ったが、その心は癒えなかった。「復員しても、あの戦争は何だったのか、なぜ負けたのか、「生きて虜囚《りよしゆう》の辱めを受けず」の言葉は何だったのか、これらの疑問が胸いっぱいになって、大学に戻る気にならなかった。(中略)戦争から戻り大学に復学した者たちは、戦後の社会にスマートになじみ、出世していった。それを官僚組織の底辺から見ていて、違和感をぬぐいきれなかった。果たして彼らは、あの戦争をきちんと総括しているのか。民主主義というものを正面から考えているのか」(志垣二〇一四、『東京人』二月号、六四~六五頁)。

晩年のエッセイには、割り切れないこんな思いが綴られている。志垣は芥川の全集を半年ひたすら読んだ後、文部省に「雇」という一番下の事務員として入った。内調で手掛けた文化面の仕事には、東高、東大法学部での人脈、さらに戦争体験が色濃く反映しているのだ。

内閣総理大臣官房調査室の初期のスタッフは、初代室長の村井順をはじめ相当数が警察官僚によって占められていた。文部省の出身で経済調査庁（総理庁の外局として一九四八（昭和二三）年に設置、一九五二（同二七）年に廃止）から転じた志垣は珍しい存在だったと言えるだろう。志垣が命じられた最初の重要な仕事の一つは、心理戦の書類作りだったと思われる。当時の日記を読むと、第四章で詳述したように、調べては書く、終わればまた次に取りかかる、まるで学者のような記述が続く。戦後の内閣情報機構の心理戦は、戦前の内閣情報機構の思想戦に代わるキーワードであり、その骨格作りの一翼を若い志垣は託されたのだ。

志垣が文章家としての能力を発揮したのが、進歩的文化人批判の雑誌連載である。「彼らの昔の言説と現在の言説とを並べて比較してみたら面白いのではないか」——。こんな役人離れしたアイデアを出したのは、村井室長の「闇ドル事件」で登場した外務省の曽野明だった。一九五一（昭和二六）年に講和全権団の随員となったソ連の専門家で、のちに情報文化局長、西ドイツ大使を務めた（曽野一九八三、二九〜三四頁）。内調の一員ではないが、「助っ人」（志垣）として共産党対策の一翼を担っていた。

吉原公一郎の資料の中に、「政府の内面協力により行う民間広報細目」という総理府の用箋に書かれた手書き資料がある。一九五五（昭和三〇）年に廃刊となった雑誌『改造』に言及していることから内調の草創期に作られたと考えられるが、一部は後年加筆された可能性がある。

そこに、「協力可能性のある」出版社として水島毅《みずしまつよし》率いる全貌社《ぜんぼうしゃ》が挙げられている。他には日本週報社など七社・団体が記されており、協力に至らなかったところもあると見られる。

水島の名前は「志垣日記」の一九五三（昭和二八）年二月二五日（水）の項に登場し、三月一三日（金）に「（時事月刊誌＝引用者註）全貌の原稿書く積りであれこれ読んでみるがまとまらず」、三月二四日（火）にも「全貌の水島来り資金の要る旨くどくど説明」の記述があることから、内調とは早くから関係があったことが分かる。

『全貌』の連載は「学者先生の戦前戦後言質集《げんちしゅう》」というタイトルで一九五三（昭和二八）年七月号（第九号）から始まった。一九五四（同二九）年一月号（第一五号）の七回で完結したが、評判が良かったらしく、一九五五（同三〇）年六月号（第三三号）から「続・学者先生戦前戦後言質集」として再開され、一九五六（同三一）年四月号（第四二号）まで八回掲載された（全貌社二〇〇二）。日記の関連する記述は六月八日（月）「水島来り全貌置いていく。次号の計画相談、学者先生の節操調べ」に始まり、六月一九日（金）「専ら全貌の原稿「人間は進歩する？」を書く。水島来り金のこと心配。室長に話つけ後刻もらうことにして、本代の十万円立替えて払う」」、六月二〇日（土）「午前中は（教育学者＝引用者註）長田新《おさだあらた》について書く」と、連日原稿に追われた様子が窺える。

記事の手法は、志垣の助手が東京・上野にあった国立国会図書館支部上野図書館で学者の昔の言説を書き留めてきて、現在の言説と比較するやり方だった。連載中は筆者名を明かさず、編集部とだけ書かれていて、一九五四（昭和二九）年に『学者先生戦前戦後言質集』という本にまとめられた時は、内外文化研究所編とされた。内調の名前を出さない「裏広報」である。「裏広報は行政広報ではなく政治広報であり、しかも白を黒と言いくるめるのではないから謀略ではない」（吉原資料「機構改革に関する参考意見（案）」）というのが言い分だった。

†清水幾太郎との深い溝

「戦前戦後言質集」の記事は、実際どのようなものだったのか。都合一五回の連載では五七人が取り上げられている。ここでは、一九五三（昭和二八）年八月号（第一〇号）に登場した社会学者の清水幾太郎を見てみよう。清水と言えば、対日講和では全面講和論を唱え、六〇年安保闘争では全学連主流派を支持した「進歩的文化人」である。

「戦争讃美と言論統制を叫んだ」という痛烈な見出しに続いて、本文にはこう書かれている。

学習院大学教授、二十世紀研究所長、平和問題懇談会（平和問題談話会の誤記か＝引用者註）主宰、平和教育委員会委員、アジア太平洋地域平和会議日本準備委員、雑誌「平和」編集評議員等々、如何にも清水先生は平和論者である如く見える。確に彼はあらゆる機会に戦争反対と云い平和々々と叫んでいる。所が彼は昭和十四年九月に、「現代の精神」という一書を三笠書房から出しており、その一〇九頁で戦争についてこう云っている。「私が第二に云わねばならぬのは戦争はそれにも拘はらず他面に於いて、新しい文化の生ずべき地盤を用意することがあるといふ点である。……戦争は文化の発展に対して一つの積極的な意味を有するものと云ふことが出来る」何という戦争讃美だ。

さらに二・二六事件の翌年、一九三七（昭和一二）年に発表した『流言蜚語《りゅうげんひご》』から引いて、次のように述べる。

この本は支那事変開始の年のものだから、彼が軍や官僚にへつらうようなことを書いたのも、オポチュニストとして無理はない。更にこんなことも書いている。／「各個人を報道から絶縁することは出来ない。そこで完全に自由なる報道と報道の否定との間に一つの中間地帯を設けることが重要とならねばならぬ。……この中間地帯を形成するものは所謂報道の統制である」／今なら報道の統制など云ったら目の色変えて怒るであろう清水先生も、昔はそれが重要であると云っているのだ。（内外文化研究所編一九五四、三一〜三七頁）

志垣は二〇一九年に『内閣調査室秘録』を出版した際も、「(『学者先生戦前戦後言質集』は) 名前こそ出ていないが、全て私が執筆したものである」と述べたうえで、「進歩的文化人攻撃」の最初に清水を例示し「その後再回天し、反共主義者になったが、オポチュニストであることに変わりはない」と断じている。清水は一九二五(大正一四)年三月に東京高校を卒業し、同年四月に東京帝国大学文学部社会学科に入学した。東大の学部こそ違うが、高校、大学とも志垣の一四年先輩にあたる。だが、『全貌』の連載から六〇年以上たっても、清水に対する物言いは厳しい。

清水が転向(「権力によって強制されたためにおこる思想の変化」)したのか、しなかったのかは、一九五〇年代から今に至るまで様々に議論されている。例えば、哲学者の鶴見俊輔は、清水が「権力者に効果的に権力をふるう方法を教えた」をタテマエ(迎合)とし、「権力の反対者にたいしては権力の隙間に効果的にくいこんで行く方法を教えた」をホンネ(抵抗)とみた。これに対し、評論家の天野《あまの》恵一《やすかず》は、清水が「権力者に効果的に権力をふるう方法を教えた」をホンネ(深層)とし、「権力者の反対者にたいしては権力の隙間に効果的にくいこんで行く方法を教えた」をミカケ(表層)とみた。二人の解釈は正反対だが、清水の言説に二重性を見る点では一致している(竹内二〇一二、一二一〜一七七頁)。

しかし、志垣は「一方、少数の人々と頷き合いながら、他方、滔々《とうとう》たる社会の大勢を形作るのに寄与していた」と自省する清水を認めようとしない。それどころか、満洲事変以後の時代を文筆家として生きようとすれば軍部に迎合した文章を書かないわけにはいかなかった、転向は仕方ないのだという見方にも与しなかったと思われる。

それは志垣が発表した次の文章を読めば想像がつく。「私は、そして私の同期たちも、自分たちが戦争に駆り立てられるという現実を平然と受け止めたのである。戦争に行くのが嫌だという考えは、まったくなかった。文化系だけが出征して理科系の学生が残るのも、国家の政策としては当然だと思った。そう考えなければ生きていけない時代であった」、「小田村四郎（学徒出陣で陸軍に入隊。終戦後、東京帝国大学法学部卒。大蔵省に入省＝引用者註）は最も親しい戦友だった。行政管理庁事務次官や拓殖大学総長までやった彼は、ある政治家が学徒出陣に「心ならずも」と表現したことに非を唱え、そこには堂々とした覚悟と日本民族への誇りがあったと、文章に残している（私家版）。私はいまも彼を尊敬している」（志垣二〇一四、六四〜六五頁）。

同世代の友人を戦争で亡くし、戦後の素早い「転身」に違和感を抱き続けた志垣と、戦争より関東大震災で辛酸をなめ、徴兵されずに敗戦を迎えた清水の間には、埋めがたい溝があった。そう考えると『学者先生戦前戦後言質集』は単なる暴露本とは言えない。あの戦争を忘れたかのような同時代人たちに自らの過去を突きつけるものでもあったのだ。

だが、清水と志垣の関係は世代の差では説明し切れないほど複雑だった。清水が雑誌『世界』に「今こそ国会へ」を書いたのは、『学者先生戦前戦後言質集』の出版から七年後の一九六〇年。「志垣日記」によれば、志垣はそれから二〇年後の一九八〇年、清水の「右旋回」が話題を呼んだ『日本よ国家たれ——核の選択』の出版記念会に参加し、八〇年代の半ばまで清水研究室に出入りしていたのである。

†出版活動に米も資金援助

さて、こうしてセンセーショナルに取り上げられた「学者先生（の）戦前戦後言質集」はどの程度効果があったのだろうか。良かれ悪しかれ読者の心をつかんだことは、単行本より雑誌の記事にあたる方がよく分かる。連載には毎回、人目を引く大きなタイトルと前文が添えられている。取り上げてほしい人物や記事への異論を募ったり、読者の投稿を載せたりしている。読者との双方向性の確保を強く意識した作りになっているのだ。

例えば、一九五三年八月号に掲載された「その2」を見てみよう。「新連載の『学者先生の戦前戦後言質集』を読み思わず快哉《かいさい》を叫びました。このような自ら称して『文化人』などという輩ほど無節操な厚顔無恥な人間はおりません」との読者の声が紹介されている。前号から連載が始まり、早速読者の投稿があったのだろう。さらに今後「御登場願いたい便乗売文屋殿」として、清水幾太郎、柳田謙十郎、羽仁説子《はにせつこ》ら二二人の学者、小説家などが挙がっている。彼らの多くは実際に取り上げられた。

好意的な反応ばかりだったわけではない。一九五四(昭和二九)年に連載が単行本になった際、志垣は編者としてはしがきにこう書いている。

「本書の内容が全貌誌上に連載されていた時、一部の読者から反論の投書を受取った。それは、『人間は進歩し、変るものである。昔の発言が過っていても、いま正しいことを云えばよいのである』という意味であった。/しかし、本書に見られる如き変節の内容が、果して進歩という名に価するであろうか。また昔は過っていたというのならば、それに対するコンフェッションはなされたのであろうか。寡聞にして、これら学者先生が過去の発言に対して、告白し懺悔した例をあまり聞かない。/かくの如く自らの過去に責任をもたぬ人々の現在の言動に、信頼を置くことが出来るであろうか。(中略)/ともあれ、この問題は、戦後政治家の道義心の問題と共に、日本が直面する重大テーマたるを失わないのである」。

志垣によると、連載が始まり程なくして吉田茂首相の賛辞が伝えられた。閣議でもしばしば『全貌』を読んだか。あれは面白い」と言っていたという。緒方竹虎副総理も「『翼賛(国民)運動史』などを見て捕捉すればもっと良かった」と言ってくれた。さらに『中央公論』の粕谷一希が「面白い」と言って、嶋中鵬二《しまなかほうじ》社長に見せたところ、嶋中もこれを褒めた(志垣/岸編二〇一九、一九〜二九頁、岸二〇一九、一〇一〜一〇六頁)。

連載は内調における志垣の評価に繋がり、その後の仕事をやりやすくした。また同書は一九五七（昭和三二）年、全貌編集部編『進歩的文化人――学者先生戦前戦後言質集』として再発行されるなど、商業的にも成功した。しかし、だからと言って進歩的文化人の活動がこれでそがれたとは思えない。注目すべきは、内調とメディアが手を組む仕事が具体的に実を結んだことだろう。出版社とのタイアップは、これを機にさらに広がるのだ。

『学者先生戦前戦後言質集』の出版から四年後の一九五八（昭和三三）年、志垣は文章の才を政府関係者にまたも印象づけることになった。岸政権と革新陣営が衝突する始まりとなった勤評闘争の解説文を志垣が執筆し、それが評判を呼んで同年一月、『日教組と勤務評定』という小冊子の形で今日の問題社から発行されたのだ。

『内閣調査室秘録』でも、次のように当時を振り返っている（志垣・岸二〇一九、五二〜五四頁）。

「時の官房長官赤城宗徳が読んでいたく感心し、これがいいと言った。のちに秘書官が追加注文したほどである。このため私は文章が出来るということになり、いろいろな文章を書く仕事をさせられ」た。この小冊子を志垣は自宅に遺していた。志垣も内閣調査室も表に出ず、PTA連合会のA氏と教育評論家のB氏の対談記録として、発端となった愛媛の闘争を入り口に、日教組の政治的性格や〝進歩的学者先生〟の協力の実態を四〇頁にまとめている。六〇年以上前に役人が書いたとは思えない、読みやすく、それでいて内容も満載の文章である。

さらに一九六二（昭和三七）年二月に出版された『文化運動便覧――左翼勢力の影響と実態1962年版』という一書も興味深い。編者は『言質集』と同じ内外文化研究所、出版社は武蔵書房である。はしがきにある通り、安保改定問題、三井鉱山三池鉱業所の大量人員整理に反対して行われた労働争議、浅沼稲次郎刺殺事件、『中央公論』に掲載された小説『風流夢譚《ふうりゅうむたん》』に端を発した嶋中事件などをめぐる激しい政治的、思想的対立が政治から自由であるべき文化の領域まで持ち込まれているとして、左翼勢力の文化運動を主に紹介したものである（内外文化研究所編一九六二）。

「志垣日記」を見ると、刊行前年の一九六一（昭和三六）年秋から「午後2時頃から文化運動編集の相談会。高野氏の「放送」原稿外すことで一もめ。ようやく納得。出版社は武蔵書房で可となる」（同年一〇月一一日（水）の項）といった記述が見られるようになり、この本にも志垣が関わったことが読み取れる。

さらに興味深いのは、「昼、資料もってタクシーで米大使館へ。Harris、Eisenburg、後藤の3人に会い、社会風潮資料（1〜5）、左翼団体事典、文化運動便覧、国民政治意識等の資料を説明す」（同年一一月一五日（水）の項）、「USIS行き。鷺村《さぎむら》氏とSoutherd氏に会う。ゴルフの話。左翼文化運動便覧の説明。了承し200部（約10万円分）買上げる予定なりと」（同年一一月二八日（火）の項）という記述である。USIS（United States Information Service）はアメリカ政府の広報文化活動を担った海外の部署で、当該国の政府官吏、編集者、教育者、経営者、その他有力な指導者と接触したり、現地の集団と文化的連絡を維持し、アメリカの学問、音楽、演劇、その他芸術における成果を表示する文化行事に参加したりしていた（内閣官房内閣調査室一九六二）。後藤とは、志垣が東京の駐日アメリカ大使館と接触する際に窓口になった後藤優美と見られる（岸二〇一九、四七〜四九）。『文化運動便覧』の出版に対する資金援助がアメリカとの協力を促すUSISの業務の一環だったのは疑いない。

内外文化研究所の出版物を国会図書館で検索すると、『学者先生戦前戦後言質集』や『文化運動便覧　1962年版』だけでなく、『左翼文化運動便覧　1960年版』（武蔵書房、一九六〇）、『日本共産党の文化活動』（立花書房、一九五三）もヒットした。また、武蔵書房で検索すると、社会運動調査会編として『左翼団体事典　1964年版』（武蔵書房、一九六三）や『新左翼団体事典』（武蔵書房、一九五九）などがヒットした。これらも「志垣日記」には関連する記述がある。

この頃内調は、ある時は内外文化研究所、またある時は社会運動調査会の名前を使いながら、全貌社、今日の問題社、武蔵書房などと手を組み、様々な「裏広報」を拡大していったのである。

†共産党に褒められる

第四章で述べたように、内閣総理大臣官房調査室が日本独立の直前に呱々の声を上げた頃、最も重視していたのは日本の共産化を防ぐことだった。志垣も私家版の本の中で「私の役人としての主たるテーマは、日本を共産革命の脅威から守るということであった」と書いている（志垣一九九〇、一四～一八頁）。ここで進歩的文化人攻撃の余話として日本共産党との興味深い逸話を紹介しておこう。志垣の個人的要素も大きいが、一九六〇年代以降に開花する、内調の一通りではない人脈形成が垣間見えるからである。

冷戦期の内調と共産党が常日頃、一種の緊張関係にあったのは間違いない。党の機関紙『アカハタ』（現・『しんぶん赤旗』）に批判的に報道され、対応に追われる様子が「志垣日記」には頻出する。その中から二点ほどの記事を取り上げよう。

一つ目は、浅沼稲次郎書記長を団長とする社会党使節団が一九五九（昭和三四）年三月に中国を訪問した際、内閣調査室が同行した記者に中国情報の提供を求めたという同年五月五日付の記事である。「米帝国主義は日中人民共同の敵」という浅沼発言が反響を呼ぶ中、内調が「スパイ」行為を強要していたことを強要された当の共同通信記者向井正男が証言し、明るみに出たものだった。

『アカハタ』の一面には「中国敵視政策の正体」、「訪中記者にスパイ強要」、「岸内閣　計画的に軍事情報さぐる」などの大見出しが躍り、三面では「各界、政府追及にたつ　訪中記者へのスパイ強要事件」、「放送局、飛行場はどこか」、「内閣調査室　向井共同記者を〝尋問〟」、「米情報機関も暗躍」、「中国訪問者に英文のスパイ依頼状」などの見出しで詳細を報じている。

同年五月九日付の三面でも「中国へ計画的な敵対行為　続出するスパイ工作の事実」、「先輩装って聞込み」、「こんどは公安調査庁　帰国した朝日記者へ」、「中国訪問　学者にも触手」との見出しで、公安調査庁の係官も身分を隠して朝日新聞記者から中国情報を聴取していたことや、社会党使節団の前に訪中した学者にも内調が情報提供を求めていたことを続報した。学者への接触の例として、朝永振一郎《ともながしんいちろう》を団長とする訪華物理学代表団が一九五七（昭和三二）年六月に中国から帰国した際に行われ、それが日本学術会議でも取り上げられたことがある（岸二〇一九、七八〜七九頁）。一九六〇（昭和三五）年四月の安保国会で飛鳥田一雄が追及した引揚者調査に始まる内調の中国情報収集に、共産党がいち早く注目していたことを窺わせる記事と言えよう。

二つ目は、内閣調査室の委託団体である民主主義研究会をルポした、一九六二（昭和三七）年一二月九日付の日曜版二面の大きな記事である。戦前は武装共産党の書記長、戦後は六〇年安保で全学連（全日本学生自治会総連合）幹部に資金提供するなどした田中清玄《たなかせいげん》に焦点を当て、

「日本のCIA（スパイ諜報機関）―内閣調査室」、「電話帳にない「会社」」、「数億円の予算流し秘密機関うごかす」との見出しで、有力な委託団体を追っている。民主主義研究会の前身の民主主義研究所に宛てた委託費が田中の会社に流れているという記事を裏付ける内調の資料は見当たらない。それでも、国会審議（一九六〇年二月二四日の衆議院予算委員会で社会党の横路節雄が追及）などを通じて解明されつつあった内調と委託団体の関係に迫ったことは注目される。

このように内調と共産党の関係は鋭く対立するものだったが、志垣が「共産党に褒められた」と言って明かしたのが第二章でもふれた鶴見俊輔との思い出である。加えて、鶴見と後年対談した元共産党参議院議員の上田耕一郎が、共通の知人である志垣との意外な縁を語っているので、引用しよう（鶴見・上田二〇〇四、八～五一頁）。

上田　驚いたのは、志垣寛（生活綴方運動の指導者の一人）さんの名前が出てきたことです。総理府の役人をしていた志垣民郎さんは、その志垣寛さんのご長男（次男の誤り＝引用者註）ですが、私の姉と小学校の同級生でした。そして、その民郎さんの妹さんの息子が映画俳優の志垣太郎さんです。

鶴見　へぇー、それは初めて聞いた。いま活躍していますよね。志垣寛は、たいへん面白い人でしたが、息子の民郎さんもしっかりした人でした。

上田　志垣寛さんは、当時、「児童の村小学校」というのを池袋でやっていました。私の親父は上田庄三郎というのですが、高知県の土佐清水で「児童共和国」と名付けて小学校の校長をやっていたが、志垣寛さんに呼ばれて上京したのです。（中略）

志垣民郎の父、寛は同じ教育畑の上田耕一郎、不破哲三の父、庄三郎と親交があった。対談での耕一郎の発言は少年期の民郎を見知っていたがゆえかもしれない。その後も志垣は進歩的文化人の代表格だった鶴見と長くつきあいを続けた。清水幾太郎らとの関係を含め、その人脈は独自の価値観に基づいた、単なる「反共」を超える幅広なものだったのである。

†政治意識調査で世に出た藤原弘達

ここまで、内調が志垣民郎を軸に形成した学者人脈を見てきた。本章をまとめるにあたり、内調にとっても一つの画期となった藤原弘達とのつきあいを掘り下げてみたい。内調と藤原の関係は、志垣が二〇一九年に出版した『内閣調査室秘録』によって広く知られるようになったと言っていいだろう。同書において志垣は「藤原弘達との二十五年」と題し、一九五四（昭和二九）年から一九七九（同五四）年までの藤原とのつきあいを克明に綴っている。中でも注目されたのが接待の様子だった（志垣／岸二〇一九、三八〜五一頁）。「志垣日記」には連日連夜に及んだ学者との酒席の様子が、誰と何を食べたか、何軒飲んだかまで、克明に記されている。

同書の編者を務めた筆者は、志垣の手書き原稿を預かった時に該当する日記を全て借り出し、誤りがないかをチェックした。その限りでは間違いはないのだが、派手な接待攻勢ばかりが好奇のまなざしにさらされたことは否めない。無論、志垣は接待の詳細だけでなく、内調がなぜ藤原に接近したかも書いている。藤原と志垣は東大の同級生で、藤原が世間であまり知られていない頃から知っていた。「藤原氏は当初、左に行くか右に行くか分からない存在であった」、「彼が左翼理論家になることを私は恐れた。できるだけわが陣営に近づけようとした」と接待に苦心した様子を率直に述べている点は興味深い。だが、これだけでは転機となった六〇年安保前後に藤原がどのような役割を果たしたのかは分からない。

筆者が、藤原と内調のつきあいを記録した「藤原弘達と内閣調査室」と題する志垣の論文を見つけたのは、志垣が二〇二〇年五月に九七歳で亡くなり自宅の整理を手伝っていた時のことだった。藤原と内調の出会い、数々の協働作業、政府への意見具申などが、四〇〇字詰め原稿用紙二七枚に清書されていた。そして藤原の著作にあたるうちに、それが、藤原が一九七九～八〇年に出版した書き下ろし「選集」に「「証言」の証言」として収録されていることを知った（藤原一九八〇『藤原弘達の生きざまと思索3　世に出る』）。不勉強なことに、『内閣調査室秘録』を編集していた時には気が付かなかった。そこには、藤原自身の手になる「私の「内閣調査室」観」なども収録されている。内調と何らかの関係を持った学者は多いが、そのことを公にした者はほとんどいない。藤原は限られたその例外だったのである。

前置きが長くなったが、ここから『世に出る』に収められた志垣論文と藤原の書き下ろしなどを基に、藤原弘達が政治評論家として名を成すまでの足跡を辿ってみたい。

藤原と内調の最初の出合いは、『内閣調査室秘録』では省略されているが、東大法学部教授の尾高朝雄《おだかともお》の紹介によるものであった。志垣論文によると、内調では「政府の重要施策に関する情報」（総理府令）の一つとして国民の世論や政治意識の動向を正確につかむ必要があるということが幾度も議論されており、一九五四（昭和二九）年に入り創設メンバーの一人である三枝三郎が尾高を訪ね、政治意識調査について依頼した。

それを受け、同年八月一七日（火）に明治大学助教授の藤原と東大助教授の泉靖一《いずみせいいち》が内調に来訪したのである。内調からは下野信恭、三井芳文、志垣の三人が出て第一回の打ち合わせを行った。そして調査地点に東京都と茨城県を選び、約八〇の質問を用意し、両地域とも一〇〇〇人のサンプルを抽出して面接調査を行うことになった。その後、一〇年以上続く藤原への委託調査の始まりであった。

そして一九五四年の報告書「民衆政治意識の基調」は同年一二月にタイプ印刷され、志垣の上司に報告されるとともに各方面に配布された。その中では、民衆政治意識の基調として中位意識が五〇%台を占め、「中の下」を加えると八〇%を超えることが指摘されている。この「菱形的社会階層帰属意識」は左右両極の過激主義を容認しない意識傾向と見ることができ、昭和四〇年代になって新聞各社の世論調査で言及されるようになる国民の中位層意識を早くも指摘したものだった。志垣は、中位層意識は高度経済成長によって形成されたかのように説明されているが、藤原は昭和二九年の段階でこれを実証的に明らかにした、と強調している。

翌一九五五(昭和三〇)年も、実態調査は広島、岡山、山形、長野四県の都市と農村を選んで行われ、この年には室長が中興の祖・古屋亨に交代して、藤原と深く交流するようになった。一九五六(同三一)年には青年層の意識調査を行ったが、検討が始まったばかりの同年五月、調査の中心だった尾高が、歯の治療のため注射したペニシリンのショックで急死する事態が起こった。以来、藤原が尾高に代わり政治意識調査を続けていくことになる。こうして一九五四(昭和二九)年から一九五七(同三二)年まで行われた四つの委託調査の結果は、藤原の著書『現代日本の政治意識』に収録され、同書は「記念すべき実証的研究の里程標」(日本政治学会年報)と称賛された。藤原の政治学博士論文の一部にもなったのである。

丸山真男門下として政治思想史から出発した藤原には、〝床屋政談〟のように軽視されてきた民衆の政治意識と、インテリの独占物の感があった政治思想のズレが、日本の政治的危機の中に構造的に伏在しているのではないか、この民衆の政治意識を調査することで民主化にいささかでも役に立つのでは、という問題意識があった。後年、TV、ラジオ、新聞等で幅広く活躍する〝タレント教授〟になったことで藤原の学問的業績は過小評価されがちだが、国民世論をテーマとする内調にぴったりの学者だったと言えるのである。

†丸山シューレの極秘報告書

では、内調は藤原からどのようなテーマについて意見聴取したのだろうか。「藤原弘達と内閣調査室」において、志垣は池田勇人政権の一九六一(昭和三六)年に藤原の意見を聞いた事項を以下のようにまとめている。

首相の施政方針演説で言うべき問題点(一月)
社会党のテロ防止法案に対する意見(二月)
中立主義に対する意見(二月)
自民党の近代化について(二月)
飯守発言について(三月)
当面の政局担当の具体的力点(四月)
池田首相訪米の意義について(四月)

政治的暴力防止法案について　（五月）
臨時国会所信表明演説について　（九月）

藤原の進言内容を記した文書は残念ながら残っていないが、「志垣日記」と突き合わせることで当時の政府部内の動きを相当程度知ることができる。また、この年の「志垣日記」には藤原の名前が五〇数ヵ所も登場し、志垣がまとめた前述の事項以外にも様々な案件について藤原の協力を仰いでいることが窺える。日記の記述からいくつかを拾ってみよう。

社会党のテロ防止法案に対する意見（二月）、飯守発言について（三月）、政治的暴力防止法案について（五月）は、いずれも、一九六〇（昭和三五）年六月の河上丈太郎《かわかみじようたろう》社会党衆院議員刺傷事件、同年七月の岸信介首相刺傷事件から同年一〇月の浅沼稲次郎社会党委員長刺殺事件、そして一九六一（同三六）年二月の嶋中事件と相次いだ政治テロに対応する中で、池田内閣が直面した問題である。自民、民社両党は五月に政治的暴力行為防止法案を国会に共同提出し、社会党も独自のテロ処罰法案を提出して対抗した。飯守発言について（三月）は、嶋中事件に関する赤尾敏《あかおびん》大日本愛国党総裁の拘置をめぐり、東京地裁の飯守重任《いいもりしげとう》判事が「事件の遠因は、国会デモのような集団暴力」と私的見解を述べ、最高裁から異例の注意処分を受けたというものである。

この前後の「志垣日記」には、種々関連する記述が散見される。同年二月一日に起きた嶋中事件から間もない二月一七日(金)の日記から抜粋すると「9時半頃藤原宅訪問。中公文化人と官房長官の会の話。社会党の「テロ防止法案」に対する意見、中立主義に対する意見を聞き、メモする。中央公論社の内情について聞き、3月号の藤原論文読んでもらう」とあり、社会党のテロ防止対策法案と中立主義に対する藤原の意見を聴取したことが確認できる。

興味深いのは、「中央公論社の内情について聞いた」という記述である。中公に関する記述は四月四日(火)の日記にも見える。「5時半頃藤原氏来る。野中氏を呼び、下野氏と四人で赤坂の富美川へ。すぐ始める。自民党へ行き安全保障問題を話していた室長やや遅れて来る。5人で飲み食い歌う。中央公論社に斡旋してもらい学者グループを作る件若干相談」。

嶋中事件直後から、中央公論社内は言論の自由を守る「社告」発表、急転して、懲罰人事による編集長退社、権力に屈服した「お詫び」発表という混乱のさなかにあった。『中央公論』にはしばらくリベラル左派、左翼の筆者は登場しなくなったという指摘もある(根津二〇一三、一六八〜一七六頁)。後述するように、藤原は一九五七(昭和三二)年から『中央公論』の執筆陣に加わっており、二月一七日の記述からは内調が中公の状況を探ろうとしたことが窺える。一方中公に学者グループの斡旋を受けるという記述は、委託調査の人材を広げる意味か、中公の現実主義の学者起用にも関わることか、さらに調べてみないと分からない。

政治学者の丸山真男に言及した六月六日（火）、同八日（木）、同九日（金）、九月九日（土）の日記も特筆すべきものである。論壇をリードする当代随一の知識人だった丸山の名は、「志垣資料」にも日記にも意外なほど出てこない。数少ない例外が「丸山シューレの久里浜会合」と「丸山学派の外遊について」の二つの報告書である。

中でも、極秘の印が押された「丸山シューレの久里浜会合」は注目される。四月二二日、丸山真男はじめ同門の一三人ほかが参加して神奈川県・久里浜で開かれた会合の様子が、一二頁にまとめられている。会合の開催年は、話題になった「九月に予定された丸山の訪米」や、藤原の「二十二日に衆院の法務委員会に参考人として呼ばれている」が、いずれも一九六一年の出来事であることから、一九六一年と特定できる。報告書に開催日が「四月二一日（日）」とあるのは、六一年の四月二一日は金曜のため、日付の間違いであろう。

参集の名目は藤田省三の結婚祝いで、丸山、石田雄《いしだたけし》、神島二郎《かみしまじろう》が近く外遊することが話題になった。途中、藤原弘達から政治テロに対する与野党の二法案に関連して「衆議院法務委員会に参考人として呼ばれているが、諸君はどう考えるか」という質問が出された。神島は目下のところ特別立法は必要ないという説で、丸山もこれに近く、政治的信条に基づく行為を、右翼でも厳罰法規で取り締まる発想そのものに反対という態度だった。報告書は「丸山はことに現実政治からは一定の間隔をおいて眺めたいといった感じが強く」、「昨年（一九六〇年＝引用者註）

の安保以来、丸山に対して向けられた左右からの批判が神経にさわっているというところかもしれない」などと解釈している。

実は、無署名のこの報告書は藤原の通報によるものであることが「志垣日記」の記述から判明した。「朝、藤原宅訪問。夫人より彼の原稿もらう。「丸山シューレの久里浜会合」の様子、仲々面白い」（日記六月六日の項）などから裏付けることができる。「朝9時藤原宅訪問。衆院法務委の件で話。何と言ったらよいか彼も相当迷っている様子」（日記五月二〇日（土）の項）といった記述も残されている。結局、藤原は五月二二日に参考人の一人として出席し、「少なくとも三党の一致した暴力についての解釈というものを前提にした議員立法が望ましい」と、成立を急ぐ必要はない旨を強調した。政治的暴力行為防止法案は継続審議となり、翌一九六二年の国会で審議未了、廃案となったのである。

内調にすれば、この「丸山シューレの久里浜会合」は、安保闘争に積極的に関わった丸山のその後を知る格好の機会になったのだろう。一方、藤原にとって内通のような報告書は、安保闘争時の丸山の言動には大きな疑問を持ったものの、自分の「戦後の学問の決定的な標識」である丸山の学問を細大もらさずフォローしようとする問題意識の延長にあったのではないか。

†藤原を最も活用した池田内閣

藤原は後年、内調との関係に触れ「尾高（朝雄＝引用者註）氏に頼まれて内調の仕事をしたというようなことが、東大法学部の連中なり丸山グループに洩れると、「彼は自民党政府の仕事をした」などということで何となく阻害されたり非難中傷されるようなムードがあった」と述べている。内調の委託調査を引き続き行い、政府の高官に報告をする機会を持つうちに、政府の方からも積極的に政治的意見を求めてくるようになったが、「時の政府に単に迎合するような態度など一度たりともとったことはない。是は是とし、非は非としたつもりである」と強調している（藤原一九八〇『世に出る』、一三五〜一八二頁）。

内調の業務からは外れるが、インフルエンサーたる政治評論家藤原の道を開いたのが『中央公論』編集部から一九五六（昭和三一）年末に持ち込まれた「石橋内閣論」だった。「本格的に政治評論をやってみないか」と依頼したのは、皮肉にも、後に嶋中事件の連帯責任を問われて社を去る京谷秀夫《きょうやひでお》だが、ここでも藤原は丸山ら周囲にさんざん意見を聞いた末に引き受けた。そして、「石橋内閣論」に続き「宰相岸信介論」、「政治評論のあり方について」を『中央公論』一九五七（昭和三二）年三月号、四月号、五月号に立て続けに発表した。この三点は、翌一九五八（同三三）年の『中央公論』一月号に発表した「『天下泰平』論」を入れて『保守独裁論』

という著書にまとめられ、「新しい政治論の開拓」と好評を博した。いま読むと派閥全盛時代の古さは感じるものの、裏話的要素が強かったそれまでの政治評論とは違って、民意への目配りがあり、文章も小気味いい。

面白いのは、藤原が岸信介を〝宿命の喧嘩相手の一人〟と見定め、岸内閣の安保改定に反対していることである。安保絶対阻止ではないが、米国の側に立つ岸の「ハッキリ主義」に異議を唱え「グニャグニャ主義、不得要領主義のほうが国際的には少なくとも安全だ」という考えからだった。あまりに激しい反対に政府高官らが困惑し、内調室長も弱って、志垣に、藤原に伝えるよう指示した。しかし、いちおう藤原に電話した志垣も内心では「お手柔らかにというよりは、むしろ思うようにおやり下さいと言いたい気持ちであった」と述懐している。

一転して、藤原を最も活用したのは池田内閣であった。「世論の動向を的確につかんで政策の参考にする手法はこの内閣が戦後内閣の中で最も優れていたのではないか」(志垣「藤原弘達と内閣調査室」)。藤原は一九五七(昭和三二)年頃政治評論家として出発し、この年四月に時(第一次岸内閣)の官房長官石田博英《いしだひろひで》と対談してラジオで放送された。弱冠三五歳の新進政治学者だった藤原を気遣い、内調から下野が「目付兼介添役?」として付いていった。

その後、藤原は同年七月に岸首相と対談、翌年三月にはテレビに初出演し、一躍マスコミの寵児となった。池田内閣の一九六二(同三七)年四月に放映されたテレビ番組「総理と語る」

は、大宅壮一の質問に答える形で進められたが、池田の回答の骨子は小泉信三と藤原の意見を基礎にしたものだった。藤原が岸政権下で発表した「『天下泰平』論」は、池田内閣がかもし出した泰平ムードの先駆けになった。かくて内閣調査室と総理府広報室の連携は一つの形を成すに至ったのである。

第七章　官制シンクタンク

†「七〇年問題」への傾倒

内閣調査室は一九五二（昭和二七）年の発足以来、世論対策に重点を置いてきた。その過程で「政府の重要施策に関する情報とは何か」、「情報機関というより調査機関ではないか」など自問自答を繰り返してきたのは第四章で詳しく見た通りである。

ここからは、内調が紆余曲折を経て辿り着いたその「答え」について考える。最初に、「何をなすべきか」を検討した資料を紹介したい。

「志垣資料」の中に、内調の機構改革や内調の任務である「内閣の重要政策に関する情報の収集調査」とは何かを検討した一群の資料がある。内閣調査室の茶封筒などに雑然と入れられた手書きと活字の文書、新聞・雑誌の切り抜き等約四〇点から成る。手書きの文書の筆跡は様々で、落丁のあるものやメモも含まれており、内調のありようについて試行錯誤を重ねた様子が直に伝わってくる。内部で機構改革を論じた文書が多く、中には関連法規の解釈を内閣法制局と詰めた文書なども認められる。志垣が長年集めた資料と見られ、作成日時が記されていない文書もあるが、一九六〇年代半ばから七〇年代半ばまでに作られたものが大半を占める。

筆者は同時代の別の「志垣資料」にも目を通すうち、機構改革の一連の文書は、「一九七〇年問題」を一つの誘因として作成されたのではないか、と考えるようになった。

「一九七〇年問題」とは何か。新日米安保条約は一〇条二項で「もっとも、この条約が十年間効力を存続した後は、いずれの締約国も、他方の締約国に対しこの条約を終了させる意思を通告することができ、その場合には、この条約は、そのような通告が行なわれた後一年で終了する」と謳っている。つまり、六〇年の安保改定から数えて一〇年目からは、条約をやめようとする意思が日米の一方にあれば、終了を通告するだけで条約はその一年後に終了することになっていたのである。

「一九七〇年の危機」説をつづめて言えば、「①一九七〇年までには、革新諸政党の国会議席（とくに衆議院議席）が、保守党の議席を上回り、保守党一党の単独政権が成立しえなくなり、②東京都知事も革新陣営の手にわたり、都公安委員会も革新色が強まり、警視庁の治安維持機能は弱体化し、③一九六〇年の「安保騒動」を上回る革新勢力のデモがおきて、安保条約の廃棄を求め、政情は騒然となる」（読売新聞国際情勢調査会編一九六六、二七〜二八頁）ということになる。

自民党は条約の存続を決めており、廃棄を求める勢力は国会の少数派だったが、院外の大衆運動が高まる可能性はあった。反対運動に暴力的手段が用いられ、大混乱になるのではないか、と恐れられたのである（日本の安全保障編集委員会編一九六九、七〜五二頁、朝日新聞安全保障問題調査会編一九六七、別巻一一一〜一一二頁）。

内閣調査室は「一九七〇年の危機」を法律論的に狭く捉えるだけでなく、広範な関心を寄せていた。「志垣資料」を渉猟《しょうりょう》すると、一九六〇年代初頭に始まる米国の原子力潜水艦寄港問題、中国核武装の進展、一九六〇年代中盤から米国が本格的に軍事介入したベトナム戦争、ベトナム反戦を訴える学生らが暴徒化した一九六九年一〇月の新宿騒乱事件、佐藤栄作政権下で進んだ沖縄返還交渉、さらに日本政府にとって悪夢となった一九七一年七月の米中接近など、「一九七〇年問題」に絡む幅広い文書が残されていることに気づく。

主な資料をまとめた一覧表（表七‐1）をご覧いただきたい。一八種類の文書は個別に作成されたものだが、内容に即して便宜的に「七〇年問題」全般（①⑤⑬⑮⑱）、マスコミ・文化・世論対策（②③④⑥⑦⑧）、「錦章会」関係（⑨⑩⑪⑫⑭⑯⑰）の三グループに分け、特徴を探ってみよう。

「七〇年問題」全般のグループは、各文書が作られた時点の、この問題に対する認識を反映したものである。文書①は「七〇年問題」の意味、ビジョン、国際的要因、国内的要因を詳細に

	題名	作成時期	形式	頁数	概要・特記事項
⑫	資料No.6　一九七〇年代の日米関係　日米関係における対立と協力	1969年8月	活字	18頁	エコノミストで元防衛研修所所長の佐伯喜一が、経済問題、安全保障を含む日米の対立を指摘。日本にアジアの安全に貢献するよう求めた
⑬	「七〇年問題」をめぐる日本周辺諸国の動向	1969年	活字	101頁	表紙に内閣調査室と明記。七〇年安保と沖縄返還が時を同じくすることになったため“沖縄中心の安保問題”に転化している実情に着目。米国、ソ連・中共・北朝鮮、韓国、国府等の周辺諸国の動向を探った
⑭	一九七〇年代の日米関係 —基調報告資料—	1970年4月	活字	91頁	沖縄返還の決定、ニクソン・ドクトリンの発表等、前年の箱根会議後の進展を踏まえ伊東で開いたシンポジウムの報告。専門家6人が参加
⑮	七〇年代をめぐる政治勢力の動向	1970年4月	活字	103頁	「一九七〇年の危機」前年の1969年12月に行われ、自民党の大勝、社会党の敗北に終わった衆院選を踏まえ各党の動向を分析。中村菊男らの名前がメモ書きされており、学者5人が分担執筆したと見られる
⑯	付属資料　一九七〇年代の国際関係と日本の進路—報告と討議の要録—	1971年9月19〜21日	活字	68頁	木村俊夫を囲む学者・専門家7人の研究会「錦章会」の第3回のシンポジウム。1969年8月が初回、70年4月が第2回。ニクソン訪中決定など新事態を協議。知識人シンクタンクや内閣情報局新設を求める意見も
⑰	一九七〇年の国際関係と日本の進路	1971年10月	活字	28頁	第3回「錦章会」研究会の要点。反米ナショナリズムと国内世論の分裂を防ぐためにも日中正常化は必要とし、日米関係を維持する条件は日米摩擦が安全保障体制に波及せぬようにすることであることを確認
⑱	一九七〇年代のアメリカ外交と日本の対米政策『外国政策研究会』報告1	1972年9月	活字	40頁	転換期の日本外交を探る討議のアメリカ編。ニクソン外交政策の背景にベトナム戦争に関係する社会問題、内政優先思想があると指摘した

＊「志垣資料」を元に筆者作成。⑬は内閣調査室と明記されている。⑦は委託団体の民主主義研究会、⑨⑩⑪⑫⑭⑯⑰は錦章会の報告書である

表七－1　「七〇年問題」・「七〇年代」を取り上げた主な文書

綴っている。作成された一九六五（昭和四〇）年三月は、安保闘争という政治の季節から経済の季節へ「チェンジ・オブ・ペース」を図った池田勇人内閣が退陣し、一九六四（同三九）年一一月に佐藤栄作内閣が発足してから約五カ月後にあたる。執筆者や団体の名称は明記されていないが、内調が早くも「七〇年問題」の展望を試みていたことは注目すべき

	題名	作成時期	形式	頁数	概要・特記事項
①	時事問題資料　一九七〇年代をめぐる諸問題―七〇年論議の意味するもの―	1965年3月	活字	123頁	七〇年問題は安保闘争の評価より発するとして、平穏・危機・革命のビジョンを提示。国際的要因も概観し、中共核武装の進展を強調した
②	時事問題資料　七〇年代問題と左翼文化統一戦線	1966年6月	活字	67頁	「七〇年危機」に備える新聞の安保研究に注目。左翼文化が中共路線に同調し、ベトナム侵略反対、原潜寄港反対等を主張していると指摘
③	何をなすべきか ――一九七〇年対策について―	1967年8月3日	活字	4頁	安保の国論を統一するためマスコミ論調をつかみ政府と国民の一致点を探る、安保肯定論者の学者に世論形成への協力を求める、等を列挙
④	一九七〇年をめぐるマスコミ対策要綱	1968年?	活字	18頁	取扱注意。文章表現から1968年作成か。間接宣伝方策として政府支持の新聞投書を成す集団の育成、体制側総合雑誌の総動員などを挙げた
⑤	予想される「一九七〇年危機」の様相	1968年11月	活字	68頁	1968年10月の新宿騒乱事件等を観察。反日共系の暴力学生が主体となり、70年の安保改定期前後に「危機」が発生する公算大と予想した
⑥	安保広資―B　日本の安全を守るには―安全保障についての政府の考え方―（安保PR資料案）	1969年1月	活字	36頁	日本の安全をいかに守るかについての政府の考え方を国民に理解してもらうために作成。マル秘扱い。生活を守り、中ソをはじめ国際情勢の変化に備えるには日米安保体制が必要であることを平易に説明する
⑦	一九七〇年の展望とその対策	1969年2月	活字	178頁	民主主義研究会から中村菊男に調査委託した報告書。マスコミには非公表。六〇年安保の条件と比較して一九七〇年を予測し、総じて国民への啓蒙活動やマスコミ対策を強調。国家緊急権の研究も提唱した
⑧	最近における新聞事情　――一九七〇安保問題を中心として―	1969年4月	活字	20頁	自動延長を事実上の方針と受け止めているが、反政府・反米のムードへの迎合も。沖縄返還と安保を関係づけるか否かは新聞により異なる
⑨	一九七〇年代の日米関係　―報告と討議の概要―	1969年8月4～7日	活字	13頁	専門家を集め箱根で開いたシンポジウムの概要。米国・世界と日本・国際環境・日米関係の矛盾と調和・日本の対米姿勢、の五セッション
⑩	資料No.2　一九七〇年代の日米関係　一九七〇年代のアメリカ	1969年8月	活字	17頁	米政治、文化研究者の本間長世が七〇年代の米国の問題を考察。日米に共通する青年の反逆、学者・知識人が果たす役割の重要性等を指摘
⑪	資料No.5　一九七〇年代の日米関係　一九七〇年代の日米貿易関係	1969年8月	活字	25頁	経済官僚の金森久雄が、六〇年代とはバランスが変わる日米貿易関係を分析。日本の出超拡大が保護貿易主義を台頭させる恐れを指摘した

だろう。

「七〇年問題」の見立ては「国内における保守・革新の状況、安保反対勢力の実態からいっても、また経済情勢からいっても、国内矛盾の激発が七〇年を六〇年の安保問題のような激動的危機に発展させる確率は少ない」という常識的なものである。しかし、文書①の特筆すべきところは、七〇年問題を「ひとり、わが国の当面する危機というよりも、世界全体が当面する一つの歴史的結節点でもある」と捉えていることである。

それは国際的要因を説明する中で、一九七〇年代に第二次大戦以来、最大の危機が訪れるというケネディ大統領の予言を引いたことからも見て取れる。一九六二年一二月にワシントンで開かれた日米貿易経済合同委員会で、ケネディは共産主義中国の侵略性を指摘し、「この先数カ月(in the months ahead)日米両国が協力者としてどのようなことができるかについて考慮を払われることを期待したい」と語った。"in the months ahead"は「今後数カ月」というより、慣用的表現として「今後数年間」と解していいのではないかと指摘され、日・米・中共関係の長期的展望と受け取られたのである。

そして、国際的要因に中共核武装に端を発する核拡散問題への危惧を挙げ、海外の専門家の意見を紹介した。米ハーバード大学教授S・ハンチントンは「日本とドイツは独自の核武装を検討せざるを得ない」、フランスの軍事評論家ピエール・ガロワは「米国の核による保護を求めるか、中立主義に傾かざるをえない」、さらに英国の歴史家アーノルド・トインビーは「米ソは協力して中共の核施設を破壊する強迫的手段に出なければならない」と述べたのだった。

国内的要因の中で興味深いのは、保守・革新の接近傾向である。その検討材料として、自民党組織調査会基本問題小委員長の石田博英が一九六三(昭和三八)年に発表した「保守政党のビジョン」を提示する(石田一九六三、『中央公論』一月号)。すなわち石田は、一九四五(昭和二〇)年の選挙では自民党・社会党の得票率が四六%対一八%だったのが、次第に社会党に有利に、自民党に不利に変化し、「今のままの状態でわれわれが何事もしなければ、昭和四十三年(一九六八年)には社会党の天下となってしまう」と警告した。保守党の基盤である第一次産業の就業者が減り、推計によると、自民党が四六・六%、社会党が四七%となることを示したのである。

ただし実際の社会党の党勢は、予測に反して停滞・微減し、同党が「反岸」、「反自民」、「反安保」の激しい嵐を巻き起こした安保闘争直後の一九六〇年一一月の衆議院選においてさえ、自社「一カ二分の一体制」を揺るがすことはなかった(原二〇〇〇、一七五～一七八頁)。

資料①の締め括りに引用されるのが米国の外交官ジョージ・ケナンの論文である。ケナンが外交評論誌「フォーリン・アフェアーズ」一九六四年一〇月号に発表した「日本の安全保障と米国の政策」の中で、日米安保条約の改定は「必要があるにしても、小部分についてカドをとり相互理解を増進するためのもの」との見方を示したことをめぐり、内調に近かった蠟山道雄《ろうやまみちお》、大平善梧《おおひらぜんご》らの学者や、源田実《げんだみのる》、賀屋興宣《かやおきのり》ら自民党タカ派の国会議員の声を集めている。ただし方向性は示されず、これを機に条約の再検討が始められたことを指摘するにとどまった。蠟山、大平と内調の関係も、当時は全く知られていなかった。

†沖縄返還問題との同時進行

⑤⑬⑮⑱もそれぞれ「七〇年問題」を異なる視点から取り上げた興味深い文書である。

文書⑤は、一九五一（昭和二六）年、五二（同二七）年頃に日本共産党（日共）と北朝鮮系の朝鮮人勢力が行った非合法活動の実績が、「一九七〇年危機」にいかに脅威と可能性を与えているかを解説し、「一九七〇年危機」の様相をフランスの「五月危機」との対比によって明らかにしている。五月危機とは、この文書が作られた一九六八年五月にパリの学生運動が過激化し、労働運動と結びついてゼネストに発展した反体制運動である。一九六八年はベトナム反戦などを訴える学生運動が世界的な広がりを見せた年だった。

この文書で注目されるのは、同年一〇月二一日に起こった新宿騒乱事件に着目し、それがどのような影響や教訓を投げかけているかを指摘したことである。新宿騒乱事件では、反日共系全学連各派などの学生が防衛庁や国会、国鉄新宿駅に突入しようとして警官隊と衝突。東口に集まった群集と合流してホームになだれ込んだため、新宿駅はまひ状態となり、警視庁は騒乱罪を適用し、一斉逮捕に踏み切った（法政大学大原社会問題研究所編『社会・労働問題大年表』データベースなど）。

実は、巧みな世論対策を展開した池田勇人内閣以後も、学生運動は組織の分裂により比較的低調裡に推移しながら間断なく続けられた。下野信恭や志垣民郎が編集に携わった内閣調査室の月刊誌『調査月報』や、週刊の「展望」は、熱心にその動静をフォローしている（例えば、「全学連の派閥の現況について」『調査月報』第八四号、「最近の左翼運動路線の動向」『調査月報』第一〇七号、「日韓条約批准反対運動の総括」『調査月報』第一二三号、所収）。文書⑤は、一九六九年に新宿騒乱事件以上の「前哨戦」があると見て、「一九七〇年危機」が発生する可能性は、断定こそできないものの、大きいと予測していたのである。

文書⑬で特筆すべきは、「七〇年問題」と関連して沖縄返還問題を取り上げた点である。文書の作成時期は明記されていないが、「ニクソン大統領は、本年二月下旬就任後最初の首脳外交の一環として英、西独、仏など欧州諸国を歴訪し」という記述から一九六九（昭和四四）年に執筆されたものであり、沖縄返還問題の書きぶりと併せて考えると、同年三月から一一月までに時期を絞り込むことができる。一九六七（昭和四二）一一月の佐藤首相・ジョンソン大統領会談で「両三年内」に返還時期を確定することで合意した沖縄返還交渉は、一九六九年一一月の佐藤首相・ニクソン大統領会談で「核抜き・本土並み」による七二年返還が決定される直前の重要な時期にあった。

文書⑬が述べるように、佐藤・ジョンソン会談は「沖縄の〝即時全面返還〟から〝核付き・自由使用〟までの時期・態様にかんする幅広い論議を呼び起こし、時期的に〝七〇年安保〟と〝沖縄返還〟という本来別個の両問題が時を同じくすることとなったために、日本国内の複雑な政治情勢とも関連して〝沖縄中心の安保問題〟に転化」したのである。

この文書では、日米安保条約に関して米国の有識層に（一）米国に対し片務的な負担を押しつけるものだ、（二）米国は同条約を極東全般の安全保障という見地から重視しているのに対し、日本はあまりにも自国の安全保障ためにのみ存続を希望している、（三）日本は国力にふさわしい防衛上の努力を怠っているのではないか——との不満や疑念があることが示される。

そのうえで沖縄問題について「〝沖縄は単に日本の安全保障に重要な役割りを果たしているだけではなく、極東全般の安全保障体制に死活的意味を持つキイ・ストーンである〟とする米国と〝戦後処理の一環としての旧領土の復帰要求〟という国民の悲願を基調とする日本との間にはかなりの見解の相違がある」として、アジア情勢の中で沖縄が果たしてきた戦略的価値を再認識し、返還後の極東全般に対する日本の責任を明らかにするよう求めている。

続いて、ソ連、中共、さらに韓国、台湾の動向が説明される。共産圏のソ連、中共は沖縄の戦略的価値を踏まえて、その弱体化、無力化を狙い、日本国内の革新勢力が主張する〝沖縄の即時無条件返還〟を求める点で表面上は共通する。しかし、内実は「中共が沖縄における日本の潜在主権を認めて、〝米国の恣意〟を非難しているのに対し、ソ連はみずから不法に占拠する北方領土の問題への考慮からあえてこの手法をとらず、むしろ沖縄問題が日本国内における北方領土返還要求を刺戟することに警戒気味」だった。

一方、韓国と台湾はともに沖縄の米軍基地の戦略的価値を重視し、その変更に関する問題は自分たちにとって防衛上重大な意味を持つことを共通して力説した。具体的には、韓国は沖縄が「一旦日本の主権下に入った場合には有事の際における自国の防衛体制に大きな蹉跌が生ずることを懸念」し、台湾は「基本的には沖縄における日本の潜在主権否認の立ち場から、また現実的には沖縄返還の極東情勢全般に及ぼす影響を重視する考えから、この問題の解決は日・米両当事国だけではなく、国府をはじめ韓国、フィリピンなどを含めた関係諸国の協議によるべきであることを主張」するという複雑な立場が述べられている。

内閣調査室が当初から、中ソ情報を熱心に収集してきたのは第五章で見た通りだが、文書⑬からも同様の傾向を読み取ることができる。

内調が、一九六三(昭和三八)年三月から一九七二(同四七)年三月まで週ごとに作成していた「焦点」という海外関係資料がある。『プラウダ』『人民日報』『労働新聞』などの公開情報を精読し、重要な情報を割り出した上で、現状分析や動向予測を行っていた。一号ごとに三〜四本の記事が掲載されており、内閣調査室長が官房長官に週一回面接し、報告する際などに用いられたと考えられる。内調がその記事を分類した小冊子『「焦点」事項別索引　第1号〜第311号　自昭和38年3月13日至昭和44年6月25日』を基に記事を国別にまとめたところ、中共、ソ連、米国、韓国、北朝鮮などの順に多かった（図七-1）。文書⑬に見るように、内調は共産圏だけでなく、自由圏の米国、韓国、東南アジアにも強い関心を寄せていたのだ。

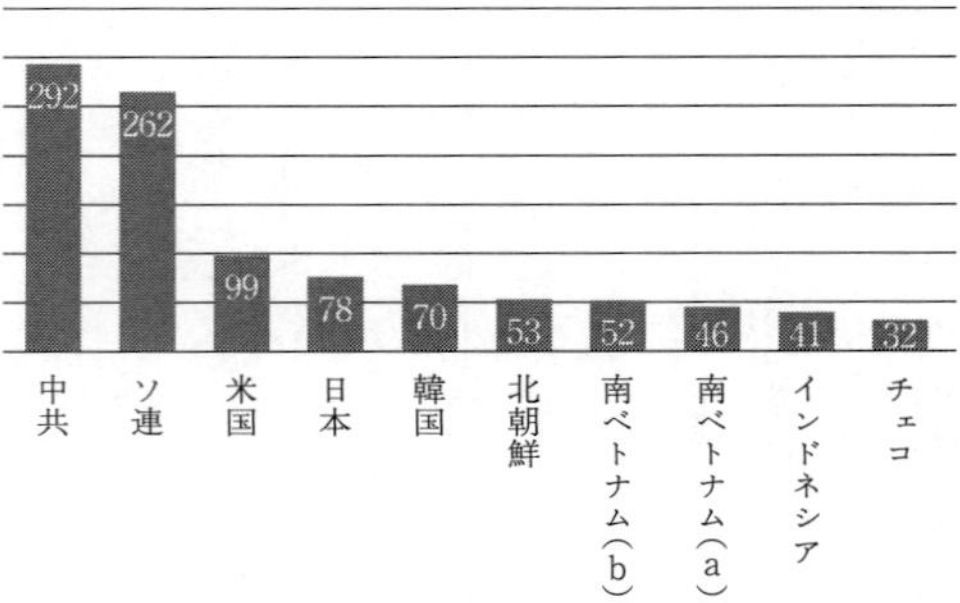

図七－1　「焦点」事項別索引各国別の上位10カ国

　一九六九年一一月の佐藤・ニクソン共同声明で「朝鮮半島の平和維持のための国際連合の努力を高く評価し、韓国の安全は日本自身の安全にとって緊要である」、「台湾地域における平和と安全の維持も日本にとってきわめて重要である」という日本側の認識が示された。この条項が韓国と台湾地域への米軍の作戦行動を支持する意味を持っていたことは、文言を精査した元外務官僚の証言などにより明らかになっている（栗山二〇一〇、一〜五、六一〜九六頁）一方、文書⑬にある共産圏の反応は内調らしい関心領域と言えるだろう。

†朝日新聞の「七〇年安保」

ここで内調の資料からしばし離れ、同時代のメディアの動きを紹介しておきたい。この頃、「七〇年問題」に関心を寄せていたのは、内閣調査室のような政府機関だけではなかった。先に引用した読売新聞社の本のように、政府と一定の緊張関係にある新聞・通信社なども共通の問題意識を持っていた。一九七〇年の日米安保条約の再検討期を控え、朝日新聞社、読売新聞社などにほぼ時を同じくして専門の調査部門が作られ、安全保障問題や国際問題の調査研究を行い、読者に問題提起したのである。

朝日新聞社が社内に安全保障問題調査会を発足したのは一九六五（昭和四〇）年七月のことである。同年一〇月二四日付朝刊で、読者からの質問に答える形を取り、目的、組織、紙面活動などについておおむね以下のように説明した。すなわち〈お答え〉は、五年後の一九七〇年に日米安保条約をどうするかという重大な時期を迎え、安保騒動や日韓条約の批准をめぐる事態を見ても日本の運命に関わるような激突の事態になりかねないと述べる。続けて、安保騒動後のアジア情勢の激動は日米安保体制に対する国民の評価を鋭く食い違わせており、ベトナム戦争に巻き込まれたくない、安保条約は危険だという感情が根強い半面、核保有を急ぐ中国の無気味な姿は日米安保体制に安全を委ねる考え方を一層強く持たせていると指摘。こうした重要な時期を前に「朝日新聞社安全保障問題調査会」を新設したと記す。

そのうえで、調査会が日本の平和と安全に関連した諸問題を調査研究し、それが朝日の社論、報道、解説の適正化に役立つのを目的とすることや、組織としては会長に専務取締役、副会長に論説、編集の最高責任者があたり、実務は安全保障問題を担当する論説委員を中心に、主査、副主査、研究員が実施することなどを説明する。紙面活動については必要に応じて新聞や出版物に発表するとしながら、そうした活動は副次的なものであって、本来の任務は「調査研究の結果を報告書にまとめ、それが適正な紙面作製に役立つようにすること」、「それぞれのテーマについて専務以下、論説、編集その他の最高責任者と勉強を共にし、それによって首脳者たちの認識や判断が常に的確であるよう、必要な討議の準備を整えておくこと」と言明している。「首脳者たち」が誰を指すかは書いていないが、民意の確認を怠った安保騒動時の岸内閣を念頭に置き、「七〇年問題」に対する政府の動静を注視し、朝日として必要とあらば首相や官房長官らと議論する構えを見せたものと受け取ることができよう。

その成果物として刊行されたのが先にふれた「朝日市民教室〈日本の安全保障〉」シリーズで、第一回配本が『朝日市民教室〈日本の安全保障〉3巻 中国の核戦力』(朝日新聞社)だった。同巻を執筆した岸田純之助は、後年同社論説主幹になる科学ジャーナリストである。岸田は内閣調査室が委託した核政策研究にも登場するが、それは後で取り上げることにして、シリーズ刊行にあたり広岡知男・朝日新聞安全保障問題調査会会長が寄せた短文を紹介しよう。

日本の安全保障とは、この国土と国民を守り、日本国民の大多数が自由な意志で選んだ社会制度を外部の圧力から守ることである。どうしてこれを達成するかということは、一九七〇年の日米安保条約の再検討期をひかえ、国民としてもっとも関心を持つべき基本的なことがらの一つであろう。ところが、従来のいわゆる安保論争では、左右のイデオロギー的見解が対立するばかりで、議論の前提になる事実の認識が不十分であり、共通の基盤の上に立った着実な論議が欠けているようにみえる。大切なことは、はじめから結論を決め、これに固執するイデオロギー論争を闘わせることではなくて、共通の場で話合い、現実的でしかも世界の進歩に適合した姿勢でこの問題と取組むことであろう。すなわち、安保問題の結論を出すためには、われわれはまず安全保障に関する内外の情勢や問題点を知ることから始めなければならない。／本叢書の刊行は、この意味から企てられたものであり、国民全体が安保問題を考える上に必要な資料を提供することであって、決して結論を提示しようとするものではない。（後略）（朝日新聞安全保障問題調査会編一九六七）

広岡はこの第一回配本から半年後、朝日新聞社社長に就任した。

読売新聞国際情勢調査会編『1970年——安保改定への危機説』も引いておきたい。読売新聞社副社長で国際情勢調査会会長の小林与三次《こばやしよそじ》は、序文で次のように書いている。

一九七〇年のいわゆる「日米安全保障条約再検討期」を三年半後にひかえ、また、中国の本格的な核装備も間近に迫って、最近、わが国の安全保障論議は、しだいに活発になってきた。／わが国の安全保障問題は、戦後二十一年余の間、つねに最大の政治問題の一つであったにもかかわらず、この問題と真正面から取り組むことを避けるような傾向がなかったとはいえない。／（中略）読売新聞社は、一年前、社内に「国際情勢調査会」を設け、国際問題や安全保障問題の調査研究に本格的にとりかかったが、とくに安全保障の研究は、非常に複雑で多方面にわたり、問題のむずかしさを痛感せざるをえない。わが国の安全保障を検討するにあたってもっとも大切なことは、できるだけ確実な資料により、事実関係を正確につかむとともに、その認識にもとづいて、問題点がどこにあるかを現実的視野のうえに立って知ることだと思う。この書は、これら事実関係の解明と、問題点の提起を主眼として書かれた。（読売新聞国際情勢調査会編一九六六）

朝日新聞安全保障問題調査会編『中国の核戦力』が出版されたのは一九六七（昭和四二）年一月一五日で、読売新聞国際情勢調査会編『1970年』が出版されたのは、それと一カ月足らずしか違わない一九六六（昭和四一）年一二月一〇日。広岡会長と小林会長の書きぶりも、申し合わせたように似通ったものである。当時の読売新聞関係者は、筆者に、国際情勢調査会は朝日新聞安全保障問題調査会に対抗して作られたと証言した（元読売新聞論説委員、石井恂氏に対する二〇一四年一〇月一〇日、二〇二〇年八月二七日のインタビュー）。

†自民党「右派」の逆襲

朝日と読売の調査会は、紹介した二冊の本の刊行以外にもそれぞれ独自の活動を展開した。読売新聞国際情勢調査会は、同調査会主任研究員で、著名な防衛担当記者だった堂場肇《どうばはじめ》が主導して、防衛庁防衛局長、官房長、国防会議議長などを歴任した海原治《かいはらおさむ》と日本の核政策について調査研究を深めた（青山学院大学国際政治経済学会一九八五『青山国際政経論集』第三号、安全保障調査会一九六六、佐々木芳隆一九九九）。核政策をめぐる防衛庁関係者と読売新聞の共同作業はそれ自体興味深いが、検討は別の機会に譲ることにして、情報機関をテーマとする本書では内閣調査室と朝日新聞の関係を追うことにしたい。

「朝日市民教室〈日本の安全保障〉」シリーズは第一回配本の第三巻『中国の核戦力』以後も続々と出版され、一九六七年一月から一九七〇年一月までに全一二巻、別巻五巻を数えた。「七〇年問題」は第二巻『1970年の政治課題』、別巻三『70年安保の新展開』、別巻四『新展望の70年代』、別巻五『安保資料'60-'70』で論じられた。日本の安全保障に関するテーマを選び、ほぼ毎月一冊のペースで刊行した朝日新聞安全保障問題調査会の精力的な活動には驚かされる。新聞社の調査研究らしい特徴は、六〇年安保から七年間の内外のニュース、特に自民党内の動きを追い、「七〇年問題」が浮上した背景をリアルに描いたところである。

例えば、一九六七年三月に刊行された第二巻『1970年の政治課題』は、一九六六（昭和四一）年に一年近くにわたり展開された安保論争の火つけ役が佐藤栄作首相自身であったことを指摘する。佐藤は同年一月二八日の通常国会冒頭の施政方針演説で、次のように社会党の中立論を「幻想」として、日米安保体制堅持の方針を強調した。

戦後の世界情勢のもとにおいて、一国の安全を一国のみで確保することができないことは明らかであります。一部に主張されるごとく、わが国が日米安全保障条約を一方的に破棄し、中立を宣言すれば、わが国の安全が確保されるという考えは、あまりにも幻想に過ぎるのであります。日米安全保障条約がわが国の安全を守り、平和的発展を助けたことは、事実が証明するところであります。私は、現下の国際情勢においてわが国の国家利益を考える場合、みずから国の安全を守る努力をするとともに、日米安全保障体制を維持していくことが、わが国の平和と安全を確保するために最も現実的な政策であると信ずるものであります。

一九六六(昭和四一)年は、下田《しもだ》武三《たけぞう》外務事務次官の発言に端を発する「核のカサ」論争や佐藤首相の「日米安保体制長期存続」答弁などをきっかけに、一年近くにわたり「安保論争」が繰り広げられた年だった。日米安保体制を堅持しながら防衛力を漸増する政策をとってきた自民党政権に対し、社会党は軍事同盟から離脱した中立主義、自衛隊の解消による非武装主義を唱え、民社、公明の中道勢力は日米安保の段階的解消という条件付き容認の立場をとった。国民的合意が形成されないことが、一九五一年の旧安保条約の締結以来十数年に及ぶ安保論争の原因だったのである。

六六年の論争は、「非核保有国は大国に核軍縮を迫るべきであって、「他国の核のカサ」に入りたいなどと大国にあわれみを乞うべきではない」という下田発言をきっかけに、米国の戦略核抑止力、つまり「核のカサ」に依存できることが日米安保体制の最大の利点だと政府側が強調し、「核ミサイル時代の安全保障」が焦点になったところに特徴があった(朝日新聞安全保障問題調査会編一九六七、別巻一〇三～一〇八頁）。佐藤の国会演説が革新側に対して積極的に論戦を挑む形になり、政府が遅れをとった六〇年安保とは様相が違っていたのだ。

ただ自民党の〝攻勢〟は、佐藤に始まったわけではない。一九六二（昭和三七）年三月に自民党の「安全保障に関する調査会」（安保調査会）が同政務調査会内に設置されたことは、注目すべき動きだった（渡辺・岡倉編一九六八、九三～三〇三頁）。安保闘争の翌年である一九六一（同三六）年六月頃から、自民党の有志議員が「七〇年問題」に備えた安全保障懇談会を組織し、定期的に意見交換と研究を続けていたのが土台となった。安全保障に関する調査会は保《ほ》科善《しなぜん》四《し》郎《ろう》、源田実ら旧軍人が副会長になり、委員の多くを自民党内の「強硬右派（オールド・ライト）」が占めていた。党内の特殊な意見とされるところもあったが、有志グループや派閥ではなく、自民党の正規の機関だったことは見逃せない。また党内右派は佐藤政権誕生の力になった背景があり、政策決定においても一定の影響力を持っていると捉えられた。

安全保障に関する調査会の資料を集めた渡辺・岡倉編『日米安保条約――その解説と資料』と、「七〇年問題」をめぐる同調査会の動きを追った朝日新聞社編『自民党――保守権力の構造』などを手がかりに、当時の自民党内の議論を跡付けてみよう。

†「中央情報宣伝機構の強化」

自民党の安全保障に関する調査会（安保調査会）は途中で会長が船田中に交代し、メンバーに党内の「左派」、「中間派」が加わると議論の方向性も変わっていった。ここでは主に、それ以前の一九六三（昭和三八）年七月に提出された「第一回中間報告」と一九六六（同四一）年六月の「第一次中間報告」を見てみよう。安全保障懇談会の生みの親であり、安保調査会の発足後は老齢の益谷秀次《ますたにしゅうじ》会長に代わり会の運営をリードしたのは副会長の保科善四郎衆院議員であった（朝日新聞社編一九七〇、八二～一一一頁）。その経歴は、「右派」の一言では言い尽くせない、複雑なニュアンスのあるものである。

政界引退後の一九七五（昭和五〇）年に保科が出版した『大東亜戦争秘史――失われた和平工作』によると、保科は一八九一（明治二四）年生まれ、戦前の海軍大学校を一九二五（大正一四）年に卒業後、一九三〇（昭和五）年、米国エール大学に学んだ元海軍中将だった。

日本の内閣情報機構が創設されるきっかけになった満州事変に米国で接し、「その時米国に在住する中国人の反日への結束ぶりと、米国人の中国に対する同情の深さを眼のあたりに見聞して、（中略）ただならぬものを感じとった」。また「米大陸縦横断の旅行を通じて、一般の米国人が東洋に対する智識や認識が少ないことにも一驚し」、「日本のことを知らない米国人なら、中国人の誇大な排日・反日の宣伝にすぐ同調してしまう。（中略）日本はもっと自分の立場をPRする必要があると、しみじみと痛感させられた」という。

その後保科は一九三五(昭和一〇)年より、海軍軍政の枢機に参画することとなった。一九三八(同一三)年から、支那方面艦隊参謀副長として、情報委員会が内閣情報部に改組される端緒になった支那事変(日中戦争)の処理にあたり、「妙高」、「鳥海《ちようかい》」、「陸奥《むつ》」の艦長を経て、一九四〇(同一五)年からは、海軍省兵備局長として四年半にわたって困難な兵站業務を管掌、一九四五(同二〇)年には、海軍省軍務局長として米内光政海相を補佐して終戦処理にあたった。

「私は初めから大東亜戦争に至らないことを最も主張し、戦争を回避するためのあらゆる努力を払って来たつもりだし、開戦の決定に至るまでこの主張を強力に続けて来たが、微力にして大勢を動かすことはついにできなかった」。同書のはしがきで、保科はそう慨嘆する。ポツダム宣言受諾を決めた同年八月九日夜の御前会議にも出席するなど、大戦の全期間を通じ政戦略の中枢に通じていたのは疑いない。

それでは、一九六三年七月の「第一回中間報告」とはどんなものだったのか。筆者が関心を持ったのは、共産主義戦術が日本に対して執拗に照準を定めつつあることを認め、共産主義の研究を十分にしておくよう求めたことである。そのうえで、同報告書は次のように述べる。

したがって当調査会は、わが国の重要国家機関の一つとして、これらの研究調査を担当する有能な機構を設置することを提案したい。現に公安調査庁、内閣調査室および外務省国際資料部等その業務に当たっているものがあるとはいえ、これだけでは充分とはいいかねる。第一それらには、国家安全保障について、さらに深い認識をもつ指導者が必要であろう。また各機関の協調、連絡の緊密化や研究の体系的統合が要望される。これらはやがてアメリカの中央情報局のような構想の機構に統合するのが望ましいであろうが、機構改正を待つまでもなく、さしあたりまず業務の実質的改善を実現すべきである。(渡辺・岡倉編一九六八、一〇九〜一一八頁)

続けて、同報告書は共産主義者が心理戦を用いていることにふれ、現在の日本の行政機構の組織では激しい心理・宣伝戦に適応できないとして、安保調査会が行政機構の改善強化を研究することにしていると述べる。渡辺・岡倉編書は、安保調査会が一九六五(昭和四〇)年五月にまとめた「極東情勢とわが国の安全保障」の付属書でも、「中央情報宣伝機構を強化すること」などを指摘している。

一九六六年六月の「第一次中間報告」も見てみよう。こちらで目をひくのは、安保調査会が一九六五年九月に国家の緊急事態対策の問題を討議し始めた際、新聞各社に「七〇年問題」に備えて安全保障問題に取り組む機構が設けられつつあることに前言で言及している点である。

保科は、「第一次中間報告」の直前に刊行された雑誌『経済時代』一九六六年四月号に寄稿した「積極的防衛と安全保障問題——日米安保を背景に自主防衛推進」でも朝日、読売、毎日三紙が安全保障問題への取り組みを始めたことを紹介し（毎日新聞は、高橋（武彦＝引用者註）論説委員を主任とするベスト・スタッフで、安全保障問題に取り組むことになった旨を記した）、自民党安保調査会の活動にふれつつ、この問題に対する自らの考えを説明した。

この時期、安保調査会と新聞各社、内閣調査室、公安調査庁などの政府機関は、互いに刺激し合いながら、安全保障問題への模索を続けていたのである。

渡辺・岡倉編書に、安保調査会に出席した顔ぶれをまとめた興味深い記述がある。「四〇年九・二〇（月）三、〇〇　ヒルトン　安保正副会長、国防部会長、治安特委委員長、外調会長合同　法務省・竹内次官、津田圭司局長　防衛庁・三輪次官、警視庁・新井長官　公安庁・宮下次長、内閣調査室・本多室長」、「一一・九（木）八、三〇　クラブ三　安保調査会「わが国の安全保障に関する諸問題」　講師　読売新聞　堂場肇氏」、「一二・一六（木）八、三〇、クラブ三　安保調査会「わが国の安全保障に関する諸問題」　講師　毎日新聞　高橋武彦氏」、「一二・二三（木）八、三〇　クラブ五　安保調査会「わが国の安全保障に関する諸問題」講師　朝日新聞　渡辺誠毅《わたなべせいき》氏」（渡辺・岡倉編一九六八、一六二〜一六七頁）。

この後も、マスコミからＮＨＫ解説副委員長、産経新聞論説委員、東京新聞論説委員、日本経済新聞政治部長らが次々と講師として登壇した。また、外部講師を務めた防衛庁防衛研修所の若泉（敬＝引用者註）研究員、野村総研総合研究所長の佐伯喜一《さえききいち》、東大教授の林健太郎らは、実は内閣調査室とも極めて近い専門家、学者だったのである。

†息づく旧海軍人脈

保科がリードした自民党安全保障調査会が、内調の組織や活動にどのような影響を及ぼしたかを証明することは難しい。それでも、内調が安保調査会の近くにあった政府機関というだけでは済まない、双方をつなぐ人脈が存在したことや、その人脈が機能した内調側の活動を指摘することができる。

例えば、前出の朝日新聞社編『自民党――保守権力の構造』は、第一次中間報告の舞台裏について、保科から貴重な証言を得ている。「ぼくが基本構想をたて、それを久住忠男君（軍事評論家）が文章に仕上げた」（保科）。同書は、報告書案の実体は「保科報告」と呼ぶ方がふさわしいとしているが、それだけでなく「文章に仕上げた」久住は保科と同じ海軍出身者、内調の「常勤」の調査員だったのである。

久住は自らの回顧録の中で「私が内閣調査室関係の仕事につけたのは、いつに天川勇《あまかわいさむ》氏のおかげである」として、海軍省嘱託だった天川との逸話を明かしている（久住一九八七、二三八〜二五一頁)。久住の経歴を紹介しよう。

一九〇八(明治四一)年生まれ。一九二五(大正一四)年、海軍兵学校入学。一九三〇(昭和五)年、後年保科が艦長を務める「陸奥」乗り組み。一九三六(昭和一一)年、軍令部第七課勤務。第五艦隊勤務だった一九四一(昭和一六)年一一月、最年少の参謀としてマレー半島作戦とハワイ作戦(真珠湾攻撃)を調整する連合艦隊の作戦会議に出席した。戦後は沖縄返還交渉に関与し、佐藤栄作首相の諮問機関、沖縄問題等懇談会(沖懇)の下部組織として発足した沖縄基地問題研究会(基地研)の座長に就任、「核抜き本土並み」返還を主導した。

一方、天川は戦前、海軍きっての知性派、高木惣吉《たかぎそうきち》に見いだされ、海軍省嘱託として「ブレーン・トラスト」の調整的役割を担った(藤岡一九八六)。戦後は吉田茂、池田勇人、福田赳夫らと親しく、吉田政権下の防衛政策に関与したと言われる(天川由記子二〇〇七、『ワールド・インテリジェンス』(『軍事研究』七月号別冊 Vol. 7))。ちなみに高木は同郷の毎日新聞編集局長、吉岡文六に戦況の不利を明かし、吉岡が部下の新名丈夫《しんみょうたけお》に「竹槍では間に合はぬ」との記事を書かせて、時の首相東条を激怒させたことは第三章で述べた通りであり、後年は東条内閣打倒、終戦工作に奔走したことでつとに知られる。

久住に話を戻すと、戦後北海道庁に勤務していた久住は上京するたびに東京・平河町にある天川の研究所を訪れていた。「内閣調査室が調査機能を強化するため、軍事専門の調査員をもとめていたとき、天川氏が私を推選してくれた」という。内調が一九五五(昭和三〇)年に軍事班を設けると、久住は班長の形で常勤となり、この頃から毎週一回世界の軍事情勢をまとめて報告を出すようになり、これを半年ごとにとりまとめて資料として刊行した。

それに先立つ一九五三(昭和二八)年一一月には、久住が参加していた内調の会議で「国防政策の基本」に関する報告を出すことになった際、その立案を命じられたことも記している。二四頁に及ぶ報告書は「なるべくすみやかに近代的な自衛軍を建設するとともに、日米安保条約を改訂し、将来は日本をふくめた地域的安全保障体制に入ることを予期する。(中略)さしあたり、国防会議を設立し、保安庁機能を整備拡充するとともに、中央情報機関、科学技術振興のための科学技術庁ならびに心理戦担当機関を設置し、国連に加盟する」といった内容で、翌一九五四(昭和二九)年一月に吉田茂首相に提出された。実際、同年六月には防衛庁が発足、一九五六(昭和三一)年には科学技術庁が設置された。久住がまとめた報告書は見つかっておらず、政府にどんな影響を与えたかは別途調べなければならないが、興味深い符合である。

久住の名は一九六四(昭和三九)年の中国核実験などに際し、志垣民郎の日記にも頻出するようになる。安保調査会の第一次中間報告をめぐり、久住が恐らく海軍時代のつながりで保科案を一緒に作成したという事実は、内調がこの報告に関与し、逐一内容を把握していたことを意味するだろう。

また、久住、天川、保科という旧海軍人脈が内調の内外で息づいていた点も注目に値する。「日本情報機関の父」吉田茂の軍人嫌いから、吉田をGHQのウィロビーに引き合わせた辰巳《たつみ》栄一《えいいち》元陸軍中将らを除いて、旧軍と内閣調査室の関係は限られたものだった。だが、日米開戦に伴う作戦会議に列席した久住、高木惣吉が構築した「ブレーン・トラスト」に関わった天川、終戦という難業を担当した保科の経験は、戦後、伏流水のように湧き出していたのである。

†内調と朝日の接触

自民党安全保障調査会と並走した内閣調査室の動きも見ておきたい。「志垣日記」に朝日新聞社安全保障問題調査会についての記述が初めて出てくるのは一九六六（昭和四一）年四月一四日（木）の項。午前中の班長会議を終え、昼食から戻った後の記述である。

「帰庁してすぐ下野氏と朝日新聞社へ。熊本氏ら不在。近くの喫茶店で休み「憂国」の話など。1時半再び訪問。7階の安全保障問題調査室を訪問。渡辺誠毅《ママ》氏、木村昇《きむらのぼる》両氏と上のアラスカで話。渡辺氏より調査の構想を聞く。内調の機能とほとんど同一の仕事。資料交換、親類付合いを約束。熊本氏も遅れてくる。帰庁3時半」。

文中の「憂国」は三島由紀夫の短編小説「憂国」の意。アラスカは朝日本社内にあるレストランの名称。応対した朝日社員のうち渡辺誠毅は経済部出身の論説委員で、一九六五（昭和四〇）年七月から安全保障問題調査会主査を兼務し、一九七七（昭和五二）年に社長に就任した幹部のことと思われる。これより前に関連する記述は見当たらないが、文脈から察するに志垣は旧知の「熊本」を頼って、上司の下野信恭と朝日新聞安全保障問題調査会を表敬したらしい。

その後、朝日新聞安全保障問題調査会との「親類付合い」は実現し、「志垣日記」一九六六年四月二六日（火）の項には「12時、朝日新聞社行。渡辺誠毅と木村昇両氏宛中共の資料渡す（不在故託す）」との記述が見える。さらに同年五月六日（金）の項には、次のように参加者を広げた会食の様子が記されている。「6時15分前退庁。室長、海江田と山王飯店行。下野、関、芳田も来り。間もなく朝日新聞の渡辺誠毅、木村昇、熊本忠3氏来る。食事しながら話。中共核実験問題、中共の変化の可能性、社会党の安保政策、朝日の陣容、公明党問題etc 割に活発。主として渡辺氏の発言。8時半解散。朝日と顔をつなごうという趣旨。相互協力の約束」。

マスコミ論調の収集を担当する部（三部、国内部　資料、国際部　資料などと変遷）を持つ内閣調査室は日常的に国内外のマスコミをウォッチしていた。朝日新聞に焦点を当てた資料が作られるようになったのは一九六〇年代半ば頃と思われる。「志垣資料」にはマスメディア関係の文書が二六点ほど含まれているが、表題に個別のメディア企業を取り上げた文書は朝日新聞に関する二点だけである。ここでは一九六五（昭和四〇）年九月九日に作られた「最近の朝日新聞から（一）」を見てみよう（（二）以下があった可能性もあるが、見つかっていない）。

一九六五年九月はまさに朝日新聞社安全保障問題調査会が発足した時期であり、「最近の朝日新聞から（一）」は冒頭、朝日新聞を取り上げた同年七月二四日の『図書新聞』のコラム「時のうごき」を引いて、朝日の動きを注視するよう述べる。すなわちコラムは「七月一日、朝日新聞社の社内に、「安全保障問題調査会」が設置され、ときがときだけに注目されている」と書き始め、「ときがとき」とは「朝日騒動」で東京本社編集局長が退陣し、右翼の橋本徹馬なる人物が朝日のアカ攻撃を始めたとき、と説明している。「朝日騒動」とは、朝日の大株主である村山家が業務担当重役を解任したのをきっかけに始まった創業家と経営陣の対立のことである。

「時のうごき」の中身は「〝朝日〟民主化の行方　安全保問題調査会設く」という見出しの通り、一九六三（昭和三八）年から激化した「朝日騒動」が中心だが、これを引用した内調の関心は安全保障問題調査会にあるように読める。「最近の朝日新聞から（一）」は、冒頭、「朝日新聞社内に設けられた「安全保障問題調査会」は会長広岡専務のもとに森恭三《もりきょうぞう》論説主幹の副会長、西島芳二《にしじまよしじ》論説主幹の理事、それに東京、大阪、西部、名古屋四本社の編集局長も加わるという大がかりなもので、渡辺誠毅氏が中心ともいわれ、一九七〇年の安保闘争をめざして三年計画ぐらいで構想をまとめるといわれる。これが、最近の朝日の編集傾向および今後の推移とどのような関係をもつかは重大関心事である」と強調している。

そのうえで、最近の注目事例として、ベトナムへの渡洋爆撃に従事するB52爆撃機に対する日本の便宜供与の問題、日韓基本条約をめぐる竹島の取り扱い、米国がベトナム戦争への介入を強化して以来、日本での米国の評価は下がる一方だと述べたライシャワー駐日米大使の発言など、一九六五年七月から同年八月までの朝日の記事を取り上げている。他紙と読み比べて、日本政府への批判的姿勢を指摘したり、社論に都合のよいところだけを切り取る報道を問題視したりしているが、書きぶりはここ二カ月のトピックを紹介するぐらいで鋭さはない。

コラムの見立て通り、安全保障問題調査会を立ち上げ、実務責任者の主査となったのは渡邉誠毅であった。渡邉が社内報『朝日人』一九六五年一〇月号に寄稿した「「一九七〇年」にどう対処するか」には、論説委員室の夜のビール会で披瀝した「軍縮研究会」の創設案を主幹の森恭三が取り上げ、安全保障問題の調査会へ進化した様子が詳述されている。実務を引き受けた渡邉は寄稿の中でやや気負った調子でこう書いている。

「どういう結論を導くにしても、国民一人一人がどうしても考えておかねばならぬ共通の基礎事実——それを正しく提供することが、先入感やイデオロギーや偏見やによって不必要に拡大される争いを、最小限にくい止める道ではないか。だれが国民に対して正しい基礎事実を提供するか。その責務が朝日新聞にあることは、いまさら言うまでもない」(渡邉葉子・渡邉誠毅追悼

集刊行委員会二〇〇八、一四六〜一五三頁)。

それから一二年後の一九七七(昭和五二)年、渡邉は社長に就任した。

†「偏向」攻撃の時代

なぜこの時期に内閣調査室はマスメディア、特に朝日新聞に関する資料を作るようになったのだろうか。国内外の状況を踏まえ、その背景を含めて考えてみよう。

第一に、注目すべきは佐藤栄作内閣の登場である。佐藤内閣には、池田勇人の秘書官だった浅沼清太郎のように内調に勤務した経験があり、旧知の職員に矢継ぎ早に指示を出す人材はいなかった。池田内閣について「世論の動向を的確につかんで政策の参考にする手法はこの(池田=引用者註)内閣が戦後内閣の中で最も優れていたのではないか」と評した志垣は、首相に就任する直前の一九六四(昭和三九)年九月一〇日(木)に会った佐藤の第一印象を、日記に対照的な言葉で綴っている。

「政権獲得前(9月10日)の佐藤栄作の話を3時間聞いたのは有意義だった。彼が如何に平々凡々たる人物であり、宰相たるにふさわしからぬ人間であるかが分かったからだ。識見らしきもの、政策らしきものの片鱗もなくて総理になれるという日本の現実は、ある意味で進んだ社会だと言えるのかもしれない」と(一九六四(昭和三九)年回顧の項)。

それでも佐藤内閣期の内調の周りには、第三代内閣調査室長として多くの事績を残した古屋亨が一九六二（昭和三七）年から一九六六（同四一）年まで総理府総務副長官を務めていた。一九六七（同四二）年には、産経新聞出身の楠田實《くすだみのる》が首相演説やマスコミと世論を担当する首席秘書官に就任。運輸官僚の先輩だった佐藤にくどかれ政界入りした木村俊夫も、一九六六年以降、内閣官房（副）長官に登用されて内調の良き理解者となる。右寄りタカ派の佐藤を支え、政治指導者として成長させようとする人々の中にあって、内調は新たな人脈を作り、本業の世論対策を進めたのである。

一方、「日本情報機関の父」とされる吉田茂は、吉田学校の優等生である池田と佐藤に異なるスタンスを取っていた。「寛容と忍耐」を一つの柱として発足した池田に対し、吉田は一九六〇年一一月には早くも「此際《このさい》の低姿勢ハ国民をして内閣弱体なるか故と思ハしめ却而《かえって》人気に障《さしさ》ハり内閣之将来ニ影響せしむへく」と方針の転換を促し、第三次内閣が成立した一九六三年一二月には「此際断然低姿勢ハ一掃せられワンマン振に御変更相成度《あいなりたき》ものと存候」と正面から注文を付けている（吉田一九九四、三五〜九五頁）。戦後の歴代内閣は、吉田の講和独立、鳩山一郎の日ソ共同宣言、岸の安保改定など、外交課題に挑戦してきた。佐藤の沖縄返還もその延長線上に位置づけられよう。それらと違い、国家経済の発展と国民生活の向上を掲げ、高度経済成長を実現した池田内閣に、吉田は食い足りなさを感じていたのかもしれない。

第二に、一段と厳しさを増した国際環境を挙げなければならない。本章の最初に述べたように、一九六〇年代は、米国の原子力潜水艦寄港問題、中国核武装の進展、ベトナム戦争、日韓基本条約の調印、米原子力空母エンタープライズの佐世保寄港、米情報収集船プエブロ号の北朝鮮による拿捕事件など、国際的なニュースが相次ぎ、社会運動も激しさを増した。

一九六〇年当時とその後の八年ほどの間で最も変わったのは、六〇年の脅威がソ連を中心とする「国際共産主義一般」だったのに対し、日本国民の感じるソ連の脅威が減少して、「中国の脅威」が増大したことである（朝日新聞社安全保障問題調査会一九六八「朝日新聞社安全保障問題調査会報告24　日米安保体制の評価」（要約））。中国の脅威の一つが核武装の進展であり、もう一つが文化大革命などを通じて濃厚になってきた対外強硬政策だった。

朝日新聞の渡邉誠毅が当初構想した「軍縮研究会」が幅を広げて「安全保障問題調査会」となり、「七〇年問題」にどう対処するかを仕事とするようになったように、安全保障、「要するに国民の生命、財産の安全をどう確保するか、国の主権と独立をどのようにして守るか」が、政府にとってもマスメディアにとっても最重要の課題に浮上したのである。実際、内閣調査室は一九六三（昭和三八）年頃から、原子力潜水艦寄港反対運動を最初のテーマとして「核政策」の委託研究に本格的に取り組むことになる。

池田の首相秘書官だった伊藤昌哉が、原潜寄港問題について語った貴重な記録が筆者の手元にある。「池田は「政治的に見てまだ早い」という判断をしただけなんですよ」、「その当時、防衛問題っていうのはそんなにシビアな問題じゃなかったもんなあ。よけいな問題だった」（毎日新聞取材班「灰色の領域〜米国の核の傘と非核三原則の交差点［取材記録公開］ 第一四回 伊藤昌哉・元池田勇人首相秘書官」『アジア時報』二〇二〇年一・二月号）。伊藤によれば、池田たちが原潜寄港の容認に向けて具体的に動き出したのは、一九六四年七月一〇日の自民党総裁選挙で、池田が佐藤栄作に勝って三選を果たした後のことだった。池田の三選から約四カ月後の同年一一月一二日、米原子力潜水艦シードラゴンが佐世保に入港した。病気で退陣した池田内閣の後継となった佐藤内閣は、同年一一月九日の発足直後から安全保障問題に直面することになったのである。

第三に、特筆すべきは佐藤のマスコミに対する「偏向」攻撃である。沖縄返還に命運をかけた佐藤政権期は、メディア統制の激しい時代でもあった。言論圧力が高まるきっかけになったのが、一九六五（昭和四〇）年一〇月にライシャワー駐日米大使が日本のベトナム報道に対して行った発言だった。ライシャワーはハノイ入りした毎日新聞外信部長大森実《おおもりみのる》らの記事を取り上げ、「警察国家の宣伝を鵜呑みにし、公平ではない」と批判したのである（大森一九七一）。

続いて、TBS、共同通信、朝日新聞が、政財界から〝偏向ご三家〟のレッテルを貼られる事態となった。米原子力潜水艦エンタープライズの佐世保寄港をめぐる報道など、いくつかの要因が重なり、TBSは「ニュースコープ」のキャスター田英夫《でんひでお》が降板する大規模な人事異動に見舞われ、共同通信でもマスコミの編集過程をペンネームで雑誌『みすず』に連載した社会部デスク原寿雄《はらとしお》の『デスク日記』が終焉した。一九六四年一〇月には、自民党の広報委員会と新聞社・放送局との懇談会で、公安調査庁が『アカハタ』への寄稿者をまとめた「要注意文化人リスト」が渡されたこともあったという（根津二〇一八）。

こうした風潮の中で朝日新聞は内閣調査室の調査対象になったと見られる。やや時代を降るが、一九七二（昭和四七）年四月に作成された「『朝日』紙面の論理構造分析――朝日は日本を何処へひきづっていくのか」という刺激的な表題のレポートが、「志垣資料」に含まれている。冒頭から「マスコミは偏向している」とし、昨今ようやくそれが批判を浴びるようになってきたが、マスコミは批判を無視し続け、反省の色を見せておらず、批判は効果をあげるに至っていないと述べる。そして「なぜ朝日新聞を批判するのか」という問いを立て、「①最大の発行部数を持ち、一般に高級紙と目されており、影響力が最大であると思われること、②新聞の偏向批判が特に朝日に向けられていること、③論調が一貫性を持っていること、④特に朝日が日本のマスコミ論調をリードする役割を演じ、他の新聞がこれに引きずられる傾向が顕著に見られたこと、⑤要するに、朝日が日本の新聞の特徴、欠陥を代表していること」――を挙げている。

ただ、朝日新聞に対する内調のアプローチは単なる言論圧力とは言えないものだった。志垣らが朝日新聞社安全保障問題調査室を訪れ、「親類付合い」、「相互協力」を約束した陰には、朝日を政府に取り込もうとする底意があったように思える。戦前の内閣情報部で、横溝光暉らが在京八社の政治部長会などに対して用いた「内面指導」と似た手法とも言えるのではないか。

†民主社会主義の人脈

それでは、ここでもう一度「七〇年問題」を取り上げた内調資料に戻り、マスコミ・文化・世論対策（②③④⑥⑦⑧）の文書を検討してみよう。中でも注目すべきは、具体的なマスコミ対策をまとめた③④⑥と、複数の専門家が「七〇年問題」を多角的に論じた⑦である。

⑦の「一九七〇年の展望とその対策」は大衆運動、安保反対論、マスコミの性格、国家緊急権、各政党の勢力関係について六章構成で研究した報告書である。作成団体は書かれていないが、「志垣資料」の表紙の裏に小片が貼られており、活字で「本研究は民主主義研究会より中村菊男氏（慶応大学教授）に調査委託したその報告書である。なおこの報告書は次の各氏によって執筆された。中村勝範（慶応大学教授）田口精一（慶応大学教授）利光三津夫《りこうみつお》（慶応大学助教授）堀江湛《ほりえふかし》（慶応大学助教授）上条末夫《かみじょうすえお》（現代史研究所々員）」などと記されている。手書きのメモによると、第一章を中村菊男、第二章を中村勝範、第三章を利光、第四章を堀江、第五章を田口、第六章を上条が、それぞれ執筆した。「マスコミには配らない」というメモ書きもあり、政府

部内だけに配布されたらしい。

民主主義研究会については後で詳しくふれるが、内閣調査室の重要な業務である委託研究を請け負った有力な団体だった。政治学者の中村菊男は今では語られることも少なくなったが、西欧型の民主社会主義運動をリードした現実的改革者としてよく知られていた(清滝二〇二三)。実は内閣調査室の学者人脈には、中村菊男のほか蠟山政道、猪木正道、関嘉彦《せきよしひこ》、気賀健三《きがけんぞう》ら、一九六〇(昭和三五)年二月に設立された民主社会主義研究会議や同年一月に結成された民社党に連なる一群がある。共産主義に反対する点で一致するとはいえ、内調がなぜ彼らとの関係を深めることになったかは今の筆者の手に余る問題であり、ここでは志垣と中村菊男との交流を紹介するにとどめたい。

志垣の回想録『内閣調査室秘録』の「委託研究を担った人々」には、「志垣日記」から拾った一二七人の学者とのつきあいが収められている。中村菊男の記録は蠟山と双璧をなし、猪木、関、気賀らより目立って多く、親交の深さがうかがえる。

初出は一九六三(昭和三八)年二月一五日(金)の項。「中村菊男氏来たというので5部に行き会う。安保の分析をレポートしてくれた。見て質疑。大衆闘争を著しく低く評価し、保守の団結さえよければという」。一九六七(同四二)年一〇月一七日(火)の項には、前出の報告書「一九七〇年の展望とその課題」を執筆した中村菊男グループの面々が登場する。「大津室長を

「富美川」に案内。中村菊男、中村勝範、利光三津夫、堀江湛、上条〔末夫〕各氏ら。中村グループとの会合。菊男先生の「〔日米〕安保肯定論」と小説「若い思想の旅路」の話。羽田事件と大学問題を論じたあと、小選挙区制、食管、都市化の話など」(『日米安保肯定論』は中村菊男の編著、『若い思想の旅路』は中村の単著＝引用者註)。これ以降、グループとの会合が散見されるようになり、一九六九年の報告書をはじめ、いくつかの委託研究につながったと見られる。一九七七(同五二)年五月三〇日(月)の項には、五七歳で早世した中村の告別式に参列した様子も記されている。

⑦の内容も紹介しておきたい。マスメディアとの関連で興味深いのは堀江が執筆したと見られる第四章「マスコミの性格とそれへの対応策」である。

一九六七(昭和四二)年五月、米原子力潜水艦ソードフィッシュが佐世保に入港中に湾内で異常放射能が測定された事件をめぐる中央各紙の報道を追い、朝日、毎日、読売三大紙の違いを分析している。西日本新聞のスクープに始まり一時盛り上がった報道は、原潜と汚染を結びつけるのは困難という科学技術庁の見解の発表などがあって沈静化するように思えた。ところが現地調査団の報告を受けた専門家検討会議の議長が、放射能が原潜である場合もありうると記者会見で述べると、報道が再燃するという経緯を辿った。

一連の報道から、報告書は次のような結論を導いている。第一に、同じ内容の記事でも一〜

二面に載るか、社会面に載るかで扱いが違ってくることである。一〜二面を書く政治部記者と主として社会面を担当する社会部記者の感覚や経験の違いを指摘し、政治部的な発想は概して客観的で冷静であるが、一般国民の感情に訴えかけるような強さに欠けるのに対し、社会部的発想は主観的、情緒的で、国民を刺激し興奮が起こると影響力は圧倒的だと分析する。第二に、社会部記者の政治的志向性の問題を指摘する。社会部の第一線記者の年齢は比較的若く、青年らしい情動性が大衆の情動性と重なり合い、情緒的社会正義をつくりあげると見る。

そのうえで対応策として、マスコミに対する秘密主義と事大主義の払拭と、マスコミに押し流されない政府や専門家の自己陶冶を挙げる。さらに、実行は困難だが新聞の逸脱を抑制する新聞批判の場をつくるよう提案した。

一連の報道の中で、原潜放射能という標的を設定し、その路線を一貫して追求した朝日新聞社会部の動きが事件の推移のペースメーカーとして働いた旨、報告書は述べる。報告書が取材現場の実際にどこまで迫ったかは定かでないし、既存メディアへの批判が強くなった今日から見ると時代の違いも感じるが、マスメディアの特性を鋭く突いた説得力ある研究と言えよう。

†マスコミ対策要綱

続いて、具体的なマスコミ対策を論じた三文書を見てみたい。③④⑥はいずれも内閣調査室が作成したとおぼしき内部文書であり、⑦のような委託研究とは体裁も異なり、非常に実践的な内容である。③は一九七〇年をめぐる内外の諸情勢に対応し、安保問題に関する国論を統一するため、広報部門としてなすべき八項目を箇条書きにした一九六七（昭和四二）年八月三日作成の文書。④はマスコミ対策を文章化したもので、作成日時は明記されていないが、「(七〇年まで）余すところ僅かに一年有余」という記述から見て、一九六八年の作成と考えられる。ともに「取扱注意」の印が押されている。⑥は安全保障問題広報作業部会が一九六九（同四四）年一月に作成した安保PR資料案で、「マル秘」扱いとなっている。実際に採用されたかは定かでないが、③④で検討したマスコミ対策の一例とも考えられる。

ここでは、③の「なすべき」項目を吟味し、まとめたと目される④の「一九七〇年をめぐるマスコミ対策要綱」を取り上げる。

冒頭で、④は「安保問題をめぐって、苛烈な騒擾の起るであろうことは、前回の安保騒動に稽え、最近の学生運動に徴し、必至の情勢」と述べる。続いて「マスコミ共闘（マスコミ関連労働組合共闘会議＝引用者註）の如きは、政府がマスコミを支配し、世論を操作しようとしていると称し、マスコミ操作の実態を大衆の前に明らかにすることをもって、一九七〇年を迎える重要戦術の一としている」として、マスコミ対策の樹立と実施を訴える。安保条約によって繁栄がもたらされたというところまでが国民の理解の限界であって、安保公害や基地問題には不満があり、それが安保問題と密接に関係しているとも指摘している。そのうえで、マスコミ対策の実施案を次のように列挙する。

（一）間接宣伝方策

（1）首相の特別記者会見…首相と中央紙論説委員長らとの特別会見。日本新聞協会と事前に協議し、協会主催の形式を整え、ニュース性のあるものにし、政府の意図を一般に浸透させる。

（2）マスメディア幹部との接触…各社に設けられた安保問題に関する調査委員会はおおむね反政府的な色彩が強く、安保条約反対に近い線を打ち出しているところさえある現状に鑑みれば、マスメディアとの関係を友好に導くことが緊要。そのため当該編集幹部ないし担当者（政治・社会・外信各部長・論説委員ら）との累次接触が望ましい。

（3）投書部隊の動員…拡大された各新聞の投書欄が左翼的立場の発言に傾斜しやすい現状に徴すれば、常に投書欄に注意し、随時積極的な政府施策支持の投書をなすはもとより、反対の所論に対しては遅滞なく反駁することを怠ってはならない。このため隠密裡に知能的世論集団を育成し、随時資料を提供して投書を敢行せしめるルートを確立する。

（4）雑誌・出版物の利用…体制側に立つ総合雑誌を総動員し、資料の提供、執筆者の斡旋、必要部数の買取など編集及び発行者と相互協力の実を挙げる。
(5) 良識者集団への助成…日本ジャーナリスト会議、マスコミ共闘、国民文化会議などの左翼マスコミ団体が、安保闘争を市民運動との関連で取り上げようとしている動きに対し、良識派の学者、評論家、文化人らが結束を固めつつあることに注目。一方、新進の学者、文化人を発見し、協力者グループを育成するとともに、既成の中道的言論集団(例えば日本文化会議、言論人懇談会など)に対して便宜供与を行い、その言論出版活動を盛んならしむべきだ。
(6) モニタリングの拡充強化…広くモニターを配置して、テレビ・ラジオ放送を視聴し報告させる。基地問題その他地方の特性に基づく諸問題の論評を採取するため、地方にもモニターを配置し、報道の扱い、論調の動向を把握するとともに、内容に応じて速報させる。それらを統轄し、機能強化を図るために、モニタリング・センターを新設すべきだ。
(二) 直接宣伝方策
(1) 首相の特別談話発表…安保問題の如きは、一国の政治指導者が、混迷に陥りがちな国民大衆に対し、勇気をもって所信を訴えるならば、国民の信頼を増し政府の威信を高めるに寄与する。そのため、文学者、作家らの協力も得て首相の特別談話を発表することが適切。

(2)「一九七〇年宣言」発表…体制側の学者、評論家、文化人らを動員し、連名により、安保体制維持の必要性を理論的に訴える「一九七〇年宣言」ともいうべき声明を発表させる。その根回しとして、特定の学者グループに働きかけ、発起人を中心に同志を求め、草案を作成し、これを採択して新聞発表に持ち込む。

(3)リーフレット・パンフレット類の刊行頒布…(イ)安保問題を重点的に解説した「安保早わかり」式の解説リーフレットを刊行し、自民党下部組織または大企業の組織にのせて頒布。(ロ)「安保問題百問百答」の普及版を刊行。(ハ)少壮学者の所論を特集し、パンフレット形態にして、指導者向けにダイレクト・メールで送付。(ニ)新聞、放送などの反米反戦の立場からする基地問題特集が予想されるので、問題点と対策を解明した「基地問題白書」を刊行。

(4)新聞紙・週刊誌などへの意見広告…広告代理店の創意工夫に依存し、全国紙及び週刊誌に意見広告を掲載。基地問題については地元紙への意見広告掲載も考慮。

(5)テレビ番組の活用…テレビの対談・座談会で安保問題を論議し、政府の立場や主張を述べる。政府側の出演者は吟味して選ばなければならない。連続テレビ番組「五分間安保講座」も支持ムードに寄与する。スポンサーは日経連を通じて獲得するか、政府自体がなればよい。そのためには、日本広報センター放送企画委員会との連携を推進。有力なライターに依嘱して、学生運動と安保問題を絡ませた青春ものの脚本を作成し、連続テレビドラマとして放映。

(6) 宣伝ビラ・ポスターの活用…安保論議が最好調に達した時点では、簡明で訴求力のある宣伝ビラまたはポスターを貼付することも一策。

(7) 街頭署名運動の展開…安保反対の街頭署名運動を看過せず、これに対抗して党の青年・婦人らを動員して支持の街頭署名運動を全国的に展開する。

(8) 講演会の開催…(イ)特定多衆に対する講演会は全国的に機会を頻繁ならしめる。講師の派遣など、政府は極力便宜供与する。開催地の地方紙とタイアップして講演内容がその地方紙に掲載されるなら効果は大きいので、大いに活用すべきだ(例えば共同通信社主催の「政経懇話会」)。(ロ)不特定多衆に対する場合は、(a)与党国会議員の国会報告演説会、(b)週刊紙「今週の日本」創刊記念講演会、を開催して、その中に安保問題を盛り込む。政府は講師の斡旋派遣に協力するとともに経費も援助し、地元新聞社、放送局の後援を求める。また、基地周辺の主要都市に対しては、懇切な講演会を開催。その抱き合わせには、「紅衛兵物語」などの記録映画の上映、チェコ問題、中共の戦闘的姿勢を引例した写真パネル展など格別に考慮する。

(9) 展覧会の開催…デパートなど多衆集合の場で安保支持の念を起こさせる展覧会を開

催。防衛庁の主催や「今週の日本」社創刊記念として政府が経費を負担して開催するのも良い。

さらにマスコミ対策実施機構の改善とし、戦前、首相の下に設置された対満蒙実行策案審議委員会を念頭に安保対策担当大臣を任命することや、関係各省庁部局の連絡調整を十分にし、総がかり協力態勢を作り出すため、情報委員会のような機関を組織することが早道だとした。

†ポジティブリストとネガティブリスト

この対策要綱がどれだけ実行に移されたかは分からない。いずれにしてもマスコミ関係者が知れば反発を買うのは必至のマスコミ懐柔策、さらに世論操作につながる要素が含まれているのは確かだった。他方で、内閣調査室が同時代の「偏向」攻撃とは方向性の違う対策を講じていたのもまた事実である。

前述したように、志垣と上司の下野信恭が朝日新聞社安全保障問題調査室を訪ねたのは一九六六(昭和四一)年四月一四日(木)のことである。面会した実務責任者の渡邉誠毅は後年、社長になる朝日の幹部で、話を聞いた志垣らが内調と安全保障問題調査室の仕事はほとんど同じだと考え、「親類付き合い」、「相互協力」を決めたことは、二年後の一九六八(同四三)年に作られたマスコミ対策要綱にある「マスメディア幹部との接触」の先例になったと見られる。内調の底流には、報告書「『朝日』紙面の論理構造分析――朝日は日本を何処へひきづっていくのか」に現れたような批判が渦巻いていたが、「七〇年問題」に対する政府全体の取り組みの中で、自分たちの一義的な役割を「内面指導」と心得ていたと思われる。

「志垣資料」には、そんな内調の業務に有用だったらしい別の文書も含まれている。表紙に「名簿」とだけ記されたその小冊子は、五十音順にマスコミ関係者、学者らの氏名、肩書き、専門、住所・電話をまとめたリストである。手元の「名簿」に作成者は記されていないが、「49年度版」、「昭和49・7現在」とあり、一九七四(昭和四九)年に作られたものだった。

表紙裏の注意書きによると、収録人員一五〇〇名。一頁あたり一一〜一五人が横組みに記載されている。全国紙、通信社、NHK、民放キー局、大手出版社の幹部が多いが、学者、作家、評論家なども相当数含まれる。公安調査庁が要注意文化人をまとめた〝ネガティブリスト〟とは違い、内調の眼鏡にかなった〝ポジティブリスト〟と考えられる。中には意外な著名作家も含まれており、本人の意思と関係なく、内調が関心を持つ人物を収録した可能性がある。

名簿作りの経緯を探ろうと、「志垣日記」を調べたところ、以下のような関連する記述に行き当たった。一九六八(昭和四三)年五月六日(月)の項「12時より主幹会議。5部の委託テーマ予定を披露、意見を求める。「マスコミ関係名簿」3部より説明」。一九七二(同四七)年二月一四日（月）の項「（12時からの主幹会議を受け＝引用者註）3時前から班長ら集めて伝達。室長の話をそのまま伝えるとダメ。反発多し。佐藤総理のTV態度の批判ばかり盛ん。「時の課題」の批評、マスコミ名簿のことなど話して5時前終了」。同年三月八日（水）の項「マスコミ名簿の作成規準を木下、佐藤両君に示して置く。彼らで協会と検討するよう」。一九七三（同四八）年九月二一日（金）の項「4時出版協会行。連絡会。（中略）名簿作成の件、アジェンデ政権のこと、総理の日程、放送に注意する件、地方紙のことなど話合う」。一九八三（同五八）年四月一四日（木）の項「3時より検討会。マスコミ関係名簿完成を□（「慰」か＝引用者註）い次の印刷物検討。名簿その二、地方選資料、参院選と衆院選資料、放送出演者、週刊誌分析、マスコミ便覧等を予定。（中略）5時20分頃より会議室でマスコミ関係名簿完成の打上げ会開催」。

日記にある「名簿」が、手元にあるマスコミ関係者らの「名簿」を指しているとは断定できない。だが、これらの記述から推測すると、マスコミ論調を担当する三部が「名簿」を長年にわたり作成したと受け取れる。関連する最後の記述がある一九八三年の時点では、志垣は内調を退官し、委託団体の国民出版協会会長を務めていた。後半の記述からは、国民出版協会が三部と協力して名簿を作っていたように読める。志垣は内調の幹部としてはもちろん、委託団体の長としても「名簿」作成に関わったと解釈できるのである。

それでは、内調が試みたメディア、学者の囲い込みはいつ頃から始まったのだろうか。筆者の頭に浮かぶのは、内調の草創期に志垣が「学者先生戦前戦後言質集」という雑誌連載と並行して取り組んだ、東京大学法学部を中心とする学生有志の研究団体、土曜会への支援である。志垣が一九五三(昭和二八)年から、名前を伏せて執筆した進歩的文化人の変節批判については第六章で述べた。その一年前から志垣が接触するようになったのが土曜会の面々だった。

土曜会については、拙著『核武装と知識人』などで詳しく紹介したことがある(岸二〇一九、一〇六〜一三二頁)。土曜会の会員には、若泉敬(後に沖縄返還交渉で佐藤栄作首相の密使役を務める国際政治学者)や、粕谷一希(後に現実主義者の学者を多数世に出した『中央公論』編集長)ら有望な人材が多数含まれており、内調が一九六〇年代に学者への委託研究を進めるうえで一種の青田買いになったというものである。だが、土曜会が輩出した人物が各界で頭角を現すのは何年も先のことであり、彼らが「志垣日記」に初めて登場した一九五二(昭和二七)年の時点で志垣らが考えていたのは、マルクス主義のイデオロギーに反対する土曜会に援助することだった。土曜会の面々を「内面指導」し、粕谷が編集長を務める機関誌『時代』に資金を提供したのである(「志垣日記」、吉原資料)。

「当時、東大は左翼勢力が強く、出版物でも負けそうだった。そこに『時代』の一誌でも出れば、一応の対抗策といえた」。筆者に志垣はそう振り返った(二〇一六年四月二一日、同年五月二六日のインタビュー)。『時代』という名にしたのは、府立一中・一高・東大で「秀才」の名をほしいままにした同世代のシンボル、遠藤麟一朗《えんどうりんいちろう》が編集長を務める総合雑誌『世代』に憧れていたからだが（粕谷二〇〇七）、「（岩波書店の）『世界』に対抗する総合雑誌に」も合い言葉にしていたという（「福留民夫氏旧蔵若泉敬関係文書」所収『土曜会会報』第五号）。『時代』のささやかな誌面を見ると、進歩的文化人の牙城となった『世界』と張り合ったとは考えにくい。それでも大学という限られた空間においては、非武装中立をめぐるNHK討論会での佐々《さつさ》淳行《あつゆき》（後に初代内閣安全保障室長）や若泉らの活躍などもあって、それなりの存在感を示した（佐々二〇〇三）。

佐藤政権期に内調が現実主義者への接近を図ったのは、単なる言論抑圧とは異なる、草創期以来の世論対策に連なる業務だったのである。

朝日新聞社安全保障問題調査会の仕事は、同調査会編の朝日市民教室「日本の安全保障シリーズ」の本に加え、社内用の報告書を確認できただけで三三冊出す大がかりなものになった。そして日米安保条約は一九七〇（同四五）年六月二三日に自動延長され、二四日付の『朝日新聞』朝刊は一面にベ平連（ベトナムに平和を！　市民連合）のフランスデモの写真をあしらい、「反安保集会に77万人参加」、「60年安保上回る　全国で静かな盛上がり」と報じた。「七〇年反安保行動の残したもの」と題する同日の社説は「（六〇年反安保闘争でリーダーシップを握っていた）社会党、総評というかつての主役はその影が薄ら」ぎ、「一連の反安保行動が、形の上でスケジュールを消化するという迫力のないものに終わったのは否定できない」と論評した。

安全保障問題調査会を作り、実務責任者の主査となった渡邉誠毅の追想書は、調査会の顚末を次のように書いている。「渡邉主査は一年ほどで調査研究室長、さらに大阪本社編集局長へと管理職に転じ、後任の中田稔にバトンタッチした。安保調査会は四十四年、日米安保条約について「中田私案」をまとめ、朝日はこれをもとに「さしあたって存続はやむを得ない」とする社論を決めた」。社説を読む限り、朝日がこれほどはっきり安保容認を打ち出したとは受け取れない。だが、内調を含む体制側が「一九七〇年の危機」を乗り切ったのは事実である。

†ニュースになった委託団体

ここまで見てきた「志垣資料」や志垣日記には、委託団体や委託研究といった言葉が何度も登場した。委託とは一体何だろうか。内閣調査室が所掌している事務は、職員が直接処理しているものと、民間団体に委託処理しているものに区分される。実は、民間団体に委託処理している事務こそ、戦後の内閣情報機構である内調を特徴づけていると言えるのである。

委託団体については、国会でも何度か取り上げられてきた。社会党の横路節雄は、一九六二(昭和三七)年二月二六日の衆議院予算委員会で、自民党が安全保障調査会を設置することになったとの報道を糸口に、国家安全保障の機関を新設するつもりがあるかどうかを政府にただし、その関連で内閣調査室の調査委託費の詳細を質問した。それに対し、室長の古屋亨が来年度

（一九六一年度）の予定として「日本放送協会に一四三五万四〇〇〇円、内外情勢調査会に四三八〇万四〇〇〇円、共同通信社に七二〇万円、ラジオプレスに二五〇万円、ジャパン・ニュース・センターに一八八八万五〇〇〇円、海外事情調査所に四〇二九万五〇〇〇円、世界政経調査会に八八三八万八〇〇〇円、東南アジア調査会に一一〇四万九〇〇〇円、国際情勢研究会に四二四五万三〇〇〇円、国民出版協会に三七〇五万五〇〇〇円、民主主義研究会に六〇〇三万五〇〇〇円、合計三億六六〇一万八〇〇〇円」と答弁した。

さらに横路は、民主主義研究会の目的は何か、各団体の代表はどういう人物か、などと執拗に尋ねたが、政府側は「民主主義に関する内外の理論、制度及びその運営についての調査研究を行ない、国民の民主主義に関する知識の普及浸透をはかり、もってわが国の民主制度の発展に寄与する」」、「古い官僚のはけ場を作るために団体を結成するようなことは、毛頭考えてない」とそつなく答え、追及をかわした。

横路は、二年ほど前の一九六〇（昭和三五）年二月二四日の衆議院予算委員会でもこの問題を取り上げ、委託先は内閣調査室の外郭団体ではないかと質問したが、政府は「外郭団体ではなく、純然たる民間の機関だ」と答弁した。横路は重ねて、内閣官房、公安調査庁、防衛庁、警察で取った大事な情報を提供し、分析し、それに基づいてどういう判断をするかは当然国のやることで、それは内閣調査室の外郭機関ではないかと追及したが、政府は「秘密情報は出さない」などと突っぱねた。

　メディアでも、内閣調査室の委託研究が取り上げられたことがある。朝日新聞は一九六七（同四二）年九月一六日付朝刊で、共産圏情報と交換に「研究費を援助する」などと、学界に露骨な働きかけを強めている、と報じた。学者の中にも、「外国に行くから情報を集めてくる」と自ら〝スパイ〟役を買って出て旅費をせびる人もいるといい、内調とこれに応じる学者双方を批判した。記事には「学者の知識、意見を聞いて政策に反映させるのが狙いで、政府やそれに直結する役人の組織の善意、誠意をくみとってほしい」という内調の談話も付けられている。同年度予算は六億八四〇〇万円で、九割が団体に委託費として回されているとも書かれている。

「志垣日記」には、これら国会審議や朝日報道に関する記述がある。一九六〇年二月二四日（水）の項に「国会で横路代議士より委託団体に対する質問あり。新聞記者が取材に乗出したというので緊急集合。団体をもつ班長に主幹より注意。渡辺氏を呼んで山本氏より応答要領指示」。一九六二年二月二六日（月）の項に「国会での横路節雄の質問案外簡単に終わる」。

　さらに一九六七年九月一六日（土）の項には「朝日新聞に民研の学者委託費のこと大きく出る。室長より電話で加山（文夫＝引用者註）君に連絡せよと。9時半登庁。あちこち話題。班長らの御注進。室長、次長と話。会田雄次《あいだゆうじ》より電話あり。水曜の講演を断ると共に、研究費の追送も一時停止してくれと。ＯＫす。加山秘書官に会い、記事のいきさつ説明。長官の様子をみて報告しておく由。結構。班長ら集めて今後の心構え指示」。朝日記事の影響はその後の日記の記述にも見え、年末の回顧でも、志垣は「小生が5部主幹になった途端、朝日新聞によって「学者への露骨な働きかけ……」云々が出され、大分仕事がやりにくくなった」とこぼすことになった。

委託の実態について内調は全てを隠しているわけではないが、公にするのは委託団体や予算ぐらいで、研究の中身はほとんど明かしてこなかったと言える。「志垣日記」からは、かなり神経質に対応してきた様子が見て取れる。

†知られざる事務の柱

内調の核政策研究を知りたくて志垣民郎の自宅を訪ねるようになった筆者は、志垣が時折口にする委託団体や委託研究の意味合いが当初よく分からなかった（岸二〇一九）。志垣に三〇回以上会って話を聞き、志垣が二〇二〇年に死去してからも自宅に残された資料を整理するうちに、志垣にとって核政策研究は自らが手掛けた最も印象に残る委託研究であり、内調にとって委託とは最重要な事務の一つであって、職員一〇〇人余りの小さな組織が他にまねのできない独自の報告書を作れる秘密であることが理解できるようになった。各分野の有力な学者を糾合することで、内調は外からはうかがい知れない官製シンクタンクを作り上げたのである。

「志垣資料」を基にその実態に迫ってみよう。まず、委託団体とはどのようなものだろうか。「志垣資料」の中に、内閣官房調査室が一九八五(昭和六〇)年七月二三日に作成した「主計官事務説明資料」という二四頁の文書がある。表紙に手書きで「予算折衝用」と書かれており、調査室の沿革、所掌事務、内部組織、職員、業務の概要、首相及び内閣官房長官に対する報告、予算について、大蔵省(当時)との予算折衝のため手短にまとめたものと思われる。

五頁以降の別紙一から七までは調査室に関わる内閣法や内閣官房組織令の抜粋、内閣調査室組織規則、組織図、配置人員表、出身省庁別人員表、定員の変遷、一七頁以降の別紙八から九までは各部門の業務委託概要の図、委託団体一覧表、そして二〇頁以降の別紙一〇から一二までは各省庁情報連絡会議要領、議題と報告者一覧、最近六年間の予算額が記されている。内調という特異な組織のことが、部外者にも分かりやすく説明されている。

この中の一七〜一九頁を見ると、委託団体の概要とそれらが内調の各部門にどのように位置づけられているかが読み取れる。まず、筆者が別紙九を基に作成した委託団体一覧(表七-2)を見てもらいたい。委託団体は一一あり、予算額の多い順に財団法人世界政経調査会(三億一三七万円)、ジャパン・オーバーシーズニューズ・センター(二億三九一万一〇〇〇円)、社団法人国民出版協会(一億四八三四万一〇〇〇円)、社団法人国際情勢研究会(一億一四一二万六〇〇〇円)、社団法人東南アジア調査会(一億一二四七万三〇〇〇円)、社団法人民主主義研究会(九五六五万八〇〇〇円）などとなっている。金額はそれらに及ばないが、社団法人共同通信社（六五三七万四〇〇〇円）、前時事通信社代表取締役が会長を務める社団法人内外情勢調査会（三二三六万四〇〇〇円）、社団法人共同通信社（一七一〇万円）、株式会社時事通信社（一二一八万円）と、通信社とその関連団体も含まれている。

前述した一九六二（昭和三七）年二月の国会審議の時点では、同年度の委託予定団体に日本放送協会が入っており、また政府側は従来委託していた内外事情研究会、アジア動態研究所、国際問題研究会、国際経済調査会の四団体が解散し、能率的、効果的調査を推進するために、これらを統合して一九六一年七月に世界政経調査会が発足したと説明した。委託団体には、年

委託事項	1985年度予算額（千円）
韓国、北朝鮮、中国及び欧米諸国の政治、経済、社会事情及び対日関係等の調査並びにこれに関する資料の作成	301,370
東南アジアの政治、経済、社会事情等の調査並びにこれらに関する資料の作成	112,473
国際情勢の分析及び総合判断資料の作成	114,126
新聞、出版、放送等マスコミの論調、社会風潮その他国内情勢等の調査並びにこれに関する資料の作成	148,341
政治、経済、社会、文化等に関する基礎的研究調査及びこれに関する資料の作成	95,658
外国の政治、経済等の資料の収集、翻訳及び整理並びにこれに関する資料の作成	203,911
内外ニュースの速報	12,180
内外ニュースの速報及び緊急速報	17,100
外国通信（AP、UPI、ロイター、タス、新華社）の収集、翻訳、整理及び速報	65,374
外国通信（AFP、DPA）の収集、翻訳、整理、速報及び国際情勢に関する資料の作成	32,364
海外放送ニュースの速報と資料の作成	24,260
	1,127157

団体の性格	団体名	設立年月日	代表者氏名	法人の目的（定款内容）
財団法人	世界政経調査会	1961.7.1	会長　石井栄三（元警察庁長官）	内外の政治、経済、社会事情等の総合的な調査研究を行い、内外事情に関する知識の向上普及を図る
社団法人	東南アジア調査会	1967.5.1	会長　下稲葉耕吉（前警視総監）	東南アジアに関する情報の収集、調査、分析を行い、これに基づいて一般国民の東南アジアに関する知識の向上と公正な理解の増進を図る
社団法人	国際情勢研究会	1961.9.1	会長　佐伯喜一（野村総合研究所取締役相談役）	内外情勢に関する分析、判断を行い、もってわが国の重要施策に関連する内外情勢の総合的研究に寄与する
社団法人	国民出版協会	1961.7.1	会長　志垣民郎（元内閣調査官）	マスコミ及び社会風潮その他国内情勢に関する資料の収集、調査並びにこれが編集出版を行い、国民の公正な理解の増進に資する
社団法人	民主主義研究会	1961.11.1	会長代理　秋山博（弁護士）	民主主義に関する内外の理論、制度及びその運営についての調査研究を行い、国民の民主主義に関する知識の普及浸透をはかり、もってわが国の民主主義制度の発展に寄与する
	ジャパン・オーバーシーズ・ニューズ・センター	1976.5.1	会長　岡崎修（元内閣調査官）	各国の情勢に関する資料の収集、翻訳及び分析を行い、もって内外情勢に対する国民の理解の増進に寄与する
株式会社	時事通信社	1945.11.1	代表取締役社長　原野和夫（時事通信社取締役）	次の事業を営むことを目的とする ①時事に関する事項を掲載する日刊新聞「時事通信」の発行 ②前号以外の方法による「ニューズ」の供給 ③書籍、雑誌等の出版 ④世論調査 ⑤前各号に付帯する一切の事業
社団法人	共同通信社	1945.11.1	社長　酒井新二（前（社）共同通信社専務理事）	正確公平な内外ニュースの普及をはかり、公平な世論の形成と国際的理解の徹底に資する
株式会社	共同通信社	1972.8.1	代表取締役社長　酒井新二（前（社）共同通信社専務理事）	内外ニュース・情報・資料の収集分析、処理及び配布に関する事業、世論調査市場調査、内外政治・経済事情の調査及びこれらに関する委託事業、他
社団法人	内外情勢調査会	1953.11.1	会長　大畑忠義（前時事通信社代表取締役）	内外の情勢に関する情報の収集、調査、分析を行い、これに基づいて一般国民の時局に関する知識の向上と理解の増産をはかる
財団法人	ラヂオプレス	1946.1.21	理事長　猪名川治郎（元バチカン大使）	無線放送を利用する刊行物により汎く我国民に外国事情を紹介して各国に関する充分なる理解の達成に資し以て民主主義及国際親善、平和の精神を助成強化し、併せて日本における二世の社会的、経済的地位の向上に努力する
合計				

表七－2　委託団体一覧表

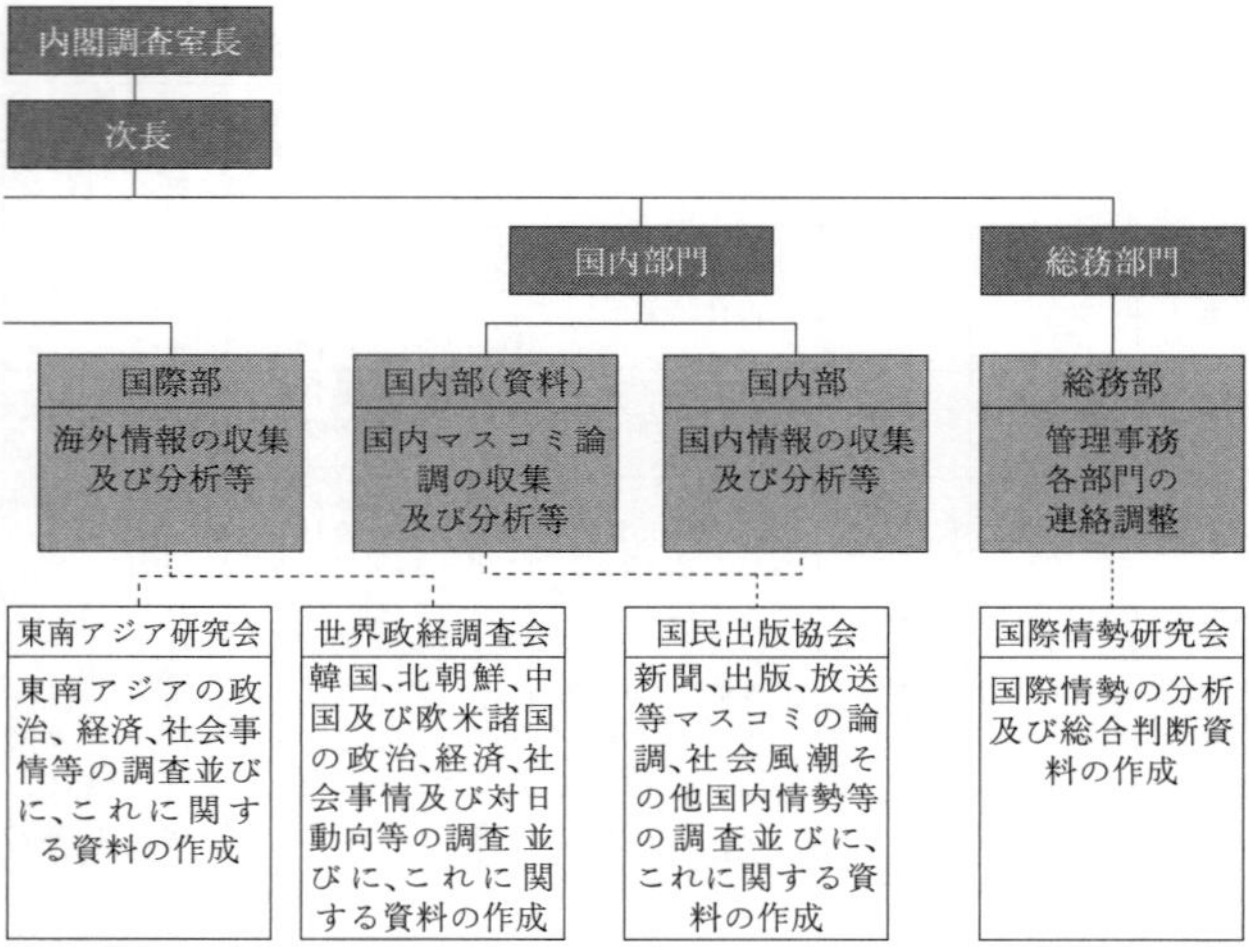

ごとにある程度の変動があると考えられる。

有力な委託団体のトップには、石井栄三・元警察庁長官や下稲葉《しもいなば》耕吉《こうきち》・前警視総監、志垣民郎・元内閣調査官、岡崎修・元内閣調査官といった元警察、内調の幹部が就いている。下稲葉は一〇代室長の内調ＯＢでもあり、後に政界に転じて法相を務めた。志垣は一九七八（昭和五三）年三月に内調を退官し、同年六月に国民出版協会会長に就任した。岡崎も一九五四（昭和二九）年三月に内閣総理大臣官房調査室勤務となり、第四部、第三部の主幹を歴任した、内調一筋に歩んだ人物だった。一方佐伯喜一は、戦前は満鉄、戦後は経済安定本部に勤務したエコノミストで、その後防衛研修所所長などを務めた第一級の知識人である。

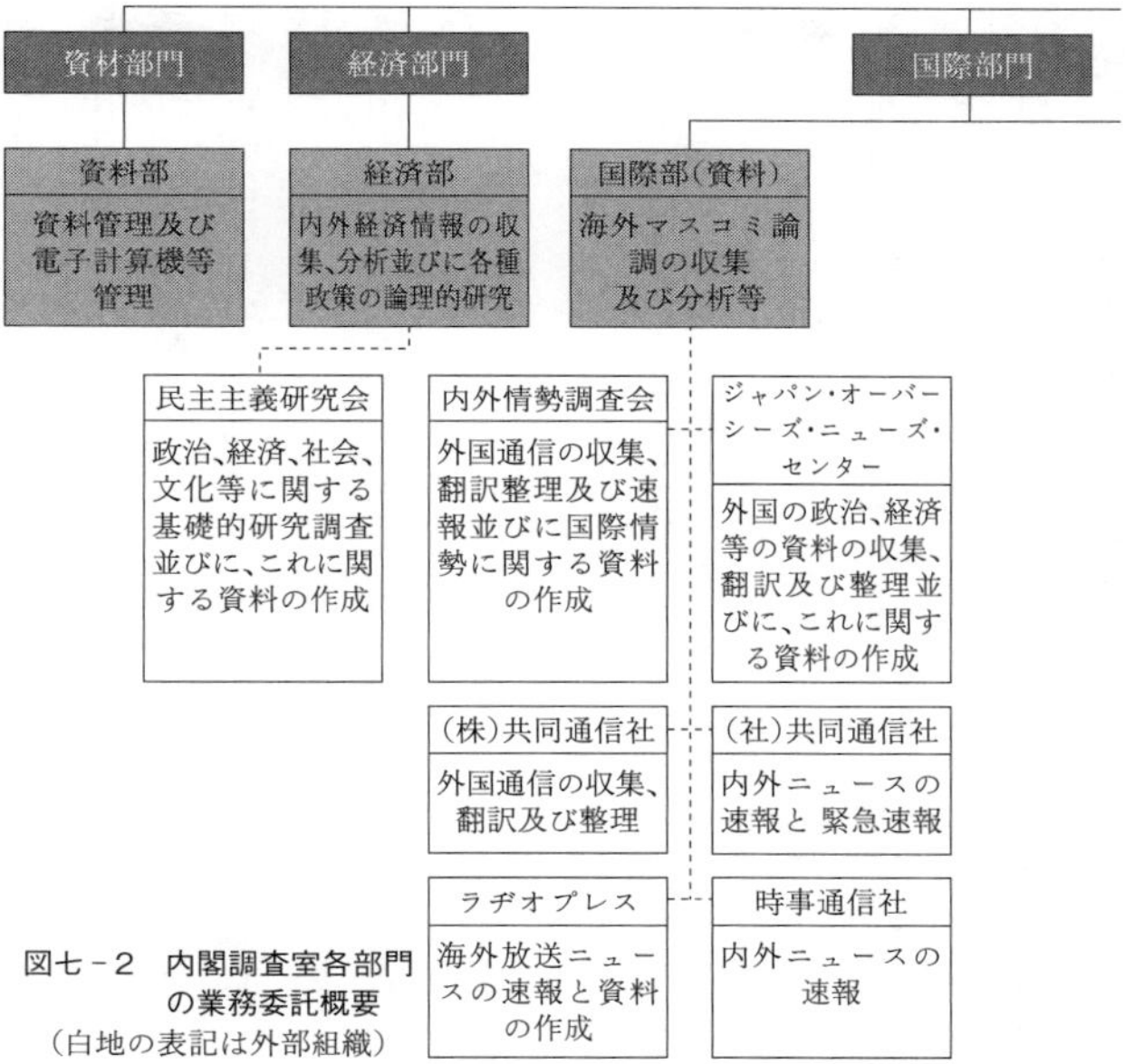

図七－２　内閣調査室各部門の業務委託概要
（白地の表記は外部組織）

続いて、各部門の業務委託概要（図七－2）に目を転じると、これらの委託団体と内調各部の関係が浮かび上がる。国際部の下に世界政経調査会と東南アジア調査会、国際部（資料）の下に内外情勢調査会、ジャパン・オーバーシーズ・ニュース・センター、株式会社共同通信社、社団法人共同通信社、株式会社時事通信社、財団法人ラヂオプレスと、国際部門に八つの委託団体が位置づけられ、内調が海外情勢に大きな関心を持っていたことがうかがえる。もう一つの柱である国内部門には国民出版協会が、経済情報と政策の理論研究を担当する経済部門には民主主義研究会が、そして各部門の連絡調整にあたる総務部門には国際情勢研究会が位置づけられている。六部制の変遷を正確に辿るのは容易ではないが、松本清張や藤原弘達が一九六〇年代半ばに書いた各部の構成によると、国民出版協会はマスコミ論調担当の第三部、民主主義研究会は学者への委託研究を担当する第五部、国際情勢研究会は審議員会議という形で総合分析を担当した第六部と結びついていた。

†困難な実態把握

それでは、なぜ内調は委託団体に頼ることになったのか。その予算はどれぐらいで、具体的に何を調べているのか。いかに事務を運営し、成果をどう活用しているのか。こうした肝心の話になると、内調のガードは堅く、国会審議でもほとんど明らかにされてこなかった。

それでも委託団体の具体的な活動が国会で取り上げられたり、ニュースになったりした例はわずかながらある。

一つは、吉原公一郎が迫った、最も委託費の多い世界政経調査会に関わる内河事件だ（吉原一九七八、一七六〜一八六頁）。日本人旅行者の内河昌富が一九六六（同四一）年一〇月、ソ連のハバロフスク市内においてスパイ容疑で逮捕され、軍事法廷で禁固三年、矯正労働五年の判決を受けたというものである。内河がソ連に出発する前まで世界政経調査会に勤務していたことが分かり、「内閣調査室と世界政経調査会の委託を受けてやった」と自供したと伝えられ、国会で委託費の算出根拠や仕事のやり方などが問われる事態になった。

結局、内閣調査室長の大津英男が、社会党議員の質問に「調査委託していない」と答弁し、前世界政経調査会会長の広岡謙二が、世界政経調査会の予算の内訳や調査項目、調査会が資料の分析を委嘱している専門家の名前などを、言を左右にして明かさず、委託の中身は分からず仕舞いだった（一九六七年六月二七日参議院法務委員会など）。

事件から一一年後、吉原は東京の千歳船橋に住む内河を探し出し、会って話を聞いている。「世界政経調査会に勤めたまま行きたかったが、それではビザがおりないので辞めた。スパイなど目的ではなかったし、世界政経調査会も文諜が主な仕事だった」。内河は天理大学でロシア語を学び、世界政経調査会ではロシア語の雑誌、文献の翻訳、整理にあたっていた。四年の刑期を終え、帰国したのは、一九七〇（昭和四五）年一〇月のことだった（『読売新聞』一九七〇年一〇月三一日付夕刊）。大学卒業後にソ連の専門家である元陸軍中将土居明夫《どいあきお》が主宰する大陸問題研究所に勤め、世界政経調査会ができた時に移ったという内河の話から、内河が「一貫して対ソ諜報の畑を歩いてきた」とし、「（本人が）意識しないかたちでスパイに仕立てられていった」

と吉原は書いている。

また、同調査会理事長の石井栄三が戦前に内務省警保局企画、警務各課長、戦後に警察庁長官など、広岡謙二が戦前に警視庁特高第一課長、戦後に警視総監、国防会議事務局長などを歩んだことを調べ上げ、世界政経調査会の理事のほとんどが警備・公安警察や防衛庁に関わりのあることを指摘して、世界政経調査会の目的を推測している。

一九四九（昭和二四）年の松川事件を追ったデビュー作『松川事件の真犯人』に食らいつき「スッポン」と評された吉原らしい執拗な取材だが、それでもこれが限界だった。

もう一つは、第六章でもふれた、一九六二（昭和三七）年一二月九日付『アカハタ』日曜版の委託団体民主主義研究会をルポした記事である。岸信介内閣が民主主義研究所宛ての内閣調査室情報調査委託費三五〇〇万円を計上したのは一九六〇年度予算。記事は、これが大物フィクサーの田中清玄が設立した会社の「資本金」になったというが、実際は分からない。民主主義研究会は一九六一（同三六）年、社団法人民主主義研究会となり、会長に初代人事院総裁浅井清を会長に担ぎ出した。しかし浅井は病身のため、元警視庁刑事部長で弁護士の秋山博が実権を握っているともいう。

民主主義研究会についても国会で取り上げられている。社会党議員の質問に、内閣調査室長の古屋亨は「委託事項の例としては、日本における民主主義思想の発達の研究、A・A諸国の中立主義に関する調査研究、軍縮問題に関する研究、学生の意識構造に対する研究、ホワイト・カラーの意識調査の研究、各国社会保障制度の比較研究」などと答えた。だが、委託内容の明細については「委託した相手の了解を得なければならない。名前を出したくない人もいる」と予防線を張った。外部から委託の実態に迫るのは、やはり容易なことではないのである（一九六二年四月二四日衆議院決算委員会など）。

†一九五五年以前の協力者グループ

学者人脈を作り、委託研究を背負った志垣民郎が残した資料に、その実態を解明するヒントになる文書が数点含まれている。一点目は、冒頭に「内調初期の協力グループについて　望月一郎氏談　六二・一〇・一二記聴取」と書かれた、二〇〇字詰め原稿用紙三枚の手書きの文書である。「職員勤務記録　内閣情報調査室」（一九九二（平成四）年四月作成）によると、望月は一九五六（昭和三一）年に内閣調査室勤務を命ぜられ、第一部、第二部、第四部、第六部、資料部、総務部などで勤務し、一九七九（同五四）年に退官したプロパーの職員である。

内調が一九八七（同六二）年にOBの望月から聴き取った記録と見られる。この時には志垣も既に内調を退官しており、聴取の経緯は分からない。ところどころに空欄や挿入がある未完成の文書だが、委託の体制が整備される前後の様子を伝える貴重な証言と言えよう。

二点目は、「業務概要　内閣官房内閣調査室」という表題のついた、一八頁の活字の文書である。一九七三（昭和四八）年一一月に作成されたもので、先に引いた一九八五（昭和六〇）年七月作成の「主計官事務説明資料」と体裁が良く似ており、内調を外部に説明するために作られた可能性がある。二つとも沿革、所掌事務、内部組織、職員について説明しているのは同じだが、「業務概要」は一九五二（同二七）年度以来の年度別予算、決算が詳述されていることが特徴だ。備考欄には委託に関する記述があり、こちらも貴重な情報である。

「内調初期の協力グループについて」で注目すべきは、書き出しの次の一節である。「現在の委託団体の体制が整備される前、即ち昭和三十年以前には、委託団体として明確な形を持っていたものは少なく、いくつかの協力者グループがあり、そのうちのあるものは団体を名乗り、あちらこちらに事務所を持って、そこを連絡場所にしているものもあった」。

昭和三〇年、一九五五年と言うと、一九五二（昭和二七）年四月九日に内閣総理大臣官房調査室が新設されてからまだ三年にすぎない。初代室長の村井順が去り、二代の木村行蔵が三代の古屋亨へ交代した時期にあたる。最年少の創立メンバーである志垣民郎は一九五五年八月に広報班長、出版班長の兼務を命ぜられていた。第六章でふれた「学者先生戦前戦後言質集」の連載に追われ、本章で述べた学生有志の研究団体、土曜会メンバーの若泉敬らと関係を深めつつある頃だ。藤原弘達との二五年にわたる長いつきあいが始まるのも、一九五四（同二九）年暮れの飲み会からである（志垣／岸編二〇一九、三八～五一頁）。

内調の組織上、今につながる六部制が整うのは七年に及んだ古屋の時代であり、木村の時代は委託をはっきり意識した執務体制になっていなかった。

参考になるのは、志垣の全面協力で藤原弘達が一九六七（昭和四二）年に発表した雑誌論文「内閣調査室――疑惑に包まれたその正体」の次の一節である。「緒方（竹虎＝引用者註）＝村井（順――同）構想では、一方でデパート式のニュース・センターのようなものをつくって包括的組織的に内外情勢の資料を集めて整理し、これを内調が取捨選択して判定をおこない、その結果を日常的に官房長官を通じて首相に伝達するといったネライだったが、これが前述のような事情（村井室長が失脚した「闇ドル事件」――同）で大きく崩れてしまったわけである。そこで今度問題になった世界政経調査会のような外郭団体十一に委託して、情報調査から資料作成、更には情勢の分析や判断までやってもらうという運営の方式をとっている」。

首相に直結する最高情報機関という村井の野心的な構想が頓挫したことがきっかけで、内調は委託団体に依存する運営方式になったというのである。

もう一つ注目したいのは、第六章で詳述した元内閣情報調査室長大森義夫の著書『日本のインテリジェンス機関』の記述である。「沖縄返還闘争をはさんで七〇年安保を迎えるが、安全保障論議の深まりとともに現実派と呼ばれる学者・評論家が輩出してくる。（中略）六〇年安保の体験から政府は現実的な安全保障論議の育成に努めた。その窓口となったのが内調である」。

ここで「内調初期の協力グループについて」の記述に戻ると、委託体制が確立する一九五五年前夜の内調の協力グループが列挙されている。睦隣会《ぼくりんかい》(陸隣会とする研究もある＝引用者註)、中外問題研究会などがそれだとして、団体名を持たず、グループで仕事をしていたものに軍事グループがあったと述べる。久住忠男(陸軍中佐)を中心に、矢部忠太(陸軍大佐)らがメンバーとなり、毎週木曜に庁内で会合を持ち、軍事情勢の分析を行っていたという。さらに中田光男という人物の名前を挙げ、引揚者調査をしていた協力者の一人で総理府旧庁舎の守衛室の隣にあったバラックの事務所に出入りしていたとする。この事務所には押田敏一らが在勤していたが、中田は常勤したことがなく、嘱託などの制度もなかった、と書いている。

この睦隣会については、マッカーサーを厚木に迎え、GHQ参謀第二部(G2)との連絡役を務めた「有末機関」から派生し、世界政経調査会へと発展したという研究がある(大澤武司二〇一六、吉原一九七八)。「有末機関」は、敗戦当時、参謀本部第二部長だった陸軍中将有末精三が、進駐する米軍との連絡・調整を担い、旧軍情報関係者らを組織して、対ソ軍事情報をGHQに提供したとされる実態不明の組織の通称である。

これらの記述から浮かび上がるのは、内調の草創期には旧軍人とその周辺の人々が別働隊の形で活動していたらしいことである。特に引揚者調査の人的な広がりは大きく、睦隣会や押田敏一は耳目を集める存在だった。押田の人脈は幅広く、第六章でふれた国際法学者の杉山茂雄も陸軍士官学校で押田の薫陶を受けた一人だった。終戦直後、身の振り方も決まらず半ば放心状態だった杉山は「大学に行って学問をせよ」と押田に一喝され、大学教授の道へ進んだという逸話を押田の追悼集に寄せている（押田一九九三）。

ソ連を対象とする協力グループの中心だった矢部忠太や、著書で「内調の軍事班班長として常勤した」と明かした久住忠男も、第五章、第六章でふれたようにそれぞれ重要な業務を担ったと見られる。一方、中田については「内調初期の協力グループについて」と一緒に残されていた手書きの文書に、吉原公一郎が入手した内部文書を流出させた人物との関わりが記されていることから、注視されたのではないか。

初期の協力者の中には、久住や若泉敬のように内調の外部にとどまった者もいれば、押田のように職員になった者もいた。志垣は若泉との関係を「内調の職員ではないけれども、内調と非常に親しかった。一緒に仕事をした」と、「準職員」という表現を使いながら説明した。内調に近い存在でありながら、立場の違いはなぜ生じたのか。草創期の人脈・活動はなお不明な点が多く、宿題とせざるを得ない。

†つまずきから生まれた委託調査

以上の文書や証言を総合して、筆者は戦後の内閣情報機構がどのように新設され、その中で委託研究がどう始まったのかを、次のように想像している。

すなわち、一九五二(昭和二七)年四月二八日の独立を前に、「占領軍が引き揚げ、GHQがなくなった権力中枢の空白の中で、何をおいても総合的な情報機関をつくることが緊急な課題となり」、内閣総理大臣官房調査室が「まさに大急ぎでつくられた」(藤原一九六七)。発足まもない内閣総理大臣官房調査室は、進駐した米軍が旧陸軍に要求していた対共産圏情報の収集を引き継ぎ、中国帰国者の引揚者調査を進めた。

中共事情の調査と並んで、弘報宣伝活動も拡大されつつあった。「日本情報機関の父」である吉田茂は、一九五二(昭和二七)年の国会答弁で「広報機関を設ける」と強調した。具体性に欠ける吉田の号令に、新設された内閣総理大臣官房調査室は「弘報活動とは何か」と頭を悩ませることになった。一九五六(同三一)年に創刊された『調査月報』も国民への啓発を念頭に置いていたが、戦前の『週報』のような影響力を持つことはできず、内調の名前を出さない「裏広報」に活路を見いだした。志垣が出版社の全貌社と組んで出版した『学者先生戦前戦後言質集』や、学生有志の研究団体「土曜会」への接近はその典型例である。

戦後の内閣情報機構は、結局、緒方竹虎の情報機関構想に対する批判の高まりと、「闇ドル事件」が元になった内閣総理大臣官房調査室初代室長村井順の更迭により、思いがけないつまずきを経験することになった。内調は小さな組織にとどまらざるを得なくなり、志垣民郎がやや属人的に進めてきた学者との協働作業にスポットライトが当たった。一九五五(同三〇)年に着任した三代室長古屋亨が内調の六部制を定めたことで、委託研究の下地が次第に整った。藤原弘達が手掛けた最初の委託調査報告が印刷・配布されたのは一九五四(同二九)年一二月。民主主義研究会への委託が開始されたのは、内部資料「業務概要」によると一九五七(同三二)年である。

総理府の組織として新設された内閣総理大臣官房調査室は、一九五七年の内閣法の一部改正により、大臣官房から内閣官房の事務を分掌する組織となり、名称も内閣調査室に代わった。内閣の首長たる内閣総理大臣(首相)を直接補佐・支援する機関となったのである。

そして、大きな転機となったのが一九六〇年(昭和三五)年の安保闘争であった。この頃、台頭した現実主義の学者とのネットワークを拡大することで大量の委託報告が生み出された。彼らの中には「インフルエンサー」として大成する者も現れ、内調は官僚組織の外の学者人脈を結集することで、時として他省庁にできない首相への意見具申を実現したのではないか——。

初期の強力な情報機関構想が潰れたことで、警察や内調の元幹部が率いる団体を通じて学者らと結ぶ委託調査の体制が出来上がったと考えられるのである。

†予算の九割を超えたことも

こうして作られた委託体制は、実際にどう機能したのか、あるいはしなかったのか。予算・テーマ・委託の進め方・効果の面から検討してみよう。

第一に、予算はどうか。一九五二（昭和二七）年四月九日に新設された内閣総理大臣官房調査室は、初代室長の村井順ただ一人から始まった。その様子を村井は後年、次のように綴っている。「さて内閣調査室は一応発足したが、実際には私一人が発令されただけである。事務所もない、予算もない、部下もいないという「ないないずくし」の有様であった。（中略）まず何よりも先に事務所を探さなければならない。私は総理官邸の中を隅から隅まで調べて廻った。そして物置代りになっていた古い日本間を発見し、これを事務室に使わしてもらうことにした。ついで大ホールの脇にある小さな控え室をあけてもらって室長室とした。つぎは予算である。ところが四月は予算年度が始まったばかりで、次年度の予算まで一年間待たなければならない。そこで保利（茂＝引用者註）官房長官にお願いして、ようやく予備費の中から五百万円を割愛してもらうことになった。もちろんこれだけでは満足な活動はできるはずはない。しかし、無いよりはましであると考え、ありがたくいただいた」（村井一九七〇、六九〜七五頁）。

結局、一九五二年度予算は、報償費三〇〇万円、旅費五〇万円、庁費二〇〇万円、会議費一〇〇万円の計六五〇万円となり、翌一九五三(昭和二八)年度は総額一億三四六六万二〇〇〇円が内定していたが、衆議院の解散(バカヤロー解散)により暫定予算となった(「吉原資料」所収「内閣総理大臣官房調査室に関する事項」)。

「志垣資料」所収の文書「業務概要」を基に作成した表七-3をご覧いただきたい。その後、内閣調査室の予算は右肩上がりに増え、中でも情報調査委託費の割合は目立って大きくなる

	情報調査委託費	合計
1952 年度	1,000	6,500
1953 年度	40,027	72,623
1954 年度	52,719	84,767
1955 年度	56,719	95,982
1956 年度	83,019	122,282
1957 年度	90,019	131,516
1958 年度	106,000	149,259
1959 年度	183,000	226,868
1960 年度	267,510	309,191
1961 年度	322,104	360,929
1962 年度	366,018	403,763
1963 年度	416,018	454,055
1964 年度	450,984	488,808
1965 年度	477,932	513,481
1966 年度	558,495	595,352
1967 年度	599,875	655,343
1968 年度	624,875	695,343
1969 年度	654,875	740,343
1970 年度	704,875	791,640
1971 年度	749,875	849,985
1972 年度	791,754	950,440
1973 年度	845,608	1,094,972

「志垣資料」所収「業務概要」(昭和 46 年 11 月)を基に筆者作成(単位千円)

表七-3　年度別予算額調(当初)

（本書の執筆にあたり、内閣情報調査室に昭和二七年度から令和六年度までの各年度の当初予算、内訳が分かる行政文書の開示請求をしたところ、平成二四年度から令和六年度の当初予算額の推移等は開示された＝閣情二三一四号、令和六年一二月二四日。筆者がそれ以前の予算額について、内閣情報調査室に問い合わせたところ、「文書が保存されておらず、作成していたかどうかも確認できない」との回答だった）。

内部資料から内閣調査室の予算と情報調査委託費（当初）の推移を見ると、当初予算は一九五六（昭和三一）年度に一億二三二八万二〇〇〇円と初めて一億円を超え、そのうち情報調査委託費は八三〇一万九〇〇〇円で六七・九％。一九五八（同三三）年度には当初予算一億四九二五万九〇〇〇万円に対し、情報調査委託費が初めて一億円を突破し一億六〇〇〇万円で七一・〇％。さらに、一九六〇年代になると委託は黄金期を迎えた感があり、一九六六（同四一）年度には当初予算五億九五三五万二〇〇〇円に対し、情報調査委託費は五億五八四九万五〇〇〇円で、その割合は九三・八％に達した。

志垣が学者への委託を担当する調査第五部（民主主義研究等）の主幹を命ぜられたのは翌一九六七（同四二）年七月で、増え続ける委託を差配する責任者になった。主幹となった直後、前述したように『朝日新聞』九月一六日付朝刊が社会面トップで「内閣調査室　学界へ露骨な働きかけ」、「「研究費出します」　共産圏情報と交換」などと大見出しで報じ、出鼻をくじかれたこともある。

ただ、記事には「旅費せびる一部学者」との見出しで、「外国旅行に先立って「情報を集めてきてやる」と自ら〝スパイ役〟を買って旅費をせび」ったり、「調査費をもらってもレポートを提出しないでネコババし」たりする者もいるというくだりもある。学者の多くは「内調とつきあっていると言われるのを恐れた」（志垣に対する二〇一七年五月二八日のインタビュー）が、むしろ学者の方が委託に積極的な場合もあったことは日記の端々から読み取れる。一方で、小泉信三（慶応義塾塾長）や鶴見俊輔（哲学者・評論家）、福田恆存《ふくだつねあり》（評論家）、上山春平《うえやましゅんぺい》（哲学者）、安岡正篤《やすおかまさひろ》（陽明学者）、堤清二《つつみせいじ》（セゾングループ創業者・作家・詩人）ら、委託費を受けない人々もいた。上山春平は「政府と関係を持つことは情が移り、国民の正確な判断を失うことになる」などと語り、フリーな意見を述べることは約束したが、研究費を受け取ることは頑として承知しなかった。それでも委託を担った学者は驚くほどの数にのぼった。詳細は志垣／岸（二〇一九）をご覧いただきたい。

†二五年間に一四五九本の報告書

第二は、委託のテーマである。内河事件に絡み世界政経調査会が国会審議で取り上げられた際に政府側が委託の調査項目を明かそうとしなかったように、委託の実態に迫るのはなかなか難しい。志垣／岸（二〇一九）は、核武装研究「カナマロ会」や佐藤栄作政権の木村俊夫官房長官による「錦章会」、若手の「政策科学研究会（PSR）」について詳述している。しかし、これらは氷山の一角にすぎない。志垣は「委託研究を担った人々」として一二七人もの名前を挙げているし、藤原弘達や前述の「委託費を受けなかった人々」はそれとは別枠である。

志垣は、学者の会として「カナマロ会」や「PSR」のほかに、アメリカ研究会やPVR（Policy Vision Research）、かすみ会（防衛問題懇談会）などの集まりを例示し、それらには全部自分が出席したと述べる。現在まで続いている会もあれば、一回きりで終わったものもあるという。委託の内容や委嘱した学者によって、内調は続ける価値があるかどうかを判断したのだろう。

また、委託の多くはグループでなく個人に対して行われたと見なければならない。「志垣日記」の一九六七（昭和四二）年一〇月四日（水）の項に、関西の有力学者を訪ねるため京都に出張した際、京都国際ホテルのロビーに午後七時二〇分に来た上山春平と、午後八時一五分に来た会田雄次が鉢合わせしないよう、同僚と手分けして誘導するシーンが出てくる。学者の中には互いに仲の悪い者もおり、内調は基本的に個別につきあい、学者同士がつながらないよう注意していた。朝日の記事のように情報が漏れれば、委託に影響すると思っていたからだ。

情報委託費は一九七〇年代に七億円を突破するまでになり、志垣がつきあった学者だけでも優に一〇〇人余を数えた。いったい、委託はどれほどの広がりを持つのか、雲をつかむような話に思える。だが、「志垣資料」を整理していた時に見つけた、「内調　委託事項」と表紙に墨書きされた手書きの資料は、全容に迫る手がかりになるかもしれない。

「内調　委託事項」は、委託番号、題名、納入月日、執筆者（委託団体）等の項目から成る。一九五九（昭和三四）年八月の一番「世界労働組合連盟の国際面における最近の特徴的行動」から記述が始まり、一九七〇（同四五）年から項目に委託年度が、一九七四（同四九）年からは印刷所、原稿、印刷部数、印刷費、備考が追加されている。題名のうち受領日が書かれているのは一九八三（昭和五八）年一二月の一四五九番「発展途上諸国」までで、受領日が空欄になっているものも含めると、一五〇四番「第2次レーガン政権の出発と日米関係」と「経済の現状と展望」が最後となっている。二五年間で一四五九本なので、計算上は一年に五八本余りの報告書が提出されたことになる。「内調　委託事項」には複数の異なる筆跡が認められ、内調の内部で書き継がれてきたと考えられる。ただし、志垣が事務局を務め、「志垣資料」に報告書が残っている核政策の委託などが入っておらず、すべてを網羅しているわけではないようだ。

ここでは試しに、納入月日が一九六九（昭和四四）年のものを見てみよう。志垣が学者担当の第五部主幹になってから二年目、東大の安田講堂事件、中ソが衝突した珍宝島（ソ連名・ダマンスキー島）事件、沖縄の「七二年返還」決定など、国内外で大きなニュースが相次いだ年である。この年に納入された委託レポートは、「委託外」、「講演」を含め七〇件。「委託外」は、内調の職員が学者から聴き取るなどしたものと見られる。そのうち、グループへの委託は九件で、重要な内容が目に付く。題名からテーマを類推すると、多いのは「七〇年問題」一二本、学生運動九本、中国七本、核・原子力六本など。翌年六月に「七〇年問題」を控えていたことや、前年の一九六八(昭和四三)年からフランスの「五月革命」や日本の全共闘運動など世界中でスチューデントパワーが巻き起こったことを反映した結果だろう。他に、北方領土問題、公明党・創価学会がそれぞれ三本取り上げられていることも興味深い。

注目すべきは、執筆者に石川忠雄(慶應義塾長、中国現代史)、相場均《あいばひとし》(心理学、早稲田大学教授)、藤原弘達(政治学者、評論家)、吉村正(自民党中央政治大学院長、政治学)、本間長世(東京大学教授、アメリカ政治)、高坂正尭(京都大学教授、国際政治学)、見田宗介《みたむねすけ》(東京大学教授、社会学)、神谷不二《かみやふじ》(慶應義塾大学教授、国際政治学)、佐伯喜一(野村総合研究所社長、防衛庁防衛研修所所長)ら有力な学者、実務家が名を連ねていることである。現実主義の学者を中心に人脈が拡大して、旺盛に活動していた様子がうかがえる。国会図書館が収集・保存する資料を検索したところ、民主主義研究会が委託団体になった報告書が二〇〇件ヒットした。これらを精査すれば、個別の委託研究をある程度評価できるかもしれない。

†天下り先の確保　予算の使いやすさ

第三は、委託の進め方である。学者にどのようにアプローチしたのか、レポートはどのように作成されていたのかなども重要だが、ここでは内閣調査室の内部組織と委託団体のつながりについて考えてみたい。図七-2にあるように、内調の第二部は委託団体の世界政経調査会と、第三部は国民出版協会と、第五部は民主主義研究会と、第六部は国際情勢研究会とつながっていた。だが、委託団体の仕事は内調各部の担務ほど整然と分かれていたわけではなかった。

一九六九(昭和四四)年に納入された委託レポートを見ても、学者への委託研究を担当する第五部と連携している民主主義研究会が「東南アジア華僑社会の発展と変質」、「世界史の転換と中国の国際関係」、「西ドイツの非常事態法」、「日本・中共交流年誌」、「原子力開発における国際的重要問題」、「朝鮮における社会と文化の研究の現状」、「ソ連中共の対アジア政策」、「国連軍に関する研究」を納入している。本来ならどれも、国際部とつながる「世界政経調査会」や「東南アジア研究会」が引き受ける方が良さそうな海外の題材である。

委託団体同士が勢力争いをしているように見えるこうした状況を、「寄り合い所帯の主導権争い」と評したレポートがある(桐村一九六七、一五六～一六五頁)。「内閣調査室――八億円のスパイたち」と題するこのレポートは、委託の舞台裏について次のように述べる。「当初は世論の手前もあり、処女のごとく振舞っていた。しかし次第にパーキンソンの原則どおり、機構が整備され、予算の飛躍的な増大が見こまれるようになると、寄合い所帯の主導権争いが起きてきた。官庁人事の利権のひとつとして、とくに退職後の天下り団体の少ない警察官僚と外務官僚のあいだで激しく争われている。その結果、一一団体にのぼる下請け外郭機関の統廃合、下請機関相互の予算獲得争い、ポストの争奪など目を見はるばかりの暗闘がくり返されてきた」。

また、内調の各部と委託団体のつながりをこう論評している。「各系列は予算にもとづく金の流れと、人事の任免によって結ばれ、日本の情報官僚の結集が、内閣調査室を中心に再構成されつつあることを物語っている」。

一九六七（昭和四二）年六月に外務省が内河事件を公表した直後から、内閣調査室をめぐる報道が相次いだ。作家、森下節《もりしたせつ》の「ルポ〝日本国情報部〟内閣調査室」（『別冊週刊読売』一九六七年八月号）や、ルポライター桐村千春の「内閣調査室——八億円のスパイたち」（『現代の眼』一九六七年九月号）は、特筆すべき成果である。内調の内部文書を入手した筆者から見ると正確さを欠く点もあるが、今となっては裏付けを取ることが難しい、鳩山一郎内閣の日ソ交渉当時の情報戦や、内閣調査室発足時に関係者に配布された英国の中央情報局の資料「英国のＣＯＩについて」などの貴重な情報が含まれている。

桐村のレポートは「総会屋」をバックにした月刊総合誌に掲載されたものだが、内調を謀略機関とハナから批判せず、内調に接近しすぎることもなく、委託団体の調査員の声などを丹念に拾っていて、参考になる。特に、内調の機能として「政治権力も昔のように大衆を無視しては国家意志の発揮が困難になってきた。ここに世論を操作し、そのフィード・バックによって政策を決定するという手のこんだ大衆支配のテクニックが生まれてくる。民主主義の社会では社会主義諸国のように一党独裁はできない。（中略）治権力者の恣意を満たすものとして、自由な大衆の世論を操作する機能が、必要になってきている」と指摘していることには驚いた。筆者が内閣情報機構の歴史をへめぐり、辿り着いた一つの答えだからだ。

なぜ、委託団体を使うのかという筆者の質問に、志垣は「外郭団体というのは、結局内調と同じことなんだよ。予算を使うのに、そういう組織を作ったほうがやりやすいということでしょうね」と答えた（二〇一六年六月三〇日のインタビュー）。委託すれば細かく予算を計上する必要がないということらしい。それに加えて、桐村が言うように、職員の天下り先を出身官庁ごとに確保する狙いもあったように思える。

だが、委託団体にはそれぞれ作られた理由があったのではなかろうか。代表的な委託団体である民主主義研究会について考えてみよう。そもそも、民主主義研究会という名称は他の団体の事務的な名称と比べ異彩を放っている。この会が一九七二（昭和四七）年に発刊した紀要で、浅井清会長（当時）が会の歩みを語っているので紹介しておこう。

敗戦を契機にわが国の民主化は、正に怒とうのごとく、疾風の早さであらゆる階層・部門を問わずすさまじい勢いで全土を席巻したことはご賢察のとおりであります。／かくのごとき時流はさておき、人類のなかでたれか「平和で、自由な、そして人間が人間として尊重される社会」を希求しない者がありましょうか。その意味から、つとに民主主義を人類普遍の政治原理として確信し続けてきた私達は、内外の事情と相まち、意を決して有志相糾合し、その目的とするところは「民主主義に関する内外の理論・制度およびその施策運営について調査・研究を遂げ、これに対する知識の向上とその普及浸透を図り、もって微力ながらわが国における民主主義の発展に寄与する」ものとし、弁護士秋山博氏を中心（「所長」）に昭和三十二年三月二十日、会員制による民主主義研究所を創設したのであります。

民主主義研究所は順調に成長し、四年後の一九六一（昭和三六）年四月に、体制を整備し、内容を刷新して、名称も民主主義研究会と改め、同年一一月には社団法人の許可を得る。

会長の浅井清とはどのような人物か。七年後の一九七九（昭和五四）年八月に浅井は八三歳で亡くなり、翌一九八〇（同五五）年一〇月に発行された紀要九号が浅井の追悼号となった。巻頭で会長代理の秋山博が「浅井清先生の逝去を悼む」と題して業績を顕彰しているので引用しよう。秋山はこの中で、浅井は一九六一年五月に内閣官房からの委託調査を主要事業とした民主主義研究所の所長に就任して法人化に尽力し、その後も亡くなるまで約一八年にわたり会長を務めたことを紹介する。この間、学界・言論界などで活躍した多くの有識者が、民主主義研究会の活動を通じ、内閣の重要施策決定に資する多くの調査研究資料の提供を行ったのは、「ひとえに会長であられた浅井先生の豊富な学識経験と思想・政治信条をこえて私淑されてきた温厚誠実な人柄に負うところがきわめて大きかった」と述べている。

社会的な活動も含め、経歴を補足しておく。浅井は、一八九五（明治二八）年生まれの公法学者・憲法学者。戦前はドイツに留学し、純粋法学を提唱したオーストリアの法学者ハンス・ケルゼンの影響を受け、天皇機関説を唱えて攻撃された人物だった。戦後は官僚制の近代化と民主化のために設けられた臨時人事委員会委員長、それが改組された人事院の初代総裁を歴任した。最も知られている仕事は、一九四七（昭和二二）年に刊行された中学校一年生の教科書『あたらしい憲法のはなし』の編纂の中心になったことであろう。「みなさん、あたらしい憲法ができました」という語りかけから始まるこの本を覚えている人は多い。

表七‐2にあるように、民主主義研究会を含む四つの委託団体が設立された一九六一（昭和三六）年は委託の骨格が固まった重要な年だったように思える。中でも一九五七（同三二）年に前身の民主主義研究所が創設された民主主義研究会は、学者への委託研究を担当する第五部と連携していることを考えても、委託体制の出発点になった可能性がある。

突飛な名称のように聞こえる民主主義研究会は、戦前からのリベラル派で、子どもに正しい憲法の知識を持たせようと尽力した公法学者がトップを務めた委託団体だった。

学徒動員を経験し、文部省の雇（一番下級の事務員）から戦後社会に復帰した志垣が、「総括なき戦後民主主義」に対する割り切れない思いを綴ったエッセイも忘れがたい（志垣二〇一四）。「戦争から戻り大学に復学した者たちは、戦後の社会にスマートになじみ、出世していった。それを官僚組織の底辺から見ていて、違和感をぬぐいきれなかった。果たして彼らは、あの戦争をきちんと総括しようとしているのか。民主主義というものを正面から考えているのか」。

先述した一九六二（昭和三七）年一二月九日付の『アカハタ』日曜版が、「民主主義思想の本質的研究」を行う民主主義研究所を評して「まったく人を食った話だ」と断じたのは、こうした民主主義研究会の人脈を顧みると、やや勇み足だったかもしれない。民主主義研究会の多様な委託レポートは、個々に検討しなければならないとしても、である。

†保利茂と木村俊夫の対照的な評価

それでは、第四の委託の効果はどうだったのか。率直に言って、首相や官房長官らがそれをどのように使ったのかを解明するのは相当な難題と言わざるを得ない。

筆者が初めて内閣調査室の委託について論文を書いた時に、査読者の質問に応えるのに最も苦労したのもこの点だった。内調の核政策研究を深掘りするきっかけになったこの小論では、レポートが委託団体の名称で約二〇〇部印刷され、首相官邸などに配布されたことを指摘した（岸二〇一五）。官邸に渡ったことを突き止めたまでは良かったが、それがどう評価されたかは分からないし、具体的な政策に生かされたかどうかもはっきりしなかった。

政策への影響をつかむには、公文書や、首相、官房長官、秘書官の言動、日記類を総合して判断するほかないだろう。それをひとまず措くとしても、調査研究を進めるうちに痛感したのは、内調独特の委託の進め方を理解するのが重要だということだった。内調の委託は、近年の日本政治で見られるような、政官が主導し、具体的な諮問事項を検討する有識者会議とは異なっていた。首相らの関心事項をあらかじめ着地点を用意しておいて論じるのではなく、内調が率先してテーマを選び、それにふさわしい現実主義者を集める水面下の研究だった。「内調は政治家と会わないのをよしとした」し、「政治家の影響を受けないことを信条にしていた」と、志垣は筆者に語った（二〇一六年四月二七日、同年九月三〇日のインタビュー）。

こうしたやり方は、内調が指向した「他官庁であまりやっていない仕事」を生み出す可能性はあったが、政治の動きとかけ離れてしまう恐れもあった。内調の委託を時の政権がどのように判断していたかを裏付ける逸話があるので紹介しよう。

佐藤政権で官房長官を務めた保利茂や、官房長官、副官房長官を務めた木村俊夫と内調側とのリアルなやりとりが「志垣日記」に残っている。一九六八年一一月三〇日の内閣改造で佐藤は建設相だった保利を内閣の中枢の官房長官にあて、官房長官だった木村を涙でくどいて補佐役の副長官に降格する異例の人事を行った（『朝日新聞』一九六八年一一月三〇日付夕刊）。内閣の室長は当時、官房長官と週一回面会し、報告することになっていた（志垣によると、中曽根康弘内閣の頃から首相と面会するようになったという。第二次安倍晋三政権では、北村滋内閣情報官が他の政治家や官僚より最も面会数が多かった＝『日本経済新聞』二〇一七年一月二九日付朝刊）。

「志垣日記」一九七〇（昭和四五）年一月二九日（木）の項は、保利茂との面会の様子を次のように伝える。同年二月一四日に開会する特別国会での施政方針演説に関する報告の場面である。

「早く出て登庁9時20分。印刷屋が届けた「施政方針演説」への学者の意見を読み赤線つけ。キャッチフレーズを書抜きコピー。11時室長と官邸へ。（中略）入って小生より学者の意見説明す。仲々いいことが書いてあるがタイミングが悪い、もう原稿出来てしまったとか、役に立たせにゃならぬからやっているなら知らせろ、何時迄出せと指示するから……内調の報告はいつもタイミングが悪い、などお叱りを受く。保利長官にこれだけ云われ、タイミングの重要性よく分る」。

同年一二月一五日（火）の項にも、保利の叱責を志垣が仄聞した場面が出てくる。「国米氏より「マスコミ文化」又こんなもの作って……と長官の気嫌《ママ》悪しと。後藤氏と話。保利氏はやはり扱いにくい」。『マスコミ文化』は、朝日新聞、読売新聞、毎日新聞、日本経済新聞、時事新報の元幹部らでつくるマスコミ文化懇談会編。委託団体の社団法人国民出版協会の発行。編集・発行人は、志垣の上司で内調を一九七〇（昭和四五）年八月に退官した下野信恭である。一九七一（同四六）年一月一日に隔月刊の第一号が創刊された。「政治の批判者、世論の指導者としてのマスコミの大きな責任を自覚し、中立公正の立場から、マスコミのあり方について批判や要望を提出していく」懇談会の機関誌だった（『マスコミ文化』第一号一九七〇）。

第二号（同年三月発行）や第三号（同年五月発行）の「編集室から」を読むと、「時宜に適したものとして各方面の共感を呼」んだと自画自賛する一方で、「『マスコミ文化』は、いうまでもなく、ジャーナリズムを敵視するものではありません」との弁明の言葉も並んでおり、その評価は一通りではなかった様子がうかがえる。

保利は苦学力行の末、報知新聞、東京日日新聞（現・毎日新聞）の政治部記者を経て戦前に政界入り。戦後は吉田内閣の労相、内閣官房長官、農相を歴任、佐藤内閣で建設相、内閣官房長官を務めた後、自民党幹事長となり、福田赳夫内閣で衆院議長に就任した、野党にも人脈を持つ保守本流の支柱だった。『マスコミ文化』のどこに不満だったのかは、情報が少なく判断が難しいが、マスコミ出身の党人派の目には、内調の秀才官僚たちが世論やマスコミを高みから観察し、善導するように映ったのかもしれない（保利茂伝刊行委員会一九八五）。

一方、これとは対照的なのが木村俊夫をめぐる記述である。「志垣日記」一九六八（昭和四三）年一〇月一八日（金）の記述は印象深い。「6時20分退庁「新長谷川」行。官房長官の招待懇親会。室長、次長、小島、斉藤、国米、下野、渡辺、志垣の8名。先方は木村官房長官に亀岡、石岡両副長官、斉藤、加山両秘書官。縁の下の力持ちの労を慰《ママ》ってくれたわけ。川端康成のノーベル賞の話あたり迄共通の話であとは各個の話となる。学者紹介のこと、よく理解してくれていた」。

同年一二月三日（火）の項にも、木村はその場に登場しないが、関連の記述がある。「分かれて1時半帰庁。すぐ第8事務室で5部の幹部会。木村長官が副長官となっても報告は従前通りとのこと」。前述したように、同年一一月三〇日の内閣改造で木村は副長官に格下げになったが、内調の報告は長官の時と同様に扱う方針が示されている。

木村は逓信省、運輸省を経て、運輸官僚の先輩の佐藤栄作にくどかれ政界入り。佐藤内閣で官房副長官、官房長官、経済企画庁長官、田中内閣で外相を歴任した。佐藤首相を補佐して沖縄の「核抜き」返還に尽力し、自民党アジア・アフリカ問題研究会（AA研）代表世話人として第三世界外交にも足跡を残した。同党のハト派、良識派の代表格で、一九八三年に死去した際は「スマートな仕事ぶり、柔軟でシャープな感覚」、「率直に国民感情を代弁」と新聞も誠実な人柄をたたえた（『読売新聞』一九八三年一二月三日付朝刊、『毎日新聞』同年一二月二日付朝刊）。

二人の官房長官の内調に対する評価には、「大型官房」を担った保利と木村の個性が反映している（市川二〇二二）。だが、佐藤内閣にはそれだけでは済まない問題があったと思われる。

†不十分な官邸との連携

一九六七（昭和四二）年三月に佐藤の首席秘書官になった楠田實と内調とのやりとりを見てみよう。「志垣日記」一九七〇（昭和四五）年九月二日（水）の項に、内調側が楠田に報告物の利用状況を聞く興味深い場面がある。「6時前退庁。酒井、鈴木、竹田、□□（二字不明）、木下、佐藤らと「ふくでん」行。6時半、楠田秘書官来る。皆で食事して話合い。内調の報告物利用状況聞く。ハイライト、新聞から、放送から、週刊誌から、今朝刊から……あとはダメ。モニター□（一字不明）議、投書組織のこと、コミュニケーション必要のこと、テープを文字にする作業、週刊誌のことetc。多《ママ》いに話合う。有益。協力約束。6人もよく語る」。

楠田が秘書官を務めた、一九六七（昭和四二）年五月から一九七二（同四七）年六月までの日記を編纂した『楠田實日記』の記述はどうか。同じ一九七〇（同四五）年九月二日の項には「夜、内閣調査室との会。志垣民郎君が主任になったので、顔合わせの意味を含めて意見交換する」とある。片や『楠田日記』にはこの日を含めて志垣が二回登場し、片や「志垣日記」には一〇回ほど楠田の記述がある。それでもお互いの名前が初めて登場するのは二人の日記とも一九六九（同四四）年で、木村がそれ以前から内調と親交を深めていたものの、内調と官邸の連携は決して十分ではなかったのである。

池田内閣期には、第六章で見たように内調勤務の経験がある浅沼清太郎総理秘書官がおり、矢継ぎ早に内調に指示を出した。また、室長は六部制を確立した古屋亨で、総理府総務長官に転じた後も志垣や藤原弘達とのつきあいを続けて、内調の活動を側面から支援した。だが佐藤政権になると、属人的な関係は薄れ、以心伝心というわけにはいかなくなったと見られる。

戦前の内閣情報部で、内閣書記官を兼務し、職務上閣議の席に出入りできた初代部長の横溝光暉が異動した後、閣議の模様が分からなくなり、政策との遊離が問題になったことを第三章で述べた。この時と同じように、戦後の内閣調査室も官邸との制度的なつながりが確立されていなかったため、それを補う人間関係が途切れた時に、保利茂が指摘したようなタイミングの悪い長官報告や、長官の機嫌を損ねる委託を重ねることになったのだった。

一方、佐藤政権に内調の委託は開花期を迎える。数多くのレポートが生み出されたが、内容は玉石混淆で、空振りも多かったと思われる。次節からはその代表例を検証してみたい。

†核政策研究二六件

内閣調査室が、一九六〇年代初めから一九七〇年代初めまで一〇年ほどをかけて、最も力を入れて取り組んだのが核政策研究であった。その代表的な報告書「日本の核政策に関する基礎的研究」は、メディアが大々的に報じたことにより、世に広まった（『朝日新聞』一九九四年一一月一三日付朝刊）。事務局を担当した志垣から詳細を聞きたいと思ったのが、筆者が二〇一四（平成二六）年五月に初めて志垣のもとを訪ねたきっかけだった。

まず、表七-4「「核政策」委託研究報告書等の一覧」をご覧いただきたい。「日本の核政策に関する基礎的研究」は、一九六八（昭和四三）年九月にまとめられた文書⑮「（その一）――独立核戦力創設の技術的・組織的・財政的可能性」と、一九七〇（同四五年）一月にまとめられた文書⑳「（その二）――独立核戦力の戦略的・外交的・政治的諸問題」の、二つの報告書から成る。委託団体は社団法人民主主義研究会で、一九六七（同四二）年七月に第五部の主幹に昇進した志垣が、東京工業大学教授で政治学者の永井陽之助を研究の中心にしようと白羽の矢を立てた。永井は東京工業大学教授の同僚で核物理学者の垣花秀武《かきばなひでたけ》に声をかけ、垣花が元朝日新聞記者で軍縮問題に詳しい前田寿《まえだひさし》を誘い、最後に永井が国際文化会館調査室長で国際政治学者の蠟山道雄を加えた。研究会は四人の頭文字をとって「カナマロ会」と名付けられた。

思い起こせば、核政策研究について語る時の志垣は生気に満ち、佐藤栄作首相の非核三原則に関わったとの自負心を持っていたように記憶する。自宅に通い続けるうちに、志垣は一六種類ほどの核政策報告書を閲覧させてくれ、筆者はすぐに借り出してコピーをとった。読んでみ

	題　名	作成時期	執筆者	作成団体	頁数
⑯	「核戦略の推移と日本の安全保障に関する考察」	1969年1月	杉原正巳	（社）民主主義研究会	87頁
⑰	「本邦におけるウラン濃縮」	1969年7月	垣花秀武	不詳	45頁
⑱	「原子力開発における国際的重要問題」	1969年7月	植松邦彦	不詳	36頁
⑲	「「核防条約」の取扱いについての学者の意見」	1969年11月4日	不詳	不詳	29頁
⑳	「日本の核政策に関する基礎的研究（その二）―独立核戦力の戦略的・外交的・政治的諸問題」	1970年1月	「カナマロ会」蠟山道雄	（社）民主主義研究会	28頁
㉑	「中国の核開発の推移とその予測」	1970年2月	宮脇岑生	不詳	62頁
㉒	「核防条約批准の条件」	1974年6月	斎藤忠　角田順	不詳	43頁
㉓	50年代の日本のセキュリティ(2)「核兵器システムの現状と世界戦略システム」	1975年8月	P.S.R.	不詳	75頁
㉔	「核物質防護の基本問題」	1975年11月	不詳	不詳	65頁
㉕	「わが国の科学技術水準及び開発体制の現状と今後の課題」	1977年1月10日	会長・太田一郎 担当審議員・佐伯喜一	（社）国際情勢研究会	31頁
㉖	「核物質防護専門部会第一次報告書」	1977年9月	核物質防護専門部会	不詳	35頁

表七－4　「核政策」委託研究報告書等の一覧

ると、報告書はテーマこそさまざまだが、日本は核兵器を作るべきではないという結論は共通していた。この頃、筆者が興味を持ったのは、なぜ似通ったテーマを繰り返し研究するのか、これらの報告書は佐藤政権の非核政策にどのような影響を与えたのか、ということだった。

調査を進めるうちに、吉原公一郎も文書⑩「わが国の核政策をめぐる問題点」という報告書の一部を保管していることが分かり、核

	題　　名	作成時期	執筆者	作成団体	頁数
①	『軍縮問題の研究』	1958年4月	軍縮問題研究会（代表・大平善梧）	国民出版協会	574頁
②	『核時代の軍縮問題』	1962年10月	軍縮問題研究会（代表・大平善梧）	（社）国民出版協会	626頁
③	時事問題資料1「原子力潜水艦寄港反対運動の背景―とくに科学者の反対運動について」	1963年5月	不詳	（社）国民出版協会	76頁
④	「原子力潜水艦寄港反対運動における学者・文化人の実態」	1963年7月	不詳	不詳	23頁
⑤	時事問題資料「戦後の科学運動と“進歩的”科学者」	1963年12月	不詳	（社）国民出版協会	81頁
⑥	「わが国の防衛に関する諸問題」	1964年7月	不詳	（社）国際情勢研究会	33頁
⑦	答申第49号「中共の核実験と日本の安全保障―わが国のとるべき基本政策の方向について」	1964年12月2日	若泉敬	（社）国際情勢研究会	22頁
⑧	世界各国の核政策の現状と問題点〔参考資料〕「核政策に関する諸問題」	1965年5月26日	久住忠男	（社）国際情勢研究会	32頁
⑨	「わが国の核開発能力について」	1967年2月	岸田純之助（講演）	（社）国際情勢研究会	12頁
⑩	「わが国の核政策をめぐる問題点」	1967年2月23日	不詳	（社）国際情勢研究会	落丁
⑪	「日本の核政策と外交―その前提条件」	1967年12月13日	永井陽之助	不詳	152頁
⑫	「原子力平和利用の現状―放射性同位体および放射線の利用」	1968年2月	木越邦彦	（社）民主主義研究会	65頁
⑬	「原子力開発の問題点と体制整備について」	1968年5月	原子力問題研究会	不詳	57頁
⑭	「核時代のナショナルインタレスト」	1968年9月	田中直吉	不詳	143頁
⑮	「日本の核政策に関する基礎的研究（その一）―独立核戦力創設の技術的・組織的・財政的可能性」	1968年9月	「カナマロ会」垣花秀武	（社）民主主義研究会	62頁

政策委託研究の報告書は計一七種類になった。中でも、国際政治学者の若泉敬が、中国初の核実験を受けて一九六四(昭和三九)年一二月二日に作成した文書⑦「中共の核実験と日本の安全保障――わが国のとるべき基本政策の方向について」と、国際情勢研究会会長で政治学者の矢部貞治、審議員会議のメンバーで元防衛庁防衛研修所所長の佐伯喜一、内閣調査室長の大津英男が一九六七(同四二)年三月八日に佐藤栄作首相に会って説明した文書⑩「わが国の核政策をめぐる問題点」に筆者は注目した。内閣調査室が手掛けた核政策研究の集大成とも言える「日本の核政策に関する基礎的研究」と合わせたこの三本は、非核三原則に象徴される佐藤政権の非核政策に相当程度影響を及ぼした、と考えたのである。

その後も調査を続けた結果、筆者の手元にある核政策委託研究報告書は二六種類に増えた。古書店で入手した出所不明の文書は他にもあり、数はさらに増えるかもしれない。ここでは、文書⑦「中共の核実験と日本の安全保障」、文書⑩「わが国の核政策をめぐる問題点」、文書⑳「日本の核政策をめぐる基礎的研究(その二)」を含む核政策研究全体の流れを解説したうえで、新たに発見した文書①『軍縮問題の研究』、文書②『核時代の軍縮問題』と、執筆者が判明した文書⑪について述べたい。

内閣調査室が核政策委託研究を推進する引き金になったのが、先の東京オリンピックさなかに行われた中国初の核実験であった。中国政府は一九六四(昭和三九)年一〇月一六日夜、初の原爆実験に成功したと発表、中国は米国、ソ連、英国、フランスに次ぐ五番目の核保有国になった。国立がんセンターに入院中の池田勇人首相は「軍事的な観点からは大したことはない。むしろアジアにおける政治的、心理的影響がどこまで及ぶかが問題である」との見解を明らかにした（『毎日新聞』一九六七年一〇月一七日付夕刊）。米国のリンドン・ジョンソン大統領は「中国の侵略に対抗するため助けを求めるアジア諸国の要請にこたえる米国の用意にはなんの影響もない」との声明を発表した（『朝日新聞』一九六七年一〇月一七日付朝刊）。

中国の核実験は、米国のラスク国務長官が同年九月二九日に「中共が近く核実験を行うかもしれない」と言明するなど、いわば衆人環視の中で実施されたものだった（内閣官房内閣調査室二〇二〇、「焦点」第五巻）。「志垣日記」をみると、内調は核実験の近いことを察知し、ある程度の準備をしていた様子がうかがえる。一九六四年一〇月一日（木）の項「10時半より班長会議司会。（中略）押田（敏一＝引用者註）より中共の核実験の基礎について工場の所在など。久住氏を指名し中共の核爆発能力をフランスと比較してもらう」、同一六日（金）の項「12時より調査官会議を室長室にて。食事しつつテレビニュース聞いてからフルシチョフ辞任問題をあれこれ討議。詰腹《つめばら》説を主張。工藤氏を呼び今朝長官宛出したメモの内容等聞く。中共の核実験も近いというので、予め長官談話を準備、世論調査なども考慮することとす。（中略）夜12時半、押田君より電話、中共核実験やれりと」。

内閣調査室は中国核実験直後から委託研究に乗り出し、まず依頼したのはかねて懇意にしている若泉敬だった。「志垣日記」一九六四年一一月一八日(水)の項「12時了。すぐ白亜ビル行。審議員会議、若泉君が「中共の核実験とわが国の安全保障」について報告。質疑応答比較的活発なり」。同年一二月二日(水)の項「昼、白亜ビル行。審議員会議。若泉君から「中共の核実験と日本の安全保障」について修正報告。(要点筆記し室長に後刻報告)」。中国核実験から二カ月足らずで報告書「中共の核実験と日本の安全保障――わが国のとるべき基本政策の方向について」をまとめたことが判明する。

「中共の核実験と日本の安全保障」は、日米安保条約を前提に具体的な米国の保障(核の傘)を取り付けることを提案する先駆的な内容だった。日本はあくまでも自ら核武装しないという国是を貫くべきだとしながら、どうしてもやらざるをえない場合はいつでもやれるという潜在的能力、つまりそれに必要な科学・技術水準や工業基板などの総合的な国力を、中国より常に高いレベルに引き上げておくよう主張したのである。報告書は執筆した若泉の名は伏せられ、「答申第49号」として、内調が調査を委託した社団法人国際情勢研究会の名称で約二〇〇部が印刷されて、首相官邸などに配布されたという。

それから約一カ月後の一九六五(昭和四〇)年一月一二日、ワシントンで佐藤首相とジョンソン大統領による日米首脳会談が開かれた。ジョンソン大統領が「日本が自国の防衛のためにわれわれの核抑止力を必要とする場合には、米国は約束を守り、核防衛を提供するだろう」と核兵器による日本防衛を明言したのに対し、佐藤は「それこそは私が尋ねたかったことである」と述べた。さらに翌一三日、マクナマラ国防長官から日本の核開発の可能性について尋ねられると、佐藤は「核兵器の所有、使用はあくまで反対」と、米国の「核の傘」の下にいる立場を強調した。報告書が佐藤の言動にどれほどの影響を与えたかは定かでないにせよ、少なくとも内調の提言通りに日米安保条約を前提に米国の保障を取り付けようとしたのは間違いない。

もう一つ注目したいのは、具体的な委託の運び方である。この若泉報告書は、社団法人国際情勢研究会が委託団体になった。国際情勢研究会は当初、情勢判断会議を担当する第六部とつながっており、部門の再編の中で総務部の下に置かれるようになったと見られる。桐村（一九六七）や志垣／岸（二〇一九）を総合すると、国際情勢研究会は国内班、中共・ソ連班、東南アジア班、総合班などに分かれ、一〇人ほどの審議員と参与、研究員で構成されていた。

一九六六（昭和四一）年に多くの審議員が交代し、矢部貞治（元拓殖大学総長）、大平善梧（一橋大学教授）、小倉謙《おぐらけん》（元警視総監）、佐伯喜一（元防衛研修所所長、野村総合研究所代表取締役副社長兼所長）、大野勝巳《おおのかつみ》（元外務事務次官）、平沢和重（外交評論家）、林健太郎（東京大学教授）、馬場義続《ばばよしつぐ》（検事総長）が新たに選ばれた。「志垣日記」一九六六年二月二四日（木）の項には、志垣が矢部貞治に面会し、国際情勢研究会の会長を打診するシーンが出てくる。志垣は一九六四（同三九）

年から、第六部兼第三部の事務を分掌する形になっていた。

内調の内部文書「業務概要」(昭和四八年一一月)によると、審議員会議はこの頃、毎週木曜正午から外部の審議員、事務局員二〇人と内部の室長、次長、主幹一〇人が参加して開かれていた。委託団体の中で定例会議を開いていたのは、他には火曜正午から共同(時事)通信との連絡会議があるぐらいだった。国際情勢研究会は情報の総合評価機関で、CIA(中央情報局)の全国評価委員会をまねたとも指摘される。官僚OBの審議員の中には名目的な参加者もいたというが、国際情勢研究会の会長人事は官房長官に報告されるほど重視されていた。首相官邸とのパイプ役を一定程度果たしたと考えられる。

†強まる政策志向

若泉報告書から二年二カ月後、一九六七(昭和四二)年二月に作成された文書⑨「わが国の核政策をめぐる問題点」は、もっと政策志向の強いと言えるかもしれない。この文書は「志垣資料」に見当たらないが、「吉原資料」にそれとおぼしき文書が含まれていた。さらに、「志垣日記」にこれに関連する記述があった。一九六七年三月八日に、国際情勢研究会会長の矢部と審議員の佐伯、内閣調査室長の大津英男の三人が首相官邸で佐藤首相に面会し、核政策問題について説明した場面である。

矢部は戦前、近衛文麿の国策研究機関「昭和研究会」に参加し、戦後は内調草創期から初代室長の村井順と親交があった。「矢部貞治関係文書」には、村井が一九五二（昭和二七）年四月一〇日付で矢部に送った国家地方警察本部警備部副部長兼内閣総理大臣官房調査室長への転任挨拶のはがきが残っている。矢部の残した『矢部貞治日記』にもこの日の面会に関連する記述があるので、『佐藤栄作日記』と合わせて見てみよう。

「志垣日記」の一九六七年三月八日（水）の項は次の通りである。「朝、日本交通の車迎えに来る。9時20分発、矢部貞治氏宅10時前着。一緒に官邸へ。時間余り先ず内調へ入り室長と話。官邸大臣控室に案内。佐伯氏も間もなく来る。矢部、佐伯、大津の3人で総理室に入り35分。11時半終。核政策問題説明せりと」。

『矢部日記』の記述も詳しい。「十時半に内調の志垣君が迎えに来て行く。十一時に佐藤総理に会うことになっていたが余り早く着きすぎたので、内調の大津室長の部屋で茶など飲んでから出かける。総理に先般国際情勢研究会でまとめた「わが国の核政策の問題点」について説明。主として佐伯喜一君にやってもらった。あとで総理もいろいろ意見を言うので、二十分という約束が、三十分をこえた」。

『佐藤日記』は簡単に内容に触れたものである。「官邸に居て東京都高層建築物につき都市局長〔竹内藤男〕と相談し、更に矢部貞治氏一行から核対策をきく」（監修者、伊藤隆らによる脚注に「核拡散防止条約に対する日本の態度についての進言か」とある)。

「吉原資料」に残る「わが国の核政策をめぐる問題点」は、社団法人国際情勢研究会が佐藤と面会する前の一九六七年二月二三日付でまとめたものである。表七-4にあるように、内調はこの前後にいくつか委託研究を行っているが、作成団体が国際情勢研究会であることや文書の作成時期、『矢部日記』にある「わが国の核政策の問題点」について説明したという記述から、これが佐藤に報告された文書とみて間違いないだろう。ちなみに、藤原弘達が同年に発表した雑誌論文「内閣調査室――疑惑に包まれたその正体」も佐藤と矢部らの面談に言及し、「テーマは核問題に関する内外情勢の検討と核拡散防止条約に対する日本の態度について」だったと書いており、こちらも「吉原資料」の内容と平仄が合う。

それでは、この矢部・佐伯報告書はどのようなものだったのか。まず、中共の核兵器開発の成功は「極東の全戦略体制に与える影響は少ない」としながら、核兵器拡散や、偶発や錯誤による核兵器使用の危惧を生んだことで世界に衝撃を与えたとし、(イ)核兵器拡散防止条約(NPT)の締結、核兵器実験全面禁止問題に「わが国としていかなる態度をとるべきか」、(ロ)「中共核武装によって心理的・政治的・軍事的影響を直接蒙《こうむ》るわが国自身、いかなる安全保障措置を講ずるべきか」が差し迫った問題であることに注意を促す。

「核兵器拡散防止を目的とした条約の締結には協力する態度で臨むべきである」としつつ、

(1)他国からの核攻撃または核の脅威に対して、二国間または多国間の取りきめにより安全保障のため必要な措置を妨げない、(2)核兵器保有国と非核保有国の間の責任と義務の公平な均衡を図る、(3)核エネルギーの平和利用のための研究・開発は非保有国にも認める、(4)条約の規定、実施状況を検討する締約国会議を定期的に開催する——よう配慮を求めた。

さらに、わが国の防衛問題については「中共の威嚇に屈せず、対等につき合えるだけの国力を保持することが第一義的」とし、具体的には次のような安全保障措置を提示した。すなわち(1)日米安保体制を堅持し、米国の核抑止力を最高度に活用する措置を強化する(具体的には、核兵器持ち込みの必要に備え、従来の考え方を再検討するなど)。(2)国民の自覚を促し、核アレルギー体質の改善に努める。(3)わが国独自の核武装は行わない。

「吉原資料」の「わが国の核政策をめぐる問題点」は頁が欠落しており、これ以上の記述は分からない。だが、上述したところで主要な論点はカバーしていると思われる。

「核は保有しない、核は製造もしない、核を持ち込まないというこの核に対する三原則、その平和憲法のもと、この核に対する三原則のこと、そのもとにおいて日本の安全はどうしたらいいのか、これが私に課せられた責任でございます」。この年一二月一一日の衆議院予算委員会で佐藤首相は初めて非核三原則を表明した。志垣は筆者に、矢部・佐伯報告書が「非核三原則に影響を与えた」と語った。だが同報告書の重要性は、潜在的核保有国の日本が核兵器保有国の増加を防ぐことを目的とする条約に賛成する方向を打ち出したことではあるまいか。NPTの取り扱いについて、内調は引き続き委託研究を続けることになるのである。

†原潜寄港反対運動から日本の非核政策へ

それでは、ここで内閣調査室が手掛けてきた核政策委託研究を歴史的に辿ってみよう。

文書①『軍縮問題の研究』は「志垣日記」の記述から新たに見つかった最も早い時期の委託の事例である。『軍縮問題の研究』とおぼしき記述が最初に現れるのは、「志垣日記」一九五八（昭和三三）年一月二四日（金）の項。「横井、久住氏と軍縮問題の原稿、印刷費などについて相談。信濃毎日印刷に見積りさせる。二十五万円以内で二千部出来そう」。二月七日（金）、同一三日（木）、同二〇日（木）にそれぞれ事態が進んだ様子が記され、同二八日（金）には次のような興味深い記述が登場する。「信毎の内堀君「軍縮」の初校三部持参。コスト等計算、表紙選定。（中略）横井、松本と三人でアメリカ大使館行。先ず横井氏とビーチャムに会い初校できたのを見せ、コスト四〇〇〇円、定価五五〇円、二千部印刷の件など話合い。五〇〇ドルは確保。あと買上げ用五〇〇ドルが追加になるかもしれず」。

ここに出てくる久住とは、委託団体の体制が整備される前の一九五五（昭和三〇）年に内調が軍事班を設けた際に班長となった久住忠男のこと、ビーチャムとは米大使館に勤務していた

USIS（米国広報文化交流局）の職員のことである（志垣／岸二〇一九、五七～六三頁）。また、同書を印刷したのは東京・銀座の信毎書籍印刷株式会社で、実際の定価も五五〇円だったので記述に矛盾はない。先述したように民主主義研究会への委託が開始されたのは一九五七（昭和三二）年であり、『軍縮問題の研究』は社団法人になる前の国民出版協会が早くに手掛けた委託と見られる。しかもUSISが費用を負担し、志垣がUSISとの交渉を担当したらしい。

文書②『核時代の軍縮問題』も『軍縮問題の研究』と同じ軍縮問題研究会の著作物で、内調の取り扱いも同じだった。初めて登場するのは、「志垣日記」一九六二年八月三一日（金）の項。「帰途USIS寄り。鷺村氏と話。「核時代の軍縮問題」の出版援助方要請。課長のSauthard氏にも話す。3時辞し帰庁」。同年九月一九日（水）の項にも、重要な記述がある。「昼、下野、高野と3人で出版協会行。理事会で横溝、古田、中山、勝田、佐々木、及川、志田と。「核時代の軍縮問題」の進行状況説明聞き、「刊行の辞」会長が読んで批評。簡単に書き直すこととす」。

内調が手掛けた最初の核政策研究は、軍縮をテーマにした委託だった。USISが資金援助したのは、日本が核武装に向かうことを恐れたからだろうか。ちなみに軍縮問題研究会代表の大平善梧は、矢部貞治が佐藤首相との面会の二カ月後に急逝すると、国際情勢研究会の会長に就任した。

続いて内調が手掛けた委託が、文書③④⑤の原子力潜水艦寄港反対運動などに見る科学者・文化人の動向である。日本政府が検討を要する具体的な核問題を念頭に置いたところが、軍縮問題の研究との大きな違いだった。ジョン・F・ケネディ政権のディーン・ラスク国務長官が一九六一年六月二一日に訪米中の小坂善太郎外相と会談した際、ノーチラス型原子力潜水艦の日本寄港について日本の考え方を打診してきたのである。米国は通常推進の攻撃型潜水艦を原子力推進型潜水艦に交替させつつあった。

国民出版協会が作成した文書③④⑤は、原潜寄港反対運動を六〇年安保闘争の継続と捉えた点に特徴があった。一九五四(昭和二九)年三月のビキニ事件以来、自然科学者が放射能問題の啓蒙と反体制運動に取り組む機会になったと理解していたのである。ただし、時の池田内閣はこの問題に慎重だった。ラスクに小坂は「公衆はいまだ原子力といえば何でも核兵器、そして核戦争に巻き込まれる可能性と関連づける傾向がある」と即答を避けた。一九六四年七月に自民党総裁に三選された後まで、池田自身が寄港を認めようとしなかったのだ(黒崎二〇〇六、四二~四四頁、毎日新聞取材班/中島解説(二〇二〇)「灰色の領域」第一四回)。

そして、内調の委託研究を一変させたのが一九六四年一〇月の中国核実験である。若泉敬の報告書を皮切りに日本の核政策が論議の中心となった。「志垣資料」所収「内調 委託事項」により、永井陽之助が執筆者であると判明した文書⑪「日本の核政策と外交――その前提条件」は、核物理学者、政治学、外交、経済、ゲームの理論家、国際法等の専門家による研究報告である。戦後の軍縮交渉を概観し、日本政府が「アメリカの方針に沿った、少なくともアメリカの方針に逆らわない態度」しかとれなかった原因を、確固とした政策がなかったからだと批判。また中国核武装の歴史を辿り、中国の関心を占めているのは「中国本土に対する、意図された計画的な核攻撃あるいは、核兵器の一方的使用に対する恐怖」との見方を示している。NPT交渉の進捗をにらみ、日本の対処法を検討した文面からは、参加者の強い問題意識がうかがえる。

「志垣日記」によると、永井はこの最終報告書がまとまった直後の一九六八(昭和四三)年から、志垣の依頼に応じ「カナマロ会」の研究に乗り出した。「志垣日記」一九六八年一月三〇日(火)の項に最初の打ち合わせの模様が記されている。「6時前退庁。白倉、小坂、鈴木と四谷の福田家行。永井陽之助氏と前田寿氏在り。間もなく垣花秀武氏も来り7人で宴。プエブロ号事件、朝鮮問題、ベトナム問題等話合い。鈴木君より来年度の研究運営方式について相談。蠟山道雄氏を加え4人の常任理事を中心として運営、月1回の会の記録(テープ、速記)をとることにす。ゲスト方式もとる」。

約八カ月にわたる討議の末、文書⑮「日本の核政策に関する基礎的研究(その一)」が一九六八年九月に、文書⑳「日本の核政策に関する基礎的研究(その二)」は一九七〇(昭和四五)年一月にそれぞれ完成した。志垣によると、「基礎的研究（その一）」は垣花が、「基礎的研究（その二）」は蠟山が執筆した。文書⑳は、永井らがまとめた文書⑪の議論を反映している。垣花はこの後、文書⑰も執筆した。文書「基礎的研究（その一）」の特徴は「日本が容易に核兵器保有国になり得る」という見方にメスを入れ、それにどれほどの根拠があるかを検討したこと、「基礎的研究（その二）」は日本が核武装した際の利害得失について、中国の核兵器の脅威に加え、一九六〇（昭和三五）年二月に単独核武装に踏み切ったフランスを例に、日本との比較を交えて考察したところである。

その結論は、日本は技術的、外交的、政治的に核兵器を持つことはできないが、日本の安全保障にとってマイナスとはならないというものである。「基礎的研究（その二）」は内調の機関誌『調査月報』第一七三号（一九七〇年五月）に掲載され、さらに同年三月に刊行された蠟山の編著『核時代と国際政治』（朝日新聞社）にほぼそのまま再録された。この報告書は朝日新聞が一九九四年に報道したような「秘密研究」ではなく、世論を啓蒙するために公表されたと見るべきであろう。「基礎的研究（その二）」は、佐藤政権の首席秘書官を務めた楠田實の資料群に含まれていることも確認されている。

内調が手掛けた核政策委託研究を通してみると、軍事班の時代から陰に陽に核問題に関わり続けた久住忠男と、渡米中にキューバ危機を体験し、二度にわたり大がかりな委託研究を主導した永井陽之助の存在が大きかったように、筆者には思える（土山二〇〇〇、三三〜五三頁）。

†「一九七〇年問題」の陥穽

本章を終えるにあたり、「七〇年問題」・「七〇年代」を取り上げた「錦章会」の文書を紹介しておきたい。「錦章会」は佐藤内閣の木村俊夫官房長官（副長官）が主宰する学者の集まりで、「志垣資料」に報告書が数点残っている。ここまで述べた核政策の報告書に接すると、内調の委託はある程度の効果を上げたようにも思える。例えば、楠田實は佐藤政権の核政策について「外務省とはまったく相談しない」（田中明彦と村田晃嗣が一九九五年一一月一六日、東京・平河町の楠田事務所で楠田に行ったインタビュー）まま、「事務当局にしっかりした答申を求め得ない」中で形成された、と述べている。直接的には佐藤が「核時代をいかに生きるべきか」と訴えた第五八国会の施政方針演説（一九六八年）に対する若泉敬の個人的協力を念頭に置いた発言だが、学者人脈を活用した内調の委託も含むと解することができよう。

他方で「錦章会」の報告書を読むと、一九七一（昭和四六）年七月、八月にニクソン・ショックに見舞われた日本政府が米国の動きを事前に察知することができず、拱手傍観《きょうしゅぼうかん》するばかりだった様子も窺えるのだ。ニクソン・ショックとは、第一に、米国のニクソン大統領が一九七一年七月一五日に共産主義陣営として敵対関係にあった中国への訪問予告を電撃的に発表したこと、第二に、一カ月後の同年八月一五日、ニクソンがテレビ演説で発表した金・ドルの交換の一時停止、一〇％の輸入課徴金などのドル防衛策のことを指す。

表七－1の文書⑯「付属資料　一九七〇年代の国際関係と日本の進路――報告と討議の要録」と文書⑰「一九七〇年代の国際関係と日本の進路」は、二つのニクソン・ショック直後の一九七一年九月一九～二一日に河口湖で開かれた「錦章会《きんしょうかい》」のシンポジウムの記録である。志垣は「錦章会」に木村が一〇〇万円を寄付したと書いており、内調の委託には含まれないとも考えられるが、志垣が学者を斡旋したことも相当あったという（志垣／岸二〇一九、八五～八八頁）。

文書⑯によると、このシンポジウムに参加したのは佐伯喜一、石川忠雄、永井陽之助、神谷不二、本間長世、高坂正尭のレギュラー・メンバー六人のほか、海外出張中の金森久雄《かなもりひさお》（経済企画庁主任研究官）に代わって宍戸寿雄《ししどとしお》（日興リサーチセンター理事長）と個人の資格で参加した外務省の金沢正雄調査部長と新井弘一《あらいひろかず》東欧二課長ら。志垣を含めた報告者が「ニクソン・ショックの意味するもの」、「米中関係と日中関係」、「日本外交の再検討」など五つのテーマで討議した。「錦章会」は、一九六九（昭和四四）年八月に箱根で、一九七〇（同四五）年四月には川奈で、「一九七〇年代の日米関係」をテーマに討議を重ねており、その検証も行われた。

質疑応答で目に付くのは、次のような、過去の論議や日本外交に対する厳しい評価だ。「米国についての認識の甘さ、中国に対する理解不足、日本の国際的影響力の予想外の増大など、表現としてはとらえられていたが、その認識は緊張感を欠いていた」、「ニクソン訪中も二年ほど前から明らかになっていた「世界は動いている」という状況の一表現に他ならない。このことを判断できなかった外務省は、外交的音痴であるといえるのではないか」、「日本の政界上層部には米国が政策転換したことに対する認識がない。依然として米国に甘えているようだ。日本は今日の国際情勢の変化をふまえて発言し、行動せねば孤立する運命にあることを知らねばならない」――。

「「ニクソン・ショック」の日本に及ぼす影響」のセッションでは、「今日必要なのは、危機に対応するための inter-ministerial な機関の設置である。また国際情勢の構造的変化に際しては、知識人および専門家のシンク・タンクが望まれる」、「各官庁間で情報網が異なっているのは不都合であり、例えば内閣情報局の新設などによって情報を一本化すれば、各省間でかみ合った討議が可能になる」といった処方箋も提言された。

ニクソン・ショックの責任をまず負うべきは外務省であり、在外公館に職員のいない小さな内閣調査室では限界がある。それでも「単独生、秘密性、意外性、および相手国に応じて対応の仕方を差別する」ニクソンの外交スタイルは過去のものではない。内調が築いた学者人脈も、厳しい国際情勢の前には無力だった。

日米安保条約が自動延長された一九七〇年六月二三日。その前日の日記に、楠田は「新聞は一斉に、安保特集をやっているが、世の中は平静。勝負あったことを痛感」と書いた（『楠田實日記』一九七〇年六月二二日の項）。六〇年安保後、一〇年近く議論された「一九七〇年の危機」説はこうして過ぎ去ったが、思いもしない対米関係の陥穽が待っていた。内調が委託研究してきた広義の「七〇年問題」は、頭越しのニクソン・ショックとなって日本を襲ったのである。

終章　戦前戦後を繋ぐ人々

佐藤栄作内閣がたそがれを迎える中、内閣調査室の広報部門と学者人脈を長年背負ってきた志垣民郎も引き際を意識するようになった。きっかけになったのが、七年を超える佐藤政権の終盤に作られた若手による政策科学研究会（Policy Science Research：ＰＳＲ）である。

†引き際のＰＳＲ

「志垣日記」一九七一（昭和四六）年五月二二日（土）の項には、最初の会合の様子が次のように記されている。「11時20分退庁。吉村、三井と「ふくでん」へ。50分頃山崎正和氏来る。食事しながら話合。アメリカの大学、Drama Schoolのシステムについて。そこから日本の文化論（演劇弱体論など）。文化の意味、大衆操作の意義に目覚めよ。大学紛争のこと、新左翼の分析（うらみであること、反日共etc）、日中問題（彼に協力方頼む）」。

ＰＳＲについては山崎自身も晩年のオーラルヒストリーの中で証言している。山崎の認識がよくわかるので、引いておこう(御厨・阿川・苅部・牧原編二〇一七、一三四～一三八、一四七～一五〇頁)。

「もう一つ、忘れられないグループがありました。呼びかけ人は香山健一《こうやまけんいち》さんです。ちょうど私が関西大学に移って、学園紛争が始まる直前くらいの時期だと思います。香山さんがいきなり電話をかけてきて、「実は国家の政策を考える勉強会をやりたい。入ってくれないか」という。「どういう人に声をかけているんですか」と聞いたら、公文俊平《くもんしゅんぺい》、中嶋嶺雄、それからもう亡くなってしまいましたが、志水速雄《しみずはやお》の名前が挙がりました。ロシアの専門家です。「勧進元はどこですか」と聞くと、「内調(内閣情報調査室)だ」という」。

内調と聞いて腹を括らなければいけないと考えた山崎は、高坂正尭を誘う。高坂が「やる」というので、勝負勘がある高坂が言うなら大丈夫だと思った。この会にはやがて佐藤誠三郎が加わり、佐藤とのつきあいはこのＰＳＲから始まった、と山崎の話は続く。

山崎が香山から声をかけられたのは、「志垣日記」にある山崎との面会の前のことと思われる。ＰＳＲは長く続き、山崎が二〇二〇(令和二)年に亡くなった後も引き継がれ、最近まで開かれていたことが分かっている。「志垣資料」には、一九七一年一二月にまとめられた第一回議事録など一三冊の報告書が含まれているが、それらを意味づけるのは簡単ではない。例えば第一回会議に出席した山崎、香山、志水、黒川紀章《くろかわきしょう》(社会工学研究所長、建築学)、合田周平《あいだしゅうへい》

（東京電機大学助教授、システム工学）、中嶋らが話し合っているのは、「『日本の顔』――ナショナル・イメージの形成」、「『戦後民主主義』の再検討」、「地域社会システムと住民意識」といった個別のテーマばかり。従来のような差し迫った政策課題に応えるというよりも、有望なメンバーが集まることを重視し、彼らの問題意識を自由に議論しているように思えるからだ。

ＰＳＲの評価はひとまず措いて、志垣の回想録に目を転じると、こんな思いが綴られている（志垣／岸二〇一九、八九～一〇三頁）。「この頃（一九七二年＝引用者註）、私は考えた。山崎正和、佐藤誠三郎、高坂正尭、黒川紀章、香山健一、志水速雄各氏。これらの優秀な人々がいれば、日本の将来は大丈夫だ。私の出る幕ではない。私は引退しようと、心秘かに思った」。

その後志垣は警察庁に半年ほど出向し、一九七八（昭和五三）年三月、約二六年に及ぶ内調生活に終止符を打った。そして同年六月には、内調の有力な委託団体である社団法人国民出版協会会長になる。退官後の志垣が就いた国民出版協会のポストに着目して、戦前と戦後の内閣情報機構の繫がりを探ってみることにしよう。

†「報道及啓蒙宣伝」の系譜

国民出版協会は、マスコミ論調を担当する内閣調査室第三部と連携している老舗の委託団体だった。第二章で述べた、初代内閣情報部長横溝光暉が国民出版協会の初代会長になった経緯を思い出していただきたい。横溝を会長に迎えたのは、志垣民郎の上司で内閣情報部時代から横溝に仕えた下野信恭である。志垣自身も横溝の招聘に関わったことは、「志垣日記」一九五六（昭和三一）年五月一五日（火）の項の記述からも明らかだ。「室長、次長、小林、浅沼と車で霞友会館へ。下野氏横溝氏を伴い来る。バーで飲みつゝ新団体会長の依頼。次で食事しつゝ昔の情報部の話や出版の意見聞く」。

姓だけの記述からは断定できないが、ここに登場する小林は、筆者が戦前の内閣情報機構を調査研究するきっかけになった『戦前の情報機構要覧―情報委員会から情報局まで―』の執筆者で、横溝が「内閣情報機構の創設」を執筆した時に、下野と共に校閲を担当した小林正雄である可能性が大きい。小林は、情報委員会創設当初から情報局廃止に至るまで戦前の内閣情報機構に勤務し、戦後は一九五二（昭和二七）年一〇月から内閣総理大臣官房調査室に勤務して、内閣調査官となった人物である。また浅沼は、一九五一年三月から総務部主幹を務め、池田内閣で総理秘書官に転じて内調とのパイプ役となった浅沼清太郎ではなかろうか。

今に繋がる六部制も確立していなかった頃の小所帯だけに、横溝、下野、志垣、小林、浅野といった草創期内調のキーパーソンがこの場にそろっていたと見られるのだ。

ここでもう一度、横溝部長の下で確立された内閣情報部の所掌事務を検討してみよう。横溝の手になる「内閣情報機構の創設」は、情報委員会が発足から一年有余にして改組され、一九三七（昭和一二）年九月二五日に内閣情報部となった際、明記された所掌事務について、次のように説明している。すなわち、当初閣議決定された情報委員会の所掌事務が「一　国策遂行ノ基礎タル情報ニ関スル各庁事務ノ連絡調整　二　内外報道ニ関スル各庁事務ノ連絡調整　三　啓発宣伝ニ関スル各庁事務ノ連絡調整」に「四　各庁ニ属セザル情報蒐集、報道及啓発宣伝」が加えられ、従来の連絡調整事務のほかに内閣情報部が自ら行うものが出てきたのである。

さらに、一九三九（昭和一四）年六月二一日の内閣情報部官制中一部改正により「五　国民精神総動員ニ関スル一般事項」が加えられ、所掌規模は拡大した。横溝は「国民精神総動員の運動はすでに「各庁ニ属セザル」啓発宣伝の実施として、第四号の中に包含されているのであるから、敢えてこのようにする必要もないはずであるけれども、そのうち特に顕著なものとして抽出し、かつその一般事項は内閣情報部所管であることを官制上明確にして、この運動の推進に資したもの」と書いている。

またこの際、第二章でふれたように専任職員の書記官一人、属一五人、参与五人が増員され、専任の情報官七人が新設された。これによって民間から高等試験委員の選考を経て、新聞人、文化人を自由に任用する道が開かれ、下野信恭は週報課長を担うことになった。

こうした情報委員会から内閣情報部への歩みを追想し、横溝は「各庁ニ属セザル情報蒐集、報道及啓発宣伝」という独自の権能として、情報委員会時代の「週報」、「写真週報」の創刊、内閣情報部時代の「愛国行進曲」の公募制定、「国民精神総動員運動」の実施や、部長在任中に催した「思想戦講習会」、「思想戦展覧会」を挙げた。戦前の内閣情報機関を日中戦争の長期化に伴い「思想戦機構の一翼へと推移すべき運命を荷った」と自己評価した横溝にとって、第四号の所掌事務が銃後の情報宣伝機関が受け持つべき重要任務となったのである。

言論、文化、マス・メディアの統制に絶大な力を発揮し、用紙割当権等を通して言論・文化機関に生殺与奪に等しい権限を行使した情報局を見ることなく、横溝は急な人事異動によって内閣情報部を去った。岡山、熊本の知事を経て退官し、一九四四（昭和一九）年九月には朝鮮総督府の準官報的な役割を果たした京城日報の社長に迎えられて、ついには新聞人となった。内閣情報機構の拡大強化を図る近衛文麿の考えに従わず、情報局に関わることなく知事に転出した横溝は、東条英機内閣では地元の軍部とのいざこざから「反軍知事」（横溝一九七四、一五三〜一七六頁）のレッテルを貼られることになった。横溝が情報機関創設の背景となった大衆の時代をどう理解していたのかも不明であり、評価を下すには材料が不足している。

それでも戦後の横溝が、下野らの橋渡しでマスコミ、社会風潮その他国内情勢に関する資料の収集、調査、編集出版を行う国民出版協会会長となった経緯を踏まえれば、戦前の内閣情報機構の任務は、そのノウハウを含め戦後の内閣情報機構に受け継がれていることは明らかだ。一九八五（昭和六〇）年一月一六日に亡くなるまで、横溝の名前は折々の「志垣日記」に現れる。戦後民主主義の下でも、輿論指導の系譜は脈々と生き続けてきたのである。

†業務目的は「国家の安全」

本書は、内閣情報機構の足跡を戦前にさかのぼって辿り、戦後の冷戦期までの実像に迫ろうと試みてきた。通史を描くには埋めなければならないピースが残っているけれども、流れを把握することは、横溝、吉原、志垣という三人のキーパーソンが残した資料により可能となった。

本書を構想して以降、「志垣資料」は丸善雄松堂配信の「志垣民郎旧蔵　オンライン版　内調資料」として二〇二三（令和五）年に公開することができた。「吉原資料」は、東京の出版社、文生書院が作成したリストを参照しつつ、目下公開に向けた準備を進めている。内閣情報機構には助走期間を含めると九〇年以上の歴史がある。国内外の紛争の中で各国の情報機関の活動が注目を集め、日本の専門家や政治家が必要性を訴えるようになった。その議論を進める前に、日本の情報機関の知られざる活動を少しでも多くの人に知ってもらいたい。

陰に陽に日本の戦前戦後を動かしてきた内閣情報機構とは何だったのか――。「志垣資料」に残る未整理の資料を紹介しながら考えてみたい。「志垣資料」の中に、「内調関係」と墨書きされた大きめの封筒が三つほどある。それぞれに、志垣が集めた内調の機構改革の文書や内調の関連記事等が雑然と入れられている。作成時期のはっきりしない手書きの文書が多く、位置づけが困難なため、丸善雄松堂のオンライン資料にも収容できなかったものがある。それでも、他の資料と付き合わせたところ、「一九七〇年問題」を念頭に作られた文書が多いことに気づいた。

手書きの文書のうち、意味が取りやすいもの、認識が似通った文書が他にもあるものを取り上げてみよう。

最初は、「一九七〇年に至る長期構想」という表題の二〇〇字詰め原稿用紙八枚ほどの文書である。冒頭「一　現状の把握」として「「人の心」を摑むこと」、「室内の人的配置」に言及しており、内調の理想像、目的、業務の方法を検討し、できることから手をつけるためにまとめられた提言と見られる。作成年や作成者は書かれていないが、表題からして一九六〇年代の前半から中盤までに作られたものと推測される。

「二　内調の理想像について」では、「A　その規模の大きさ」として「米国のCIAをはじめソ連、英国、中共、韓国等にみられる如き中央情報機関を設置することは理想」としながら、「しかしわが国の社会情勢と政治情勢からみて、それが果して適当であるか、又可能であるか」と疑問を呈する。そして「一九七〇年頃までは、内閣官房の中に潜んで内部を充実し、少数精鋭主義でいく方が賢明である」と述べる。

「B　業務目的」は、次の通り踏み込んだ記述が続く。「内調は日本国家と共に在る。国の行くてを見定め、方向を誤らせないようにするためにある。とりわけ「国家の安全」を確保することが殆《ほとん》ど唯一の業務といってよい。国家の〝繁栄と安全〟という二つの目標を考えた場合、内調の機能は後者の「安全」にあるのであり、積極的な安全の為の施策は各経済官庁等に譲るべきである。そのための最大の機能は〝国のバランスをとる〟ことにある。一方に傾き過ぎることは国家の脆弱性をもたらす。フリーハンドといってもよく、オプションをもつといってもよい」。

「C 業務内容」では「わが国は戦後共産主義の危機に見舞われ、その後革命の危険性は去ったものの、外国勢力の浸透とこれに呼応する国内勢力の動向はこれを放置し得るほど安易ではない」との認識を示し、当面の課題として「1. 対共対策、特に対中共、共産圏(自由圏の対共動向を含む)、2. 国内政治動向、革新勢力、国民政治意識、世論、支配層の動向(財界を含む)、国内諸団体(含む公明)、人物動向、右翼、3. PR・工作、4. 上司サービス? 5. 国民指導理念の確立」などを挙げる。「D. 運営・業務の方法」では「少数精鋭主義であるから、膨大な機構人員を擁する警察や公庁《マ マ》と同様のことをすることは不可能でもあり、必要ない。彼らの情勢を可及的もれなく受領することに一つポイントを置くべきである。(中略) 内調固有の業務としては情報の内容を「多角化し、高度化」することに努めるべきである」と強調する。

次の「内調デパート論」という項目は、独創的な興味深いものである。「デパートは自ら商品を生産しない。しかし客は多く集まる。何故か。デパートはメーカーの製品を鑑別する能力をもつ。その能力に大衆は信頼する。内調も自ら情報を収集するのが本務ではない。内調も情報を判断し、識別し、総合する能力をもつべきである。目利きの役割である」。他方、内調はデパートのように何でもそろえる必要はなく、国家の安全に関連する情報に限定すべきだとしている。最後に「三　何から始めるべきか」として、具体的な人事政策や機構改革案を説明している。

†「政府の頭脳（前頭葉）」が理想図

続いて、「内閣調査室は何をなすべきか」という表題の、二〇〇字詰め原稿用紙一二枚ほどの文書を見てみよう。こちらも作成年や作成者は明記されていない。一九六五（昭和四〇）年の国際会議に由来する「エコノミックアニマル」という日本批判に言及しており、「内調デパート論」が再び展開されていることから、「一九七〇年に至る長期構想」を発展させたものと解釈できる。こちらの文書の特徴は、次のように内調の歴史や職員の意識を踏まえ、自画像を丁寧に検討して、理想図を導き出しているところである（岸二〇二二、五五〜七〇頁）。

ここでも第一に取り上げられるのは、ＣＩＡという見方の是非である。「設立当初の理想図（村井構想）としてＣＩＡの日本版という構想があったことは事実」と認め、「もし可能ならば、わが国にもCIAの如き対海外情報活動を充分に行う機関があって、国際場裡におけるわが進路を誤らしめないようにすることが必要である」と述べる。しかし、国会の政党勢力の実態や世論と言論の動向から設置は困難とし、「一応断念するよりほかはない」と結論づける。

第二に検討されるのは、内調を母体に戦前の同盟通信と情報局の機能を併せ持つ、緒方竹虎が唱えた国策通信社構想である。「このような機関の必要性は未だなくなってはいない」とし、日本に関する正確な情報を諸外国に提供すれば、そのイメージを好転させるし、国内に向けても有益な情報を的確に提供すれば、人心の動揺と世論の偏向を防げると指摘しながら、「大方のマスコミが強い反対態度に出るであろうし、現状においては容易に実施しえない」と見る。

第三が、内調勤務者や共産党、社会党とその系列の人々の間に多い治安機関という見方である。「広義治安」という言い方で、内調の業務を治安面から規定しようとする考え方も想定する。これらについてはいずれも否定的で、「内閣調査室の業務は、治安機関というような狭い概念の内容であってはならない。「国の安全を確保するため」というのが広義の治安であれば、それはよかろう。しかし、警察や検察、公安調査庁、防衛庁、海上保安庁等のいわゆる治安機関とはその性格を根本的に異にする」と強調する。

そのうえで第四に示されるのが、「内閣調査室は政府の頭脳（特に前頭葉）」という理想図である。「総合的な情報によって事象を判断し、重要政策の背景を考察し、決定する材料を提供する。情報を獲得するルートは各種方面にもたねばならぬが、情報収集はあくまで前段階であって、内調の主力はこれが総合、分析、判断に置かれねばならない」と、自らをユーザーに推奨する商社、デパートに例えて訴える。さらに「内調の情報は、原則として生《ナマ》のまま上司へ報告してはならぬ。選択され、意味づけられ、評価され、政策提言を含んで提出されねばならぬ。それだけの見識をもたねば、内閣に直結する中央情報機関としての生命はない」と断じる。

熱気を帯びたこれらの文書が繰り返し作られたのは、内調内部だけの問題意識からとは思えない。自民党の安全保障に関する調査会が一九六三（昭和三八）年七月に提出した「中央情報宣伝機関の強化」を含む「第一次中間報告」などが影響しているのではあるまいか。

†「ブレイン機構」構想

一九六〇年代に作られたとおぼしき機構改革案は、結局どうなったのだろうか。机上の空論に終わったのだろうか。一九六九（昭和四四）年一〇月二〇日に作成された「政府のブレイン機構について」、「政府のブレイン機構について参考意見」と題する二つの文書が「志垣資料」に収められている。作成団体の表記はなく、表紙に「取扱注意」と明記されている。

だが、この文書が首相官邸に届けられたことは、「志垣日記」の記述から明らかだ。提出したのは大津室長と志垣、受け取ったのは当時内閣官房副長官だった木村俊夫である。

同年一〇月二〇日（月）の項。「9時40分登庁。新聞、資料読み。次長より「ブレイン機構」原稿修正意見あり、聞いて直す」。同二二日（水）の項。「ブレイン機構のプリント、修正分と各教授の意見両方出来。木村副長官への報告の予約（明日2時）とる」。同二三日（木）の項。「木村副長官に会い「政府のブレイン機構」のプリント二つ渡す。福永氏来り、電話あったり、石岡氏の報告などで暇つぶれ報告の時間なし」。同二八日（火）の項。「1時半帰庁。すぐ第8事務室で部議。（中略）3時前終了。木村副長官手があいたという連絡あり。室長と官邸へ。若干待ってから入る。「政府のブレイン機構」で意見。全部読んでいてくれた。一応理解。国防会議改革、内調と合併。補佐官制度のことなど話あり」。

「政府のブレイン機構について」とは、何を提案したものだったのか。冒頭、「国家の運命を預かる政府は、情勢判断と政策決定のための「頭脳組織」をもっていなければならない」述べ、米国の国家安全保障会議（NSC）とその下のCIA、民間機関のRANDコーポレーション、ブルッキングス研究所、英国のチャタム・ハウスなどを例示する。しかし、日本には満足な中央情報機関もなく、国家安全保障会議の機能もなく、民間機関にも国の政策決定に寄与するものはないし、政府の外郭団体や委託機関はあっても不充分か欠陥が多いと指摘する。「そこで新たに頭脳組織として、流動する国際国内の諸情勢を分析・総合判断し、的確に対応できるような研究機能をもたせる必要がある」というのが意見具申の内容である。

続いて、目的には「国家やらねばならぬ基本的重要課題を選定し、研究方法を考え、研究を実施し、その結果をとりまとめて、報告する機能を果たす、政府と密着した機関を設置する」ことを挙げる。機関のあり方については「「○○研究所」といった組織よりもコミティ（委員会方式）が適当で、小規模（七人ないし一〇人程度）の方がよい」とし、「非公式なグループとして発足させ」、「政府の紐付きの印象を与えない配慮」を求めた。委員については「第一線級の学者で年齢はなるべく若い層（できるなら五〇歳以下）」が良く、「政府に対し協力的でかつ協調性に富んだ人物が望ましい」と述べた。さらに、政府の意図を明確に伝えるために「政府から副長官級の者が参加することが望まし」く、委員には三～四年の任期（再任を妨げない）を定めて、人事交流のため「新構想大学を設置し逃げ道をつくっておく」ことも提案した。

また、問題別にサブ・プロジェクトをつくり、サブコミティ・リーダーの下で時間をかけて研究を行うこととした。サブ・プロジェクト参加者は政権の立場と無関係に自由な立場で研究を行うべきだとして、このメンバーとして一〇〇人～数百人の要員（学者等）を登録しておくよう求めた。最後に、委員長、委員らの候補者の実名を並べ、委員長には佐伯喜一（野村総合研究所所長）、大来佐武郎《おおきたさぶろう》（日本経済センター理事長）、猪木正道（京都大学教授）を挙げた。

なお「参考意見」は、「政府のブレイン機構について」をまとめるにあたり学者、専門家七人から意見聴取したもので、石川忠雄らの意見が多く取り入れられていることが分かる。

「政府のブレイン機構について」は、機関を公表することに消極的だったが、もし発表する場合は「メンバー等が固まってからにすべきであり、また七〇年安保問題が一段落した後にすべきであろう」と述べた。一九六九年一〇月下旬は、沖縄の七二年返還が決まった六九年一一月の日米首脳会談を間近に控えた重要な時期だった。翌一九七〇年六月二三日に日米安保条約は自動延長され、「七〇年問題」は大過なく過ぎたかに見えたが、約一年後に日本政府にとって想定外のニクソン・ショックが待っていた。その後、「志垣日記」に「ブレイン機構」に関する記述は現れず、構想が当初の形で日の目を見ることはなかったと思われる。

†内閣情報機構とは何か

首相官邸に渡った機構改革案は、今に至るまで何も実現したかったのだろうか。平成の政治改革による官邸機能の強化など、その後の政治社会を見渡せば、別の格好でモノになったものもあったと思われる。例えば、PSRに集った香山健一、公文俊平、佐藤誠三郎らが大平正芳内閣の政策研究グループなどで活躍するようになったのは、一九六〇年代に構想された「ブレイン機構」が源流と言えるのかもしれない（上西一九八五、三五～四四頁）。テーマごとに作られた委託グループとは違い、メンバー同士の出会いの場や一種のサロンとして機能したPSRの実態研究は残された課題の一つである。

他方で、政府が「内閣情報機構とは何か」と国民に問いかけることはこれまでなかったし、内閣調査室内部で重ねられた機構改革の議論も明らかにされてこなかった。

「内閣調査室は何をなすべきか」と戦後の内閣情報機構が試行錯誤を重ねることになったのは、最初の作られ方に原因がある、と筆者は考える。冷戦期の内閣（情報）調査室長には、異能の村井順ややり手の古屋亨はいたが、ゼロから制度を設計し、法案を書いた横溝光暉のような能《のう》吏《り》はいなかった。戦後生まれた小さな組織が人脈と予算を生かし、目の前の課題に対応してきた結果が、志垣らが作り上げた「官制シンクタンク」ではなかったか。内閣の中には、戦前から国策統合機関を模索する動きがあった。志垣らの政策志向は「報道及啓発宣伝」という内閣情報機構の原点を越えたと解することもできるだろう。

　情報公開法による内閣情報調査室開示文書（閣情第二三一四号、令和六年一二月二四日）によると、二〇一二（平成二四）年度から二〇二四（令和六）年度の情報調査委託費は、七億三六九〇万円～七億五七九五万四〇〇〇円で推移し、二〇一四（平成二六）年度以降は毎年度七億五七九五万四〇〇〇円が計上されている。二〇〇一年四月に設置された内閣衛星情報センターを除く「情報の収集及び分析その他の調査に必要な経費」に占める割合を見ると、近年は二〇％台前半となっている。少ない額とは言えないものの、委託が予算の九割を超えることもあった一九六〇年代とは業務内容が様変わりし、多角化しているのは間違いあるまい。そうした冷戦後の内閣情報機構の活動で、いま委託が果たしている役割も検討しなければならない。

内閣総理大臣官房調査室が新設された一九五二（昭和二七）年当時、新聞各紙は戦前のような言論統制を恐れ、一九六〇年代に内部資料を手に入れて内閣調査室を追及した吉原公一郎、松本清張は、占領期の米国との不透明な関係が独立後も継続しているのではないかと疑問を投げかけた。内閣情報機構と米国との関係は不明な点が多く、それを杞憂《きゆう》とは言い切れない。

一〇〇年余り前、第一次世界大戦のパリ講和会議で日本が直面した「国民外交公開外交」は時代の大きなうねりだった。権威主義体制の国であっても世論が力を持つようになった現代は、プロパガンダの重要性と危険性を避けては通れない。昔も今も自国の立場を国際社会で正当化するのは容易なことではないが、自国民を説得することには相当程度成功してきたのである。「日本を共産革命の脅威から守る」という内調が冷戦期に掲げたテーマは達成された。内調が問題視した六〇年安保闘争の世論も、今や遠い過去になった。戦後日本は彼らが思い描いていた姿になったようにも見える。大衆の登場とともに生まれた日本の情報機関はどこへ向かうのか。民主国家にふさわしい情報機関があるとしたら、それはどのような形なのか。答え探しは内閣情報機構の戦前戦後を知ることから始めなければならない。

あとがき

本書は文中で明示してはいないが、戦前戦後の内閣情報機構の通史を目指したものである。対象とした期間は、第一次世界大戦のパリ講和会議が開かれた一九一九（大正八）年から日中国交正常化が成った一九七二（昭和四七）年まで。戦後の内閣情報機構は特に公開資料が限られ、運良く流出資料を入手しても、それを価値付け、資料を繋ぐことが難しかった。

資料の制約を承知しながらも、まとまった歴史を描くことはできないか。こんな考えを抱き始めたのは、二〇一九（令和元）年に出版した『核武装と知識人』を執筆していた頃だった。戦前を調べる大切さも感じていた。だが、NPO法人インテリジェンス研究所の山本武利先生から通史を分担執筆するありがたい話をいただいた際も、当初は書ける気がしなかった。

もしかすると点を線にすることができるかもしれないと思ったのは、本書の主人公の一人、元内閣調査室主幹の志垣民郎が二〇二〇（令和二）年に亡くなり、自宅に遺された資料の整理を手伝っていた時のことである。戦前の情報委員会、内閣情報部の設計者横溝光暉が一九六四

(昭和三九)年に執筆した論文「内閣情報機構の創設」を発見し、それを校閲したのが志垣の上司下野信恭であることを知って、一筋の光が差した気がした。なぜ、戦後の内閣調査室の元幹部が戦前の内閣情報機構をつくった横溝の論文を持っているのだろう。志垣が日々の業務を克明に綴った「志垣日記」を精読するうちに、横溝—下野—志垣の関係が浮かび上がった。

戦前横溝が手を付け、戦後志垣が引き継いだのは、国民への「広報」「啓蒙宣伝」だ。彼らの仕事は、インテリジェンス機関と聞いてイメージするスパイからは遠い。だが、外からは見えにくい世論対策、言論政策は、政治に力を持つ大衆の登場に伴い発達したものだった。情報の公開と操作は紙一重であり、あの戦争の時代からSNSの今日まで、形を変えながら情報戦は継続している。内閣情報機構の半世紀を描くのは、現代の課題に取り組む試みである。

本書を編むにあたっては、横溝、吉原、志垣のご親族に、ひとかたならぬご厚情を賜った。また大学院時代の恩師・後藤乾一先生をはじめ、多くの方々からご教示を得た。お一人お一人の名前を挙げることはできないが、心より感謝申し上げたい。執筆の機会をくださった元筑摩書房の湯原法史氏と長文の拙稿を受容していただいた編集部の松田健氏にもお礼を述べたい。本書はすべて書き下ろしだが、二〇一九年の拙著などと重なる部分がある。ご海容願いたい。

三人のキーパーソンが遺した資料により一冊の本は生まれたが、米国の影響、メディアとの関係など宿題はまだ山積している。「日本型インテリジェンス機関」の解明をさらに進めたい。

参考文献

資料・日記・回顧録等

有山輝雄・西山武典編（二〇〇〇）『情報局関係資料（全七巻）』柏書房

石川準吉（一九六二）『綜合国策と教育改革案――内閣審議会・内閣調査局記録』清水書院

石川準吉（一九七六）『国家総動員史　資料編第四』国家総動員史刊行会

内納美成（二〇〇四）『昭和の政府広報――総理府広報室誕生』三煌社（非売品）

荻野富士夫編・解説（二〇〇三）『情報局関係極秘資料（全八巻）』不二出版

外事事件研究会編著（二〇〇七）『戦後の外事事件――スパイ・拉致・不正輸出 改訂版』東京法令出版

外務省百年史編纂委員会編（一九六九）『外務省の百年（上）（下）』原書房

岸俊光（二〇二三）「内閣調査室海外関係資料「焦点」解説」『内閣調査室海外関係資料「焦点」36』ゆまに書房

楠田實／和田純、五百旗頭真（二〇〇一）『楠田實日記――佐藤栄作総理首席秘書官の二〇〇〇日』中央公論新社

久住忠男（一九八七）『海軍自分史――運命を変えた戦争と平和』光人社

小林正雄（一九六四）『戦前の情報機構要覧――情報委員会から情報局まで』出版社不明

佐藤榮作／伊藤隆監修（一九九八～一九九九）『佐藤榮作日記　第一～第六巻』朝日新聞社

志垣家・原本所蔵／岸俊光・監修／岸・小谷賢・解題（二〇二三）『志垣民郎旧蔵　オンライン版　内調資料』丸善雄松堂

志垣民郎／岸俊光編（二〇一九）『内閣調査室秘録――戦後思想を動かした男』文藝春秋

全貌社編（二〇〇一）『雑誌全貌　総目次』全貌社

内閣官房内閣調査室（二〇二二）「内閣調査室海外関係資料「焦点」」ゆまに書房

内閣官房内閣調査室（一九七二）『内閣官房調査月報』第二〇〇号

内閣調査室監修／国民出版協会発行（一九七七）『明日の課題』創刊号

内閣官房内閣調査室編（一九六一）『安保改定問題の記録　日誌編』

内閣官房内閣調査室編（一九六一）『安保改定問題の記録　資料編』

内閣官房内閣調査室編（一九六一）『安保改定問題の記録　総括編』
内閣情報部週報編輯部（一九三八）『週報の友』第一号、第二号、第三号
内閣情報部週報編輯部（一九四〇）『週報の友』第一七号
内閣総理大臣官房広報室（一九九〇）『政府広報30年の歩み』
内政史研究会（一九七三）『横溝光暉氏談話速記録（上・下）』
内政史研究会（一九八一）『村田五郎氏談話速記録4』
広田弘毅伝記刊行会編（一九六六）『広田弘毅』広田弘毅伝記刊行会
保利茂伝刊行委員会編（一九八五）『追想　保利茂』保利茂伝刊行委員会（非売品）
毎日新聞取材班／中島琢磨解説「灰色の領域～米国の核の傘と非核三原則の交差点［取材記録公開］第一四回　伊藤昌哉・元池田勇人首相秘書官」『アジア時報』二〇二〇年一・二月号
矢部貞治日記刊行会編（一九七四～一九七五）『矢部貞治日記――銀杏の巻・欅の巻・紅葉の巻・躑躅の巻』読売新聞社
吉田茂／財団法人吉田茂記念事業財団編（一九九四）『吉田茂書翰』中央公論社
吉田茂記念事業財団編（一九九一）『人間吉田茂』中央公論社
渡邉葉子・渡邉誠毅追悼集刊行委員会（二〇〇八）『追想　渡邉誠毅』
近代日中関係史年表編集委員会編（二〇〇六）『近代日中関係史年表　1799―1949』岩波書店
現代日中関係史年表編集委員会編（二〇一三）『現代日中関係史年表　1950―1978』岩波書店

定期刊行物

『朝日新聞』
『改造』
『経済』
『月刊現代』
『しんぶん赤旗』（『アカハタ』）
『週刊スリラー』
『中央公論』
『別冊週刊読売』
『毎日新聞』（『東京日日新聞』）
『マスコミ文化』
『読売新聞』
『ワールド・インテリジェンス』（『軍事研究』別冊）

未公刊資料
市原鶏也（一九七二）『波乱も愉し――不屈の人　村井順小伝』株式会社やえざくら発行（私家版）
押田美代子他編（一九九三）『押田敏一追悼集』（私家版）
志垣民郎（一九九〇）『退官以後』（私家版）
内閣情報調査室『職員勤務記録』（平成4年4月）
「内調　委託事項」
「福留民夫氏旧蔵若泉敬関係文書」国立国会図書館憲政資料室
横溝光暉（一九四三）「光暉」第六巻『横溝光暉関係文書』
「吉原公一郎資料」
吉原佐也香・白田敦子編（二〇二二）『吉原公一郎　表白　一九二八―二〇二二』吉原とよ他（私家版）

序章
吉原公一郎（一九六三）『小説日本列島』三一書房
松本清張（一九六二）『深層海流』文藝春秋新社
岸俊光（二〇一九）『核武装と知識人――内閣調査室でつくられた非核政策』勁草書房
サミュエルズ、リチャード・J／小谷賢訳（二〇二〇）『特務（スペシャル・デューティー）――日本のインテリジェンス・コミュニティの歴史』日本経済新聞出版
横溝光暉（一九八六）『「昭和」への遺言――〝昨是今非〟を憂う』泰流社
北村滋（二〇二一）『情報と国家――憲政史上最長の政権を支えたインテリジェンスの原点』中央公論新社
小谷賢（二〇二二）『日本インテリジェンス史――旧日本軍から公安、内調、NSCまで』中央公論新社

第一章
内川芳美（一九八九）『マス・メディア法政策史研究』有斐閣
佐々木雄一（二〇一九）「明治憲法体制における首相と内閣の再検討――「割拠」論をめぐって」『年報政治学』七〇巻一号
日本新聞協会（一九七九）『別冊新聞研究　聴きとりでつづる新聞史』No.8
横溝光暉（一九七四）『昭和史片鱗』経済往来社
御手洗辰雄（一九五二）『新聞太平記』鱒書房
藤沼庄平（一九五七）『私の一生』藤沼庄平著「私の一生」刊行会
服部龍二（二〇〇八）『広田弘毅――「悲劇の宰相」の実像』中央公論新社
井上寿一（二〇二一）『広田弘毅――常に平和主義者だった』ミネルヴァ書房

猪木正道（一九七八～一九八一）『評伝吉田茂』読売新聞社
戸部良一（二〇一〇）『外務省革新派――世界新秩序の幻影』中央公論新社
春名幹男（二〇〇三）『秘密のファイル（上・下）――CIAの対日工作』新潮社
有田八郎（二〇二二）『馬鹿八と人はいう――一外交官の回想』中央公論新社
石射猪太郎（二〇〇七）『外交官の一生』中央公論新社
近衛文麿（二〇一五）「英米本位の平和主義を排す」『最後の御前会議／戦後欧米見聞録』中央公論新社
松村正義（二〇〇二）『国際交流史　新版――近現代日本の広報文化外交と民間交流』地人館
ヤードレー、H・O／平塚柾緒訳（二〇二三）『ブラック・チェンバー――米国はいかにして外交暗号を盗んだか』角川書店
小野晋史（二〇〇三）「陸軍省新聞班の設立とその活動」『法学政治学論究』五五巻、法律・政治・社会／慶應義塾大学大学院法学研究科内法学政治学論究刊行会
千賀隆央（二〇一三）「陸軍パンフレットの意図とその反響」卒業論文

第二章

朴順愛（一九九五）「「十五年戦争期」における内閣情報機機構と対内情報宣伝政策」博士論文
伊香俊哉（一九八八）「解説」『史料　週報』大空社
石井菊次郎（一九三〇）『外交余録』岩波書店
赤澤史朗（一九八五）『近代日本の思想動員と宗教統制』校倉書房
白山眞理・栗村恵美編（二〇一五）『情報官・林謙一が見た昭和16年富士山観測所』JCIIフォトサロン
下野信恭（一九四二）『時局と青年』潮文閣
鶴見俊輔・上田耕一郎（二〇〇四）「大型対談　世界と日本、歴史と哲学、運動」『経済』一〇〇号、新日本出版社

第三章

横溝光暉（一九八四）『戦前の首相官邸』経済往来社
内閣情報部（一九三八）『思想戦講習会講義速記』第四輯
菊池寛（一九四〇）「思想戦と文芸」『思想戦講座』第二輯
粕谷一希（一九八五）「菊池寛」丸谷才一編『言論は日本を動かす⑩――風俗を変革する』講談社
高崎隆治（一九七六）『ペンと戦争』成甲書房
櫻本富雄（一九九三）『文化人たちの大東亜戦争――PK部隊が行く』青木書店
林芙美子（二〇一四）『戦線』中央公論新社

五味渕典嗣（二〇一四）「文学・メディア・思想戦——〈従軍ペン部隊〉の歴史的意義」『大妻国文』第四五巻
内閣情報部（二〇〇三）「第二回思想戦講習会講義速記」荻野富士夫編・解題『情報局関係極秘資料』第七巻、不二出版
阿川弘之（一九八二）『米内光政』新潮社
萩原淳（二〇二一）『平沼騏一郎——検事総長、首相からA級戦犯へ』中央公論新社
矢部貞治（一九九三）『近衛文麿——誇り高き名門宰相の悲劇』光人社
伊藤隆（二〇一五）『大政翼賛会への道——近衛新体制』講談社
粟屋憲太郎・中村陵解説（二〇一六）『『総力戦研究所関係資料集』解説・総目次』不二出版
猪瀬直樹（二〇二〇）『昭和16年夏の敗戦——新版』中央公論新社
森松俊夫（一九八三）『総力戦研究所』白帝社
御厨貴（一九九六）『政策の総合と権力——日本政治の戦前と戦後』東京大学出版会
内川芳美編（一九七三）『マス・メディア統制Ⅰ・現代史資料40』みすず書房
香内三郎（一九六一）「情報局の機構とその変容」『文学』五月号、岩波書店
山本武利（二〇一三）『GHQの検閲・諜報・宣伝工作』岩波書店
里見脩（二〇〇〇）『ニュース・エージェンシー——同盟通信社の興亡』中央公論新社
鳥居英晴（二〇一四）『国策通信社「同盟」の興亡——通信記者と戦争』花伝社
栗田直樹（一九九六）『緒方竹虎——情報組織の主宰者』吉川弘文館
読売新聞社編（一九六九）『昭和史の天皇7』読売新聞社

第四章

延禎（一九七三）『キャノン機関からの証言』番町書房
ウィロビー、C・A／延禎監修／平塚柾緒編（二〇一一）『GHQ知られざる諜報戦——新版ウィロビー回顧録』山川出版社
吉田茂（二〇一四・一五）『回想十年（上・中・下）』中央公論新社
大森義夫（二〇〇五）『日本のインテリジェンス機関』文藝春秋
荻野富士夫（一九九九）『戦後治安体制の確立』岩波書店
吉原公一郎（一九七八）『謀略列島——内閣調査室の実像』新日本出版社
石井修（一九八九）『シリーズ〈日米関係〉② 冷戦と

日米関係――パートナーシップの形成』ジャパンタイムズ
松本清張（一九七三）『深層海流・現代官僚論――松本清張全集31』文藝春秋

第五章

朝日新聞社編（一九七八）『新　情報戦』朝日新聞社
佐藤晋（二〇一二）「大陸引揚者と共産圏情報――日米両政府の引揚者尋問調査」増田弘編著『大日本帝国の崩壊と引揚・復員』慶應義塾大学出版会
有末精三（一九七六）『終戦秘史　有末機関長の手記』芙蓉書房
柴山太（二〇一〇）『日本再軍備への道―1945〜1954年―』ミネルヴァ書房
松本重夫（二〇〇八）『自衛隊「影の部隊」情報戦秘録』アスペクト
小柳順一（二〇〇三）「朝鮮戦争におけるGHQの情報の失敗――なぜ中共軍の介入を予測できなかったのか」20世紀メディア研究所編『インテリジェンス』20世紀メディア研究所
陳肇斌（二〇〇〇）『戦後日本の中国政策――1950年代東アジア国際政治の文脈』東京大学出版会
井上正也（二〇一〇）『日中国交正常化の政治史』名古屋大学出版会
原彬久（二〇〇五）『吉田茂――尊皇の政治家』岩波書店
細谷千博（一九八四）『サンフランシスコ講和への道』中央公論社
ダワー、ジョン／大窪愿二訳（一九八一）『吉田茂とその時代（上・下）』TBSブリタニカ
袁克勤（二〇〇一）『アメリカと日華講和――米・日・台関係の構図』柏書房
高坂正尭（二〇〇六）『宰相吉田茂』中央公論新社
重光葵（二〇一一）『外交回想録』中央公論新社
加瀬俊一（一九九三）『吉田茂の遺言』日本文芸社
池田慎太郎（二〇〇四）『日米同盟の政治史――アリソン駐日大使と「1955年体制」の成立』国際書院
兵本達吉（二〇〇八）『日本共産党の戦後秘史』新潮社
波多野澄雄・佐藤晋（二〇〇七）『現代日本の東南アジア政策　1950―2005』早稲田大学出版部
ウィロビー、C・A／延禎監修、平塚柾緒編（二〇一一）『GHQ知られざる諜報戦――新版ウィロビー回顧録』山川出版社
森詠（二〇〇八）『黒の機関――戦後、「特務機関」はいかに復活したか』祥伝社文庫
有馬哲夫（二〇一〇）『CIAと戦後日本――保守合同・北方領土・再軍備』平凡社
西野辰吉（一九七九）『謎の亡命者リュシコフ』三一書

房

第六章

福田篤泰（一九七四）『至誠天に通ず――政界二十五年の歩み』外政研究会
有山輝雄／西山武典編（二〇〇〇）「情報局職員表」［近代日本メディア史資料集成第2期］『情報局関係資料』第一巻、柏書房
吉村克己（一九八五）『池田政権・一五七五日――高度成長と共に安保からオリンピックまで』行政問題研究所出版局
伊藤昌哉（一九八五）『池田勇人とその時代』朝日新聞社（『池田勇人　その生と死』を改題）
藤井信幸（二〇一二）『池田勇人――所得倍増でいくんだ』ミネルヴァ書房
沢木耕太郎（二〇〇六）『危機の宰相』魁星出版
逢坂巌（二〇一四）『日本政治とメディア――テレビの登場からネットの時代まで』中央公論新社
曽野明（一九八三）『ソビエト・ウォッチング40年――あたまを狙われる日本人』サンケイ出版
内外文化研究所編（一九五四）『学者先生戦前戦後言質集』全貌社
竹内洋（二〇一二）『メディアと知識人――清水幾太郎の覇権と忘却』中央公論新社
内閣官房内閣調査室（一九六一）「米國広報庁　USIS――その機構と活動状況」
鶴見俊輔（二〇〇八）『期待と回想　語り下ろし伝』朝日新聞社
藤原弘達（一九八〇）『藤原弘達の生きざまと思索3　世に出る』発行所・藤原弘達著作刊行会、発売元・学習研究社
中澤俊輔（二〇一三）「池田勇人内閣期の政治と暴力――政治的暴力行為防止法案に至る過程と帰結」小宮京・伏見岳人・五百旗頭薫編『自民党政権の内政と外交――五五年体制論を越えて』ミネルヴァ書房
根津朝彦（二〇一三）『戦後『中央公論』と「風流夢譚」事件――「論壇」・編集者の思想史』日本経済評論社
藤原弘達（一九五八）『保守独裁論』中央公論社

第七章

読売新聞国際情勢調査会編（一九六六）『1970年――安保改定へのアプローチ』読売新聞社
日本の安全保障編集委員会編（一九六九）『70年問題ハンドブック』原書房
栗山尚一／中島琢磨・服部龍二・江藤名保子編（二〇一〇）『外交証言録　沖縄返還・日中国交正常化・日米「密約」』岩波書店
岸俊光（二〇二〇）「日本の非核政策の源流――日本政

府下の「現実主義」学者による委託研究からの考察」日本国際政治学会発表
朝日新聞安全保障問題調査会編（一九六七）『中国の核戦力――朝日市民教室〈日本の安全保障〉第3巻』朝日新聞社
青山学院大学国際政治経済学会（一九八五）『青山国際政経論集』第三号（堂場肇教授追悼号）
安全保障調査会（一九六六）『日本の安全保障――1970年への展望』
佐々木芳隆（一九九九）「V　核戦略の中の日本」坂本義和編『核と人間　I――核と対決する20世紀』岩波書店
朝日新聞安全保障問題調査会編（一九六七）『1970年の政治課題――朝日市民教室〈日本の安全保障〉第2巻』朝日新聞社
朝日新聞安全保障問題調査会編（一九六七）『安保問題用語・資料集――朝日市民教室〈日本の安全保障〉別巻』朝日新聞社
渡辺洋三・岡倉古志郎編（一九六八）『日米安保条約――その解説と資料』労働旬報社
朝日新聞社編（一九七〇）『自民党――保守権力の構造』朝日新聞社
保科善四郎（一九七五）『大東亜戦争秘史――失われた和平工作』原書房
保科善四郎（一九六六）「積極的防衛と安全保障問題――日米安保を背景に自主防衛推進」『経済時代』第一巻第四号
藤岡泰周（一九八六）『海軍少将高木惣吉――海軍省調査課と民間人頭脳集団』光人社
朝日新聞安全保障問題調査会（一九六八）「日米安保体制の評価（要約）――朝日新聞安全保障問題調査会報告24」朝日新聞社
根津朝彦（二〇一八）「1960年代という「偏向報道」攻撃の時代――「マスコミ月評」に見る言論圧力（上）」『立命館産業社会論集』第53巻第4号
大森実（一九七一）『石に書く――ライシャワー事件の真相』潮出版社
清滝仁志（二〇二三）『中村菊男――政治の非合理性に挑んだ改革者』啓文社書房
粕谷一希（二〇〇七）『二十歳にして心朽ちたり――遠藤麟一朗と『世代』の人々』洋泉社
佐々淳行（二〇〇三）『焼け跡の青春・佐々淳行――ぼくの昭和20年代史』文藝春秋
大澤武司（二〇一六）「『戦後日中交流年誌　一九四五―一九七二』解説」『戦後日中交流年誌　第17巻』ゆまに書房
岸俊光（二〇一五）「中国核実験と佐藤政権期の対応に関する一考察――1960年代の内閣調査室核保有研

究を中心に」『アジア太平洋研究科論集』第30号、早稲田大学アジア太平洋研究科
岸本弘一（一九八一）『一誠の道——保利茂と戦後政治』毎日新聞社
市川周佑（二〇二二）「佐藤栄作内閣における「大型官房」の成立と展開」『年報政治学』二〇二二—I号
軍縮問題研究会編（一九五八）『軍縮問題の研究』国民出版協会
軍縮問題研究会編（一九六二）『核時代の軍縮問題』社団法人国民出版協会
黒崎輝（二〇〇六）『核兵器と日米関係——アメリカの核不拡散外交と日本の選択　1960—1976』有志舎
永井陽之助（一九六七）『平和の代償』中央公論社
蠟山道雄編（一九七〇）『核時代と国際政治——朝日市民教室〈日本と核時代〉第1巻』朝日新聞社
土山實男（二〇〇〇）「永井政治学の偉業を称えて——リアリズム国際政治学の本質」青山学院大学国際政治経済学会『青山国際政経論集——永井陽之助教授退任記念号』第五〇号
浅海保（二〇一七）『変節と愛国——外交官・牛場信彦の生涯』文藝春秋
村井良太（二〇一九）『佐藤栄作』中央公論新社

終章

御厨貴・阿川尚之・苅部直・牧原出編（二〇一七）『舞台をまわす、舞台がまわる——山崎正和オーラルヒストリー』中央公論新社
岸俊光（二〇二二）「第3講　知識人と内閣調査室」筒井清忠編『昭和史講義【戦後文化篇】（上）』筑摩書房
上西朗夫（一九八五）『ブレーン政治』講談社

内閣情報機構関連年表（一九一九～一九七二年）

年	内閣	機構名	機構の長	次長／幹事長	内閣情報機構をめぐる動き	国内外の関連事項
一九一九（大正八）	原　敬				五月、陸軍省新聞班設置（前身は一九一四年八月陸軍省令第一二号により陸軍大臣官房に官制外組織として設立された新聞検閲委員。その後、一九一九年一月新聞係が新設され、新聞班として再編された） 九月、パリ講和会議全権団一行と共に帰国した有田八郎らが「外務省革新同志会」を結成	一月一八日、第一次世界大戦後の講和会議がパリで開催（六月二八日まで）
一九二〇（大正九）					四月、外務省に情報部が非公式に設置される（一九二一年八月一三日、外務省官制の一部改正により正式の外務省部局となる）。六月、パリ講和会議随員の近衛文麿が『戦後欧米見聞録』発表、「専門外交秘密外交がやうやく過去の遺物となりて国民外交公開外交の時代将に来らむとするの兆」	三月二〇日、米上院、ヴェルサイユ条約批准拒否。一一月一五日、国際連盟第一回総会
一九二一（大正一〇）	高橋是清					一一月一二日から海軍軍縮と太平洋・中国問題に関するワシントン会議開催（～翌一九二二年二月六日）
一九三一（昭和六）	浜口雄幸 若槻礼次郎（第二次）				電通（日本電報通信社）が九月一八日の満洲事変の発生をスクープ、翌一九日の各紙朝刊を飾る	九月一八日、関東軍参謀ら、奉天（現瀋陽）郊外の柳条湖で満鉄線路を爆破、内閣は事変の不拡大方針を決めたが関東軍は総攻撃を開始（満洲事変始まる）。一二月一一日、若槻礼次郎内閣総辞職。幣原喜重郎外相による協調外交は挫折
一九三二	犬養毅					三月一日、満州国建国宣言。五月一五日、犬養毅首相

年	内閣	情報機関	総裁	幹事長	情報宣伝関係事項	一般事項
（昭和七）	犬養毅				五月頃、陸軍当局者と外務当局者が時局同志会を結成。六月三日、外務、陸軍両省の関係官が時局同志会第一回会合を開催、参謀本部側が対外宣伝骨子を提案。八月二七日、陸軍省鈴木貞一中佐が対内外宣伝委員会案を提示。九月一〇日、官制によらない情報委員会が外務省内に設置される。一二月、満州国通信社設立	が海軍青年将校らに暗殺される（五・一五事件）。九月一五日、日本は満洲国を承認。一〇月二日、リットン調査団は日本の軍事行動を正当な自衛措置とは認めないとする報告書を公表
一九三三（昭和八）	斎藤実					三月二七日、日本は国際連盟からの脱退を通告。一二月、時事問題懇談会発起人会を開催（同二七日、昭和研究会と命名）
一九三四（昭和九）	斎藤実				四月一七日、天羽英二外務省情報部長が列国の対中国共同援助に反対を表明（天羽声明）。一〇月一日、陸軍省新聞班、パンフレット〈国防の本義とその強化の提唱〉発表、「たたかひは創造の父、文化の母である」と広義国防を主張（陸軍パンフレット事件）	一二月三日、日本はワシントン海軍軍縮条約廃棄を閣議決定、同二九日、米国に通告
一九三五（昭和一〇）	岡田啓介				一一月七日、政府、社団法人・同盟通信社の設立認可。一二月一七日、同盟通信社創立総会	五月一一日、内閣審議会・内閣調査局設置。一〇月三日、イタリアがエチオピアに侵入。同四日、外・陸・海相間に対中国政策の広田三原則（排日停止・満州国黙認・赤化防止）に関し了解成立
一九三六（昭和一一）	岡田啓介・広田弘毅	情報委員会	藤沼庄平	横溝光暉	一月一日、同盟通信社業務開始。四月、作者不明「積極的新聞政策私案」。六月一日、同盟、電通の通信業務を合併。同一二日、情報委員会官制制定に当りての閣議了解事項閣議決定。同一九日、情報委員会の職務・同事務規定、情報委員会官制制定に当りての諒解事項閣議決定。同一五日、不穏文書臨時取締法公布。七月一日、内閣に情報委員会を設置。同二日、情報委員会第一回総会。一〇月一四日、「週報」創刊。一二月二一日、日独防共協定に関する宣伝方針を決定	一月一五日、日本、ロンドン軍縮会議からの脱退通告。二月二六日、陸軍青年将校が約一四〇〇人の兵を率いて首相官邸等を襲撃し、内大臣斎藤実・蔵相高橋是清・陸軍教育総監渡辺錠太郎らを殺害、永田町・三宅坂一帯を占拠（二・二六事件）。三月九日、広田弘毅内閣成立。五月九日、イタリア、エチオピアを併合。一一月二五日、日独防共協定調印
一九三七（昭和一二）	広田弘毅・林銑十郎	情報委員会	藤沼庄平	横溝光暉	二月八日、紀元二千六百年に関する宣伝方策を決定。同二二日、五箇条御誓文奉戴七〇年宣伝方策。四月一日、衆議院議員総選挙に対する教化宣伝要綱、同一九	一月二三日、広田内閣閣内不一致で総辞職。五月一四日、企画庁設置（内閣調査局廃止）。六月四日、第一次近衛文麿内閣。七月七日、盧溝橋事

	一九三八（昭和一三）
林銑十郎	近衛文麿（第一次）
情報委員会	内閣情報部
藤沼庄平	横溝光暉
横溝光暉	＊内閣情報部に改組された際、書記官専任五人を置いた
日、国民教化宣伝方策決定、時局に関する宣伝方策決定。七月一日、情報委員会第二回総会。同二二日、「北支事変」に対する宣伝実施要領決定。同三一日、「当分ノ内軍隊ノ行動其ノ他軍機軍略ニ関スル事項」の新聞紙掲載を禁止（陸軍省令）。八月一日、資源局が「第三次期間計画 情報宣伝に関する計画綱領」。同一六日、「当分ノ内艦隊、艦船、航空機、部隊ノ行動其ノ他軍機軍略ニ関スル事項」の新聞紙掲載を禁止（海軍省令）。同二四日、国民精神総動員実施要綱閣議決定。九月二五日、情報委員会、内閣情報部へ改組。一〇月一二日、国民精神総動員中央連盟結成。一二月一三日、「当分ノ内国交ニ影響ヲ及ボスコトアルベキ事項ニシテ外務大臣ヨリ示達セラレタルモノ」の新聞紙掲載を禁止（外務省令）。同二四日、首相官邸大ホールにおいて愛国行進曲の部内発表演奏会	二月一六日、「写真週報」発刊。同一九日、第一回思想戦講習会（〜同二五日）。同一八日、石川達三「生きてゐる兵隊」（『中央公論』三月号）発禁。同二六日、八紘一宇の聖旨宣明に関する件決定。三月一〇日、国民精神総動員天長節奉祝要綱決定。四月七日、国民精神総動員健康週間実施要綱決定。五月五日、国民精神総動員貯蓄報国強調週間に関する件決定。六月四日、支那事変勃発一周年記念実施要綱決定。同二三日、経済戦強調週間実施要綱決定。同二四日、国民心身鍛錬運動実施要綱決定。八月四日、銃後後援強化週間実施要綱決定。同二三日、内閣情報部と作家たちの懇談会で漢口への「ペン部隊」派遣が決定。九月一一日、久米正雄ら従軍作家一四人陸軍班出発。同一四日、菊池寛ら八人海軍班出発。同二二日、国民精神作興週間実施要綱決定
件（日中戦争勃発）。同一一日、現地停戦協定成立。政府、「北支事変」と命名（九月二日、「支那事変」と改称）。一〇月六日、国際連盟総会、日本の行動非難の決議。一〇月二五日、企画院設置（内閣資源局と統合）。一一月六日、日独伊三国防共協定成立。一二月一一日、イタリア、国際連盟を脱退。同一三日、南京事件	一月一六日、近衛首相「国民政府を対手とせず」と声明（第一次近衛声明）。三月三日、陸軍省軍務課員佐藤賢了、衆議院委員会で国家総動員法案を審議中「黙れ」と放言。四月一日、国家総動員法公布。六月一〇日、閣議で五相会議（首・陸・海・外・蔵）設置決定。七月二九日、日ソ両軍衝突（張鼓峰事件）。九月二九日、英仏独伊四国首脳がミュンヘン会談、英仏の宥和政策によってドイツのズデーテン併合を認める。一〇月二一日、広東占領。同二七日、武漢三鎮占領。一一月三日、近衛首相、東亜新秩序建設を声明（第二次近衛声明）。一二月一六日、興亜院設置。同二二日、近衛首相、日中戦争解決の近衛三原則を声明（第三次近衛声明）

一九三九（昭和一四）		一九四〇（昭和一五）		一九四一（昭和一六）	
平沼騏一郎	阿部信行	米内光政	近衛文麿（第二次）	近衛文麿（第三次）	東条英機
内閣情報部			情報局		
横溝光暉		熊谷憲一	伊藤述史	伊藤述史	谷正之
＊内閣情報部に改組された際、書記官専任五人を置いた			久富達夫		奥村喜和男

一九三九（昭和一四）

二月二〇日、第二回思想戦講習会（〜同二五日）。三月二五日、軍用資源秘密保護法公布。同二八日、国民精神総動員委員会設置。四月五日、映画法公布。同二七日、時局認識徹底方策決定。同二七日、物資活用並に消費節約の基本方策決定。六月二一日、内閣情報部官制中改正により所掌事項に「国民精神総動員に関する一般事項」が加えられる。一〇月二五日、物価停止に関する宣伝方針決定。同、戦時食糧充実運動方策決定。同二六日、経済戦強調運動要綱決定。一二月七日、昭和一五年に於ける国民精神総動員運動実施方針決定

一月四日、近衛内閣総辞職。同五日、平沼騏一郎内閣成立。三月二八日、国民精神総動員委員会設置。五月一一日、ノモンハン事件。六月一四日、日本軍、天津の英仏租界を封鎖。七月二六日、米国、日米通商航海条約破棄を通告。八月二八日、平沼内閣総辞職。八月三〇日、阿部信行内閣成立。九月一日、独軍、ポーランド侵入、第二次世界大戦始まる

一九四〇（昭和一五）

二月一一日、思想戦展覧会開催。同一三日、紀元二六〇〇年紀元節に当り渙発せられた詔書の聖旨実施方に関する通牒。同一九日、第三回思想戦講習会（〜同二四日）。同二六日、横溝光暉、人事異動で岡山県知事に転出。八月一日、東京市内に「ぜいたくは敵だ！」の立看板。同一三日、内閣情報部機構改革に関する閣議決定。九月二八日、情報局設置要綱決定。一二月六日、情報局設置。同一九日、社団法人日本出版文化協会設立

一月一四日、阿部内閣総辞職。同一六日、米内光政内閣成立。同二六日、日米通商航海条約失効。二月二日、斎藤隆夫の反軍演説問題化（三月七日、議員除名）。六月二四日、近衛文麿、枢密院議長を辞任、新体制運動推進の決意表明。七月一六日、米内内閣総辞職。同二二日、第二次近衛内閣成立。九月二七日、日独伊三国同盟調印。一〇月一日、総力戦研究所設置。同一二日、大政翼賛会発会式。一一月一〇日、紀元二六〇〇年記念式典挙行

一九四一（昭和一六）

一月一一日、新聞紙等掲載制限令公布。二月二六日、情報局、総合雑誌社に執筆禁止者名簿を内示。三月七日、国防保安法公布。四月一日、情報局、「情勢局設立ニ至ル迄の歴史（上）」刊行。五月五日、日本出版配給株式会社設立。同二八日、日本新聞連盟設立。一二月八日、日英米戦争に対する情報宣伝方策大綱。同一三日、新聞事業令公布。同一九日、言論出版集会結社等臨時取締法公布

一月八日、東条英機陸将「戦陣訓」を示達。四月八日、企画院調査官和田博雄ら検挙（企画院事件）。九月六日、御前会議、「帝国国策遂行要領」決定（一〇月下旬を目途に対米英蘭戦争準備を完成）。一〇月一五日、尾崎秀実ら検挙。同一八日ゾルゲ検挙（ゾルゲ事件）。同一六日、第三次近衛内閣総辞職。同一八日、東条内閣成立。一一月五日、御前会議、「帝国国策遂行要領」決定（一二月初旬武力発動と定める）。一二月八日、日本軍、マレー半島上陸・真珠湾攻撃、対米英宣戦布告

	一九四二（昭和一七）	一九四三（昭和一八）	一九四四（昭和一九）	一九四五（昭和二〇）
内閣	東条英機	東条英機	小磯国昭	小磯国昭／鈴木貫太郎／東久邇宮稔彦
情報局				
総裁	谷正之	天羽英二	緒方竹虎	下村宏／緒方竹虎
次長	奥村喜和男	村田五郎	三好重夫	久富達夫／赤羽穣
情報関係事項	二月一一日、統制団体日本新聞会設立。一一月一七日、報道啓発及宣伝（対敵を含む）機能の刷新に関する件を閣議決定。一二月四日、放送関係事務処理に関する件を閣議決定。同二三日、大日本言論報国会設立（会長徳富蘇峰）	二月一八日、出版事業令公布（三月一一日、日本出版会創立）。四月一日、情報局第四部と第五部を合体、官房審議室を設置。九月二九日、現情勢下に於ける国政運営要綱に対する情報宣伝の決戦体制化に関する情報局審議室決定。一二月七日、報道宣伝及国民運動の連絡調整に関する件を閣議決定	一月二九日、『中央公論』、『改造』の編集者が検挙される（横浜事件）。二月二三日、毎日新聞の記事が東条首相を激怒させ、発売頒布禁止と差し押さえ（竹槍事件）。五月一日、敵襲時中央に於ける国内報道措置要綱。七月一〇日、『中央公論』、『改造』に廃刊命令。一〇月六日、決戦与論指導方策要綱決定。一一月四日、対英米問題に関する与論指導方針閣議了解	一月三〇日、大東亜戦争の現段階に即応する与論指導方針閣議了解。三月九日、放送施設決戦態勢整備強化要綱決定。同一三日、戦局に対処する新聞非常態勢に関する暫定措置要綱決定。四月二七日、陸軍省報道部・海軍省軍務局第四課・外務省及び大東亜省の対外宣伝業務が情報局へ移管、広報宣伝担当業務一元化。八月二七日、大日本言論報国会解散。一〇月三一日、同盟通信社解散、通信社業務は一一月一日に発足した社団法人共同通信社と株式会社時事通信社に引き継がれる。一二月三一日、情報局廃止される
一般事項	六月五日、ミッドウェー海戦（日本海軍、四空母喪失）。一一月一日、大東亜省設置（拓務省・興亜院など廃止）。	二月一日、ガダルカナル島撤退開始。四月一八日、連合艦隊司令長官山本五十六戦死。五月二九日、アッツ島の日本守備隊全滅。一〇月二一日、明治神宮外苑競技場で出陣学徒壮行会	七月一八日、東条内閣総辞職。同二二日、小磯国昭内閣成立。八月五日、大本営政府連絡会議を廃して最高戦争指導会議を設置。一〇月二五日、海軍神風特攻隊、初めて米艦攻撃	二月四日、米英ソ、ヤルタ会談（一一日まで）。三月九〜一〇日、東京大空襲。同三〇日、大日本政治会結成。四月五日、ソ連、日ソ中立条約不延長を通告。同、小磯内閣総辞職。同七日、鈴木貫太郎内閣成立。七月二六日、連合国、ポツダム宣言発表。八月六日、広島に原爆投下。同九日、長崎に原爆投下。同一四日、御前会議、ポツダム宣言受諾を決定。同一五日、終戦の詔書のラジオ放送。同、鈴木内閣総辞職。同一七日、東久邇稔彦内閣成立。同三〇日、マッカーサー元帥、厚木到着。九月二七日、天皇、マッカーサーを訪問。一〇月五日、東久邇宮内閣総辞職。同九日、幣原喜重

一九四六（昭和二一）	幣原喜重郎／吉田茂（第一次）					郎内閣成立 一月四日、GHQ、軍国主義者の公職追放を指令。四月二二日、幣原内閣総辞職。五月三日、極東国際軍事裁判所開廷。同二二日、第一次吉田茂内閣成立。一一月三日、日本国憲法公布
一九四九（昭和二四）	吉田茂（第三次）				五月、学生有志の研究団体、土曜会発足	一〇月一日、中華人民共和国成立。一二月七日、中華民国政府、台北に移転
一九五〇（昭和二五）	吉田茂（第三次）					六月二五日、朝鮮戦争勃発。八月一〇日、警察予備隊令公布・施行
一九五一（昭和二六）	吉田茂（第三次）					九月八日、サンフランシスコ講和条約・日米安全保障条約調印。一二月二四日、吉田首相、国民政府との講和を確約したダレス米特使宛書簡（吉田書簡）を発出。同二八日、吉田はダレス宛の書簡をリッジウェイ大将に依頼し、そこで「共産中国に対する逆滲透」を説明
一九五二（昭和二七）	吉田茂（第三次）／吉田茂（第四次）	内閣総理大臣官房調査室	村井順	（鈴木耕一）	四月九日、総理府の組織として内閣総理大臣官房調査室が新設される。八月三〇日、大臣官房に内閣事務官を置く等の総理府令。一一月二九日、読売新聞が馬場恒吾の社説「『官制情報機関』廃止論」を掲載。一二月二六日、来日したダレスCIA副長官と吉田茂、緒方竹虎らが会談	四月二八日、サンフランシスコ講和条約・日米安全保障条約発効。同、日華平和条約調印。五月一日、血のメーデー事件。八月一日、保安庁発足（一〇月一五日、警察予備隊は、保安隊に改称）。一〇月三〇日、緒方竹虎、国務大臣兼官房長官として第四次吉田内閣へ入閣
一九五三（昭和二八）	吉田茂（第四次）／吉田茂（第五次）	内閣総理大臣官房調査室	村井順／鈴木耕一（事務代理）	（鈴木耕一）	三月一九日付のCIA文書によると、内調が中国引揚者を利用する「最高機密計画」を立案。七月、『全貌』九号で「学者先生の戦前戦後言質集」の連載開始。九月一六日、村井順の「闇ドル事件」が報道される。一二月一八日、村井更迭。京都府警察隊長に転出	三月一四日、吉田茂と鳩山一郎の抗争から、自由党に同調者が出て内閣不信任案可決、吉田は衆議院を解散（バカヤロー解散）。三月一九日付のCIA文書によると、内調が中国引揚者を利用する「最高機密計画」を立案
一九五四（昭和二九）	吉田茂（第五次）	内閣総理大臣官房調査室	鈴木耕一（事務代理）／木村行蔵	（鈴木耕一）	一月二四日、在日ソ連通商代表部二等書記官のユーリー・A・ラストボロフが米国に亡命、外務省、通産省事務官等の日本人エージェント多数を使って情報収集	三月一日、米国のビキニ水爆実験で第五福竜丸被災。四月二一日、犬養健法相、検察庁の自由党幹事長佐藤

年	内閣	機関			内閣情報機構関連事項	一般事項
			木村行蔵	鈴木耕一	活動を行っていたことを明かす（ラストボロフ事件）。	栄作逮捕許諾請求を指揮権発動によって阻止（造船疑獄事件）。一二月七日、吉田内閣総辞職。同一〇日、鳩山一郎内閣成立
一九五五（昭和三〇）	鳩山一郎（第一次） 鳩山一郎（第二次）	内閣総理大臣官房調査室	木村行蔵	（吉田健一郎）	四月一日、『学者先生戦前戦後言質集』の単行本が出版される	一月二五日、元ソ連代表部のドムニツキーが鳩山首相邸を訪れ、日ソ国交正常化に関する文書手交。一一月一五日、自由民主党結成（保守合同）
一九五六（昭和三一）	鳩山一郎（第三次） 石橋湛山	内閣総理大臣官房調査室	古屋亨	粕谷孝夫	一月、内調の機関誌『調査月報』第一号が出版される。四月一日、部制確立	一月二八日、緒方竹虎急逝。一〇月一九日、日ソ国交回復に関する共同宣言調印。一一月一日、愛媛県教委、勤務評定実施を決定、勤評闘争の発端に。一二月一八日、日本が国連に加盟。同二三日、鳩山内閣総辞職、石橋湛山内閣成立
一九五七（昭和三二）	石橋湛山 岸信介（第一次）	内閣総理大臣官房調査室	古屋亨	粕谷孝夫	八月一日、内閣官房の組織として内閣調査室に改編	一月三〇日、群馬県相馬ヶ原演習場で米兵が日本人農婦を射殺（ジラード事件）。二月二三日、石橋内閣総辞職。同二五日、岸信介内閣成立
一九五八（昭和三三）	岸信介（第一次） 岸信介（第二次）	内閣調査室	古屋亨	服部五郎	一月、『日教組と勤務評定』出版 九月、藤原弘達、『保守独裁論』刊行	五月二日、長崎で開かれた「中国切手・剪紙展示会」で五星紅旗を右翼団体の男が引きずり下ろす（長崎国旗事件）。一一月二二日、自社両党首会談、警察官職務執行法（警職法）改正案審議未了で妥協
一九五九（昭和三四）	岸信介（第二次）	内閣調査室	古屋亨	服部五郎		一月一日、キューバ革命。三月九日、社会党の浅沼稲次郎訪中団長、北京で「米帝国主義は日中両国人民共同の敵」と演説
一九六〇（昭和三五）	岸信介（第二次） 池田勇人（第一次）	内閣調査室	古屋亨	服部五郎 寺門威彦（事務代理） 日向精蔵	四月一四、一五両日、社会党の飛鳥田一雄が衆議院日米安全保障条約等特別委員会で独自に入手した「中・ソ戦略地図」を示して内閣調査室の中国引揚者調査を追及。七月一日、総理府広報室が新設される。一二月一日、吉原公一郎が『中央公論』一二月号に「内閣調査室を調査する」を発表	一月一九日、日米新安保条約・地位協定調印。六月一五日、安保改定阻止第二次スト、全学連主流派国会に突入、樺美智子死亡。同一六日、岸内閣、アイゼンハワー米大統領の訪日延期を要請。同一九日、新安保条約自然承認。同二三日、新安保条約批准書交換、発効。同、岸首相、退陣表明。七月一九日、池田勇人内閣成立。一〇月一二日、浅沼社会党委員長、刺殺される。一一月二〇日、第二九回総選挙で自民党は二九六議席を獲得する大勝。一二月二七日、国民所得倍増計画閣

年	内閣	内閣調査室（室長）	内閣調査室（次長）	内閣調査室関連	一般事項
					議決定
一九六一（昭和三六）	池田勇人（第二次）	古屋亨	日向精蔵	一月一日、『文藝春秋』一月号で初期の内調をモデルにした松本清張の「深層海流」連載開始（一九六一年一二月号まで）一～九月、内調による藤原弘達への意見聴取相次ぐ（首相の施政方針演説で言うべき問題点、社会党のテロ防止法案に対する意見、自民党の近代化について、飯守発言について、中立主義に対する意見、当面の政局担当の具体的力点、池田首相訪米の意義について、政治的暴力防止法案について、臨時国会所信表明演説について）。一二月、『安保改定問題の記録』日誌編、『安保改定問題の記録』資料編刊行	二月一日、中央公論社長宅を右翼少年が襲い、家人二人を殺傷（嶋中事件）。六月二一日、ラスク国務長官が小坂善太郎外相と会談、ノーチラス型原子力潜水艦の日本寄港を打診。同二二日、池田・ケネディ共同声明（貿易経済問題・教育文化・科学の三委員会設置を合意）。一一月二七日、公明政治連盟結成
一九六二（昭和三七）		古屋亨／石岡實	日向精蔵	二月二六日、社会党の横路節雄、衆議院予算委員会で国家安全保障の機関の新設や内調の調査委託費について質問。五月八日、第三代室長の古屋亨が総理府総務副長官に転出	三月二七日、自民党の「安全保障に関する調査会」（安保調査会）が同政務調査会内に設置。一〇月二二日、ケネディ大統領、キューバでソ連がミサイル基地を建設したことに対し海上封鎖宣言（キューバ危機）。同二八日、ソ連、基地撤去を通告
一九六三（昭和三八）		石岡實	日向精蔵	六月、『安保改定問題の記録』総括編刊行。七月二九日～一〇月一二日、藤原弘達が総理府委嘱の日本青年海外派遣団団長として中近東旅行、志垣民郎副団長。一二月七日、吉原公一郎、内閣調査室を想起させる『日本列島』出版	一月一日、自民党組織調査会基本問題小委員長の石田博英が『中央公論』一月号に「保守政党のビジョン」を提示。七月、自民党の安全保障に関する調査会が「第一回中間報告」
一九六四（昭和三九）	池田勇人（第三次）	石岡實／吉村又三郎（事務代理）／本多武雄	吉村又三郎	一二月二日、委託報告書「中共の核実験と日本の安全保障」（若泉敬執筆）がまとまる	七月一〇日、自民党総裁選で池田三選。一〇月一〇日、東京オリンピック大会（二四日まで）。同一六日、中国、初の核実験。同二五日、池田首相、病気のため辞意表明。一一月九日、佐藤栄作内閣成立。同一二日、米原子力潜水艦シードラゴン、佐世保入港
一九六五（昭和四〇）	佐藤栄作（第一次）	本多武雄	中川豊彦	五月二六日、吉原の「日本列島」、映画化され公開（監督熊井啓、宇野重吉・二谷英明・芦川いづみほか出演）	一月一三日、佐藤首相訪米し、佐藤・ジョンソン共同声明発表。二月七日、米軍、北爆開始。六月二二日、日韓基本条約調印（一二月一八日、批准書交換）。一

年	内閣	内閣調査室		内閣調査室の動き	国内外の動き
一九六六（昭和四一）	佐藤栄作（第一次）	本多武雄	中川豊彦	二月二四日、六部の審議員会議メンバーを大幅に交代、委託団体の国際情勢研究会会長に矢部貞治に依頼。四月一四日、内閣調査室、朝日新聞安全保障問題調査会を訪問	〇月五日、ライシャワー米大使、日本の新聞のベトナム報道を偏向と批判 四月一八日、『解放軍報』社説、「社会主義文化大革命」の呼称を初めて使用。一二月二七日、衆議院解散（黒い霧解散）
一九六七（昭和四二）	佐藤栄作（第二次）	大津英男	高瀬直智	三月八日、佐藤首相に矢部、佐伯喜一らが面会し、委託調査「わが国の核政策をめぐる問題点」について説明。六月二三日、日本人旅行者内河昌富氏がソ連のハバロフスク市で逮捕された、と日本外務省が発表（内河事件）	六月一七日、中国、最初の水爆実験。一一月一二日、佐藤首相訪米、ジョンソン大統領と首脳会談、共同声明で佐藤は、日米両政府が「両三年内」に沖縄返還の時期について合意すべきであることを強調。一二月一一日、佐藤首相、衆議院予算委員会で非核三原則表明
一九六八（昭和四三）				九月、カナマロ会（永井陽之助・垣花秀武・前田寿・蠟山道雄）の委託報告書「日本の核政策に関する基礎的研究（その一）」がまとまる	一月一九日、米原子力空母エンタープライズ、佐世保入港。同二三日、北朝鮮、米の情報収集艦プエブロ号拿捕。一〇月二一日、新宿騒乱事件
一九六九（昭和四四）			都倉栄二	一〇月二八日、内調室長ら木村俊夫官房副長官に面会し「政府のブレイン構想」を説明	一月一九日、東大安田講堂封鎖解除。三月二日、ウスリー江の珍宝（ダマンスキー）島で中ソが武力衝突（一五日再燃）。七月二五日、地域の同盟国に負担を求める「ニクソン・ドクトリン」発表。一〇月一四日、自民党、安保条約の自動延長を決定。一一月一〇日、藤原弘達『創価学会を斬る』刊行。同二一日、佐藤・ニクソン首脳会談、沖縄の七二年返還を共同声明で発表
一九七〇（昭和四五）	佐藤栄作（第三次）			一月、委託報告書「日本の核政策に関する基礎的研究（その二）」がまとまる。	二月三日、日本、核拡散防止条約（NPT）に署名（一九七六年六月八日批准）。六月二二日、政府、日米安保条約の自動延長を声明。一一月二五日、三島由紀夫、自衛隊市ケ谷駐屯地でクーデターを扇動、割腹自殺
一九七一（昭和四六）		川島廣守	西沢憲一郎	一月一日、社団法人国民出版協会の発行『マスコミ文化』第一号創刊。一一月二二日、山崎正和、香山健一、黒川紀章、公文俊平、中嶋嶺雄、合田周平、志水速雄	七月一六日、ニクソン、訪中計画を発表。八月一五日、ニクソン、ドル防衛策発表。一一月二四日、政府に非核三原則の遵守などを求める衆議院決議採択

一九七二（昭和四七）	佐藤栄作（第三次） 田中角栄（第一次）	内閣調査室	川島廣守	西沢憲一郎 原富士男	による「社会政策研究会」（後のＰＳＲ）第一回会議が開かれる。 四月、委託報告書「『朝日』紙面の論理構造分析　朝日は日本を何処へひきづっていくのか」作成	二月二一日、ニクソン中国訪問、周恩来・毛沢東と会談。五月一五日、沖縄の施政権返還、沖縄県復活。六月一七日、佐藤首相、退陣表明。同、ワシントンの民主党全国委員会本部に五人組が侵入、逮捕（ウォーターゲート事件）。七月七日、田中角栄内閣成立。九月二五～二九日、田中首相訪中、共同声明発表、日中国交正常化成る

『戦前の情報機構要覧』、「吉原資料」、「志垣資料」、「志垣日記」、歴史学研究会編『日本史年表　第5版』などを基に作成。内閣（総理大臣官房）調査室長及び次長については、情報公開法による内閣情報調査室開示文書（閣情第２３０８号、令和6年12月24日）を利用した。戦前の内閣情報機構が設立された一要因と考えられる、パリ講和会議が開かれた一九一九年から、戦後の内閣情報機構が最も注力してきた、中国との国交正常化が成った一九七二年までを対象とした。

ちくま新書
1854

内調《ないちょう》
——内閣情報機構《ないかくじょうほうきこう》に見《み》る日本型《にほんがた》インテリジェンス

二〇二五年四月一〇日　第一刷発行

著者　岸 俊光（きし・としみつ）
発行者　増田健史
発行所　株式会社 筑摩書房
東京都台東区蔵前二-五-三　郵便番号一一一-八七五五
電話番号〇三-五六八七-二六〇一（代表）
装幀者　間村俊一
印刷・製本　株式会社 精興社

ISBN978-4-480-07682-3 C0231

ちくま新書

1136
昭和史講義
——最新研究で見る戦争への道
筒井清忠編
なぜ昭和の日本は戦争へと向かったのか。複雑きわまる戦前期を正確に理解すべく、俗説を排して信頼できる史料に依拠。第一線の歴史家たちによる最新の研究成果。

1421
昭和史講義【戦前文化人篇】
筒井清忠編
柳田、大拙、和辻ら近代日本の代表的知性から谷崎、乱歩、保田與重郎ら文人まで、文化人たちは昭和戦前期をいかに生きたか。最新の知見でその人物像を描き出す。

1508
昭和史講義【戦後篇】(上)
筒井清忠編
実証研究に基づき最先端の研究者が執筆する『昭和史講義』シリーズがいよいよ戦後に挑む。上巻は占領期から55年体制の成立まで、全20講で幅広いテーマを扱う。

1509
昭和史講義【戦後篇】(下)
筒井清忠編
最先端の実証研究者による『昭和史講義』シリーズ戦後篇。下巻は55年体制成立以降、主に一九五〇年代後半から高度成長期を経て昭和の終わりまでを扱う全21講。

1665
昭和史講義【戦後文化篇】(上)
筒井清忠編
計7冊を刊行してきた『昭和史講義』シリーズの掉尾を飾る戦後文化篇。上巻では主に思想や運動、文芸を扱い、18人の第一線の研究者が多彩な文化を描き尽くす。

1666
昭和史講義【戦後文化篇】(下)
筒井清忠編
昭和史講義シリーズ最終刊の下巻では、戦後に黄金期を迎えた日本映画界を中心に、映像による多彩な大衆文化・サブカルチャーを主に扱う。昭和史研究の総決算。

1839
東アジア現代史
家近亮子
日中韓を擁する東アジア世界の近代化は鎖国の終焉と共に始まった。植民地化と二度の大戦を経て、今も冷戦構造が残る。少子化や安全保障問題に続く歴史を総覧する。